MW00334685

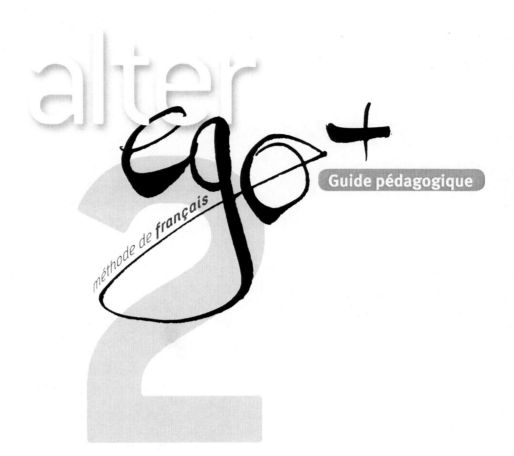

alter ego +

méthode de français

Guide pédagogique

2

Annie Berthet
Emmanuelle Daill
Catherine Hugot
Véronique M. Kizirian
Béatrix Sampsonis
Monique Waendendries

hachette
FRANÇAIS LANGUE ÉTRANGÈRE
www.hachettefle.fr

Crédits photographiques

Shutterstock : p. 197 (de gauche à droite) © Sergey Furtaev, © Rehan Qureshi, © Yuri Arcurs, © Ioannis Pantzi, © iko, © stockyimages ; p. 198 (de gauche à droite) © Alberto Zornetta, © Valua Vitaly ; p. 199 © Dmitry Lobanov , © Chief Crow Daria ; p. 200 © Yuri Arcurs ; p. 205 © Nyvlt-art, © wavebreakmedia ; p. 209 © Andrey_Popov, © ARENA Creative ; p. 213 (de gauche à droite) © Kim Briers, © Gail Johnson, © Charles T. Bennett ; p. 214 © Anatoliy Samara ; p. 216 © Abel Tumik / Shutterstock.com ; p. 221 (de gauche à droite) © FCG, © Charles Chen Art, © hipproductions / Shutterstock. com ; p. 223 © stefanolunardi ; p. 224 © Nik Merkulov ; p. 225 © Dikiiy / Shutterstock.com

Couverture : Nicolas Piroux
Adaptation graphique et mise en page : Médiamax
Coordination éditoriale : Vanessa Colnot

ISBN : 978-2-01-155817-6
© Hachette Livre 2013, 43, quai de Grenelle, F 75 905 Paris Cedex 15.

Tous droits de traduction, de reproduction et d'adaptation réservés pour tous pays.

Le code de la propriété intellectuelle n'autorisant, aux termes des articles L. 122-4 et L. 122-5, d'une part, que « les copies ou reproductions strictement réservées à l'usage privé du copiste et non destinées à une utilisation collective » et, d'autre part, que les « analyses et les courtes citations » dans un but d'exemple et d'illustration, « toute représentation ou reproduction intégrale ou partielle, faite sans le consentement de l'auteur ou de ses ayants droit ou ayants cause, est illicite ».
Cette représentation ou reproduction, par quelque procédé que ce soit, sans autorisation de l'éditeur ou du Centre français de l'exploitation du droit de copie (20, rue des Grands-Augustins, 75006 Paris), constituerait donc une contrefaçon sanctionnée par les articles 425 et suivants du Code pénal.

SOMMAIRE

INTRODUCTION

Présentation de la méthode

Alter Ego + est une méthode de français sur cinq niveaux destinée à des apprenants adultes ou grands adolescents, qui couvre les niveaux A1 à C2 du *Cadre européen commun de référence pour les langues (CECRL)*.
Alter Ego + 2 vise l'acquisition des compétences décrites dans les niveaux A2.2 et B1.1 du CECRL dans un parcours de 120 heures d'activités d'enseignement/apprentissage, complété par des tâches d'évaluation. Il permet de se présenter au DELF A2.

1. LES NOUVEAUTÉS

Alter Ego + conserve **la structure, la progression et l'approche pédagogique d'*Alter Ego**, avec en plus :
– des **documents renouvelés et actualisés**
– une **démarche actionnelle renforcée** (1 projet par dossier)
– des **outils d'apprentissage encore plus nombreux** :
  • plus d'exercices de systématisation
  • un précis grammatical complet
  • un lexique thématique
  • des activités de phonie-graphie
– une **préparation au DELF intégrée au livre de l'élève**
– une **offre numérique enrichie** (voir page suivante)

2. LES COMPOSANTS

Alter Ego + 2 comprend :
– un livre de l'élève avec CD-Rom inclus
– un cahier d'activités avec CD audio inclus
– un guide pédagogique
– un coffret audio classe
– un manuel numérique enrichi pour la classe
– le Parcours digital, un outil d'accompagnement personnalisé avec 500 activités.

• Le **livre de l'élève** *Alter Ego + 2* comprend :
– un mode d'emploi de l'ouvrage
– un tableau des contenus
– 8 dossiers composés de trois leçons, d'un *Carnet de voyage*, d'une double page *S'exercer* et d'une page d'entraînement au DELF
En fin d'ouvrage, se trouvent les transcriptions des enregistrements, un précis grammatical, des activités de phonie-graphie, des tableaux de conjugaison et un lexique thématique.

• Le **matériel audio pour la classe** : audio du livre de l'élève, du cahier d'activités et tests du guide pédagogique.

• Le **cahier d'activités**
En complément du livre de l'élève, il permet un travail en autonomie :
– les exercices de réemploi permettent à l'apprenant de vérifier et de renforcer ses acquis : lexique, grammaire, communication (actes de parole)
– les activités de compréhension et d'expression renforcent le travail sur les compétences en compréhension orale/écrite et en expression écrite (rubrique *En situation*)
– le portfolio permet à l'apprenant de suivre de façon active et réfléchie son parcours d'apprentissage et de s'autoévaluer
Les corrigés des activités se trouvent à la fin du guide pédagogique.

• Le **guide pédagogique** comprend :
– une introduction avec la présentation de la méthode, de ses composants et de ses principes méthodologiques
– un accompagnement à l'utilisation du livre de l'élève (objectifs détaillés et scénario de chaque leçon, précisions sur la démarche et l'animation de classe, précisions sur l'épreuve DELF, corrigés)
– des Points info permettant à l'enseignant de s'informer sur les principaux contenus culturels des leçons et fournissant des pistes de recherche sur Internet

– un dossier évaluation : une introduction présentant le concept, les descripteurs du CECR, 8 tests (1 par dossier), les corrigés (tests et portfolio) et les transcriptions
– les corrigés et les transcriptions du cahier d'activités.

• Un **DVD** *Alter Ego + 1 et 2* : pour chaque dossier, des extraits d'émissions (de TV5Monde et de France Télévisions, par exemple).

3. L'OFFRE NUMÉRIQUE

• Un **CD-Rom** inclus dans le livre de l'élève, comprenant :
– tout l'audio au format MP3
– une carte de France interactive
– un lexique alphabétique personnalisable (anglais, espagnol, allemand, portugais, italien, polonais)
– l'autoévaluation (*Vers le portfolio* et *Portfolio*)

• Un **manuel numérique enrichi** comprenant :
– les contenus du livre de l'élève
– 40 activités pour TNI
– tout l'audio classe
– 1 vidéo par dossier
– le guide pédagogique
– le cahier d'activités
– les projets
Compatible PC et Mac. En vidéo-projection ou sur TNI (toutes marques).

• Le **Parcours digital**, un outil d'accompagnement personnalisé avec 500 activités :
– pour réviser et s'entraîner en autonomie (compréhension orale et écrite, lexique, grammaire, communication)
– un parcours flexible et progressif, qui s'adapte au rythme et au niveau de l'apprenant
– le tableau de bord de l'apprenant est aussi accessible à l'enseignant
····⟩ Clé d'activation du Parcours digital dans le livre de l'élève.

Principes méthodologiques

A. *ALTER EGO +* ET LE CECRL : APPRENDRE, ENSEIGNER, ÉVALUER

Alter Ego + intègre les principes du CECRL et reflète ses trois approches : apprendre, enseigner, évaluer.

1. Apprendre avec *Alter Ego +* : la centration sur les apprenants

Dans *Alter Ego +,* la place des apprenants est primordiale. L'approche retenue permet à chacun d'acquérir de véritables compétences de communication à l'écrit et à l'oral, tant en réception qu'en expression, à travers des **tâches communicatives**. Les activités proposées offrent de nombreuses opportunités d'interagir avec les autres dans des situations variées et implicantes : de manière authentique, en fonction de son ressenti, de son vécu et de sa culture, mais aussi de manière créative et ludique.
Les thèmes abordés ont pour principal objectif de susciter chez les apprenants un réel intérêt pour la société française et le monde francophone et leur permettre de **développer des savoir-faire et savoir-être** indispensables à toute communication réussie. Les supports sont très variés. Dès le début de l'apprentissage, les documents authentiques sont nombreux et motivants.
Avec *Alter Ego +*, « apprendre à apprendre » est une priorité. Les apprenants sont actifs, ils développent leurs aptitudes d'observation et de réflexion pour s'approprier la langue, autant de stratégies d'apprentissage qui les amènent progressivement vers l'autonomie.
Enfin, la démarche interculturelle leur permet de découvrir la culture des autres, tout en réfléchissant sur leur propre culture.

2. Une démarche actionnelle

Dans *Alter Ego +*, la perspective privilégiée est de type actionnel. **Les activités présentent de véritables contextes permettant aux apprenants d'accomplir des tâches proches de celles de la vie.**

Dans *Alter Ego +*, les tâches s'appliquent à différents domaines (personnel, public, professionnel, éducatif...) afin de favoriser la motivation des apprenants et leur implication. Dans cette perspective, la morphosyntaxe, le lexique et la phonétique sont des outils au service des compétences de communication, qui sont étroitement liées aux contenus socioculturels.

Les compétences en compréhension (orale, écrite) sont travaillées de manière à rendre les apprenants actifs. Les activités proposées visent à vérifier de manière concrète la compréhension des supports grâce à :

– des échanges avec l'enseignant par des questions/réponses ouvertes,
– des tâches pédagogiques (items, QCM, appariements, classements, repérages...),
– des tâches proches de celles de la vie : lire pour s'orienter, pour s'informer et discuter, pour repérer des indices et faire des déductions, écouter pour noter un message, compléter un document, répondre à des besoins concrets ou réagir.

De même, les activités d'expression (orale, écrite) sont le reflet d'une communication authentique. Les paramètres de la communication sont donc clairement définis : interlocuteurs, contexte, canal, finalité... La réalisation des tâches entraîne une variété dans les modalités de travail ; la majorité se fait en sous-groupes, avec une mise en commun en grand groupe. On fait appel à l'interaction et à la médiation* qui interviennent naturellement dans la communication. Les exemples suivants, tirés des leçons, permettent d'illustrer cette démarche actionnelle.

* Action de passer par différentes tâches (en réception et en production) afin de transmettre à un tiers une information, un message (résumé, compte rendu...).

Compétences en réception (compréhension écrite, compréhension orale)	Compétences en production (expression écrite, expression orale)
Tâches visant la vérification de la compréhension	**Activités de transfert des acquis : tâches visant l'expression**
– comprendre une étude comparative, un classement de villes ; réagir en prenant position à propos des villes évoquées et choisir les villes correspondant le mieux à certains profils de personnes	→ évoquer des records détenus par des villes ou pays → établir un classement des villes de son pays pour une enquête dans un journal
– comprendre des témoignages sur un site Internet, évoquant des différences culturelles, et compléter une page concernant le savoir-vivre dans un guide destiné aux visiteurs étrangers	→ rédiger une page concernant les règles de savoir-vivre de son pays pour un guide destiné aux visiteurs étrangers
– comprendre la page d'accueil d'un blog et identifier sur une plateforme de blogs la catégorie à laquelle il correspond	→ créer un blog, élaborer et rédiger sa page d'accueil
– comprendre des pages d'accueil et sommaires de quotidiens en ligne et dire quel journal/quelles rubriques nous attirent – comprendre des titres de presse et les mettre en relation avec les rubriques concernées	→ créer un journal ; choisir son titre, élaborer son bandeau et réaliser la Une
– comprendre un extrait radio où l'on évoque un réalisateur et ses films ; lire et compléter la fiche technique d'un des films évoqués – comprendre des commentaires critiques d'internautes sur un site de cinéma et identifier la notation correspondant au degré d'appréciation de chacun	→ rédiger la fiche technique et le commentaire critique d'un film pour défendre sa sélection dans un palmarès → présenter un film et en faire un commentaire critique pour le recommander ou le déconseiller, dans un mail à un(e) ami(e)
– comprendre une conversation entre deux amies qui parlent de leur relation à la lecture ; mettre en relation leurs propos avec les résultats d'une enquête sociologique	→ parler de sa propre relation à la lecture
– comprendre un manifeste et le mettre en relation avec les recommandations d'une campagne écologiste	→ comparer avec des initiatives similaires dans son pays → parler de ses propres comportements écologistes → rédiger le manifeste d'une association

Dans *Alter Ego +*, à chaque dossier correspond **un projet, composé de trois tâches**. Ces tâches peuvent être effectuées au fur et à mesure des leçons, ou en une seule fois.

Les projets amènent l'apprenant à transférer ses acquis dans un contexte favorisant les échanges, la négociation et la coopération. Pour chaque projet/tâche, l'objectif à atteindre est clairement énoncé (cf. bandeau à la fin de chaque leçon) et amène à un résultat identifiable.

Par exemple, pour le dossier 1 :

Leçons	Objectifs	Projet **Pour réaliser un hommage *Un artiste, une œuvre*, vous allez :**
1	→ Parler d'une relation amicale → Donner une définition → Décrire une personne (qualités, défauts)	Tâche 1 : Présenter un artiste et une œuvre emblématique
2	→ Rapporter des paroles → Parler de ses relations de voisinage → Évoquer des changements	Tâche 2: Donner une vision de l'artiste à travers des citations
3	→ Raconter une rencontre → Raconter les suites d'une rencontre	Tâche 3: Raconter votre « rencontre » avec l'artiste

Le contexte des tâches est clairement défini : de nombreux supports « posent le contexte » ou fournissent des exemples, des éléments de réflexion, indiquent des façons de procéder possibles afin que les apprenants en groupes puissent atteindre l'objectif fixé de manière créative et concrète, et en autonomie comme le préconise la pédagogie de projet. Pour le dossier 1, par exemple, pour accomplir les tâches fixées, les supports suivants sont proposés :
Tâche 1 : Dépêche d'agence de presse et billet de blog évoquant des hommages rendus à des artistes sur *Google*, à travers des visuels évoquant certaines de leurs œuvres ; divers visuels rendant hommage à d'autres artistes.
Tâche 2 : Citations de et sur les artistes évoqués dans les supports de la tâche 1.
Tâche 3 : Témoignages de deux créateurs de visuels (cf. tâche 1) racontant leur « rencontre » avec l'artiste.

····⟩ Les projets sont :
– téléchargeables gratuitement sur le site Hachette FLE : www.hachettefle.fr
– intégrés au manuel numérique enrichi

····⟩ Une démarche inductive : la conceptualisation
Alter Ego + fait appel à la capacité d'observation et de réflexion de l'apprenant. Tout au long de l'apprentissage, il lui est donné à observer des phénomènes linguistiques /communicatifs issus des supports travaillés dans les activités de compréhension (corpus* grammaticaux, lexicaux, discursifs…). Ainsi, **l'apprenant est amené à dégager de son observation des règles de fonctionnement**. La réflexion nécessaire à toute véritable appropriation de la langue émane donc de l'apprenant lui-même.

* Un corpus observable est constitué par un certain nombre d'occurrences appartenant à la même catégorie. Par exemple : le repérage d'événements dans une biographie donne lieu à un ensemble d'énoncés que l'on peut observer du point de vue de la forme : la règle du passé composé.

····⟩ L'approche interculturelle
Alter Ego + permet à l'apprenant de **développer des compétences culturelles** allant de pair avec l'acquisition des compétences pragmatiques et linguistiques. L'accès aux savoirs culturels se fait de deux manières dans les *Carnets de voyage* et les *Points culture* : apports d'informations et recherche/interprétation de données, par le biais de tâches. Par ailleurs, de nombreuses activités sont proposées afin de favoriser les échanges interculturels.
En cela, la méthode est un reflet du CECRL dans lequel l'ouverture vers la culture de l'autre est un élément fondamental de l'apprentissage et du pluriculturalisme.

3. Enseigner avec *Alter Ego +* : une méthode au service de l'enseignant
Alter Ego + propose à l'enseignant **un guidage clair et progressif**. Le fil conducteur du manuel correspond rigoureusement aux compétences décrites par le CECRL. Les objectifs pragmatiques sont la colonne vertébrale de la méthode et structurent chaque leçon. Une des priorités d'*Alter Ego +* est la transparence, le contrat partagé – tant du côté de l'enseignant que de l'apprenant. Les objectifs sont donc explicitement indiqués dans les leçons, ainsi que les activités langagières mobilisées. Dans *Alter Ego +*, la construction de la compétence de communication se fait pas à pas et prévoit tous les paramètres nécessaires à l'exécution des tâches. Cela implique la prise en compte, comme dans la vie, de la coexistence de différents niveaux : compréhension globale de la situation et des paramètres socioculturels, articulation du discours, actes de parole*, lexique, morphosyntaxe, phonétique… C'est pourquoi *Alter Ego +* propose dans le livre de l'élève toutes les activités nécessaires à la réalisation des tâches, toutes les étapes de l'apprentissage. La démarche est à la fois simple d'utilisation et fluide : les activités sont reliées entre elles, chaque activité en amenant logiquement une autre.

La progression en spirale permet également d'amener l'apprenant à de vraies compétences communicatives. Les principaux contenus pragmatiques et linguistiques sont travaillés et enrichis de manière progressive, dans différents contextes et thématiques.

* Pour John L. Austin, linguiste, « dire c'est faire » : **tout énoncé est la face verbale d'une action**. Ainsi, l'énoncé « Vous partirez bientôt » peut, selon le contexte, correspondre aux **actes de parole** suivants : donner une information ; exprimer un regret ; exprimer son contentement ; faire une menace...

4. Évaluer avec *Alter Ego +* : l'évaluation, un contrat partagé

Alter Ego + se propose d'**entraîner l'apprenant à une véritable évaluation formative**, c'est-à-dire centrée sur l'apprentissage. La politique linguistique du Conseil de l'Europe et le CECR ont souligné l'importance de l'évaluation comme outil d'apprentissage, non comme simple préparation aux certifications, mais en tant que réflexion formative, intégrant et préparant à l'utilisation du portfolio et menant à l'autonomie. Dans ce projet, l'apprenant et l'enseignant se trouvent alors engagés l'un et l'autre dans un véritable contrat partagé. Ainsi, dans *Alter Ego +*, l'évaluation a pour but d'aider l'apprenant à faire le point sur ses savoir-faire, à prendre conscience de ses mécanismes d'apprentissage, à valider ses compétences de communication à travers la réflexion menée dans les fiches *Vers le portfolio* et les tests qui les accompagnent. C'est le moyen pour l'apprenant de s'approprier le portfolio qui lui est proposé grâce à un accompagnement étape par étape. Pour l'enseignant, c'est une possibilité de mettre en place un véritable contrat d'apprentissage avec l'apprenant, de faire le point sur les acquis, de réviser sa façon d'enseigner, de motiver pour faire progresser.

C'est pourquoi l'évaluation est présente dans tous les composants de la méthode : par l'**auto-évaluation** (fiche de réflexion *Vers le portfolio*) dans le CD-Rom encarté dans le livre de l'élève, par des **Tests** dans le guide pédagogique, et grâce au **Portfolio** dans le cahier d'activités.

Alter Ego + **prépare aussi l'apprenant à l'évaluation sommative**, en proposant un réel entraînement à la validation des compétences correspondant aux objectifs visés du CECRL. **Une page d'entraînement au DELF** est ainsi proposée à la fin de chaque dossier. Le dossier 4 étant le dernier pour le niveau A2, une épreuve de DELF A2 est proposée en deux parties à la fin des dossiers 5 et 6 (dossiers d'entrée pour le niveau B1) et permet d'évaluer les compétences supposées acquises à la fin du niveau A2.

Pour plus de détails sur la démarche, un dossier spécifique traite de l'évaluation et des moyens de sa mise en place aux pages 186-195 du guide.

B. LES ACTIVITÉS D'APPRENTISSAGE

1. La notion de parcours : de la compréhension à l'expression

Dans *Alter Ego +*, tout parcours d'enseignement/apprentissage correspond à un objectif pragmatique à atteindre, en relation avec une thématique. Ce parcours est clairement balisé, il a comme point de départ des activités de compréhension (signalées par les pictos : (📖) et (👂)) et comme point d'arrivée des activités d'expression (signalées par les pictos : (✍) et (🗣)), et inclut des exercices de réemploi.

En règle générale, **chaque leçon est constituée de deux parcours (un par double page) et mobilise les quatre activités langagières**.

Dans *Alter Ego +*, les compétences en réception et en expression sont travaillées à part égale, et ce dès le début de l'apprentissage. Les activités proposées dans les leçons tiennent compte des spécificités inhérentes à chacune des compétences. Les compétences en compréhension (à l'écrit, à l'oral) sont souvent travaillées en complémentarité, à l'intérieur d'un scénario donné. Ainsi, on proposera par exemple de lire un article de presse sur les jeunes effectuant des stages en entreprise puis d'écouter les témoignages recueillis par le journaliste pour son article et, enfin, de compléter les fiches « bilan de stage » correspondantes.

Les activités d'expression sont variées. Selon les objectifs fixés, des transferts sont proposés à l'oral et à l'écrit. Dans certaines activités, les deux types d'expression sont travaillés en complémentarité. On demandera par exemple aux apprenants d'échanger en petits groupes à propos de leurs relations avec leurs voisins avant d'écrire un message évoquant *La Fête des voisins*, pour le site du même nom.

Enfin, certains parcours débutent par une courte activité d'expression qui constitue une « mise en route », une sensibilisation à la thématique. Ces activités ont souvent pour déclencheur un document iconique : une affiche, une photo... Elles reposent la plupart du temps sur le vécu des apprenants. Ainsi, avant d'écouter par exemple des réactions de téléspectateurs à propos de leurs programmes préférés en soirée, on proposera aux apprenants de s'exprimer à partir d'un programme de télévision, en disant quel type d'émission les attire et quel choix ils pourraient faire pour la soirée présentée.

2. Les stratégies de compréhension

La démarche proposée dans les activités de compréhension va du plus facilement perceptible au plus difficile, du connu vers l'inconnu, du global au particulier, du sens vers les formes.
Dans la majorité des cas, on retrouve les étapes suivantes :

• Compréhension globale

Les questions et tâches proposées visent à identifier le type de document et à vérifier la compréhension de la situation de communication (le contexte) : *Qui parle ? À qui ? De quoi ? Où* et *Quand cela se passe ? Pourquoi* et *Pour quoi communique-t-on ?*

• Compréhension finalisée

Cette étape de la démarche permet d'affiner la compréhension du document. La réécoute/relecture des documents a une finalité bien définie. Chaque réexposition au support se base sur un projet de recherche : l'apprenant relit ou réécoute le document pour effectuer des tâches, pour repérer des informations précises, pour comprendre la structure discursive des textes. Les consignes sont essentiellement sémantiques : les repérages correspondent en général aux actes de parole les plus significatifs dans le document. Selon les supports, la nature et le nombre de tâches sont variables. Le travail de compréhension finalisée, essentiellement sémantique, permet d'aboutir à l'étape suivante : la conceptualisation des formes repérées, dans le *Point langue*.

3. L'acquisition des formes linguistiques

Le parcours qui mène de la compréhension à l'expression intègre un travail rigoureux sur les formes linguistiques (étapes d'observation et de formulation de règles, vérification et renforcement des acquis).

• Du sens vers les formes : l'étape de conceptualisation

Dans les *Point langue*, on revient sur les éléments repérés en compréhension finalisée et on passe à l'étape de conceptualisation. La démarche est inductive : on guide l'apprenant dans l'observation des formes linguistiques, on vérifie ses hypothèses et ses acquis.
Chaque *Point langue* correspond à un objectif, clairement indiqué. Les objectifs sont variés : ils peuvent concerner les actes de parole (formulations pour demander un produit dans un magasin, commander au restaurant, inviter quelqu'un à sortir...), la grammaire, le lexique.
Dans le parcours d'enseignement/apprentissage, le *Point langue* représente un préalable essentiel en vue des activités d'expression à venir. Chaque *Point langue* renvoie à un ou plusieurs exercices de réemploi, en fin de dossier (double page *S'exercer*). Selon les contextes, le public et les objectifs, les exercices peuvent être faits en classe ou à la maison, pour une mise en commun au cours suivant.

• L'Aide-mémoire

L'*Aide-mémoire* reprend les formulations d'actes de parole et les termes « à retenir ». Il représente une *boîte à outils* particulièrement utile pour les activités d'expression prévues en aval. En règle générale, l'*Aide-mémoire* renvoie à un exercice de réemploi, en fin de dossier (double page *S'exercer*).

• S'exercer

Les exercices de réemploi sont regroupés sur une double page, en fin de dossier. Ils permettent de réemployer immédiatement les acquisitions communicatives et linguistiques. Chaque point abordé dans les *Point langue* et les *Aide-mémoire* est ainsi repris et systématisé dans un ou deux exercices. L'enseignant peut les faire faire en classe ou à la maison.

• La phonétique

La phonétique fait partie intégrante des leçons. Les objectifs phonétiques sont étroitement liés aux objectifs pragmatiques et linguistiques travaillés en amont et en aval. Les activités visent le renforcement de l'acquisition du schéma rythmico-mélodique, l'approfondissement de l'apprentissage des sons du français et le perfectionnement de la prononciation. Elles représentent toujours, comme au niveau 1, une véritable préparation aux activités d'expression orale. Les tâches sont variées : écoute, discrimination, conceptualisation, reproduction.
La progression dans *Alter Ego + 2* se calque sur celle des objectifs pragmatiques ou linguistiques des leçons. Certains objectifs abordés au niveau 1 sont élargis dans le niveau 2. Une attention particulière est accordée à l'intonation expressive, afin de renforcer la perception auditive et de faciliter les activités d'expression orale.

• La phonie-graphie

En fin d'ouvrage, des activités de phonie-graphie sont proposées afin de faciliter l'intégration du système phonologique et orthographique de la langue. Pour chaque dossier, plusieurs activités sont proposées afin de renforcer les contenus abordés dans les leçons : par exemple, les phénomènes de continuité (liaison et enchaînement) dans la leçon 1 du dossier 7, font l'objet d'une activité de phonie-graphie pour compléter leur apprentissage. Les activités de phonie-graphie vont aussi plus loin : par exemple, les graphies des nasales ont été abordées au niveau 1 ; elles sont reprises et élargies au niveau 2, avec le travail sur d'autres graphies. Les tâches là aussi suivent une progression : écoute et observation, conceptualisation et application dans des exercices.

4. L'acquisition du lexique

En fin d'ouvrage, un lexique thématique reprenant les termes « à retenir » pour chaque leçon est proposé. Il a été conçu de manière à faciliter l'acquisition et la mémorisation du lexique. Les termes sont regroupés dans des rubriques (les personnes, les lieux, les moments, la météo, les professions...). Ils sont souvent associés à d'autres termes ou expressions afin d'enrichir la compétence lexicale. Par exemple :

une expatriation → s'expatrier ; créer → la création = fonder → la fondation ; chaleureux (euse) → la chaleur humaine ≠ froid(e) → la froideur/ distant(e) ; positif (ive) → positivement

5. Les activités d'expression

Les activités d'expression amènent l'apprenant à transférer ce qui a été travaillé dans un parcours ou tout au long de la leçon et permettent à l'enseignant de vérifier si les objectifs d'enseignement/apprentissage (pragmatiques, linguistiques, socioculturels) ont été atteints. Ces activités mettent ainsi en place une véritable évaluation formative en permettant à l'enseignant et aux apprenants d'évaluer la production et l'adéquation de l'expression et de réfléchir sur les difficultés rencontrées, afin d'y remédier.

Les activités d'expression se fondent sur les consignes données dans le livre de l'élève. Elles peuvent aussi avoir comme point de départ des documents déclencheurs : photos, publicité... qui donnent le contexte de la production. De nombreux conseils de mise en place, d'animation et de mise en commun/correction sont donnés pour chaque activité dans ce guide pédagogique.

• L'expression écrite

En fonction du niveau, les tâches se veulent variées et proches de l'authentique (rédiger un mail, un petit article, une page de blog...). Les modalités de travail sont diverses : l'apprenant est amené à écrire en classe (seul, ou en coopération avec d'autres) ou à la maison.

• L'expression orale

En fonction du niveau et du contexte, les tâches sont proches de la communication authentique ou ont une dimension imaginaire, ludique, créative. Dans l'éventail d'activités proposées, deux rubriques sont récurrentes :

– *Jouez la scène !*

Des simulations sont proposées afin d'amener les apprenants à communiquer « comme dans la vie ». Grâce à ces activités, les apprenants transfèrent leurs acquis dans des situations bien ciblées, auxquelles ils sont susceptibles d'être confrontés (passer un entretien d'embauche, réserver un hébergement par téléphone, réclamer un objet prêté...).

– *Échangez !*

Sous cet intitulé, les apprenants sont amenés à communiquer de manière plus personnelle. Il s'agit de moments où ils échangent en petits groupes à partir de leur vécu, leur avis, leur ressenti, leur propre culture.

Afin de ne pas inhiber la parole, il est recommandé de ne pas interrompre les activités d'expression orale pour corriger les erreurs des apprenants mais de prendre des notes pour procéder à une correction une fois la prise de parole terminée. Des conseils pour la mise en commun et la correction sont donnés dans ce guide pédagogique.

6. L'approche (inter)culturelle
• Le Point culture

Lorsqu'il apparaît à la suite d'une activité de compréhension, le *Point culture* amène l'apprenant à revenir sur le support étudié afin d'y interpréter des données culturelles. Il apporte des précisions ou éclaircissements sur ces données parfois implicites dans les supports. L'apprenant est aussi amené à interagir, en partageant son vécu et sa culture avec la classe. Enfin, le *Point culture* permet à l'apprenant d'accéder à des informations complémentaires concernant la société française et le monde francophone.

• Le Carnet de voyage

Le *Carnet de voyage* propose sur une double page un parcours indépendant des leçons d'apprentissage avec des activités (inter)-culturelles et interactives. Les thèmes sont en rapport avec ceux abordés dans le dossier et permettent d'aller plus loin ou d'élargir les connaissances des apprenants concernant la culture-cible. Enfin, de nombreuses activités à dominantes interactive, ludique et créative y sont proposées.

7. L'évaluation au cœur de l'apprentissage

Les outils de l'évaluation dans *Alter Ego +* :

Pages d'entraînement au DELF	→ Livre de l'élève
Fiches de réflexion *Vers le portfolio*	→ CD-Rom encarté dans le livre de l'élève
Portfolio	→ CD-Rom encarté et cahier d'activités
Tests	→ Guide pédagogique (les enregistrements des activités de compréhension orale se trouvent dans le CD classe et dans le manuel numérique)

Pour les principes, voir l'introduction à l'évaluation dans ce guide, p. 186.

Conclusion : Pour le plaisir

1. Pour le plaisir d'enseigner

Avec *Alter Ego +*, **la perspective d'enseignement est résolument positive, rassurante et gratifiante** : on part de ce que l'apprenant sait faire, de son vécu ; on va du connu vers l'inconnu, du global vers le spécifique, du sens vers les formes. Le rôle de l'enseignant est celui d'un guide qui balise les chemins à parcourir pour arriver à la réalisation de tâches, reflets du quotidien des apprenants ou faisant appel à l'imaginaire, au ludique.
L'enseignant tient compte essentiellement des réussites et des progrès des apprenants dans la réalisation des tâches, évalue leur progression au niveau de leur capacité à communiquer, envisage l'erreur dans ce qu'elle a de positif et de formateur. L'enseignant a un rôle essentiellement constructif : il facilite l'apprentissage, met en place des activités impliquantes et motivantes, aide à lever les obstacles d'ordre culturel, communicatif, linguistique, affectif.

2. Pour le plaisir d'apprendre et d'interagir

Une des priorités de ce manuel est **le plaisir d'apprendre**. Dès les premières activités, tout contribue à faciliter les interactions et à donner envie de communiquer en langue étrangère. Pour ce faire, les activités prévoient des modalités de travail variées (grand groupe, petits groupes, travail individuel) qui amènent tout naturellement à créer des échanges riches et alternés (enseignant/apprenants et entre apprenants en autonomie, dans des prises de parole diversifiées). Au cours d'une même leçon, l'espace-classe se modifie grâce à l'alternance entre les activités « calmes » et les activités « dynamiques ». Dès le début de l'apprentissage, les apprenants sont amenés à se déplacer dans la classe afin qu'ils se sentent rapidement à l'aise pour participer à des jeux de rôles et à des activités ludiques. Les interactions sont aussi favorisées grâce aux situations mises en place qui sont proches de la vie. Elles amènent l'apprenant à avoir véritablement quelque chose à dire à l'autre et à apprendre de l'autre, ce qui constitue les bases d'une communication véritable et de la coopération en classe.
Dans une démarche actionnelle, tout passe par l'expérience du sujet-apprenant : **l'apprentissage se fait par l'action, la réalisation de tâches**, et à travers le regard que l'apprenant porte sur la réussite de ces tâches.
Pour susciter le désir d'apprendre et d'interagir en langue étrangère, on prend en compte l'être-apprenant dans sa globalité, en mobilisant ses différents canaux sensoriels et en faisant appel à son ressenti, à son vécu et à son imaginaire.
Le pari d'*Alter Ego +* : l'envie amène au plaisir d'apprendre et… par voie de conséquence, à mieux apprendre.

Leçon 1 **Mon alter ego** > Livre de l'élève p. 16-19

Contenus socioculturels • Thématiques

Les relations amicales

Objectifs sociolangagiers

Objectifs pragmatiques

Parler d'une relation amicale	– comprendre des échanges sur un réseau social, définissant les relations amicales – comprendre des témoignages oraux sur des amis – donner une définition – parler de ses relations amicales
Décrire le caractère d'une personne	– comprendre un hommage (oral/écrit) à quelqu'un – comprendre la caractérisation psychologique d'une personne/les qualités d'une personne – rendre hommage à quelqu'un par écrit : parler de sa relation avec une personne, décrire le caractère d'une personne (défauts, qualités)

Objectifs linguistiques

Grammaticaux	– les pronoms relatifs *qui, que, à qui* – les structures pour donner une définition : *c'est* + infinitif, *c'est quand* + phrase, *c'est* + nom + proposition relative – le passé composé avec *être* et l'accord du participe passé (rappel)
Lexicaux	– termes liés aux relations amicales > Lexique thématique : – les qualificatifs et les noms pour parler de la personnalité livre de l'élève p. 196
Phonétiques	– discrimination *qu'elle, qui elle, qui, qui il* ou *qu'il* – phonie-graphie : le son [i] et ses graphies, distinction [o-i] et [a-i] ; [wa] et [ε] ; homophones de [kεl]

Scénario de la leçon

La leçon se compose de deux parcours :

Dans le premier parcours (p. 16-17), les apprenants liront des échanges sur un réseau social, à propos des relations amicales. Ils écouteront ensuite des témoignages sur le même thème. En fin de parcours, ils seront amenés à donner une définition de l'amitié et des différents types d'amis. Ils s'exprimeront aussi à partir de leur vécu, en parlant d'un ami.

Dans le deuxième parcours (p. 18-19), ils découvriront une émission de télévision au cours de laquelle des anonymes peuvent rendre hommage à quelqu'un d'important dans leur vie. Ils écouteront une personne qui s'exprime à l'antenne et liront des messages d'autres qui souhaitent le faire. En fin de parcours, ils écriront à leur tour un mail où ils évoqueront quelqu'un à qui ils aimeraient rendre hommage dans cette émission.

› Parler d'une relation amicale

■ Comprendre Écrit	■ Comprendre Oral	■ Point langue	■ Aide-mémoire	■ Phonétique	■ S'exprimer Oral/Écrit	■ S'exprimer Oral
Act. 1 et 2	Act. 3	Les pronoms relatifs *qui, que, à qui* pour donner des précisions → S'exercer n° 1 et 2	→ S'exercer n° 3 et 4	Act. 4	Act. 5	Act. 6

Échanges sur un réseau social   Témoignages

┈┈⟡ OBJECTIF DES ACTIVITÉS 1 ET 2

⦂ Comprendre des échanges sur un réseau social, concernant les différents types d'amis et leurs définitions.

1 **1.** Avant d'effectuer l'activité, faire identifier le document : *il s'agit d'une page du réseau social Facebook*. Puis faire observer la page afin d'identifier ses principales parties : bandeau avec informations sur l'utilisateur, liste d'amis, mur avec le fil d'actualité (messages de l'utilisateur et de ses amis). Vérifier au fur et à mesure la compréhension des termes.
Variante : on peut aussi commencer par cacher le mot « Facebook » sur la bande bleue et dans l'adresse du site, afin de faire identifier la page à l'aide des autres éléments : *mur, amis*, etc.
2. Faire effectuer l'activité en veillant à vérifier la compréhension de l'expression « son actualité » : *c'est son message du moment*. Demander ensuite de lire le « fil d'actualité » afin d'identifier l'objet du message de Romain et les réponses de ses amis. En grand groupe, vérifier la compréhension globale du message de Romain et faire trouver sur quoi portent les messages de ses amis : *ils répondent à sa demande en citant et définissant différentes catégories d'amis, ainsi que l'amitié.*

> **CORRIGÉ**
>
> **1.** Romain Tavernier est journaliste. Il a fait ses études à Nancy et il travaille chez psycho.com. Il est né le 26 octobre.
> **2.** Dans son fil d'actualité, il annonce qu'il va faire un article sur l'amitié et demande de lui fournir des définitions et des témoignages.

2 Faire faire l'activité par deux. Lors de la mise en commun en grand groupe, vérifier la compréhension du lexique.

> **CORRIGÉ**
>
> **a)** l'ami d'enfance, l'ami du sexe opposé, l'ami virtuel, l'ami d'intérêt, l'ami(e) pote, le (la) meilleur(e) ami(e), l'ami collègue, l'ami confident, l'ami distant, l'ami « toxique ».
> **b)** – L'ami d'intérêt : « [c'est l'ami] qui est utile, c'est tout ».
> – L'ami virtuel : « c'est une personne qui est dans nos contacts, quelqu'un qu'on ne connaît pas forcément dans la vraie vie mais qui partage des choses avec nous ».
> – L'ami(e) pote : « c'est le copain ou la copine que j'appelle quand j'ai envie de sortir mais à qui je ne raconte pas de choses personnelles ».
> – Le ou la meilleur(e) ami(e) : « C'est quelqu'un qui connaît tout de notre vie, qui nous accepte comme on est ; c'est la personne à qui on dit tout et à qui on peut tout demander ; quelqu'un qu'on peut voir tous les jours sans jamais en avoir marre ».
> – L'ami « toxique » : « [c'est] l'ami que vous aimez bien mais qui pose toujours problème ».
> **c)** – « L'amitié, c'est quand on s'entend bien, c'est une relation qui est basée sur la confiance, c'est quand on se sent bien avec l'autre, même si on est différents ».
> – « L'amitié, c'est un lien qui est souvent plus durable que l'amour et qu'on ne peut pas définir en une phrase ! »

┈┈⟡ OBJECTIF DE L'ACTIVITÉ 3

⦂ Comprendre des témoignages oraux sur des relations amicales.

3 Avant d'effectuer l'activité, faire écouter une première fois l'enregistrement afin d'identifier le contexte : *il s'agit de témoignages de personnes que Romain interroge ; chaque personne parle d'un ami illustrant un type de relation amicale*. Faire écouter une deuxième fois l'enregistrement afin d'effectuer l'activité. Lors de la mise en commun en grand groupe, ne pas hésiter à faire réécouter si nécessaire.

CORRIGÉ

1. L'ami confident : « c'est l'ami à qui je confie tout, mes problèmes, mes doutes sur les relations amoureuses... L'ami du sexe opposé : « On n'a jamais été amoureux l'un de l'autre... ».
2. L'amie toxique : « elle est tout le temps déprimée, elle n'arrête pas de se plaindre ! J'essaie de l'aider, mais c'est moi qui rentre à la maison déprimée... ».
3. L'ami collègue : « On parle du boulot, de la vie de l'entreprise/on ne se voit jamais à l'extérieur... ».

POINT *Langue*

Les pronoms relatifs *qui, que, à qui* pour donner des précisions

Ce Point langue permet de conceptualiser les pronoms relatifs *qui, que, à qui* pour donner des précisions
a) Faire relire les échanges de la page Facebook (p. 16) pour compléter les définitions.
b) À partir des définitions complétées, faire observer la fonction de *qui, à qui* et *que*.
Amener à observer que *qui* et *que* peuvent représenter des êtres vivants ou des choses, tandis que *à qui* se réfère uniquement à des personnes.

CORRIGÉ

a) – L'ami-pote, c'est le copain *que* j'appelle pour sortir mais *à qui* je ne raconte pas de choses personnelles.
– La meilleure amie, c'est la personne *qui* connaît tout de notre vie, *à qui* on peut tout demander, *qu*'on peut voir tous les jours.
– L'amitié est une relation *qui* est basée sur la confiance. C'est un lien *qu*'on ne peut pas définir en une phrase.
b) Le pronom *qui* est le sujet du verbe qui suit. Le pronom *que* est le COD du verbe qui suit et le pronom *à qui* est le COI du verbe qui suit.

→ **L'Aide-mémoire** se compose de deux parties. La première partie reprend et fixe des formules qui permettent de donner une définition. La deuxième partie reprend et élargit le lexique des relations amicales. À propos des verbes, il est utile de revenir sur leur construction directe ou indirecte : *confier quelque chose **à** quelqu'un / faire une confidence **à** quelqu'un – s'entendre bien **avec** quelqu'un / ne pas s'entendre **avec** quelqu'un – avoir confiance **en** quelqu'un*. Il est aussi utile d'insister sur la différence de sens entre *confier quelque chose **à** quelqu'un = faire une confidence **à** quelqu'un* et *avoir confiance **en** quelqu'un* = être sûr de la sincérité et de l'honnêteté d'une personne à notre encontre.

⋯⊹ OBJECTIF DE L'ACTIVITÉ 4

⋮ **Phonétique : distinction** *qu'il/qu'elle – qui elle/qui il – qui/qu'il.*

4 L'activité proposée a pour but de vérifier que les apprenants entendent bien la différence entre ces formes. Faire écouter l'enregistrement une première fois afin d'identifier les phrases prononcées. Faire réécouter lors de la mise en commun en grand groupe (écoute séquentielle recommandée).

CORRIGÉ

1a – 2b – 3b – 4b – 5a

⋯⊹ OBJECTIF DE L'ACTIVITÉ 5

⋮ **Transférer les acquis en écrivant un message sur un réseau social pour donner sa définition de l'amitié et**
⋮ **de différents types de relations amicales.**

5 **1.** Tout d'abord, proposer aux apprenants de rédiger une définition personnelle de l'amitié. Puis former des petits groupes afin que les apprenants comparent leurs définitions. L'enseignant peut procéder à une mise en commun en grand groupe à ce stade, ou passer directement à l'étape suivante.
2. Faire effectuer l'activité, toujours en petits groupes. Procéder à une mise en commun en grand groupe.
3. Proposer aux apprenants de rédiger un message à Romain sur Facebook, pour répondre à sa demande. Cette tâche est à faire individuellement, à la maison par exemple.

⋯⬦ OBJECTIF DE L'ACTIVITÉ 6

⦂ **Transférer les acquis en parlant de ses relations amicales.**

Constituer des petits groupes pour échanger sur les types d'amis. Chaque apprenant parle d'un(e) de ses ami(e)s pour illustrer l'une des catégories vues dans le parcours. Demander à chaque sous-groupe de nommer un rapporteur, en vue de la mise en commun en grand groupe.

❯ Décrire le caractère d'une personne

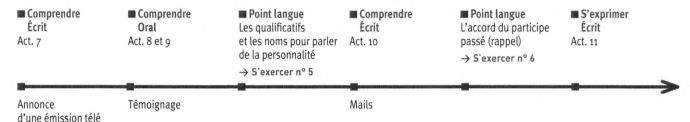

■ Comprendre Écrit	■ Comprendre Oral	■ Point langue Les qualificatifs et les noms pour parler de la personnalité	■ Comprendre Écrit	■ Point langue L'accord du participe passé (rappel)	■ S'exprimer Écrit
Act. 7	Act. 8 et 9	→ S'exercer n° 5	Act. 10	→ S'exercer n° 6	Act. 11

Annonce d'une émission télé · Témoignage · Mails

⋯⬦ OBJECTIF DE L'ACTIVITÉ 7

⦂ **Comprendre un appel à participation à une émission de télévision.**

7 Tout d'abord, faire observer l'annonce de Canal 1 et en vérifier la compréhension globale : *il s'agit d'une annonce d'une chaîne de télévision (Canal 1) qui propose une émission d'une minute, chaque soir à 20 h 40*. Faire l'activité en grand groupe, en veillant à faire repérer comment les personnes qui désirent participer peuvent laisser leur témoignage : *en laissant un message sur répondeur ou par mail*.

CORRIGÉ

a) Objectif de l'annonce : appel à témoignages pour une émission de télévision.
b) Titre de l'émission : « Je suis venu vous parler de… ». Chaque soir, l'émission permet à une personne de parler pendant une minute à la télévision pour rendre hommage à quelqu'un qui est important pour elle.

⋯⬦ OBJECTIF DES ACTIVITÉS 8 ET 9

⦂ **Comprendre un témoignage rendant hommage à quelqu'un et décrivant sa personnalité.**

8 Faire écouter l'enregistrement et en vérifier la compréhension globale : *Catherine témoigne à propos de son amitié avec une personne importante pour elle*. Faire faire le lien avec l'annonce de Canal 1, pour trouver le contexte du témoignage. Faire l'activité en grand groupe.

CORRIGÉ

1. Catherine parle de Jean.
2. Ils sont amis.
3. Jean était le professeur de dessin de Catherine au collège, quand elle avait 14 ans.

9 Faire réécouter l'enregistrement afin de retrouver les traits de caractère de Jean, parmi ceux de la liste. En fonction du niveau du groupe, vérifier d'abord la compréhension des termes. Proposer aux apprenants de comparer leurs réponses par deux avant la mise en commun en grand groupe.

CORRIGÉ

Dans l'enregistrement, la personne = Jean. Il est tolérant, patient, intéressant (« toujours capable d'intéresser les élèves » – « passionnant »), généreux, disponible, chaleureux, il a de l'humour (« il est très drôle »).

POINT *Langue*

Les qualificatifs et les noms pour parler de la personnalité

Ce Point langue vise à conceptualiser le lexique de la caractérisation découvert dans la leçon. Il permet aussi d'établir des correspondances entre qualificatifs (adjectifs) et caractéristiques de la personnalité (noms). Proposer aux apprenants d'effectuer l'activité par deux. Lors de la mise en commun en grand groupe, vérifier la compréhension du lexique et les mises en relation noms/adjectifs.

CORRIGÉ

a) Qualités : la patience ; la compétence ; la tolérance ; passionnant ; intéressant ; la disponibilité ; la curiosité ; généreux ; chaleureux ; l'humour.
Défauts : impatient ; l'autorité ; agressif ; la froideur ; l'égoïsme.
b) impatient(e) → *l'impatience* ; *compétent(e)* → la compétence ; *tolérant(e)* → la tolérance ; *autoritaire* → l'autorité ; *disponible* → la disponibilité ; agressif/ive → *l'agressivité* ; *curieux(euse)* → la curiosité ; généreux/euse → la *générosité* ; *froid(e)* → la froideur ; *égoïste* → l'égoïsme

⋯⋰ OBJECTIF DE L'ACTIVITÉ 10

⋮ **Comprendre un mail où l'on parle d'une relation avec une personne et où l'on décrit sa personnalité.**

10 Avant d'effectuer l'activité, revenir rapidement sur le contexte de départ, à savoir l'appel à témoignages de Canal 1. Puis, faire lire les deux mails et en vérifier la compréhension globale : *Antoine et Claire écrivent pour participer à l'émission de Canal 1 ; ils écrivent à propos de personnes à qui ils voudraient rendre hommage.* Faire faire l'activité individuellement, puis comparer les réponses par deux avant la mise en commun en grand groupe.

CORRIGÉ

– Antoine rend hommage à Juliette, sa grand-mère paternelle. / Claire rend hommage à Christine, une grande amie.
– Juliette est une femme intelligente, généreuse et joyeuse, qui adore les enfants. / Christine est expansive et brillante.
– Juliette s'est beaucoup occupée d'Antoine dans son enfance, elle a été présente à tous les moments importants de sa vie.
– Christine et Claire se sont rencontrées dans un train. Christine est plus qu'une amie, elle est devenue l'alter ego de Claire, qui lui doit beaucoup.

POINT *Langue*

L'accord du participe passé (rappel)

Ce Point langue vise à faire réviser l'accord du participe passé, à partir de l'observation de phrases extraites des deux mails précédents.
a) et **b)** Faire observer les phrases données afin de compléter la règle en grand groupe.

CORRIGÉ

b) Au passé composé :
– on utilise l'auxiliaire *être* pour tous les verbes pronominaux et les quinze verbes : *aller/venir, monter/descendre, arriver/partir, entrer/sortir, naître/mourir, rester, retourner, tomber, devenir, passer*. Le participe passé s'accorde avec le sujet.
– on utilise l'auxiliaire *avoir* pour tous les autres verbes. Le participe passé ne s'accorde pas avec le sujet.

⋯⋰ OBJECTIF DE L'ACTIVITÉ 11

⋮ **Transférer les acquis en rédigeant un mail pour rendre un hommage à quelqu'un.**

11 Les apprenants sont mis en situation de participer à l'émission. Leur proposer d'écrire un mail dont la matrice discursive correspond à celle des documents travaillés dans l'activité 10 : ils doivent présenter la personne, préciser quel est leur lien avec elle, décrire son caractère et donner des précisions sur leur relation, leur rencontre. La rédaction se fait seul, en classe ou à la maison.

Variante : En fonction du groupe, on pourra constituer un « jury », représentant les animateurs de l'émission, qui lira et sélectionnera les témoignages les plus intéressants. Les personnes concernées seront invitées à témoigner auprès du groupe.

Corrigés S'exercer • Leçon 1

1. qui m'adorent – qui m'envoient – que je ne connais pas – qui me connaissent – que je reçois – que je regrette – qui m'attriste

2. qui habitait – que j'aimais – que je n'apprécie pas – à qui je ne plais pas – que je fréquente – qui sont – qui cherchent – à qui je parle

3. a) 1. Le copain de classe, c'est quelqu'un qu'on voit tous les jours sans le connaître vraiment.

2. L'ami de la famille, c'est une personne que mes parents reçoivent souvent.

3. Un confident, c'est quelqu'un à qui je peux parler de mes joies et de mes peines.

4. L'amitié amoureuse, c'est une relation complexe qui peut se transformer en amour.

5. Le partage, c'est quand on se dit tout.

b) *Corrigés à titre indicatif :*

L'ami de la famille, c'est quelqu'un que ma famille fréquente régulièrement.

Un confident, c'est quelqu'un qui m'écoute sans me juger.

L'amitié amoureuse, c'est quand on est ami et en même temps un peu amoureux de quelqu'un.

Le partage, c'est un échange authentique entre deux personnes.

4. [...] je n'avais pas d'*amis*, [...] à qui faire des *confidences* [...]. [...] liste de *contacts* ! [...] une simple *connaissance* pour moi [...]. [...] une véritable *amitié* est née : nous *nous entendons* parfaitement et il y a une grande *complicité* entre nous. [...] je peux tout lui *confier*. [...] lui aussi a *confiance* en moi et je suis fier d'être son *confident*.

5. *Corrigé à titre indicatif :*

Une personne *curieuse*, c'est une personne qui veut tout savoir. → *la curiosité*

Une personne *disponible*, c'est une personne qui est toujours là quand on a besoin d'elle. → *la disponibilité*

Une personne *tolérante*, c'est une personne qui accepte les différences des autres. → *la tolérance*

Une personne *patiente*, c'est une personne qui est calme et qui sait attendre. → *la patience*

Une personne *autoritaire*, c'est une personne qui aime bien donner des ordres, commander. → *l'autorité*

Une personne *impatiente*, c'est une personne qui ne supporte pas d'attendre, s'énerve facilement. → *l'impatience*

Une personne *agressive*, c'est une personne qui a un comportement violent, qui utilise la force. → *l'agressivité*

Une personne *égoïste*, c'est une personne qui pense uniquement à elle-même. → *l'égoïsme*

Une personne *froide*, c'est une personne qui n'exprime pas/peu de sentiments envers les autres → *la froideur*

Une personne *compétente*, c'est une personne qui a des connaissances et des capacités dans un domaine précis. → *la compétence*

6. vécu – partagé – disputés – trouvé – dû – grandi – aidés – nés

→ **Voir aussi le Cahier d'activités** | **p. 4-8**

Voisins, voisines

> Livre de l'élève
p. 20-23

Contenus socioculturels • Thématiques

Les relations de voisinage

Objectifs sociolangagiers

Objectifs pragmatiques

Rapporter des paroles	– comprendre un court article de presse évoquant un évènement et le rôle d'une personne – comprendre des bribes de conversations où l'on mentionne les qualités de quelqu'un et où l'on rapporte des paroles – donner son avis sur une initiative citoyenne – rapporter les paroles de quelqu'un
Évoquer des changements positifs	– comprendre des messages de réactions positives, suite à un évènement – comprendre la comparaison d'une situation actuelle et d'une situation passée – comprendre l'expression d'un mécontentement – parler de ses relations de voisinage – exprimer des réactions, des impressions – décrire des changements, faire des comparaisons

Objectifs linguistiques

Grammaticaux	– le discours indirect au présent – l'imparfait : rappel de la morphologie – l'imparfait et le présent pour comparer (rappel) – structures de la comparaison
Lexicaux	– termes liés au voisinage > Lexique thématique : livre de l'élève p. 196
Phonétiques	– rythme et intonation au discours indirect

Scénario de la leçon

La leçon se compose de deux parcours :

Dans le premier parcours (p. 20-21), les apprenants découvriront les initiatives *La Fête des voisins* et *Voisins solidaires* à partir d'une affiche et d'un article de presse. Puis, ils écouteront des bribes de conversation où l'on décrit les fonctions et les qualités d'un gardien d'immeuble et où l'on rapporte des paroles. En fin de parcours, les apprenants seront amenés à élaborer une affiche annonçant une action menée dans le cadre du programme *Voisins solidaires*. Ils rapporteront à cette occasion les paroles exprimées par les personnages figurant sur l'affiche.

Dans le deuxième parcours (p. 22-23), les apprenants liront une page de site Internet où des habitants témoignent à propos de *La Fête des voisins* dans leur immeuble, et évoquent les changements positifs intervenus suite à cette fête. Puis, ils écouteront une situation où quelqu'un exprime son mécontentement par rapport à des relations de voisinage et des changements dans la vie d'un immeuble. À la fin de la leçon, ils s'exprimeront sur leurs relations avec leurs voisins en répondant à un test sur ce thème. Ils seront aussi invités à écrire un message pour le site Internet www.immeublesenfete.com, afin de donner leurs impressions et leur avis sur *La Fête des voisins*.

❯ Rapporter des paroles

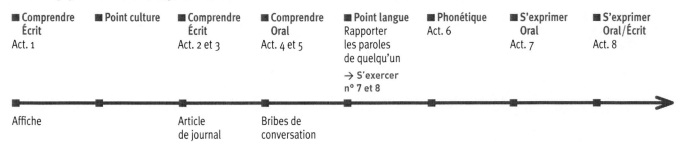

■ Comprendre Écrit
Act. 1

■ Point culture

■ Comprendre Écrit
Act. 2 et 3

■ Comprendre Oral
Act. 4 et 5

■ Point langue
Rapporter les paroles de quelqu'un
→ S'exercer n° 7 et 8

■ Phonétique
Act. 6

■ S'exprimer Oral
Act. 7

■ S'exprimer Oral/Écrit
Act. 8

Affiche

Article de journal

Bribes de conversation

⋯⫶ OBJECTIF DE L'ACTIVITÉ 1

⫶ **Comprendre une affiche annonçant un programme d'incitation à la solidarité entre voisins.**

❶ Faire observer le document afin de l'identifier : *il s'agit d'une affiche du programme* Voisins solidaires. Faire observer les différents indices qui permettent de faire des hypothèses sur cette initiative : l'inscription « les bons côtés d'être à côté », les bulles où il est question de services rendus à des voisins, les dessins qui représentent des services que l'on peut rendre aux voisins (arroser les plantes, faire du bricolage…) et des personnes susceptibles d'avoir besoin d'aide (une personne âgée, une maman…). L'activité se fait en grand groupe.

CORRIGÉ

Le programme *Voisins solidaires* vise à favoriser la solidarité, l'échange, la convivialité, l'entraide entre voisins. Dans plusieurs « bulles », il est question de rendre service à quelqu'un. Le sous-titre « Les bons côtés d'être à côté » résume bien les idées-force du programme.

POINT Culture

Ce Point culture vise à mieux faire comprendre le contexte de la leçon en faisant connaître deux initiatives de l'association *Immeubles en fête : Voisins solidaires* et *La Fête des voisins*.
Faire lire le Point culture et faire répondre aux questions par deux avant la mise en commun en grand groupe.

CORRIGÉ

• Les deux programmes visent à renforcer les relations de proximité afin de lutter contre l'isolement dans les villes.
• ***La Fête des voisins***
Objectif : inciter les habitants à se rencontrer, favoriser le « mieux vivre » ensemble.
Caractéristiques : « une fois par an, les voisins se retrouvent autour d'un verre ou d'un repas – c'est un moment de convivialité pour "mieux" se connaître. »
Voisins solidaires
Objectif : « renforcer les petits services entre voisins et favoriser une solidarité de proximité. »
Caractéristiques : « Il s'agit de mettre en place un programme d'actions liées à des circonstances spécifiques : *L'été des voisins* (au moment des vacances), *Grand froid, Ascenseur en travaux, Le Noël des voisins, Un voisin malade*… »

⋯⫶ OBJECTIF DES ACTIVITÉS 2 ET 3

⫶ **Comprendre un court article de presse évoquant un évènement et le rôle d'une personne.**

❷ Avant d'effectuer l'activité, faire identifier le document : *il s'agit d'un article d'après le journal* Aujourd'hui en France, *dans la rubrique intitulée* Vivre mieux. Faire repérer le titre : *Ici, pas de fête sans Alain le gardien* en le mettant en relation avec la photo. Proposer aux apprenants de lire l'article pour expliquer le titre (notamment en ce qui concerne la fête mentionnée). Cette activité peut se faire par deux avant la mise en commun en grand groupe. Faire remarquer à cette occasion qu'en français contemporain le terme *gardien* est en train de remplacer le terme plus ancien de *concierge* (figurant dans le chapeau de l'article).

CORRIGÉ

Alain est l'organisateur de *La Fête des voisins* dans l'immeuble où il travaille comme gardien.

3 Faire relire l'article afin d'effectuer l'activité individuellement ou par deux. Lors de la mise en commun en grand groupe, faire remarquer que la fiche « Descriptif du poste » est incomplète (le bas est déchiré) et que donc les tâches d'Alain ne se limitent pas aux quatre identifiées.

CORRIGÉ

a) Alain est « logé sur place » ; sa fonction est : gardien ; son lieu de travail : 223-225 rue de Charenton à Paris (12e) ; le nombre de résidents : 250 locataires et propriétaires.
Ses tâches professionnelles :
– entretenir les cages d'escalier
– surveiller les allées et venues
– réceptionner les colis
– s'occuper des plantes/fleurs dans la cour
b) Autres actions d'Alain :
– nourrir les chats des résidents en vacances
– aider les résidents en cas de problème
– se lever en pleine nuit quand il y a une fuite d'eau
– organiser *La Fête des voisins*

⋯⋮ OBJECTIF DES ACTIVITÉS 4 ET 5

⋮ **Comprendre des bribes de conversation avec des paroles rapportées et des informations sur les qualités**
⋮ **d'une personne.**

4 Faire écouter l'enregistrement et en vérifier la compréhension globale : *il s'agit de bribes de conversation pendant* La Fête des voisins. Vérifier que les apprenants font bien le lien avec l'article qu'ils viennent de lire : *c'est pendant* La Fête des voisins *organisée par Alain, le gardien dont on parle dans l'article.* Faire l'activité après la première écoute, en grand groupe.

CORRIGÉ

1. Les personnes qui s'expriment sont des habitants de l'immeuble et Alain (le gardien de l'immeuble cité dans l'article de journal, p. 20).
2. Les habitants de l'immeuble parlent d'Alain, leur gardien. Alain parle des personnes qui viennent dans l'immeuble ou qui y vivent. Les trois résidents parlent très positivement de leur gardien.

5 Faire réécouter l'enregistrement pour faire relever individuellement les déclarations qui aideront à choisir et à justifier les qualités d'Alain. Faire comparer ensuite les notes par deux avant la mise en commun en grand groupe. Ne pas hésiter à revenir sur l'enregistrement pour confirmer certaines réponses.

Pour aller plus loin : le relevé au tableau ou projeté (TNI) à la classe pourra servir de transition vers le Point langue. Faire remarquer que dans les déclarations, il y a des paroles rapportées et faire imaginer pour chaque phrase, le discours direct. Faire observer les transformations entre les deux formes de discours.

CORRIGÉ

Alain est : – aimable → « Toujours un petit mot gentil. Il nous demande comment ça va, si la journée s'est bien passée. »
– vigilant → « on se sent en sécurité avec lui, il surveille bien l'immeuble ! »
« Quand je vois une personne que je ne connais pas, je l'arrête et je lui demande ce qu'elle fait, chez qui elle va. »
– serviable → « quand on lui demande de nourrir le chat, d'arroser les plantes, il est toujours là, il est toujours disponible. »
– modeste → « les gens disent qu'ils sont contents de moi. Mais j'aime mon métier, tout simplement. »

POINT *Langue*

Rapporter les paroles de quelqu'un

Ce Point langue permet de conceptualiser les différentes structures pour rapporter les paroles de quelqu'un.
a) Faire associer les éléments des deux colonnes. Lors de la mise en commun en grand groupe, faire observer les transformations du discours direct en discours indirect.
b) Faire compléter la règle en grand groupe. À la fin de l'activité, on pourra vérifier la compréhension de la règle en faisant trouver d'autres exemples à partir de ce que l'on peut demander à un gardien et de ce qu'il peut dire aux gens de l'immeuble.

⇒⇒⇒

CORRIGÉ

a) 1 d – 2 f – 3 e – 4 c – 5 b – 6 a
b) le verbe *demander* + **si**
le verbe *demander* + **ce que**
les verbes *demander, conseiller, dire, proposer*, etc. + **de** + verbe à l'infinitif
le verbe *dire* + **que**

⋯⟩ OBJECTIF DE L'ACTIVITÉ 6

⋮ **Phonétique : rythme et mélodie dans le discours indirect au présent (groupes rythmiques).**

6 Procéder à l'écoute et demander aux apprenants d'indiquer si la voix monte ou si elle descend après chaque groupe rythmique (petites unités sémantiques ou syntaxiques de deux à quatre syllabes en moyenne). Symboliser cette montée de voix par un geste de la main qui va vers le haut quand la voix monte ou vers le bas quand la voix descend. Il est possible de prolonger cette activité d'écoute par une conceptualisation en demandant aux apprenants s'ils remarquent une reprise du souffle quand la voix descend. Indiquer alors qu'on appelle ce type de groupe, un groupe de souffle, et qu'il peut comprendre un ou plusieurs groupes rythmiques (il correspond à un énoncé complet – comme une phrase à l'écrit – alors que le groupe rythmique correspond à une plus petite unité de sens faisant partie de cet énoncé). Terminer en faisant répéter après une nouvelle écoute séquentielle par quelques apprenants sollicités à tour de rôle, en veillant au respect du rythme et de l'intonation.

CORRIGÉ

a) 1. Le matin ↗ il nous demande toujours ↗ comment ça va ↘.
2. Je lui demande ↗ ce qu'elle fait ici ↗ et chez qui elle va ↘.
3. Les gens ↗ disent souvent ↗ qu'ils sont contents de moi ↘.

⋯⟩ OBJECTIF DE L'ACTIVITÉ 7

⋮ **Parler de son vécu et donner son avis à propos d'un évènement de voisinage.**

7 Faire effectuer l'activité en sous-groupes. Si possible, former des groupes hétérogènes (origine, âge, sexe…) et faire choisir un rapporteur en vue de la mise en commun en grand groupe.
Variante : cette activité peut être faite après l'activité de compréhension écrite (act. 3).

⋯⟩ OBJECTIF DE L'ACTIVITÉ 8

⋮ **Transférer les acquis en élaborant une affiche pour une campagne d'incitation à la solidarité entre voisins.**

8 Avant de faire l'activité, revenir sur le Point culture, où sont mentionnées certaines actions du programme *Voisins solidaires* : *L'Été des voisins* (au moment des vacances), *Grand froid* (en hiver), *Ascenseur en travaux* (dans les grands immeubles), *Le Noël des voisins, Un voisin malade*… (cf. www.voisinssolidaires.fr). Former des petits groupes. Demander à chaque groupe de choisir une action à mettre en place et d'élaborer une affiche comme celle de l'activité 1, avec des « bulles » rapportant des paroles (ou des pensées). Pendant la mise en commun, faire rapporter les paroles inscrites dans les bulles au reste du groupe, qui doit identifier la circonstance choisie.

Pour aller plus loin : choisir une ou deux affiches représentant d'autres actions menées par *Voisins solidaires* (www.voisinssolidaires.fr/boite-a-outils), afin de faire connaître un peu plus la campagne menée. Proposer aux apprenants d'envisager d'autres actions favorisant la solidarité entre voisins. Ensuite, effectuer la démarche proposée dans l'activité.

❯ Évoquer des changements positifs

| ■ Comprendre Écrit Act. 9 et 10 | ■ Point langue Comparer avant et maintenant → S'exercer n° 9 | ■ Comprendre Oral Act. 11 et 12 | ■ Point langue Faire une comparaison → S'exercer n° 10 et 11 | ■ Comprendre Écrit ■ S'exprimer Oral Act. 13 | ■ S'exprimer Écrit Act. 14 |

Témoignages   Dialogue   Test sur le voisinage

····❖ **OBJECTIF DES ACTIVITÉS 9 ET 10**

⋮ **Comprendre une page de site où l'on réagit positivement à un évènement et où l'on évoque des changements.**

9 Tout d'abord, faire identifier le document : *il s'agit de témoignages de résidents d'un immeuble sur le site* www.immeublesenfete.com, *suite à une fête des voisins.* Faire faire l'activité individuellement. Lors de la mise en commun en grand groupe, on peut aller plus loin en faisant observer que toutes les personnes réagissent positivement à cette initiative (Merci *Immeubles en fête !* **Bravo** *pour cette belle initiative !* – **Vive** La Fête des voisins ! – **Il n'y a pas mieux** qu'Immeubles en fête *pour faire des rencontres !*).

CORRIGÉ

1. Les auteurs sont des habitants d'un immeuble : E. Lacan, C. Mazanet, les dames du 7ᵉ, Thomas et Charlotte.
2. Leur point commun : les personnes ont participé à *La Fête des voisins* et évoquent les changements survenus dans leur immeuble à la suite de cette fête.
3. Les deux personnes (Thomas et Charlotte) qui écrivent le message se sont rencontrées grâce à *La Fête des voisins* ; elles annoncent leur prochain mariage.

10 Faire relire les messages afin de repérer et classer les changements évoqués entre la situation actuelle et la situation avant *La Fête des voisins*. Faire faire l'activité par deux. Lors de la mise en commun en grand groupe, la transition vers le Point langue pourra être facilitée si l'on effectue une grille à double entrée (cf. corrigé).

CORRIGÉ

	Avant	Maintenant
Emmanuel	Je ne parlais qu'à une personne dans l'immeuble, mon voisin de palier !	J'échange avec tout le monde. [...] j'ai l'impression d'habiter dans un village. Ma vie est bien plus agréable qu'avant, grâce à vous.
Corinne		*Immeubles en fête*, c'est moins d'indifférence, plus d'échanges et une meilleure qualité de vie pour tous !
Les dames du 7ᵉ	On ne se parlait pas autant, on se saluait et on se disait juste 2 ou 3 mots, mais c'était très superficiel.	On se voit avec plaisir, on parle et on se rend des services plus souvent qu'avant.
Thomas	Je ne connaissais personne.	Nous vous annonçons notre mariage proche.
Charlotte	Je ne connaissais personne.	

POINT *Langue*

Comparer *avant* et *maintenant*

Ce Point langue sert à réviser l'utilisation de l'imparfait et du présent pour comparer/évoquer une situation ancienne (avant) et une situation actuelle (maintenant). Il sert aussi à revoir la morphologie de l'imparfait. La première partie du Point langue peut être faite individuellement ou par deux, avant la mise en commun en grand groupe. Puis effectuer la deuxième partie du Point langue en faisant énoncer la règle par les apprenants.

CORRIGÉ

a)

Évoquer une situation ancienne (avant)	Évoquer une situation actuelle (maintenant)
On se disait juste 2 ou 3 mots.	On parle et on se rend des services plus souvent.
Nous ne connaissions personne.	Nous annonçons notre mariage.
Je ne parlais qu'à une personne.	J'échange avec tout le monde.

b) La base est identique à la base de la 1ʳᵉ personne du présent de l'indicatif. Les terminaisons sont : *-ais*, *-ais*, *-ait*, *-ions*, *-iez*, *-aient*.
Variante : se servir directement de la grille effectuée lors de la mise en commun de l'activité 10, comme corpus d'observation. Faire retrouver les phrases où l'on compare/évoque une situation ancienne/actuelle puis faire énoncer la règle de la partie **b)**.

⋯⋗ OBJECTIF DES ACTIVITÉS 11 et 12

⋮ **Comprendre quelqu'un qui exprime son mécontentement en comparant une situation actuelle et une**
⋮ **situation passée.**

11 Faire écouter l'enregistrement une première fois et vérifier la compréhension globale en posant les questions de l'activité au grand groupe.

CORRIGÉ

Chez le coiffeur, une cliente assez désagréable parle avec la coiffeuse ; elle évoque de manière négative la vie dans son immeuble et ses relations avec les voisins ; elle compare les situations actuelle et passée.

12 Faire réécouter pour faire relever les motifs de mécontentement de la cliente. Faire faire l'activité par deux avant la mise en commun en grand groupe.

CORRIGÉ

Motifs de mécontentement	Ce qu'elle dit
Le bruit	(Depuis le départ des voisins avec leurs cinq enfants...) c'est toujours aussi bruyant. Avec les nouveaux locataires, j'ai droit aux travaux toute la journée ! Il y a autant de bruit qu'avant, peut-être plus même !
Le jardin	On était mieux quand il n'y en avait pas. Entre les gosses et les chiens, c'est devenu un véritable zoo !...
Le loyer	Payer autant qu'à Paris pour vivre dans ces conditions-là, vraiment !

POINT *Langue*

Faire une comparaison

Ce Point langue permet de conceptualiser le comparatif.
Attirer d'abord l'attention des apprenants sur les trois types de comparaison : supériorité (+), égalité (=) et infériorité (–) et leur demander de compléter le tableau avec les éléments donnés. Pour cela, les apprenants se référeront aux supports étudiés (cf. corrigés des activités 10 et 12). Lors de la mise en commun, faire d'abord observer la différence entre la comparaison portant sur la **quantité** avec un nom ou un verbe et celle portant sur la **qualité** avec un adjectif ou un adverbe. Observer ensuite les structures utilisées dans chaque colonne (comparaison avec un nom, un verbe, un adjectif, un adverbe).
Enfin, faire observer que quand le deuxième élément de la comparaison est exprimé, il est introduit par *que* et faire trouver un exemple dans les témoignages : *Ma vie est bien plus agréable **qu'**avant.*

⋗⋗⋗

>>> **CORRIGÉ**

		La comparaison porte sur		
		la quantité		la qualité	

		Nom	Verbe	Adjectif	Adverbe
+	*plus* d'échanges	On se parle plus.	Une vie *plus* agréable Une *meilleure* qualité de vie	On se rend des services *plus* souvent. On était *mieux* quand il n'y avait pas d'espace vert.
=	*Autant* de bruit	On ne se parlait pas *autant*.	Une vie aussi agréable C'est aussi bruyant. Une aussi bonne qualité de vie	Aussi souvent Il n'y a pas aussi bien.
–	*moins* d'indifférence	On se parlait moins.	Une moins bonne qualité de vie Une vie moins agréable	C'était moins bien. Moins souvent

NB : quand le 2ᵉ élément de la comparaison est exprimé, il est introduit par *que*.
Exemples (liste non exhaustive) : *Ma vie est bien plus agréable qu'avant ; Il y a autant de bruit qu'avant.*

⋯⋮➤ OBJECTIF DE L'ACTIVITÉ 13

⋮ Transférer les acquis en parlant de ses relations de voisinage et en les comparant.

13 Avant d'effectuer l'activité, faire identifier le document en grand groupe : *il s'agit d'un questionnaire de l'asso-ciation* Voisins solidaires *sur les relations et les comportements avec ses voisins.* Faire effectuer l'activité en petits groupes, hétérogènes si possible (âge, origine…). Proposer que chaque sous-groupe nomme un rapporteur pour résumer les échanges lors de la mise en commun.

⋯⋮➤ OBJECTIF DE L'ACTIVITÉ 14

⋮ Transférer les acquis en écrivant un message sur un site Internet pour donner ses impressions sur un
⋮ évènement et dire quels changements il a apportés.

14 Faire rédiger le message en classe, individuellement ou en petits groupes, ou à la maison, en rappelant la matrice discursive précisée dans la consigne.

Corrigés S'exercer • Leçon 2

7. 1. Elle me demande si je peux lui prêter quatre chaises et elle me dit qu'elle me les rapportera dimanche soir. 2. Elle m'écrit que son mari et elle ne peuvent plus supporter le bruit de ma télé le soir et elle demande de baisser le volume […]. 3. Il me demande ce que mes enfants font dans le parking et il me rappelle qu'il est interdit de jouer […]. 4. Mme Ramirez me dit qu'elle a un problème de fuite d'eau et elle me demande de venir vite l'aider.

8. 1. Le gardien demande aux résidents si quelqu'un a perdu récemment des lunettes et précise qu'il vient d'en trouver une paire dans l'escalier. 2. Le gardien dit à Mlle Berbon qu'il a un paquet pour elle et lui demande si elle peut passer le prendre ce soir.
3. Le gardien explique aux résidents qu'il prépare *La Fête des voisins* et il leur demande ce qu'ils préfèrent comme formule cette année […]. 4. Le gardien demande à M. Durand de ne plus laisser son chat dans la cour parce qu'il abîme les plantes.

9. 1. Avant, un gardien surveillait l'immeuble ; maintenant, on a uniquement un digicode. 2. Avant, on ne s'invitait pas entre voisins ; maintenant, on organise souvent des pots entre voisins. 3. Avant, les locataires restaient longtemps dans l'immeuble ; maintenant, nos voisins changent fréquemment.

10. a) aussi – autant – aussi – aussi – autant – aussi b) 1. plus – plus – plus – moins 2. plus – plus – moins – plus c) 1. meilleures – mieux 2. meilleure – mieux

11. 2. L'immeuble où se trouve le nouvel appartement est d'un meilleur standing que l'ancien. / L'immeuble où se trouve l'ancien appartement est d'un moins bon standing que le nouveau. 3. Le nouvel appartement a une meilleure orientation que l'ancien. / L'ancien appartement a une moins bonne orientation que le nouveau. 4. Les deux appartements sont aussi grands (= ont la même surface). 5. Le nouvel appartement a un loyer moins élevé que l'ancien. / L'ancien appartement a un loyer plus élevé que le nouveau.
6. Il y a autant de charges pour le nouvel appartement que pour l'ancien. / Les charges des 2 appartements sont aussi élevées.

➤ **Voir aussi le Cahier d'activités** | p. 9-13

Contenus socioculturels • Thématiques

	La rencontre amoureuse

Objectifs sociolangagiers

Objectifs pragmatiques

Raconter une rencontre	– comprendre des témoignages sur des rencontres amoureuses – comprendre des annonces visant à retrouver une personne – s'exprimer sur les lieux de rencontres amoureuses – écrire une annonce pour retrouver une personne
Raconter les suites d'une rencontre	– comprendre un témoignage sur les circonstances et les suites d'une rencontre – comprendre l'évocation d'un souvenir lié à une chanson – raconter un souvenir lié à une chanson – rédiger le récit d'une rencontre

Objectifs linguistiques

Grammaticaux	– le passé composé et l'imparfait dans le récit – quelques participes passés irréguliers – les marqueurs temporels *il y a, pendant, dans*
Lexicaux	– termes liés à la rencontre amoureuse > Lexique thématique : livre de l'élève p. 196
Phonétiques	– distinction imparfait / passé composé – phonie-graphie : graphies de [ɛ̃]

Scénario de la leçon

La leçon se compose de deux parcours :
Dans le premier parcours (p. 24-25), la thématique du coup de foudre sera posée dès le départ par le biais d'une définition et d'extraits de témoignages oraux. Ensuite, les apprenants liront un article de magazine comportant trois témoignages rapportant des rencontres amoureuses. Puis, ils échangeront sur les lieux des rencontres amoureuses. Enfin, ils écriront une annonce pour retrouver une personne croisée dans les transports.
Dans le deuxième parcours (p. 26-27), les apprenants liront une annonce pour une émission radiophonique de chansons-dédicaces et écouteront le récit à la radio d'une rencontre. Ensuite, ils présenteront à leur tour une chanson liée à un souvenir. En fin de parcours, ils effectueront une activité créative d'expression écrite, en rédigeant le récit d'une rencontre à partir de photos sélectionnées de manière aléatoire.

❯ Raconter une rencontre

■ Comprendre Oral/Écrit	■ Comprendre Écrit	■ Point langue Le passé composé	■ Point langue Quelques	■ Phonétique Act. 4	■ S'exprimer Oral	■ Comprendre Écrit	■ S'exprimer Écrit Act. 7
■ S'exprimer Oral	Act. 2 et 3	et l'imparfait pour raconter une rencontre	participes passés irréguliers		Act. 5	■ S'exprimer Oral	
Act. 1		→ S'exercer n° 12 et 13	→ S'exercer n° 14			Act. 6	

Définitions et extraits de témoignages — Article de magazine — Annonces sur Internet

⋯❯ OBJECTIF DE L'ACTIVITÉ 1

⋮ **Comprendre une expression désignant un type de rencontre amoureuse et des bribes de conversation rapportant des rencontres amoureuses.**

1 Tout d'abord, faire lire la définition et en vérifier la compréhension. Ensuite, faire écouter l'enregistrement et en vérifier la compréhension globale : *il s'agit d'extraits de témoignages sur des rencontres amoureuses (dont des coups de foudre)*. Faire réécouter l'enregistrement afin d'effectuer la première partie de l'activité. Lors de la mise en commun en grand groupe, faire justifier les réponses en revenant sur l'enregistrement si nécessaire. Enfin, former des petits groupes (hétérogènes si possible) afin d'effectuer la dernière partie de l'activité. Mettre en commun en grand groupe.

CORRIGÉ

1. Témoignages 1 et 4 : L'homme et la femme évoquent des coups de foudre : *j'ai reçu comme une décharge électrique ; au premier regard, on a su...* – Témoignages 2, 3 & 5 n'évoquent pas un coup de foudre mais un amour qui n'a pas été immédiat : *au début, il ne m'a pas plu du tout ; amis depuis le lycée... au bout de quelques années, on a compris... ; l'amour est venu progressivement...*

⋯❯ OBJECTIF DES ACTIVITÉS 2 ET 3

⋮ **Comprendre un article de magazine comportant des témoignages sur des rencontres amoureuses.**

2 Faire observer le document afin de l'identifier : *il s'agit d'un article de magazine, intitulé « L'amour coup de foudre »*.

Avant de faire l'activité, faire observer la composition de l'article : titre, chapeau et trois témoignages. Faire lire le chapeau et faire observer la composition des témoignages, qui présentent à chaque fois un titre (avec les termes *amour, mariage, cœur* qui confirment le thème identifié), la photo de la personne interrogée, son nom et son âge. Faire lire les témoignages afin d'effectuer la première partie de l'activité. Faire faire la deuxième partie par deux avant de mettre en commun en grand groupe.

CORRIGÉ

a) 3 personnes (Matthieu, Aurélie et Karim) qui ont vécu un coup de foudre ; ils témoignent pour raconter leur expérience.
b) Plusieurs réponses possibles, mot clé : (récit de) rencontre
« La rencontre qui a changé leur vie »
« Une rencontre pas comme les autres »

3 Faire effectuer la première partie de l'activité par deux. Lors de la mise en commun en grand groupe, vérifier que les apprenants identifient la matrice discursive des récits (ordre dans lequel les éléments apparaissent) et faire justifier les réponses. Pour faciliter la mise en commun et la transition vers le Point langue, on peut faire une grille au tableau ou TNI (cf. corrigé). Puis, faire faire la deuxième partie de l'activité par deux. Lors de la mise en commun en grand groupe, vérifier la compréhension du lexique.

CORRIGÉ

a) – circonstances de la rencontre *(où, quand, comment...)*
– description physique de la personne
– les faits *(ce qui s'est passé)*
– la conclusion de l'histoire.

Indications	Mathieu	Aurélie	Karim
Circonstances	J'étais dans une boulangerie, je faisais la queue. Elle se dirigeait vers la sortie...	J'étais dans le couloir d'un TGV, j'avais une valise très lourde. Il était assis à côté de moi	J'étais à l'aéroport, j'attendais mon frère, son avion avait du retard. Elle cherchait du feu...
Description physique	elle avait l'air d'un ange...	il était vraiment « classe »,	Elle était petite, et portait un jean déchiré et des baskets.
Faits/ succession des actions	Nos regards se sont croisés, j'ai eu le souffle coupé. je suis sorti du magasin... j'ai rejoint Sandrine...	Il s'est précipité pour m'aider et sa main a frôlé la mienne, quand il a pris mon bagage. J'ai été électrisée par ce contact. Nous avons vécu un merveilleux premier voyage.	... je me suis précipité avec mon briquet. J'ai eu un flash, j'ai senti que ma vie allait changer. On s'est perdus, puis retrouvés à la station de taxis, elle a écrit son numéro de téléphone.
Conclusion de l'histoire	On est mariés depuis plus de vingt ans.	On se marie l'année prochaine.	On vit ensemble depuis neuf ans.

b) Matthieu → j'ai eu le souffle coupé. Elle m'a plu tout de suite !
Aurélie → j'ai tout de suite craqué... sa main a frôlé la mienne... j'ai été électrisée par ce contact.
Karim → J'ai eu un flash et j'ai senti immédiatement que ma vie allait changer.

POINT *Langue*

Le passé composé et l'imparfait pour raconter une rencontre

Ce Point langue permet de travailler sur l'utilisation du passé composé et de l'imparfait pour raconter une rencontre.
En grand groupe, revenir sur les énoncés relevés dans les témoignages afin de compléter la règle. La conceptualisation sera facilitée si l'on peut s'appuyer sur une grille établie lors de la mise en commun de l'activité 3a).

CORRIGÉ

– Pour décrire les circonstances (où ? quand ? comment ?) et les personnes, on utilise **l'imparfait**.
Exemples : *J'étais dans une boulangerie, je faisais la queue. Elle se dirigeait vers la sortie – ... son avion avait du retard. Elle cherchait du feu...*
– Pour évoquer des évènements, la chronologie des faits passés, on utilise **le passé composé**.
Exemples : *Il s'est précipité pour m'aider et sa main a frôlé la mienne, quand il a pris mon bagage – je me suis précipité avec mon briquet... On s'est perdus, puis retrouvés à la station de taxis, elle a écrit son numéro de téléphone...*

POINT *Langue*

Quelques participes passes irréguliers

Ce Point langue permet une révision / un élargissement des participes passés irréguliers.
Faire faire l'activité en petits groupes. Effectuer une mise en commun en grand groupe avant de faire faire la partie b) selon les mêmes modalités.
Variante 1 : pour motiver les apprenants, mettre les groupes en compétition pour retrouver le plus vite possible les participes passés des verbes de la partie a).
Variante 2 : pour vérifier les acquis des participes passés, effectuer après le Point langue un jeu avec une balle : les apprenants en cercle rattrapent une balle lancée de façon aléatoire en disant très vite le participe passé du verbe irrégulier à l'infinitif annoncé par la personne qui lance la balle (enseignant ou apprenant).

CORRIGÉ

a) rejoindre → *rejoint* – savoir → *su* – (ap)paraître → *(ap)paru* – plaire → *plu* – venir → *venu* – recevoir → *reçu* – vivre → *vécu* – boire → *bu* – découvrir → *découvert* – comprendre → *compris* – écrire → *écrit*
b) pouvoir, devoir, pleuvoir → pu, dû, plu (comme savoir → su)
croire → cru – (comme boire → bu)
tenir, obtenir → tenu, obtenu (comme venir → venu)
apercevoir, concevoir → aperçu, conçu (comme recevoir → reçu)
produire, construire, dire → produit, construit, dit (comme écrire → écrit)
souffrir, ouvrir → souffert, ouvert (comme découvrir → découvert)
apprendre, surprendre → appris, surpris (comme comprendre → compris)
taire → tu (comme plaire → plu)
éteindre, peindre, craindre → éteint, peint, craint (comme rejoindre → rejoint)

⋯⋮ OBJECTIF DE L'ACTIVITÉ 4

⋮ **Phonétique : discrimination du passé composé et de l'imparfait.**

4 L'activité a pour but de faire discriminer les deux formes verbales que les apprenants n'arrivent pas toujours à distinguer à cause de la proximité des sons [e] et [ɛ] présents dans ces formes.
Faire écouter l'enregistrement afin de faire choisir la version au passé composé de chaque numéro. Le travail est individuel pendant l'écoute de l'exercice. Avant la correction en grand groupe, les apprenants peuvent comparer leurs réponses par deux. Finir cette activité en demandant aux apprenants de répéter les énoncés de l'enregistrement, à tour de rôle.

CORRIGÉ

1b – 2a – 3a – 4b – 5a – 6b – 7a – 8a – 9b – 10a

Variante : l'activité de phonétique peut être faite après la première partie du Point langue « Le passé composé et l'imparfait pour raconter une rencontre ».

⋯⋮ OBJECTIF DE L'ACTIVITÉ 5

⋮ **Échanger sur les lieux de rencontres amoureuses.**

5 Avant l'activité, demander aux apprenants quels sont selon eux les lieux les plus propices aux rencontres amoureuses. Puis faire faire l'activité en petits groupes. Un apprenant dans chaque groupe prend le rôle d'enquêteur pour demander aux autres où les couples qu'ils connaissent (ou leur propre couple) se sont rencontrés et s'il existe d'autres lieux (non cités) pour faire une rencontre amoureuse. La mise en commun en grand groupe permet de comparer les réponses aux résultats de l'enquête.

⋯⋮ OBJECTIF DE L'ACTIVITÉ 6

⋮ **Comprendre une annonce pour retrouver une personne croisée dans les transports publics ; échanger sur**
⋮ **les rencontres dans les transports publics.**

6 Faire d'abord observer le document : le panneau « métro » sur la photo, le « M » cerclé de bleu + n° de la ligne, « RER » cerclé de bleu + ligne en jaune, ainsi que la barre de navigation à droite, et faire trouver qu'il s'agit d'un site Internet, *croisedanslemetro.com,* en rapport avec les transports parisiens. Faire lire les deux annonces et effectuer la première partie de l'activité en grand groupe. L'objectif principal est ici que les apprenants comprennent le contexte du document. Puis former des petits groupes pour effectuer la deuxième partie de l'activité. Mettre en commun en grand groupe.

CORRIGÉ

a) L'objectif du site est de favoriser les rencontres dans les transports publics : il offre la possibilité d'écrire une annonce pour essayer d'entrer en contact avec quelqu'un qu'on a vu ou rencontré dans un transport (le métro ou le RER, dans le document).

⋯⟩ OBJECTIF DE L'ACTIVITÉ 7

⋮ **Transférer les acquis en rédigeant une annonce pour retrouver une personne croisée dans les transports.**

7 Faire rédiger l'annonce individuellement ou en petits groupes, en classe ou à la maison. Pour faciliter la compréhension de la consigne, on peut revenir brièvement sur les annonces de l'activité 6 afin d'en dégager la matrice discursive : *la date, l'heure, le lieu, la description physique de la personne recherchée/de la personne qui publie l'annonce, ce qui s'est passé (ou ne s'est pas passé), la demande de contact.*

⟩ Raconter les suites d'une rencontre

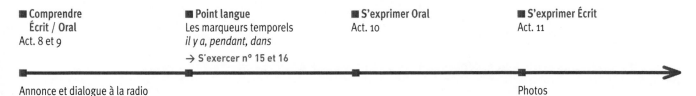

| ■ Comprendre Écrit / Oral Act. 8 et 9 | ■ Point langue Les marqueurs temporels *il y a, pendant, dans* → S'exercer n° 15 et 16 | ■ S'exprimer Oral Act. 10 | ■ S'exprimer Écrit Act. 11 |

Annonce et dialogue à la radio   Photos

⋯⟩ OBJECTIF DES ACTIVITÉS 8 ET 9

⋮ **Comprendre une annonce pour une émission radiophonique de chansons-dédicaces et le récit à la radio**
⋮ **d'une rencontre.**

8 Tout d'abord, faire identifier le document écrit : *il s'agit d'une annonce incitant à participer à une émission radiophonique de chansons-dédicaces.* Effectuer la première partie de l'activité en grand groupe. Ensuite, faire écouter l'enregistrement afin de faire faire le lien avec l'annonce : *il s'agit d'une conversation entre l'animateur de l'émission et une auditrice qui appelle pour proposer une chanson-dédicace.* Vérifier que les apprenants comprennent globalement le souvenir évoqué par l'auditrice.

CORRIGÉ

1. Il s'agit d'une émission diffusée chaque lundi où les personnes demandent à la radio de passer une chanson liée à un souvenir, et la dédient à quelqu'un – il faut téléphoner à partir de 20 h ; certaines personnes sont sélectionnées et passent à l'antenne, entre 22 h et 23 h.
2. Patricia appelle et demande à la radio de passer la chanson *Raphaël*, qui évoque le souvenir de sa rencontre avec son compagnon ; elle raconte leur rencontre et ses suites.

9 Avant d'effectuer l'activité, proposer aux apprenants de prendre connaissance des éléments donnés (items a. à i.) et annoncer la tâche à effectuer : reconstituer la chronologie du récit de Patricia. En fonction du groupe, des hypothèses peuvent être faites, individuellement, avant la réécoute de l'enregistrement. Une nouvelle réécoute sera probablement nécessaire afin de noter les paroles qui justifient les réponses. Proposer aux apprenants de comparer leurs réponses par deux, avant la mise en commun en grand groupe.

CORRIGÉ

1c → « c'était à un dîner chez un ami » – 2b → « J'étais assise à côté d'un beau jeune homme... » – 3h → « On ne se connaissait pas, et on avait seulement un ami commun. » – 4a → « on a simplement échangé quelques mots » – 5g → « On ne s'est pas revus pendant 6 mois » – 6d → « on s'est retrouvés chez cet ami commun. » – 7i → « C'est seulement ce jour-là que j'ai appris son prénom ! » – 8e → « on ne s'est plus quittés ! » – 9f → « On va faire un grand voyage, on part dans 3 jours ! »

POINT *Langue*

Les marqueurs temporels *il y a, pendant, dans*

Ce Point langue vise à faire conceptualiser l'utilisation des expressions temporelles *il y a*, *pendant* et *dans*. Avant de faire observer les phrases données, demander : « quand Patricia a-t-elle rencontré Raphaël ? » Faire réécouter le début de récit de Patricia si nécessaire. Effectuer l'activité en grand groupe en s'assurant de la compréhension de la règle. Dessiner éventuellement un axe temporel pour y inscrire les phrases données dans l'ordre chronologique.

≫≫≫

>>> **CORRIGÉ**

– Pour indiquer une période : *pendant* + *durée*
– Pour situer par rapport au moment où on parle :
→ un évènement dans le passé : *il y a* + quantité de temps écoulé entre l'évènement passé et le moment où on parle ;
→ un évènement dans le futur : on utilise la formule *dans* + quantité de temps qui s'écoulera entre le moment où on parle et l'évènement futur.

⋯⋮ OBJECTIF DE L'ACTIVITÉ 10

⋮ **Transférer les acquis en racontant un souvenir lié à une chanson.**

 Il s'agit d'une activité d'oral en continu faisant appel au vécu. Elle est très motivante pour ceux qui interviennent mais aussi ceux qui écoutent. Elle demande une certaine anticipation, puisque, dans l'idéal, chaque personne doit faire écouter en classe le début de la chanson choisie. Pour que l'activité ne dure pas trop longtemps, on peut prévoir deux ou trois interventions par séance, sur quelques jours.

⋯⋮ OBJECTIF DE L'ACTIVITÉ 11

⋮ **Transférer les acquis en rédigeant le récit d'une rencontre, de manière créative et ludique.**

11 Tout d'abord, livres fermés, former des groupes de trois ou quatre personnes et annoncer qu'ils vont rédiger le récit d'une rencontre. Faire choisir par chaque groupe un chiffre entre 1 et 3, une lettre entre A et C, puis une entre D et F. Expliquer que ce choix est nécessaire pour identifier les photos qui vont rendre l'écriture du récit plus ludique et créative. Faire ouvrir les livres afin de découvrir les photos correspondant au choix chiffre-lettres effectué. Ne pas commenter les photos.
Ensuite, donner la consigne de la manière la plus précise possible (cf. partie 2 de l'activité). Recommander aux groupes de bien observer les photos, afin d'imaginer par exemple quels sons et odeurs concernent les lieux, quels éléments sont « hors champ », quels qualificatifs correspondent aux personnages... Il est aussi important de choisir le type d'écrit (une lettre, une page de journal intime...) et de décider qui est l'auteur du récit : l'homme, la femme, ou une autre personne (témoin de la rencontre, ami, enfant...).
Pour la mise en commun, l'idéal est que le grand groupe puisse prendre connaissance du récit rédigé, en le lisant (sur TNI, sur transparent projeté au rétro, sur photocopies...). Proposer au grand groupe d'identifier à chaque fois les photos concernées et de dire si tous les éléments de la consigne ont été respectés.

Corrigés S'exercer • Leçon 3

12. J'ai rencontré l'homme de ma vie – j'ai craqué pour son sourire – nous avons échangé nos numéros – Nous nous sommes retrouvés chez mon amie – nous ne nous sommes plus quittés...
13. C'était l'été – nous étions – Nous dînions – ma sœur a reconnu – qui quittait – elle lui a demandé – cette jeune femme a rejoint – j'ai senti mon cœur qui battait mais je n'ai pas dit – on s'est revus – on ne s'est plus quittés
14. 1. j'ai craint de le perdre – 2. j'ai obtenu sa réponse – 3. on s'est tus – 4. nous avons conçu – 5. je l'ai surpris / j'ai souffert – 6. notre amour s'est éteint
15. 1. il y a dix ans – 2. dans un mois – 3. il y a six ans – 4. pendant deux ans (*il y a* est possible aussi)
16. pendant deux ans – il y a trois mois – dans six mois – pendant deux ans – Il y a un an – dans un mois

> → **Voir aussi le Cahier d'activités | p. 14-17**

Carnet de voyage

Ce *Carnet de voyage* propose un parcours à dominante littéraire, intitulé **Philippe Delerm**.
Les apprenants seront d'abord invités à lire un court article présentant l'écrivain et son œuvre/son style. Ensuite, ils liront des commentaires de lecteurs sur une des œuvres de Delerm. Puis, ils prendront connaissance d'un extrait de ce livre. Pour finir, ils échangeront sur le texte lu et tenteront de le rapprocher du style d'auteurs de leur pays.

Philippe Delerm

1 Faire observer le premier document afin de l'identifier : *il s'agit d'un article, intitulé « Philippe Delerm ou le succès d'un style minimaliste »*. Vérifier si les apprenants connaissent l'écrivain. Si tel n'est pas le cas, proposer de lire l'article afin d'identifier qui il est et quelle est la spécificité de son style. Mettre en commun par deux puis en grand groupe. Ensuite, procéder à la deuxième partie de l'activité avec une concertation par deux avant une mise en commun en grand groupe.

> **CORRIGÉ**
>
> **a)** Des textes courts et légers, chroniques brèves sur les bonheurs quotidiens. Courant littéraire minimaliste. Nostalgie, goût des détails, du souvenir et de l'émotion saisis sur le vif.
> **b)** *Paris l'instant*

2 Tout d'abord, faire identifier le document : *il s'agit d'un extrait de* Paris l'instant *de Philippe Delerm, intitulé « Le soir qui vient »*. Faire effectuer l'activité par deux. Mettre rapidement en commun les hypothèses en grand groupe, en annonçant que la réponse sera confirmée après la lecture du texte (act. 5).

3 Faire lire le texte et faire faire l'activité par deux. Puis mettre en commun en grand groupe.

> **CORRIGÉ**
>
> *Exemples de réponses :* Rencontre au jardin des Tuileries – Un après-midi au jardin – Deux inconnus, un après-midi au parc, etc.

4 Former des petits groupes pour faire faire l'activité. Lors de la mise en commun en grand groupe, si la projection du texte est possible, utiliser des couleurs différentes pour souligner/surligner les passages qui justifient les réponses des apprenants.

> **CORRIGÉ**
>
> **1.** Les personnages : *Il* – *Elle* (les noms ne sont pas donnés) → *Ils* – *deux enfants* (qui accompagnent la femme), un des deux enfants, une fille, s'appelle *Camille*.
> Il y aussi des gens qui font du jogging (*comment ils font pour courir avec leur baladeur à la main*).
> Les personnages principaux sont un homme (*Il*) et une femme (*Elle*)
> – **tranche d'âge** → Ils sont âgés : elle est grand-mère – il est venu dans ce jardin pour réviser quand il était étudiant, *il y a près de quarante ans*.
> – **ville de domicile/ville d'origine** → Il est originaire de province et y habite encore (*j'étais provincial et je le suis resté – j'ai mon train pour Dijon*).
> Elle est sans doute originaire de Paris (*Enfant, je jouais ici, ma grand-mère m'y emmenait*) et y habite sans doute encore (*elle accompagne ses deux petits-enfants au jardin*).
> – **profession** → Il a sans doute été professeur (*À l'époque, l'oral de l'agrégation durait plusieurs semaines. Entre chaque épreuve, je venais réviser sur ce banc*).
> Pas d'indice de profession pour la femme.
> – **situation familiale** : Elle est grand-mère.
> – **personnalité** → Il est calme, optimiste peut-être (cf. début du 2e paragraphe), tolérant (*Un petit geste conciliant. Elle est tout à fait charmante, ne la grondez pas*).
> Elle est nerveuse, anxieuse (*elle proférait d'une voix anxieuse...*).
> – **goûts/loisirs** → Il aime lire (*il avait son livre à la main*) et fumer le cigarillo (*il se contentait de regarder les pigeons, les enfants, les amoureux, un petit sourire aux lèvres, reculant délicieusement le moment de savourer son cigarillo*).
> **2.** Le lieu : un jardin public, parc → le jardin des Tuileries (*C'est au jardin – Ils ont tiré les fauteuils dans la poussière des Tuileries, [...] il faut que le regard puisse se perdre là-bas, jusqu'au bord du bassin, ou de l'autre côté, sous l'arche des marronniers*).

3. Le moment :
– **la saison** → en été ou au printemps (*il fait très bon*) ;
– **le moment de la journée** → l'après-midi (titre du texte *Le soir qui vient*) (*L'après-midi a filé comme ça, il va falloir rentrer, les enfants, j'ai mon train pour Dijon. Ils ne se sont même pas dit leur nom. Les fauteuils sont restés. L'ombre est un peu plus longue*).

5 Faire faire l'activité en grand groupe. Comparer les réponses avec les hypothèses émises avant la lecture (act. 2).

CORRIGÉ

– La première photo correspond à la première partie du texte : le début de l'après-midi peut-être, au début de la rencontre (*Ils ont tiré les fauteuils dans la poussière des Tuileries, se sont installés commodément, pas tout à fait face à face – pour se parler vraiment* [...] *je n'entends pas très bien... Ils ont rapproché les fauteuils...*).
– La deuxième photo correspond à la fin du texte (*Les fauteuils sont restés. L'ombre est un peu plus longue*).

6 Reformer des petits groupes pour faire faire la première partie de l'activité. Lors de la mise en commun en grand groupe, si le texte est projeté, choisir d'autres couleurs ou un autre mode de repérage que celui utilisé pour les repérages de l'activité 4 (surlignement au lieu de soulignement, etc.) pour identifier les paroles trouvées. Effectuer la deuxième partie de l'activité à la suite, en grand groupe.

CORRIGÉ

1. La rencontre se produit parce qu'un des deux enfants qui sont avec la femme manque de bousculer l'homme (*Mais fais donc un peu attention Camille, tu as failli bousculer Monsieur*).
– **les paroles** :
Elle est tout à fait charmante, ne la grondez pas... → l'homme à la femme
(Ils ont lancé des phrases, à intervalles,) pardonnez-moi, je n'entends pas très bien... → l'homme à la femme, ou la femme à l'homme
Enfant, je jouais ici, ma grand-mère m'y emmenait... Et maintenant, c'est moi qui suis grand-mère... → la femme à l'homme
Moi, j'étais provincial, et je le suis resté. Je suis venu dans ce jardin il y a près de quarante ans. À l'époque, l'oral de l'agrégation durait plusieurs semaines. Entre chaque épreuve, je venais réviser sur ce banc. → l'homme à la femme
Je me demande comment ils font pour courir avec leur baladeur à la main... → l'homme ou la femme – ou le contraire
il va falloir rentrer, les enfants → la femme aux enfants
j'ai mon train pour Dijon → l'homme à la femme
– **le sujet de la conversation** : leur vie, les souvenirs liés à ce jardin.
2. Les deux personnages ne se reverront sans doute jamais (*Ils ne se sont même pas dit leur nom*). C'est une rencontre de hasard, sans suite.

7 Pour clore ce carnet, les apprenants sont invités à échanger en donnant leur opinion sur le texte qu'ils viennent de lire et sur le style littéraire de Ph. Delerm. Constituer des groupes avec des apprenants d'origines différentes si possible, pour faire répondre à la question finale de l'activité.

Vers le DELF A2

Cette page permet aux apprenants de s'entraîner aux activités du DELF A2. Pour ce Dossier 1, les activités proposées permettent d'évaluer leurs compétences en réception écrite (lire pour s'informer) puis en production orale (exercice en interaction).

Compréhension des écrits

10 points

Il s'agit de lire un article de magazine sur la création d'un nouveau réseau social pour les locataires parisiens.
Question 1 : 1 point.
Question 2 : 1,5 point pour chaque affirmation correcte et bien justifiée.
Question 3 : 1 point pour chaque numéro de service indiqué correctement dans la question.

> **CORRIGÉ**

1. c. Un site Internet fait pour les locataires.
2. a. Faux : « Les services proposés sont gratuits ».
b. Faux : « Il a pour but de développer les relations entre voisins, de favoriser l'entraide, le partage, l'échange de services, la convivialité, le lien entre les personnes ».
c. Vrai : « Après une période de test auprès des locataires du 19ᵉ arrondissement ».
d. Faux : « Vous voulez vous inscrire ? Allez sur le site : www.de-toit-a-toit.fr ».
3. a. Service n° 3
b. Service n° 2
c. Service n° 4

Production orale

10 points

Il s'agit de simuler un dialogue entre un nouvel habitant d'un immeuble et un habitant plus ancien.
Cette activité correspond à la dernière partie de l'épreuve de production orale du DELF A2, l'exercice en interaction : un dialogue simulé de 3 à 5 minutes.
S'assurer de la compréhension de la consigne. Il peut être intéressant de tirer au sort les deux apprenants qui vont jouer la scène pour se rapprocher des conditions de passation d'un examen, où les deux personnes ne répètent pas ensemble au préalable. N'évaluer que l'apprenant qui joue le rôle du nouvel habitant.
À partir du barème global conçu pour évaluer la production orale dans une épreuve de DELF A2, il est ici proposé d'évaluer les compétences à communiquer (demander et donner des informations / entrer dans des relations sociales simplement mais efficacement) sur **6 points** et l'utilisation des outils linguistiques (lexique, morphosyntaxe et lexique) sur **4 points**.

Dossier 2
Vers la vie active
Leçon 1 · Riches en expériences
> Livre de l'élève p. 34-37

Contenus socioculturels • Thématiques

Le programme ERASMUS – Les stages d'étudiants

Objectifs sociolangagiers

Objectifs pragmatiques

Raconter une expérience universitaire	– identifier les objectifs d'un programme européen d'échanges et de formation – comprendre des témoignages sur des expériences de formation à l'étranger – raconter une expérience de formation à l'étranger/réagir sur ce mode de formation – écrire un témoignage sur une expérience de formation à l'étranger
Raconter une expérience professionnelle	– comprendre un article sur les stages en entreprise – comprendre des témoignages sur des expériences professionnelles – parler de son expérience professionnelle – écrire un témoignage sur une expérience professionnelle

Objectifs linguistiques

Grammaticaux	– le plus-que-parfait – les adverbes (réguliers et irréguliers *a/emment*)
Lexicaux	– termes liés aux études – termes liés à l'expérience professionnelle
Phonétiques	– prononciation des adverbes en *-ment* – phonie-graphie : la graphie *-en* : prononcée [ɑ̃] ou non prononcée

> Lexique thématique : livre de l'élève p. 196

Scénario de la leçon

La leçon se compose de deux parcours :

Dans le premier parcours (p. 34-35), les apprenants écouteront tout d'abord une chronique de radio sur un programme européen d'échanges universitaires. Ensuite, ils identifieront les objectifs de ce programme à travers une couverture de brochure et une citation. Puis, ils écouteront et liront des témoignages de personnes y ayant participé. À la fin du parcours, ils échangeront à propos d'une expérience d'échange/d'études à l'étranger et écriront un témoignage sur cette expérience.

Dans le deuxième parcours (p. 36-37), les apprenants liront un article concernant les stages professionnels effectués par des jeunes. Ensuite, ils écouteront des témoignages de certains de ces jeunes sur les stages effectués. À la fin du parcours, ils écriront un témoignage sur une expérience de stage.

> Raconter une expérience universitaire

■ Comprendre Oral	■ Comprendre Oral/Écrit	■ Point culture	■ Comprendre Écrit	■ Point langue	■ S'exprimer Oral	■ S'exprimer Écrit
Act. 1 et 2	Act. 3		Act. 4 et 5	Le plus-que-parfait pour raconter une expérience passée : l'antériorité dans le passé → S'exercer n° 1 et 2	Act. 6	Act. 7

Chronique radio   Citation, témoignages   Témoignage

⋯⫶ OBJECTIF DES ACTIVITÉS 1 ET 2

⫶ **Comprendre une chronique de radio sur un programme d'échanges universitaires.**

1 Vérifier la compréhension globale de l'enregistrement en effectuant l'activité en grand groupe.
Variante : on peut démarrer le parcours par la découverte de la couverture de la brochure *Erasmus*. Faire observer le document en cachant la bande au milieu « *Erasmus – Étudier, se former, enseigner… ailleurs* ». Faire observer les photos et demander aux apprenants de faire des hypothèses sur le thème abordé dans la brochure : *l'apprentissage, l'enseignement, le milieu universitaire, la mixité des origines…* Puis dévoiler la bande au milieu des photos et vérifier si les apprenants connaissent le programme *Erasmus* et ses trois axes : *étudier, former, enseigner.* Vérifier la compréhension du terme « ailleurs » (qui signifie dans ce contexte « à l'étranger »). Expliquer éventuellement ce qu'est « Aef Europe » (l'organisme qui publie la brochure) : *c'est l'agence francophone pour l'éducation et la formation tout au long de la vie.*

CORRIGÉ

Le journaliste parle du programme Erasmus. Il s'agit d'un programme d'échanges universitaires au sein de l'Europe qui permet, grâce à des bourses, de faire un séjour dans une faculté à l'étranger.

2 Faire faire l'activité par deux avant la mise en commun en grand groupe.

CORRIGÉ

1. Le programme a 24 ans : le journaliste annonce qu'Erasmus va fêter l'année prochaine ses 25 ans d'existence.
2. Les nationalités majoritaires dans le programme sont : les Français, les Espagnols et les Allemands.

⋯⫶ OBJECTIF DE L'ACTIVITÉ 3

⫶ **Comprendre une couverture de brochure, une citation et des témoignages oraux afin d'identifier les objectifs**
⫶ **d'un programme européen d'échanges.**

3 Si l'on n'a pas encore procédé à la découverte de la brochure *Erasmus* (cf. variante activité 1), on peut le faire à ce stade, avant d'effectuer l'activité. Puis faire lire la citation de la commissaire européenne chargée de l'Éducation, afin d'effectuer la première partie de l'activité. Ensuite, faire écouter les trois témoignages. Faire faire la deuxième partie de l'activité avec une concertation par deux avant la mise en commun en grand groupe.

CORRIGÉ

a) Les objectifs généraux du programme sont :
– améliorer les compétences universitaires et culturelles des européens et leur capacité d'insertion professionnelle à l'échelle transnationale (dans les pays européens).
b) Max → étudier – Mateusz → enseigner – Olivia → se former

POINT Culture

Ce Point culture donne des informations sur le programme Erasmus. Faire lire le texte et former des petits groupes pour que les apprenants échangent à partir du fil conducteur proposé.

⋯⫶ OBJECTIF DES ACTIVITÉS 4 ET 5

⫶ **Comprendre un témoignage sur une expérience d'études à l'étranger.**

4 Faire observer le témoignage et demander où on peut le trouver : *dans la brochure de l'Aef Europe* (cf. rappel dans le même ton de violet).
Puis faire lire individuellement et faire faire l'activité par deux avant la mise en commun en grand groupe. Faire justifier au fur et à mesure les réponses avec des passages du texte, par exemple : Erasmus de douze mois à Salamanque (« *et l'année a filé !* »).
Pour la deuxième partie de l'activité, si l'on dispose d'un TNI, délimiter les quatre paragraphes sur le texte projeté en les entourant et en écrivant à côté de chacun le thème qui est développé. Cette matrice mise en évidence servira de rappel utile pour la production écrite proposée dans l'activité 7.

CORRIGÉ

1. – Contexte de son projet d'Erasmus : compte tenu de ses études, « partir à l'étranger était naturel et une véritable nécessité ».
– Références en dessous du texte : Mélanie, étudiante en Langues étrangères appliquées (LEA) espagnol et anglais, Erasmus de douze mois à Salamanque, Espagne.
2. *À titre indicatif :*
paragraphe 1 → les raisons du choix
paragraphe 2→ sentiment à l'arrivée et début du séjour
paragraphe 3 → l'université/les études
paragraphe 4 → le bilan du séjour et le retour

5 Faire faire l'activité par deux avant la mise en commun en grand groupe. Ce relevé sert de transition vers le Point langue.

CORRIGÉ

– le choix du pays → *J'avais envie de vivre quelque temps en Espagne parce que j'y étais allée plusieurs fois en vacances et ça m'avait plu.*
– son sentiment à l'arrivée → *...j'appréhendais un peu car je n'avais jamais vécu seule.*
– l'installation facile → *tout s'est bien passé : des amis de mes parents avaient trouvé un studio pour moi.*
– son jugement sur les cours → *...pas de nouveauté dans les cours car ils étaient proches de ce que j'avais connu dans ma fac.*
– son bilan positif sur le séjour Erasmus → *L'expérience a dépassé ce que j'avais imaginé...*

POINT *Langue*

Le plus-que-parfait pour raconter une expérience passée : l'antériorité dans le passé

En grand groupe, faire observer les phrases données afin de trouver quel rapport ces explications entretiennent avec les faits ou sentiments cités par Mélanie dans son témoignage :
*J'avais envie de vivre en Espagne parce que j'y **étais allée** plusieurs fois et ça m'**avait plu**.*
*J'appréhendais car je n'**avais** jamais **vécu** seule.*
*Tout s'est bien passé : des amis de mes parents **avaient trouvé** un studio pour moi.*
Faire remarquer que la deuxième partie de chaque phrase apporte une explication avec un évènement antérieur à ce qui est indiqué dans la première partie de la phrase.
Puis faire observer la dernière phrase (qui elle, ne comporte pas d'explication) pour renforcer cette notion d'antériorité :
*L'expérience a dépassé ce que j'**avais imaginé*** → le passé composé indique que l'expérience est achevée, appartient au passé ; le plus-que-parfait indique ensuite que l'évènement est antérieur dans le passé.
On pourra faire placer les deux évènements sur un axe temporel pour visualiser ce rapport d'antériorité.

CORRIGÉ

b) Ces évènements se déroulent **avant le séjour**.
Le plus-que-parfait est un **temps composé**.
Le plus-que-parfait est formé avec l'auxiliaire à **l'imparfait**.

⋯⫶ OBJECTIF DE L'ACTIVITÉ 6

⫶ **Échanger sur des expériences d'échanges / d'études à l'étranger.**

6 Former des petits groupes (d'origines différentes de préférence, si le groupe est hétérogène) afin d'effectuer l'activité. Puis, proposer une mise en commun en grand groupe en demandant à chaque sous-groupe de désigner un(e) étudiant(e) dont le témoignage est particulièrement intéressant.

⋯⫶ OBJECTIF DE L'ACTIVITÉ 7

⫶ **Transférer les acquis en écrivant un témoignage sur une expérience d'études à l'étranger.**

7 Cette production écrite peut être envisagée sous la forme d'une lettre à un(e) ami(e) (qui envisage par exemple un séjour Erasmus), d'un témoignage sur un réseau social, un site d'étudiants... Avant de lancer la production, rappeler les étapes du témoignage à suivre. Revenir pour cela à la matrice dégagée dans le témoignage de Mélanie à l'activité 4. Le travail est individuel et peut être donné à faire à la maison.

❯ Raconter une expérience professionnelle

■ Comprendre Écrit	■ Comprendre Oral/Écrit	■ Point langue Parler d'une expérience professionnelle	■ Comprendre Écrit	■ Point langue Les adverbes pour donner une précision sur un verbe	■ Phonétique Act. 12	■ S'exprimer Écrit
Act. 8	Act. 9 et 10	→ S'exercer n°3	Act. 11	→ S'exercer n° 4 et 5		Act. 13

Article   Article et témoignages oraux   Article

⋯❖ OBJECTIF DE L'ACTIVITÉ 8

⋮ **Comprendre un article concernant les stages professionnels effectués par des jeunes.**

8 Avant d'effectuer l'activité, faire identifier le document : *il s'agit d'un article de magazine (« Modes de vie »).* Observer sa composition : *titre, chapeau, et quatre témoignages avec pour chaque personne, une photo, une citation (en rouge), le prénom et l'âge.* Faire remarquer que les quatre personnes sont jeunes. Faire lire l'article individuellement puis effectuer l'activité en grand groupe.

CORRIGÉ

1. L'article parle des stages professionnels des étudiants.
2. Les quatre personnes citées viennent de faire un stage dans une entreprise.

⋯❖ OBJECTIF DES ACTIVITÉS 9 ET 10

⋮ **Comprendre des témoignages de jeunes après une expérience de stage professionnel.**

9 Faire écouter l'enregistrement. Tout d'abord, vérifier que les apprenants font le lien entre les personnes qui parlent et les témoignages dans l'article lu précédemment. Puis, faire identifier quelles personnes parlent.

CORRIGÉ

Armelle et Mathieu

10 **a)** Faire identifier la fiche de bilan, présentée dans l'activité. Faire observer les parties à renseigner. Proposer aux apprenants de dessiner sur leurs cahiers deux fiches similaires à celle du manuel. Demander de relire la partie de l'article concernant Armelle et Mathieu et faire réécouter les deux témoignages pour compléter les fiches correspondantes. Proposer aux apprenants de comparer leurs réponses par deux avant une mise en commun en grand groupe.
b) Faire réécouter l'enregistrement afin de repérer les informations demandées. Mettre en commun en grand groupe.

CORRIGÉ

a) 1. NB : compte tenu du faible niveau de satisfaction d'Armelle concernant le stage effectué, on n'a pas tous les éléments de réponse pour compléter la fiche.

> *Stagiaire*
> Nom : Armelle
> Âge : 20
> Formation en cours : école de mode parisienne
> *Stage*
> Secteur d'activité : agence de création
> Durée du stage : non mentionné
> Tâches effectuées : pas précisé (*pas de tâches intéressantes, sentiment de perte de temps*)
> Rémunération : non mentionné
> Niveau de satisfaction : ☑ mauvais (*j'ai peu appris ; quand le stage s'est terminé, j'étais vraiment soulagée de partir*)

2.

Stagiaire Nom : Mathieu Âge : 21 **Formation en cours** : école d'ingénieurs ***Stage*** Secteur d'activité : transports – RATP Durée du stage : 1 mois Tâches effectuées : calculer la fréquentation de certaines lignes de bus Rémunération : 30 % du smic = 450 € Niveau de satisfaction du stagiaire : ☑ bon

b) Armelle : ce n'est pas sa première expérience (*J'avais déjà suivi un stage de quinze jours dans une boutique de mode l'année dernière*).
Mathieu : c'est sa première expérience (*Ça a été mon premier contact avec le monde du travail, je n'avais jamais travaillé avant*).

POINT *Langue*

Parler d'une expérience professionnelle

Ce Point langue permet de vérifier la compréhension d'expressions relatives à l'expérience professionnelle, figurant dans les supports étudiés. Faire faire l'activité individuellement ou par deux avant la mise en commun en grand groupe. Pour une démarche plus fluide, il est conseillé d'effectuer ce Point langue avant d'effectuer l'activité 11.

CORRIGÉ

1 c – 2 d – 3 e – 4 b – 5 a

⋯⟶ OBJECTIF DE L'ACTIVITÉ 11

⋮ Comprendre des témoignages de jeunes après une expérience de stage professionnel (suite).

11 Cette activité peut se faire individuellement ou par deux. Elle sert de transition vers le Point langue « Les adverbes pour donner une précision sur un verbe ». Lors de la mise en commun en grand groupe, vérifier la compréhension des phrases relevées.

CORRIGÉ

– L'appréciation de Guillaume sur son stage → il juge positivement son expérience.
– Comment Charlotte a décroché son stage → Charlotte a obtenu son stage facilement grâce à une relation de son père.
– Comment Armelle est entrée dans une école de mode → Armelle a réussi brillamment le concours d'entrée.
– L'appréciation de Mathieu sur le monde du travail → Mathieu juge différemment le monde du travail.

POINT *Langue*

Les adverbes pour donner une précision sur un verbe

Ce Point langue permet de conceptualiser la formation des adverbes. Tout d'abord, revenir sur les énoncés relevés dans l'activité 11 ; faire repérer les mots qui apportent une précision par rapport à l'action évoquée et donner leur appellation : ce sont des adverbes. Puis faire observer les quatre premiers adverbes donnés dans le Point langue et faire constater leur terminaison en *-ment*. Attirer l'attention sur la « base » qui correspond à l'adjectif au féminin (cela est particulièrement évident pour *positivement*). Puis faire observer la construction irrégulière des adverbes « brill**amment** » et « différ**emment** ». Guider en demandant de retrouver l'adjectif qui correspond pour chacun de ces deux adverbes (*brillant/différent*). Pour terminer, faire compléter la règle.

CORRIGÉ

En général, on forme l'adverbe à partir de l'adjectif au *féminin*.
Sauf quand l'adjectif se termine par **-ent**, la terminaison de l'adverbe est **-emment**.
Sauf quand l'adjectif se termine par **-ant**, la terminaison de l'adverbe est **-amment**.

⋯⟶ OBJECTIF DE L'ACTIVITÉ 12

⋮ **Phonétique : prononciation des adverbes en -*ment*.**

12 L'activité vise à faire entendre, pour bien la reproduire, la prononciation des adverbes en -*ment* dont la prononciation diffère selon leur construction. Pour les adverbes construits à partir d'un adjectif dont le phonème final est [ɑ̃], les deux dernières syllabes écrites se prononcent consonne + [a] + [mɑ̃]. Pour les autres, les deux dernières syllabes écrites se prononcent consonne + [mɑ̃]. Procéder à l'écoute de l'enregistrement. Proposer aux apprenants de reproduire la grille suivante pour noter les réponses :

	consonne + [mɑ̃]	[amɑ̃]
1	+	
2...		

Pendant l'écoute de l'enregistrement (écoute séquentielle recommandée), chaque apprenant note ce qu'il entend. On procède à la correction en grand groupe après une deuxième écoute de l'enregistrement (écoute continue). Pour terminer cette activité, faire réécouter et répéter chaque adverbe par les apprenants, individuellement.

> **CORRIGÉ**
>
> Consonne + [mɑ̃] : réellement, extrêmement, rapidement, gratuitement, facilement, positivement.
> [amɑ̃] : précédemment, brillamment, couramment, différemment.

⋯⟶ OBJECTIF DE L'ACTIVITÉ 13

⋮ **Transférer les acquis en rédigeant un témoignage sur une expérience de stage professionnel.**

13 Avant la rédaction du témoignage (à faire de préférence individuellement, en classe ou à la maison), faire lire les précisions données : le contexte (les informations sur les deux jeunes qui écrivent) et les indications à mettre dans leur témoignage. Les apprenants choisissent l'un des deux personnages. Si l'on dispose d'un TNI, on peut projeter une ou deux productions, que l'on évaluera dans un premier temps en proposant au groupe d'identifier les informations demandées dans la consigne (rémunération, types de tâches, etc.).

> **Corrigés S'exercer • Leçon 1**

1. Avant mon départ, je m'étais préparé… – je m'étais renseigné… – j'avais demandé conseil… – j'avais rempli… – j'étais entré en contact… – j'avais choisi mes cours – j'avais organisé mon séjour… – je m'étais occupé(e) de mon logement

2. 1. Presque tous les étudiants […] sont allés / ils avaient obtenu – 2. Je me suis perdu / j'avais mal noté – 3. j'avais suivi / j'y suis retourné – 4. L'université n'a pas accepté / tu avais envoyé – 5. Farid, qui n'avait pas encore vu Madrid, est tombé

3. effectuer (ou suivre) – découvrir – acquérir – décrocher – suivre (ou effectuer) – trouver – être employé

4. 1. Il travaille rapidement. – 2. Il part définitivement. – 3. Il réagit violemment. – 4. Il répond négativement. – 5. Il juge superficiellement. – 6. Il rit bruyamment. – 7. Il s'habille élégamment.

5. 1. sérieusement – intelligemment – fréquemment – méchamment
2. différemment – correctement – suffisamment

> → **Voir aussi le Cahier d'activités** p. 18-22

Avis de recherche

> Livre de l'élève
p. 38-41

Contenus socioculturels • Thématiques	
	La recherche d'emploi et la présentation en situation professionnelle
Objectifs sociolangagiers	
Objectifs pragmatiques	
Rechercher un emploi	– comprendre une annonce de recherche d'emploi et un CV – comprendre une annonce d'offre d'emploi – comprendre quand quelqu'un indique les qualités pour un emploi – rédiger une annonce d'offre d'emploi – Indiquer les compétences et qualités attendues pour un emploi
Postuler pour un emploi	– comprendre un CV et un mail de motivation – comprendre un entretien d'embauche au cours duquel une personne se présente et évoque son parcours – rédiger un CV et un mail de motivation
Objectifs linguistiques	
Grammaticaux	– les marqueurs temporels (2) : *depuis*, *pendant*, *il y a* (rappel), *pour* + durée
Lexicaux	– termes liés à la recherche d'emploi et à l'entreprise > Lexique thématique : – termes liés au descriptif d'un emploi et aux qualités livre de l'élève p. 197 professionnelles – formules du mail/de la lettre de motivation
Phonétiques	– prononciation des sigles et acronymes – phonie-graphie : homophonie (lettres de l'alphabet/mots dans les sms)

Scénario de la leçon

La leçon se compose de deux parcours :

Dans le premier parcours (p. 38-39), les apprenants découvriront une annonce de recherche d'emploi et un CV atypiques. Ils liront ensuite des annonces d'offre d'emploi et écouteront des recruteurs décrivant le profil d'un emploi. En fin de parcours, ils échangeront sur les recherches d'emploi atypiques et rédigeront une offre d'emploi.

Dans le deuxième parcours (p. 40-41), les apprenants liront d'abord un mail de motivation pour postuler à un emploi. Ensuite, ils compareront deux types de présentation de CV. Puis ils écouteront un entretien d'embauche au cours duquel une personne évoque son parcours. En fin de parcours, ils rédigeront un CV et un mail de motivation.

› Rechercher un emploi

■ Comprendre Écrit	■ Comprendre Écrit	■ Aide-mémoire → S'exercer n° 6	■ Comprendre Oral	■ Aide-mémoire → S'exercer n° 7	■ S'exprimer Oral	■ S'exprimer Oral/Écrit
Act. 1 et 2	Act. 3 et 4		Act. 5		Act. 6	Act. 7
Annonce et CV	Offres d'emploi		Description de profils d'emplois			

⋯⋮ OBJECTIF DES ACTIVITÉS 1 ET 2

⁝ Comprendre une annonce de recherche d'emploi et un CV atypiques.

1 Tout d'abord, faire observer le document 1 et demander de quoi il s'agit/à quoi cela fait penser : *il s'agit d'une annonce de recherche d'emploi ressemblant à un avis de recherche, comme dans les westerns ou films noirs.* Puis faire observer le document 2 et demander aussi de quoi il s'agit/à quoi l'image fait penser : *il s'agit d'un CV, mais qui ressemble à un plan de métro (ou de RER).*

CORRIGÉ

Document 1 : une annonce de recherche d'emploi. – Document 2 : un curriculum vitae (CV).

2 Tout d'abord, faire observer le CV en grand groupe afin d'en identifier l'auteur et son domaine professionnel : *Yann Ferra a un master de Designer multimédia.* Puis faire le lien avec le document 1 afin de comprendre le contexte des deux documents : *Yann fait une recherche d'emploi originale, atypique (et montre en même temps certaines de ses compétences).* Faire faire l'activité par deux. Puis procéder à une mise en commun en grand groupe.

CORRIGÉ

1. Se présenter / présenter son parcours à un employeur. – L'auteur du document est un jeune à la recherche d'un emploi.
2. Les trois axes : formation, expérience et compétences. – Autres informations : âge & coordonnées (en haut à droite du document).

⋯⋮ OBJECTIF DES ACTIVITÉS 3 ET 4

⁝ Comprendre des annonces d'offre d'emploi.

3 Avant de commencer l'activité, faire observer les documents p. 39 afin de les identifier : *ce sont des petites annonces/des offres d'emploi.* Effectuer la première partie de l'activité en grand groupe.
Faire faire la deuxième partie de l'activité par deux. Lors de la mise en commun en grand groupe, vérifier la compréhension globale ; ne pas donner d'explications lexicales exhaustives. L'essentiel est de faire observer la spécificité du parcours de Yann (alternance théorie-pratique sur le terrain), matérialisée sur le CV par les « connexions » (comme dans le métro) entre la ligne « formation » et la ligne « expérience ».

CORRIGÉ

a) Annonce b.
b) 1. Parcours de formation avec stage puis contrat d'apprentissage → expérience de terrain pendant les études. – Licence professionnelle.
2. L'annonce demande un an minimum d'expérience, et Yann a été apprenti (il a donc été en situation professionnelle sur le terrain) pendant deux ans (année de licence et année de master). Il a donc des chances d'obtenir le poste.

4 Pour cette activité, on peut partager la classe en trois groupes : chaque groupe travaille sur une annonce. Lors de la mise en commun, vérifier d'abord quelles informations ont été identifiées pour les trois annonces afin d'observer ce qu'elles ont en commun. Puis faire justifier les réponses. Une grille comme celle du corrigé peut faciliter la mise en commun.

CORRIGÉ

	Annonce A	**Annonce B**	**Annonce C**
Nom de la société	Sports et langues	Magenta marketing	Acadomia
Type d'emploi	Animateurs(trices)	Infographiste webdesigner	Professeurs de langue
Rémunération	Variable selon les séjours	2 500 € brut/mois + primes	19 à 30 € brut/heure
Profil recherché	Bafa	Bac + 4 minimum Bonnes connaissances générales de la communication graphique et du webdesign.	Bac + 3
Lieu de travail	Angleterre, Écosse, Malte, Espagne, Allemagne, Autriche		Régions Rhône-Alpes, Bretagne, Normandie
Durée du contrat	Contrat à durée déterminée (CDD)	Contrat à durée indéterminée (CDI) – Temps plein	Temps partiel

→ **L'aide-mémoire** reprend et permet de fixer le lexique lié à l'offre d'emploi. L'enseignant pourra se référer au Point info p. 176 pour avoir des informations sur le salaire brut/net, le salaire minimum en France et d'autres contenus de la leçon.

⠂⠂⠇ OBJECTIF DE L'ACTIVITÉ 5

⁝ Comprendre des extraits où des recruteurs décrivent le profil d'un emploi.

5 Faire écouter l'enregistrement et en vérifier la compréhension globale : *il s'agit de deux personnes chargées de recruter des candidats pour un emploi. Ces recruteurs décrivent le profil requis pour un emploi.* Faire en grand groupe la première partie de l'activité. Puis former des petits groupes. Faire réécouter l'enregistrement afin que les apprenants puissent prendre des notes pour la deuxième partie de l'activité. Mettre en commun après une concertation sur les notes prises par chacun dans les petits groupes. Ensuite, reformer les groupes pour effectuer la troisième partie de l'activité. Mise en commun en grand groupe.

CORRIGÉ

1. 1. Sports et langues / postes d'animateurs (annonce A) – 2. Magenta marketing – poste d'infographiste webdesigner (annonce B).
2. 1 : dynamisme, énergie, sens des responsabilités – bon contact et autorité naturelle – goût pour les voyages et les activités de plein air – capacité à travailler en équipe. – 2 : capacité à travailler en équipe, autonomie, responsabilité – capacité d'organisation, rigueur, sens du détail – réactivité et respect des délais – créativité et passion pour les arts numériques.
3. *À titre indicatif :* excellent niveau dans la langue enseignée – patience – disponibilité – être à l'écoute – être pédagogue, etc.

→ **L'aide-mémoire** reprend et permet de fixer les formules utilisées pour exprimer les qualités correspondant à un emploi.

⠂⠂⠇ OBJECTIF DE L'ACTIVITÉ 6

⁝ Échanger sur les recherches d'emploi atypiques.

6 Former des petits groupes pour faire l'activité. Lors de la mise en commun en grand groupe, on peut nommer des rapporteurs pour rendre compte de l'essentiel des échanges dans les sous-groupes.

⠂⠂⠇ OBJECTIF DE L'ACTIVITÉ 7

⁝ Transférer les acquis en rédigeant une offre d'emploi.

7 En petits groupes, les apprenants listent des emplois qu'ils jugent atypiques. Puis ils en choisissent deux et rédigent pour chacun une petite annonce d'offre d'emploi en y intégrant tous les éléments donnés dans l'activité.

❭ Postuler pour un emploi

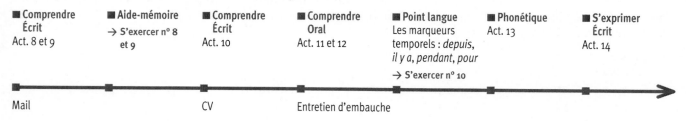

■ Comprendre Écrit	■ Aide-mémoire	■ Comprendre Écrit	■ Comprendre Oral	■ Point langue	■ Phonétique	■ S'exprimer Écrit
Act. 8 et 9	→ S'exercer n° 8 et 9	Act. 10	Act. 11 et 12	Les marqueurs temporels : *depuis, il y a, pendant, pour*	Act. 13	Act. 14
				→ S'exercer n° 10		

| Mail | | CV | Entretien d'embauche | | | |

⠂⠂⠇ OBJECTIF DES ACTIVITÉS 8 ET 9

⁝ Comprendre un mail de motivation pour postuler à un emploi.

8 Tout d'abord, faire identifier le document : *il s'agit d'un mail de candidature à un emploi, suite à une annonce.* Faire observer la mention « pièce jointe » en haut à droite dans la barre d'adresse et « PJ » en bas de page, indiquant qu'un CV est joint au mail. Faire identifier l'expéditeur du mail (Miléna Alvarez) et faire le lien avec le CV figurant en-dessous du mail (ne pas rentrer dans les détails du CV à ce stade). Faire lire le mail et faire faire l'activité par deux. Mettre en commun en grand groupe. Si ce n'est déjà fait, introduire l'expression « mail de motivation » et dire aux apprenants qu'il existe aussi la « lettre de motivation », par courrier postal.

CORRIGÉ

a) objet : Candidature au poste d'animatrice
b) RH@sportslangues.fr

9 Faire relire le mail et en faire dégager la matrice discursive. L'activité peut être faite par deux avant la mise en commun en grand groupe. Si le document peut être projeté, délimiter avec des accolades les différentes parties du mail en indiquant à côté à quel élément elles correspondent.

CORRIGÉ

N° 1 : elle cite l'annonce et pose sa candidature.
N° 2 : elle résume son parcours et cite ses qualités et compétences.
N° 3 : elle sollicite un entretien.
N° 4 : elle prend congé avec une formule de politesse.

→ **L'aide-mémoire** reprend et permet de fixer les formulations utilisées pour postuler à un emploi (dans un(e) mail/lettre de motivation).

⋯⋗ OBJECTIF DE L'ACTIVITÉ 10

: **Comparer deux types de présentation de CV.**

10 Faire lire le CV de Miléna et faire relire celui de Yann (p. 38) afin de les comparer du point de vue de leur contenu, présentation, style et rubriques. Faire faire l'activité par deux avant de mettre en commun en grand groupe.

CORRIGÉ

Principales similitudes → les deux CV présentent les axes suivants : Formation / Expérience. Les informations les plus récentes sont données en première position.
Principales différences →
– présentation et style : style classique pour le CV de Miléna, original pour le CV de Yann (parce qu'il est graphiste et veut montrer ses compétences et son originalité dans son CV). Miléna a mis une photo d'identité, Yann non.
– contenu : Miléna indique sa double nationalité car c'est un « plus » dans son parcours. Elle donne son adresse postale, Yann indique son site Internet.
La rubrique *Compétences* apparaît dans le CV de Yann parce qu'il a déjà des compétences professionnelles suite à sa formation. Miléna a fait une rubrique *Langues* dans son CV parce que c'est son point fort ; la rubrique *Divers* est importante pour montrer son profil et ses centres d'intérêt

⋯⋗ OBJECTIF DES ACTIVITÉS 11 ET 12

: **Comprendre un entretien d'embauche au cours duquel une personne évoque son parcours.**

11 En grand groupe, faire écouter l'enregistrement et en vérifier la compréhension globale : qui parle, à qui, de quoi, à la suite de quoi ?

CORRIGÉ

Miléna parle avec un responsable de Sports et Langues ; elle passe un entretien d'embauche suite à sa candidature.

12 **a)** La compréhension orale se fait en complémentarité avec le CV. Tout d'abord, faire remarquer que certaines dates dans les parties *Formation* et *Expérience* sont absentes. Puis faire réécouter l'enregistrement afin d'effectuer la première partie de l'activité. Proposer une concertation par deux avant la mise en commun en grand groupe.
b) Faire réécouter l'enregistrement afin d'effectuer la deuxième partie de l'activité. Puis mettre en commun en grand groupe.

CORRIGÉ

a) 2009 : BAFA
Depuis octobre 2009 : cours particuliers.
Juillet 2008-juin 2009 : jeune fille au pair.
b) Les informations présentes dans le CV et la conversation : le séjour comme jeune fille au pair – les cours d'anglais à l'Institut britannique – le BAFA – les cours particuliers.
Les informations complémentaires :
– en ce qui concerne les langues → elle a toujours entendu plusieurs langues autour d'elle ; son père est espagnol et sa mère française, elle a vécu entre l'Espagne et la France et a fait plusieurs séjours en Angleterre.
– sur son expérience de jeune fille au pair → elle est restée plus longtemps que la durée initialement prévue ; elle s'est bien entendue avec les petits et leur écrit toujours.

POINT *Langue*

Les marqueurs temporels : *depuis, il y a, pendant, pour*

Ce Point langue vise à conceptualiser la valeur et l'usage des marqueurs temporels. Faire associer les quatre phrases contenant des marqueurs temporels (en gras) aux explications données. Ce travail de réflexion est d'abord individuel. Les apprenants peuvent ensuite confronter leur choix par deux avant la mise en commun en grand groupe.

CORRIGÉ

– Je suis rentrée en France **il y a** trois ans. → On situe un évènement passé par rapport au moment présent.
– J'étais partie **pour** six mois. → On indique une durée prévue.
– J'ai suivi des cours **pendant** dix mois. → On indique une période, une durée complète.
– Je donne des cours à domicile **depuis** deux ans et demi, **depuis** octobre 2009. → On indique le point de départ d'une situation toujours actuelle.

⋯⋗ OBJECTIF DE L'ACTIVITÉ 13

⋮ **Phonétique : prononciation des sigles et acronymes.**

🔟3️⃣ Cette activité permet de faire le point sur la prononciation des sigles, qui sont appelés acronymes s'ils sont prononcés comme un mot. Faire écouter les deux premiers numéros. Faire trouver la différence de prononciation entre les deux : *BAFA est prononcé comme un mot alors que BAFD est épelé*. Passer l'enregistrement en continu en demandant aux apprenants de simplement écouter. Puis repasser l'enregistrement de manière séquentielle pour permettre aux apprenants de noter pour chaque numéro s'il est épelé ou dit comme un mot. Une concertation par deux peut être envisagée avant la mise en commun en grand groupe. Pour terminer, faire lire à haute voix les sigles et acronymes de l'activité et demander aux apprenants s'ils connaissent d'autres sigles ou acronymes.
NB : la signification de ces sigles et acronymes se trouve dans les Points info p. 177.

CORRIGÉ

a) Dits comme des mots (acronymes): 1. BAFA – 3. SMIC – 6. ESSEC – 8. UNESCO – 13. DOM TOM – 22. ONU.
Épelés (sigles) : 2. BAFD – 4. RATP – 5. SNCF – 7. IBM – 9. DUT – 10. IUT – 11. CDI – 12. CDD – 14. JO – 15. BD – 16. CD – 17. SMS – 18. MSN – 19. PDF – 20. PC – 21. HLM.

⋯⋗ OBJECTIF DE L'ACTIVITÉ 14

⋮ **Transférer les acquis en rédigeant un CV et un mail de motivation.**

🔟4️⃣ Dans cette activité, les apprenants sont mis en situation de postuler à un emploi, en répondant à une annonce. Selon le public, effectuer l'activité à partir des petites annonces de la page 39 ou proposer d'autres annonces, adaptées au profil des apprenants. Pour une approche plus ludique, on pourra proposer aussi des annonces pour des emplois « atypiques » comme celles qui ont été rédigées dans l'activité 7 (p. 39). Les apprenants seront invités à rédiger leur CV (original ou classique) et un mail de motivation en s'appuyant sur la matrice dégagée dans l'activité 9. Ce travail peut être donné à faire à la maison.

Corrigés S'exercer • Leçon 2

6. 1. recrute – 2. niveau – 3. maîtrise – 4. contrat – 5. rémunération – 6. prime
7. 1. organisé – de la rigueur – qualités relationnelles – passionné par
2. souriante – bon contact
3. le sens de – capacité à
8. d – f – a – g – b – c – e
9. *Suite à* votre annonce – je vous *adresse ma candidature* – *Titulaire d'*un BTS – je *possède une expérience* de dix ans –
Ma *motivation* à travailler – Je *me tiens à votre disposition* pour vous exposer
10. *Il y a* quatre ans – *pour* trois mois – *pendant* plusieurs week-ends – *depuis* six mois

→ **Voir aussi le Cahier d'activités** | **p. 23-26**

Contenus socioculturels • Thématiques

Les entretiens d'embauche

Objectifs sociolangagiers

Objectifs pragmatiques

Donner des conseils, mettre en garde	– comprendre un dépliant comportant des conseils et mises en garde pour réussir un entretien d'embauche – comprendre quand quelqu'un passe un entretien d'embauche – reconnaître différents registres de langue (standard/familier) – donner des conseils pour la recherche d'un emploi
Indiquer des changements nécessaires	– comprendre quand quelqu'un évalue un entretien d'embauche – comprendre des conseils concernant des changements nécessaires – passer un entretien d'embauche – évaluer un entretien d'embauche et indiquer des changements nécessaires

Objectifs linguistiques

Grammaticaux	– les structures pour exprimer le conseil : impératif, *devoir* + infinitif, *si* + présent/futur, *si* + présent/impératif, *il faut que* + subjonctif – le subjonctif pour exprimer la nécessité – morphologie du subjonctif
Lexicaux	– quelques formules impersonnelles pour exprimer la nécessité : *il est important/essentiel de... que...* > Lexique thématique : livre de l'élève p. 197
Phonétiques	– registres de langue – intonation : conseil ou ordre – prononciation du subjonctif – phonie-graphie : prononciation de *i* et *y* selon le contexte graphique

Scénario de la leçon

La leçon se compose de deux parcours :

Dans le premier parcours (p. 42-43), les apprenants liront un dépliant comportant des conseils pour réussir un entretien d'embauche. Puis, ils écouteront une simulation d'entretien d'embauche dans le cadre d'un atelier de Pôle emploi. À cette occasion, ils seront amenés à distinguer deux registres : standard et familier. Enfin, ils rédigeront à leur tour des conseils, dans le cadre d'un site Internet destiné à des personnes à la recherche d'un emploi.

Dans le deuxième parcours (p. 44-45), les apprenants liront une fiche d'évaluation suite à la simulation d'un entretien d'embauche, dans le cadre de l'atelier de Pôle emploi (cf. premier parcours). À la fin de la leçon, ils simuleront à leur tour un entretien d'embauche et seront évalués par le groupe, comme s'ils étaient dans l'atelier préparant à ce type de situation. Enfin, ils écriront une fiche d'évaluation comme celle étudiée précédemment.

❯ Donner des conseils, mettre en garde

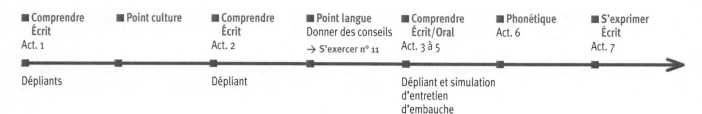

| ■ Comprendre Écrit Act. 1 | ■ Point culture | ■ Comprendre Écrit Act. 2 | ■ Point langue Donner des conseils → S'exercer n° 11 | ■ Comprendre Écrit/Oral Act. 3 à 5 | ■ Phonétique Act. 6 | ■ S'exprimer Écrit Act. 7 |

Dépliants   Dépliant   Dépliant et simulation d'entretien d'embauche

⋯❖ OBJECTIF DE L'ACTIVITÉ 1

⋮ **Comprendre des dépliants concernant les entretiens d'embauche/comportant des conseils pour réussir**
⋮ **un entretien.**

1 Faire observer les deux documents afin de les identifier : *il s'agit de dépliants de Pôle emploi, destinés à des personnes à la recherche d'un emploi.* Le premier s'intitule « Réussir l'entretien d'embauche » ; il donne des conseils utiles dans ce type de situation. Le deuxième s'intitule « Simuler un entretien d'embauche » ; comme il sert de contexte pour certaines activités de la leçon, il est important de le faire lire afin de comprendre de quoi il s'agit : *Pôle emploi propose aux demandeurs d'emploi un atelier permettant de se préparer aux entretiens d'embauche par le biais de simulations.* Faire faire le lien entre les deux documents et le contexte : les deux dépliants ont été publiés dans le cadre de l'aide que Pôle emploi propose aux demandeurs d'emploi.

NB : pour des raisons de mise en page, le Point culture figure page 43. Pour une démarche plus fluide, il est conseillé de l'effectuer après l'activité 1.

> **CORRIGÉ**
>
> Pôle emploi a publié ces documents. Pour les demandeurs d'emploi, qui doivent passer des entretiens d'embauche. Pour leur donner des conseils et les aider à se préparer.

POINT Culture

Ce Point culture donne des informations sur Pôle emploi et le chômage en France.
Faire lire le texte et vérifier d'abord si les apprenants comprennent quelles sont les missions de Pôle Emploi.
Puis vérifier la compréhension du deuxième paragraphe, concernant le chômage en France.
Si le groupe est constitué de différentes nationalités, former des petits groupes afin d'effectuer la deuxième partie de l'activité. Ensuite, un apprenant par sous-groupe peut jouer le rôle de rapporteur lors de la mise en commun en grand groupe.

> **CORRIGÉ**
>
> **a)** Pôle emploi est un établissement public. Ses missions : assurer l'inscription, l'information, l'orientation et l'accompagnement des demandeurs d'emploi ; mettre en relation demandeurs et entreprises qui recrutent ; verser les allocations chômage aux demandeurs d'emplois.

⋯❖ OBJECTIF DE L'ACTIVITÉ 2

⋮ **Comprendre un dépliant comportant des conseils pour réussir un entretien.**

2 Effectuer la première partie de l'activité en grand groupe. Faire observer le document afin d'en identifier la composition : *un paragraphe d'introduction puis trois paragraphes précédés d'un titre : « Avant/pendant/après l'entretien ».* Faire observer/confirmer que chaque paragraphe contient des conseils. Faire faire la deuxième partie de l'activité par deux, puis mettre en commun en grand groupe.

> **CORRIGÉ**
>
> **1.** Quatre parties : introduction (chapeau) / avant l'entretien / pendant l'entretien / après l'entretien.
> **2.** Le comportement, l'attitude et le langage :
> Arrivez légèrement en avance et avec une tenue adaptée. – Saluez votre interlocuteur d'une poignée de main ferme, regardez-le en face. – Soyez attentif à votre attitude physique. Évitez de vous asseoir au bord de votre siège, de vous

frotter les mains. – Il est important de se mettre en valeur (mais attention, pas trop !). – Ayez à l'esprit deux mots-clés : curiosité et motivation. – Surveillez votre manière de parler ; évitez les expressions familières.
<u>Les choses à dire ou ne pas dire :</u>
Indiquez clairement votre intérêt pour le poste. – Si le recruteur vous demande pourquoi vous souhaitez quitter votre emploi actuel, évitez d'être négatif par rapport à votre société ou vos supérieurs. – Si le recruteur vous demande quels sont vos points forts, citez deux ou trois qualités en relation avec le poste proposé. Pour votre principal défaut, citez une qualité excessive (le perfectionnisme par exemple).
<u>La préparation de l'entretien :</u>
Renseignez-vous sur l'entreprise. – Entraînez-vous à décrire votre parcours professionnel. – Apportez CV, lettres de motivation et éventuellement vos réalisations. – Vous devez bien connaître le contenu de l'annonce.

POINT *Langue*

Donner des conseils

Ce Point langue permet de conceptualiser deux structures différentes pour donner un conseil : *si* + présent, futur simple et *si* + présent, impératif.
Faire observer les deux phrases exprimant un conseil. Faire d'abord remarquer les similitudes entre les deux (toutes les deux débutent par *si* suivi d'un verbe au présent ; elles comportent deux parties). Puis demander pour chacune dans quelle partie de la phrase est exprimé le conseil. Enfin, faire compléter les règles avec les formes verbales.

> **CORRIGÉ**
>
> **1.** Le conseil (ce qu'il faut faire) est dans la première partie de la phrase.
> → *Si* + verbe au **présent**, verbe au **futur simple**
> **2.** Le conseil est dans la deuxième partie de la phrase.
> → *Si* + verbe au **présent**, verbe à l'**impératif**

⋯⟶ OBJECTIF DES ACTIVITÉS 3, 4 ET 5

: **Comprendre un entretien d'embauche et sélectionner des conseils adaptés à la personne concernée ;**
: **repérer et distinguer un registre familier et un registre standard.**

3 **a)** Avant d'effectuer l'activité, il est important de bien poser le contexte de l'échange que les apprenants vont écouter. Revenir rapidement sur le dépliant de Pôle emploi « Simuler un entretien d'embauche » afin de rappeler les activités proposées (mise en situation d'entretien, analyse des points forts et des difficultés…). Puis, demander aux apprenants d'écouter l'enregistrement, et de dire de quelle activité il est question, le but étant qu'ils comprennent qu'il s'agit d'une simulation d'entretien d'embauche : le recruteur et le candidat sont en fait des stagiaires participant à l'atelier (au besoin, faire un parallèle entre cette situation et celle des simulations en classe, lorsque deux étudiants jouent un rôle face au groupe). Faire effectuer l'activité. Proposer aux apprenants de comparer leurs réponses par deux puis mettre en commun en grand groupe, en demandant de justifier les réponses.
b) Faire réécouter l'enregistrement et demander aux apprenants ce qu'ils pensent de la prestation de Simon. Ils feront probablement des commentaires négatifs sur sa manière de parler (trop familière). Ne pas rentrer dans les détails à ce stade, l'activité 5 étant prévue pour le repérage du registre.

> **CORRIGÉ**
>
> **a)** 1. Vrai (« je suis un bon vendeur »). – 2. Faux : il a de l'expérience en tant que vendeur (il souhaite quitter son emploi actuel ; il a 15 ans d'expérience). – 3. Faux : il est très (même trop) à l'aise. – 4. Vrai (il voudrait être chef de rayon).

4 Faire relire les conseils du dépliant « Réussir l'entretien d'embauche » afin de dire lesquels sont utiles pour Simon. Proposer aux apprenants de comparer leurs réponses par deux avant la mise en commun en grand groupe.

> **CORRIGÉ**
>
> – *Surveillez votre manière de parler ; évitez les expressions familières.* → Simon utilise un registre très familier.
> – *Si le recruteur vous demande pourquoi vous souhaitez quitter votre emploi actuel, évitez d'être négatif par rapport à votre société ou vos supérieurs.* → Simon critique son chef actuel.
> – *Il est important de se mettre en valeur, (mais attention, pas trop !).* → Simon va trop loin quand il parle de ses points forts : « J'pourrais vendre des frigidaires à des esquimaux ! »
> – *Pour votre principal défaut, citez une qualité excessive (le perfectionnisme par exemple).* → Simon répond de manière très directe en citant un « vrai » défaut : « J'aime pas qu'on me marche sur les pieds. »

5 Rappeler ce qui a été observé globalement dans l'activité 3b : *la manière de parler de Simon est inadaptée car trop familière et contraste avec la manière de s'exprimer du recruteur*. Proposer une réécoute (avec des pauses si nécessaire) afin que les apprenants puissent repérer les interventions qu'ils jugent trop familières dans le cadre d'un entretien d'embauche. Écrire au tableau les expressions inconnues et en vérifier la compréhension. Cette activité constitue une transition vers l'activité 6 de phonétique.

> **CORRIGÉ**
>
> Le recruteur parle de façon calme et posée, et prononce clairement ; le candidat utilise un langage familier et a une prononciation relâchée (*j'suis… ; j'supporte pas mon chef, il est tout le temps sur mon dos ; j' pourrais vendre des frigidaires à des esquimaux ; j'aime pas qu'on me marche sur les pieds ; j'suis cool…*).

⋯⋗ OBJECTIF DE L'ACTIVITÉ 6

⠂ **Phonétique : registres de langue – intonation : conseil ou ordre.**

6 **a)** Dans cet exercice de discrimination, les apprenants sont amenés à identifier le registre familier et le distinguer du registre standard dans les énoncés qu'ils entendent.

	Standard	Familier
1.	a	b
2…		

Pendant l'écoute de l'enregistrement (écoute séquentielle recommandée), chaque apprenant note ce qu'il entend comme dans la grille ci-dessus. Procéder à la correction en grand groupe après une deuxième écoute de l'enregistrement.
b) Dans cet exercice de discrimination, les apprenants sont amenés à différencier l'intonation du conseil (légèrement montante en fin d'énoncé) de celle de l'obligation (descendante à la fin de l'énoncé). Il s'agit là d'un exercice de discrimination de l'intonation.

	Conseil	Obligation, ordre
1	✔	
2…		

Pendant l'écoute de l'enregistrement (écoute séquentielle recommandée), chaque apprenant note ce qu'il entend comme dans la grille ci-dessus. Procéder à la correction en grand groupe après une deuxième écoute de l'enregistrement (écoute continue).

> **CORRIGÉ**
>
> **a)** familier = 1b, 2a, 3a, 4b, 5a
> **b)** conseils = 1, 3, 5, 6 et 9 / ordres = 2, 4, 7, 8 et 10

⋯⋗ OBJECTIF DE L'ACTIVITÉ 7

⠂ **Transférer les acquis en rédigeant une page de conseils pour un site Internet destiné aux personnes à la**
⠂ **recherche d'un emploi.**

7 Il s'agit de rédiger une page de conseils assimilée à celle du dépliant de Pôle emploi. Rappeler la forme que doit avoir la page : les cinq clés pour agir et les cinq erreurs à éviter. Les apprenants peuvent choisir une mise en page en fonction de ces deux parties à intégrer. Cette production peut se faire individuellement à la maison ou en petits groupes en classe. Dans ce cas, si possible, afficher ou projeter les conseils lors de la mise en commun/correction en grand groupe.

❯ Indiquer des changements nécessaires

■ Comprendre Écrit	■ Comprendre Oral/Écrit	■ Point langue	■ Point langue	■ Phonétique	■ S'exprimer Oral	■ S'exprimer Écrit
Act. 8, 9 et 10	Act. 11 et 12	Le subjonctif pour donner un conseil, exprimer la nécessité	La formation du subjonctif ➜ **S'exercer n° 12 à 14**	Act. 13	Act. 14	Act. 15

Fiche d'évaluation	Échanges à l'atelier de simulation

···⫶ OBJECTIF DES ACTIVITÉS 8, 9 ET 10

⫶ Comprendre une fiche d'évaluation suite à la simulation d'un entretien d'embauche.

8 Tout d'abord, faire observer le document afin de l'identifier : *il s'agit d'une fiche avec le logo Pôle emploi*. Faire observer les différentes parties de la fiche, pour comprendre qu'il s'agit d'une évaluation (points forts / points à améliorer). Attirer l'attention des apprenants sur le nom du candidat (Simon) et du poste (vendeur) afin qu'ils comprennent qu'il s'agit de l'évaluation de sa simulation d'entretien d'embauche, dans le cadre de l'atelier de Pôle emploi (cf. act. 3 p. 43). Faire déduire que cette fiche d'évaluation a été écrite par la personne animant l'atelier.

CORRIGÉ

C'est la fiche d'évaluation de la conseillère de l'atelier Pôle emploi, après l'entretien de Simon.

9 En grand groupe, revenir sur le document afin d'effectuer l'activité.

CORRIGÉ

On indique les changements nécessaires dans l'attitude de Simon : « Points à améliorer ». – On décrit l'attitude de Simon pendant l'entretien : « Points forts ».

10 Faire relire la fiche d'évaluation afin d'identifier le dessin qui correspond à la situation. Lors de la mise en commun, faire justifier les réponses.

CORRIGÉ

Dessin 2 → *le candidat regarde l'interlocuteur en face ; il se tient droit ; il ne montre pas de signes de nervosité ; il faut que Simon ait une tenue plus adaptée pour un entretien.*

···⫶ OBJECTIF DES ACTIVITÉS 11 ET 12

⫶ Comprendre les conseils donnés à un candidat suite à un entretien d'embauche.

11 Faire écouter le dialogue et en vérifier la compréhension globale : à la suite de la simulation d'entretien travaillée dans le premier parcours, la conseillère de Pôle emploi et les personnes qui participent à l'atelier font des commentaires sur la prestation de Simon et lui donnent des conseils, lui disant ce qu'il doit faire pour réussir son entretien d'embauche.

CORRIGÉ

Qui parle ? La conseillère Pôle emploi et les personnes qui participent à l'atelier « Simuler un entretien d'embauche ».
Quand ? Pendant l'atelier, après la simulation de Simon.
Dans quel but ? Pour évaluer Simon et lui donner des conseils pour s'améliorer.

12 Faire faire l'activité individuellement puis comparer par deux. Il s'agit seulement de repérer les conseils présents aussi bien dans la fiche que dans les échanges : ne pas faire noter exactement comment les conseils sont dits, car les apprenants ne connaissent pas encore le subjonctif. Lors de la mise en commun, proposer une réécoute avec des pauses afin de repérer les conseils ayant le même sens que ceux identifiés sur la fiche. Vérifier que les apprenants comprennent qu'il s'agit de conseils exprimant des changements nécessaires. Cette activité sert de transition vers le Point langue.

CORRIGÉ

– Il faut que tu surveilles ta façon de parler. / Il faut que vous fassiez attention à votre vocabulaire. → *Il faut qu'il fasse attention à son vocabulaire.*
– Il ne faut pas que tu dises ta vraie motivation comme ça ! Mais il faut que tu dises des choses plus sérieuses, plus intéressantes pour un employeur. → *Il est essentiel qu'il donne de vraies motivations professionnelles.*
– Il faut que vous soyez moins direct dans vos propos. → *Il faut qu'il agisse avec diplomatie.*
– Et puis que tu aies une tenue plus adaptée. → *Il faut que Simon ait une tenue plus adaptée pour un entretien.*

POINT *Langue*

Le subjonctif pour donner un conseil, exprimer la nécessité

Ce Point langue vise à faire identifier des formules exprimant la nécessité et à découvrir l'utilisation du subjonctif dans ce contexte.

a) Effectuer l'activité en grand groupe. Ensuite, faire observer les verbes qui suivent les formules repérées : *que tu aies, qu'il soit, que tu sois, qu'il donne*. Vérifier si certains apprenants connaissent cette forme verbale, la nommer : *il s'agit du subjonctif présent*. Le subjonctif est un mode.

b) Faire compléter la règle, qui vise à conceptualiser la valeur du subjonctif par rapport à l'indicatif.

CORRIGÉ

a) – *Il faut que* tu aies une tenue plus adaptée.
– *Il est indispensable qu'*il soit moins arrogant.
– *Il faudrait que* tu sois plus positif.
– *Il est essentiel qu'*il donne de vraies motivations professionnelles.
b) Dans la phrase « Il se tient droit », on décrit une réalité avec le mode *indicatif*. – Dans le conseil « Il faut que vous fassiez attention à votre vocabulaire », on exprime la nécessité de l'action avec le mode *subjonctif*.

POINT *Langue*

La formation du subjonctif

Ce Point langue permet de conceptualiser la formation du subjonctif présent, en deux temps : d'abord les trois personnes du singulier + la 3e personne du pluriel car elles ont la même base, puis les deux premières personnes du pluriel, pour les mêmes raisons.

a) et **b)** Faire observer les exemples cités afin de compléter les terminaisons des verbes et la règle.

CORRIGÉ

a) qu'il agiss**e** – que je / qu'il sach**e** – que je / qu'il **fasse** – qu'il **ait** – que tu soi**s**
Pour *je, tu, il, ils*, le subjonctif se forme à partir de la base du verbe à la **3e** personne du pluriel du présent de l'indicatif.
b) La 2e personne du pluriel est identique à la 2e personne du pluriel de **l'imparfait** pour les subjonctifs réguliers.

⋯⋮⟩ OBJECTIF DE L'ACTIVITÉ 13

⋮ **Phonétique : prononciation du subjonctif.**

13 Il s'agit d'une activité de reproduction dans laquelle les formes du subjonctif de quelques verbes côtoient les formes de l'indicatif de ces mêmes verbes, afin que les apprenants les distinguent et maîtrisent mieux leur prononciation. Procéder à l'écoute du dialogue en entier et demander aux apprenants de quoi il s'agit (description rapide de la situation de communication, comme pour une compréhension orale). Puis faire réécouter chaque phrase et proposer aux apprenants de les répéter, à tour de rôle.

⋯⋮⟩ OBJECTIF DE L'ACTIVITÉ 14

⋮ **Transférer les acquis en simulant des entretiens d'embauche et en évaluant les candidats.**

14 Dans cette activité, les apprenants sont invités à simuler un entretien d'embauche, comme dans l'atelier de Pôle emploi.

1 et 2 : Proposer aux apprenants de travailler par deux pour effectuer les activités proposées. Comme c'est une étape préparatoire à la simulation, il s'agit avant tout de se concerter à l'oral.

3. Inviter les tandems à jouer la scène simultanément. L'enseignant reste en retrait et n'intervient que pour venir en aide à un groupe qui aurait besoin d'une précision ou qui serait en difficulté.

4. Inviter deux ou trois sous-groupes à présenter la simulation devant la classe. Les autres jouent le rôle de co-stagiaires dans l'atelier de Pôle emploi : ils écoutent et notent les points positifs et les points à améliorer (ces notes seront particulièrement importantes pour l'activité 15). À l'issue de la simulation, les co-stagiaires

évaluent oralement la prestation du candidat en signalant les aspects positifs, puis en donnant des conseils, comme dans l'enregistrement travaillé dans les activités 11 et 12.

Variante ludique : organiser un « job-dating » (expression qui se trouve dans le document 2 de la leçon 3, p. 42) : former trois groupes. Le 1er groupe est constitué par les recruteurs, le 2e par les candidats et le 3e par ceux qui doivent évaluer le candidat et lui donner des conseils. Prévoir un temps de préparation pendant lequel les recruteurs choisissent chacun une offre d'emploi, le comportement qu'ils vont adopter et préparent les questions à poser au candidat pour savoir s'il a le profil de l'emploi. Les « candidats » quant à eux se préparent à être « polyvalents » car ils vont tourner de poste en poste. Lors de la passation, les candidats s'assoient en face d'un poste, puis au bout de deux minutes, changent de poste *en allant obligatoirement vers le poste qui est sur leur droite* (pour que tous les candidats puissent passer à tous les postes). Les évaluateurs restent à un poste fixe, avec le même recruteur, afin de pouvoir voir tous les candidats défiler. À la fin, les recruteurs disent quel(s) candidat(s) ils choisissent et justifient leur choix. Les évaluateurs donnent des conseils à chaque candidat par rapport au poste près duquel ils sont restés.

⋯⋗ OBJECTIF DE L'ACTIVITÉ 15

⋮ **Transférer les acquis en rédigeant une fiche d'évaluation suite à un entretien d'embauche.**

15 Ce travail peut se faire à la maison. Proposer à chaque apprenant de rédiger une fiche d'évaluation sur le modèle de celle de la page 44, en indiquant les « points positifs » et les « points à améliorer » relevés lors de l'entretien d'un candidat (cf. simulation, act. 14).

Corrigés S'exercer • Leçon 3

11. 1. Si tu suis / tu apprendras – 2. Si vous écoutez / vous progresserez – 3. Si tu n'as pas confiance / inscris-toi – 4. Si vous multipliez / vous trouverez – 5. Si vous souhaitez / soyez attentif – 6. Si vous voulez / allez

12. a) qu'il aille – qu'il prenne – qu'il ait – qu'il soit – qu'il les laisse – qu'il se taise ou qu'il dise – qu'il réfléchisse – qu'il écrive
b) que vous preniez – que vous ayez – que vous soyez – que vous les laissiez – que vous vous taisiez – que vous disiez – que vous réfléchissiez – que vous écriviez

13. 1. Il faut que je suive – 2. Il faut que vous fassiez – 3. Il faut qu'il sourie – 4. Il ne faut pas qu'elle dise – 5. Il faut que nous nous tenions – 6. Il faut que vous regardiez – 7. Il faut qu'il connaisse

14. *À titre indicatif :* 1. Il est indispensable que vous preniez rapidement connaissance des habitudes de l'entreprise ; il est important que vous soyez ponctuel. – 2. Il ne faut pas que vous vous couchiez trop tard et il faudrait que vous choisissiez un moyen de transport plus rapide. – 3. Il faut que tu sois patient et que tu fasses des efforts pour le supporter. – 4 Il est essentiel que vous ayez de l'autorité mais que vous soyez juste.

⟶ **Voir aussi le Cahier d'activités** | p. 27-32

Carnet de voyage

Ce *Carnet de voyage* propose un parcours à dominante socioculturelle/interculturelle, intitulé **Le système éducatif en France**.

Les apprenants liront d'abord un article de journal relatant la candidature originale d'un collégien à la recherche de son premier stage. Puis, ils découvriront le système éducatif français dans son ensemble, par le biais d'un schéma. En fin de parcours, ils échangeront à propos des stages d'intégration en milieu professionnel en France et dans leur pays.

Ce *Carnet de voyage* peut être travaillé à différents moments de l'apprentissage. Par exemple, après la leçon 1, en complément du deuxième parcours sur les stages en milieu professionnel ; après la leçon 2, basée entre autres sur le CV et la lettre / le mail de motivation. Ou bien en clôture de ce dossier consacré aux études et à la vie professionnelle.

Le système éducatif en France

1 Manuels fermés, demander aux apprenants s'ils savent à quel âge on effectue son premier stage en France. Puis faire lire l'article afin d'effectuer l'activité. Lors de la mise en commun en grand groupe, vérifier la compréhension du contexte de l'article.

> **CORRIGÉ**
>
> **1.** On effectue un premier stage à l'âge de 14 ans.
> **2.** La journaliste parle de César, habitant en banlieue parisienne, âgé de 14 ans et en classe de 3e (dernière année de collège avant d'entrer au lycée). César a écrit au journal *Le Monde* pour poser sa candidature car il voudrait effectuer son stage de 3e (« Ah, le fameux stage obligatoire en entreprise à effectuer en classe de 3e ! », début de la deuxième colonne) dans le milieu journalistique.

2 Faire faire l'activité par deux. Lors de la mise en commun en grand groupe, vérifier la compréhension des éléments repérés.

> **CORRIGÉ**
>
> **1.** Ce qui est inhabituel : c'est un adolescent encore au collège ; il ne postule pas pour un emploi car il doit continuer à aller à l'école, on ne fait donc pas de CV dans sa situation mais César a fait « comme si » c'était pour se faire embaucher, il a fait un « vrai » CV. C'est inhabituel de mentionner dans un CV les classes de l'école primaire.
> **2.** Dans le CV de César, on trouvera une partie « **formation** » avec ses années scolaires (De 2004 à 2008 : CP, CE1, CE2, CM1, CM2. En 2008-2009, classe de 6e , en 2009-2010, la 5e, puis la 4e, 3e) avec la précision des langues étudiées (anglais, espagnol, latin), une partie « **loisirs** » (théâtre et sport), une partie « **voyages à l'étranger** » (voyage scolaire à Rome), une partie « **récompenses** » (« les félicitations du conseil de classe à trois reprises » en 5e) et une partie « **diplômes** » et « **concours** » (« attestation scolaire de sécurité routière » et « 2e au concours de mathématiques Kangourou »).

3 Faire observer le schéma du système éducatif français en grand groupe. Attirer l'attention des apprenants sur sa composition : la colonne des âges à gauche et les trois grandes parties (indiquées à droite), école primaire, études secondaires et études supérieures. Puis, faire effectuer l'activité par deux. Lors de la mise en commun en grand groupe, on peut aller plus loin en observant en détail les informations contenues dans le schéma. On fera par exemple observer les différentes filières au niveau des études secondaires et supérieures. On fera remarquer aussi que le baccalauréat termine le cycle des études secondaires, sauf pour les élèves qui se dirigent dans les filières professionnelles/ d'apprentissage en CFA après la 4e.

> **CORRIGÉ**
>
> **1.** César est en 3e, la quatrième et dernière année de collège, dans la partie « études secondaires ».
> **2.** Le stage de 3e dure cinq jours, il consiste en une « séquence d'observation en milieu professionnel » et a pour objectif de *sensibiliser les élèves au monde du travail*.

4 Faire relire l'article et demander de répondre aux questions de l'activité en petits groupes. Demander aux apprenants de citer des passages de l'article pour justifier à chaque fois les réponses. Mettre ensuite en commun en grand groupe.

> **CORRIGÉ**
>
> **1.** Non, il n'est pas facile d'obtenir le stage cité : « …demande des semaines de recherche, provoque quelques petites angoisses parentales et espoirs déçus du côté des jeunes ».
> **2.** Il y a trois sortes de stratégies : ceux qui se font aider par les profs (« Il y a les collégiens qui se font aider par un prof »), ceux qui comptent sur les relations de leurs parents (« les adolescents qui comptent sur les relations de papa ou maman ») et ceux qui « tentent leur chance » pour décrocher un stage « dans le milieu professionnel "de leurs rêves" et envoient des candidatures spontanées proches d'une demande d'emploi ». César fait partie de la dernière catégorie. Il a écrit un vrai CV et une vraie lettre de motivation au journal *Le Monde*.
> **3.** César envisage de devenir journaliste : « le journalisme a toujours été une réelle passion ».

5 Cette activité peut se faire par deux ou directement en grand groupe.

> **CORRIGÉ**
>
> César devra faire de préférence une Terminale générale, section littéraire ou économique et sociale, pour étudier à l'université ou/puis intégrer une école de journalisme.

6 La dernière activité de ce *Carnet* permet aux apprenants d'échanger en petits groupes, d'une part sur ce qu'ils viennent de lire et de découvrir, et d'autre part sur ce qui existe dans leur pays comme stage(s) professionnel(s) pendant les études secondaires. On peut proposer que chaque sous-groupe nomme un rapporteur, en vue de la mise en commun en grand groupe.

A2

Cette page permet aux apprenants de s'entraîner aux activités du DELF A2. Pour ce Dossier 2, les activités proposées permettent d'évaluer leurs compétences en réception orale puis en production écrite.

Compréhension de l'oral

8 points

Il s'agit de comprendre une conversation entre une journaliste et une personne de 52 ans qui a retrouvé un emploi après une période de chômage.
1 point est attribué par réponse correcte.

CORRIGÉ

> **1.** c – **2.** a – **3.** c – **4.** a – **5.** c – **6.** a – **7.** Il donne des conseils à ses collègues quand il y a des problèmes, des conflits avec les clients. – **8.** b.

Production écrite

12 points

Il s'agit d'écrire un mail amical pour raconter les premiers mois dans un nouveau travail.
Dans le DELF A2, il y a deux types d'épreuves pour l'écrit : « rédaction de deux brèves productions écrites… ». Cette épreuve correspond à une tâche de type « exercice 2 » du DELF (correspondance non-formelle → s'excuser et décrire des expériences personnelles dans un message amical).
S'assurer de la compréhension de la consigne : qui écrit (l'apprenant), à qui (à une amie), quoi (un message par mail), pour parler de quoi (du nouveau travail, des relations avec les collègues, du nouveau rythme de vie que ce travail a engendré, des nouveaux horaires, des impressions sur cette nouvelle expérience).
À partir du barème global conçu pour évaluer la production écrite dans une épreuve de DELF A2, il est ici proposé d'évaluer les compétences à communiquer sur **6 points** (respect de la consigne : 1 point ; correction sociolinguistique : 1 point ; capacité à interagir : 4 points) et l'utilisation des outils linguistiques sur **6 points** également (lexique/orthographe lexicale : 2 points ; morphosyntaxe/orthographe grammaticale : 2,5 points ; cohérence et cohésion : 1,5 point). Ne pas hésiter à présenter la grille d'évaluation du DELF pour permettre aux apprenants de s'approprier les critères avec lesquels ils seront évalués.

Dossier **3** La France vue par...

Leçon **1** Ils sont fous ces Français !

> Livre de l'élève
p. 52-55

Contenus socioculturels • Thématiques	
	Les stéréotypes : les Français vus d'ailleurs

Objectifs sociolangagiers

Objectifs pragmatiques

Parler d'un pays et de ses habitants	– comprendre la présentation d'un livre et l'interview de ses auteurs à la radio – comprendre un extrait de livre sur la France et les Français – comprendre des extraits de presse sur un livre – identifier des points communs et des différences entre la France et son pays
Découvrir des stéréotypes	– comprendre une enquête sur la France et les Français vus par les Belges – comprendre et exprimer un pourcentage, des données statistiques – comprendre des histoires drôles fondées sur des stéréotypes – évoquer des blagues racontées dans son pays – parler de stéréotypes concernant des populations – rédiger un texte pour un site Internet, sur son pays et ses habitants

Objectifs linguistiques

Grammaticaux	– les pronoms relatifs *où* et *dont* – les pronoms démonstratifs
Lexicaux	– quelques expressions pour parler d'un pays (conditions de vie, mentalités) – l'expression d'un pourcentage
Phonétiques	– prononciation des pourcentages – phonie-graphie : graphies *au, eau, eu, œu, ou (où, oû)*

> Lexique thématique :
livre de l'élève p. 198

Scénario de la leçon

La leçon se compose de deux parcours :

Dans le premier parcours (p. 52-53), les apprenants découvriront un livre sur la France et les Français, écrit par deux auteurs canadiens dont ils écouteront l'interview. Ils liront ensuite un extrait du livre. Puis, ils seront invités à échanger à propos des informations et représentations contenues dans cet extrait. Après cela, ils liront des commentaires critiques de presse à propos de ce livre. En fin de parcours, ils compareront la réalité française avec celle de leur pays.

Dans le deuxième parcours (p. 54-55), les apprenants liront un article de magazine présentant les résultats d'une enquête sur les Français vus par les Belges. Ensuite, ils découvriront des « blagues belges et françaises » par la lecture d'une bande dessinée et par l'écoute d'une conversation. Puis, ils échangeront à propos du type de blagues que l'on raconte souvent dans leur pays. Ils évoqueront aussi les stéréotypes sur les Français dans leur pays et ceux qui concernent leur propre pays, vu de l'étranger. En fin de parcours, ils rédigeront un texte pour présenter leur pays et ses habitants sur un site Internet.

❯ Parler d'un pays et de ses habitants

■ Comprendre
Oral/Écrit
Act. 1 et 2

■ Comprendre
Écrit
Act. 3 et 4

■ Aide-mémoire
→ S'exercer n° 1

■ S'exprimer
Oral
Act. 5

■ Comprendre
Écrit
Act. 6

■ Point langue
Les pronoms relatifs
où et *dont* pour
donner des précisions
→ S'exercer n° 2 et 3

■ S'exprimer
Oral
Act. 7

Couverture de livre /
Interview des auteurs
à la radio

Extrait de livre

Extraits de critiques
de presse

⋯❖ OBJECTIF DES ACTIVITÉS 1 ET 2

⋮ Comprendre une interview d'auteurs d'un livre sur les Français et la France.

1 Avant de faire écouter l'enregistrement, faire observer la couverture du livre : *il s'agit de l'ouvrage* Pas si fous, ces Français !*, écrit par Jean-Benoît Nadeau et Julie Barlow. On voit un homme en habit (style Louis XIV) aux couleurs de la France, avec un portable et un chien.* Faire remarquer le contraste entre le côté « ancien » et le côté moderne représentés sur la couverture du livre. On peut faire faire rapidement quelques hypothèses sur le contenu de ce livre. Puis faire écouter l'enregistrement. Faire effectuer l'activité par deux avant la mise en commun en grand groupe.

> **CORRIGÉ**
>
> *À titre indicatif :* les auteurs de *Pas si fous, ces Français !* (Jean-Benoît Nadeau et Julie Barlow) sont Canadiens, ils viennent du Québec. Ils ont vécu en France pendant près de trois ans, envoyés par une fondation américaine pour étudier les Français et « rénover des idées ». Le livre donne des clés pour comprendre les Français.

2 Faire écouter la suite de l'interview, manuels fermés, afin d'identifier ce que font les auteurs : *ils lisent l'introduction de leur livre.* Vérifier si les apprenants ont compris de quoi on parle dans l'extrait (cf. 1re partie de l'activité). Puis, faire réécouter l'enregistrement afin de finir d'effectuer l'activité par deux, avant la mise en commun en grand groupe.

> **CORRIGÉ**
>
> **1.** 1. les conditions de vie en France – 2. la mentalité des Français
> **2.** Thème 1 : opinion positive – Thème 2 : opinion négative
> **3.** Mots-clés : paradoxes, contradictions

⋯❖ OBJECTIF DES ACTIVITÉS 3 ET 4

⋮ Comprendre un extrait de livre sur la France et ses habitants.

3 Faire lire l'extrait du livre afin de faire le lien avec celui qui vient d'être entendu (les deux paragraphes de l'introduction lus par les auteurs dans l'interview). Proposer aux apprenants d'effectuer l'activité par deux, avant une mise en commun en grand groupe.
NB : le passage lu par les auteurs dans l'enregistrement est légèrement différent de l'extrait donné à lire dans l'activité.

> **CORRIGÉ**
>
> **1.** Quand ils décrivent les conditions de vie (1er paragraphe) : les conditions de travail ; la durée de vie ; les habitudes alimentaires ; les commerces ; la santé.
> **2.** Quand ils décrivent la mentalité des Français (2e paragraphe) : l'attitude des propriétaires de chiens ; l'attitude envers l'action humanitaire ; l'attitude envers la politique ; l'accueil dans les commerces.

4 On peut former deux groupes pour faire l'activité : l'un relit l'extrait afin de relever les informations positives sur la France et ses habitants, l'autre relève les informations négatives. Lors de la mise en commun, vérifier la compréhension.

> **CORRIGÉ**
>
> **Informations positives :** « un pays dont les habitants ont droit à cinq semaines de congés payés par an, prennent des pauses-déjeuner d'une heure et demie, ont une espérance de vie des plus longues » ; « un pays dont les habitants bénéficient du meilleur système de santé du monde » – **Informations négatives :** « un pays dont les citoyens font preuve de si peu de civisme qu'il ne leur vient pas à l'esprit de ramasser les crottes de leur chien ni d'apporter une contribution régulière aux œuvres caritatives » ; « … ils paient beaucoup d'impôts » ; « [un pays où] le client est en général servi avec nonchalance, voire impolitesse ».

→ **L'aide-mémoire** reprend et permet de fixer le lexique utilisé pour parler d'un pays et de ses habitants.

⋯⋮ OBJECTIF DE L'ACTIVITÉ 5

⋮ Échanger sur un pays et ses habitants, et les représentations qu'on en a.

5 Former des petits groupes de trois ou quatre apprenants afin d'effectuer l'activité. Faire une brève mise en commun en grand groupe.

⋯⋮ OBJECTIF DE L'ACTIVITÉ 6

⋮ Comprendre des extraits de critiques de presse sur un livre.

6 Avant de faire lire, faire identifier le document : *il s'agit d'une page du site Internet de Jean-Benoît Nadeau et Julie Barlow. On y trouve des extraits de presse sur leur livre* Pas si fous, ces Français !. Faire faire l'activité par deux. Lors de la mise en commun en grand groupe, faire justifier les réponses avec des passages du texte.
NB : sur le bandeau, à droite, on aperçoit en tout petit la couverture de trois livres des auteurs : *Pas si fous, ces Français !, Le français, quelle histoire ! Les Français aussi ont un accent*. On observe que les thèmes de prédilection des auteurs sont la France, les Français, la langue française.

CORRIGÉ

1. Faux (« un ouvrage documenté, sérieux mais divertissant » ; « bravo à ces deux journalistes canadiens dont le livre présente une analyse fine de notre pays et de notre mode de vie » – « un livre passionnant » ; « un livre plein d'humour » ; « le livre dont on avait besoin ») – **2.** Vrai (« divertissant » ; « un livre plein d'humour ») – **3.** Vrai (« Un ouvrage documenté » ; « un livre passionnant où les anecdotes alternent avec les statistiques et les commentaires historiques ») – **4.** Faux (« Un ouvrage qui revisite avec pertinence les clichés et les paradoxes français » ; « Le regard de J. Barlow et JB. Nadeau nous permet de prendre du recul sur ce pays » ; « Un livre qui nous donne un nouveau regard sur nous-mêmes » ; « Voici le livre dont on avait besoin »).

POINT *Langue*

Les pronoms relatifs *où* et *dont* pour donner des précisions

Ce Point langue permet de conceptualiser l'usage des pronoms *où* et *dont*.
a) b) Faire relire les documents (extraits du livre et de critiques de presse) individuellement, afin de compléter les exemples. Lors de la mise en commun en grand groupe, faire retrouver ce que le pronom relatif remplace et quelle est sa fonction dans la phrase. Pour cela, faire décomposer chaque phrase complexe : *Imaginez un pays.* **Dans ce pays,** *le client est servi avec nonchalance. / Imaginez un pays. Les habitants* **de ce pays** *ont droit à cinq semaines de congés par an. / Voici le livre. On avait besoin* **de ce livre.** */ C'est un livre passionnant.* **Dans ce livre,** *les anecdotes alternent avec les statistiques.* Puis faire compléter la règle.
c) Faire faire l'activité individuellement ou par deux. Lors de la mise en commun en grand groupe, vérifier la compréhension de la règle.
d) Effectuer cette activité en grand groupe, en faisant décomposer les phrases données : *Les paradoxes dont on parle dans ce livre sont étonnants.* → *Les paradoxes sont étonnants.* **On parle de paradoxes** *dans ce livre.* → **complément du verbe** *parler*. / *Un livre dont les auteurs ne sont pas si fous !* → *(C'est) un livre. Les auteurs* **de ce livre** *ne sont pas si fous.* → **complément du nom** *livre*. / *On prend du recul sur ce pays dont nous sommes parfois trop fiers.* → *On prend du recul sur ce pays. Nous sommes parfois trop* **fiers de** *ce pays.*
→ **complément de l'adjectif** *fiers*.

CORRIGÉ

a) Imaginez un pays *où* le client est servi avec nonchalance.
Imaginez un pays *dont* les habitants ont droit à cinq semaines de congé.
Voici le livre *dont* on avait besoin.
C'est un livre passionnant *où* les anecdotes alternent avec les statistiques.
b) Le pronom relatif *où* remplace un complément de lieu.
Le pronom relatif *dont* remplace un complément indirect introduit par *de*.
c) 1. C'est un livre *où* on trouve des explications sur les paradoxes français.
2. C'est un livre *dont* on parle beaucoup à la radio.
3. C'est un pays *dont* les habitants sont très heureux.
d) 1. Les paradoxes **dont** on parle dans ce livre sont étonnants. → complément du verbe *parler*
2. Un livre **dont** les auteurs ne sont pas si fous ! → complément du nom *auteurs*
3. On prend du recul sur ce pays *dont* nous sommes parfois trop fiers. → complément de l'adjectif *fiers*

····∶· OBJECTIF DE L'ACTIVITÉ 7

∶ Comparer la réalité française avec celle de son pays.

7 Faire effectuer l'activité en petits groupes (de nationalités différentes si le groupe est hétérogène). Lors de la mise en commun, vérifier d'éventuelles récurrences dans les points de vue des sous-groupes.

› Découvrir des stéréotypes

■ Comprendre Écrit	■ Aide-mémoire	■ Phonétique	■ Comprendre Écrit	■ Comprendre Oral	■ Point langue	■ S'exprimer Oral	■ S'exprimer Écrit
Act. 8, 9 et 10	→ S'exercer n° 4	Act. 11	Act. 12	Act. 13 et 14	Les pronoms démonstratifs *celui, celle, ceux, celles* → S'exercer n° 5	Act. 15	Act. 16

Présentation d'un magazine et article   Extrait de BD   Blagues

····∶· OBJECTIF DES ACTIVITÉS 8, 9 ET 10

∶ Comprendre un article de magazine présentant les résultats d'une enquête sur les Français vus par
∶ les Belges.

8 En grand groupe, faire d'abord observer le bandeau à gauche, afin de l'identifier : *il s'agit de la présentation (d'une publicité peut-être) d'un magazine qui s'intitule JV (Juliette et Victor) et qui parle de l'art de vivre franco-belge.* Puis effectuer la première partie de l'activité. Ensuite, faire observer l'article afin de faire le lien avec le bandeau : *il s'agit d'un article de JV magazine, n° 30, daté d'avril 2012.* Faire faire la deuxième partie de l'activité avant la mise en commun en grand groupe.

CORRIGÉ

a) Le magazine *JV* est destiné au public suivant : *les Français qui aiment la Belgique et ceux qui y vivent, les Belges qui aiment la France.* Pour cette raison, il se présente comme « le magazine de l'art de vivre franco-belge ».
b) Le thème de l'enquête se trouve dans le titre de l'article : « Qu'est-ce que les Belges pensent des Français ? » Cette enquête a été commandée par le magazine car elle correspond à son public franco-belge.

9 Faire faire l'activité par deux avant de mettre en commun en grand groupe.

CORRIGÉ

À titre indicatif : – Introduction : présentation de l'enquête qui est à l'origine de l'article et des principaux thèmes abordés dans l'article (cf. les deux questions posées : *À quoi ressemble la France qu'ils aiment ? Comment sont les Français qu'ils apprécient ?*)
– 1er paragraphe : la France vue par les Belges.
– 2e paragraphe : le sentiment des Belges vis-à-vis de la France et des Français.
– 3e paragraphe : les qualités et les défauts des Français, pour les Belges.

10 Faire faire l'activité par deux avant de mettre en commun en grand groupe. Cette activité sert de transition vers l'aide-mémoire.

CORRIGÉ

La France vue par les Belges : → Réponses majoritaires : la France est le pays des vacances (33 %), des destinations touristiques (24 %), des beaux paysages (22 %), du bon vin (29 %) et de la gastronomie (23 %). → Réponses minoritaires : 1 % des personnes interrogées associent la France aux Droits de l'Homme ou à la littérature.
Le sentiment des Belges vis-à-vis de la France et des Français : → Réponses majoritaires : les Belges préfèrent la France (86 %) aux Français (81 %) ; deux tiers des personnes interrogées considèrent la France comme un pays dont ils se sentent proches ; un peu plus de la moitié des belges (51 %) aimeraient y vivre. → Réponses minoritaires : 18 % des Belges ont des sentiments « assez ou très négatifs » par rapport aux Français.
Quelles sont les qualités des Français, pour les Belges ? → Réponses majoritaires : nous sommes aimables et courtois (42 %), nous savons nous exprimer (18 %). Pour un Belge sur dix, nous sommes ouverts d'esprit et 9 % pensent que

nous sommes cultivés, cuisinons bien et sommes de bons vivants. → Réponses minoritaires : 3 % citent l'humour comme une de nos qualités ; notre créativité, notre mobilité et notre ambition sont les qualités qui obtiennent le plus faible pourcentage (1 %).
Quels sont les défauts des Français, pour les Belges ? : → Réponses majoritaires : nous sommes chauvins et arrogants pour plus d'un Belge sur deux. → Réponses minoritaires : 2 % considèrent notre humour comme un défaut.

→ **L'aide-mémoire** reprend et permet de fixer les différentes formulations pour exprimer un pourcentage. Faire observer les différentes manières d'exprimer un pourcentage : **avec un chiffre** → *33 %* ; **avec une formulation exprimant une fraction** → *un sur trois* ; ou **une expression spécifique** → *un tiers, la moitié.* Pour aller plus loin, on pourra élargir à des expressions telles que : *les trois quarts, un cinquième, un dixième.*

⋯⫶ OBJECTIF DE L'ACTIVITÉ 11

⫶ **Phonétique : prononciation des pourcentages.**

11 Cette activité a pour but de faire prendre conscience aux apprenants de la prononciation spécifique des chiffres quand ils sont suivis de l'expression *pour cent*. Du fait que cette expression commence par une consonne, la prononciation de certains nombres est parfois différente de la prononciation de ces nombres seuls.
a) Faire écouter l'enregistrement, puis repasser l'enregistrement une deuxième fois de manière séquentielle pour faire répéter par deux ou trois apprenants à tour de rôle.
b) Faire écouter de manière séquentielle afin de laisser les apprenants noter les pourcentages entendus. Faire écouter une deuxième fois de manière continue pour confirmer la compréhension des pourcentages. Faire comparer les réponses par deux avant de mettre en commun en grand groupe.

CORRIGÉ

b) a. 3 % – b. 13 % – c. 5 % -d. 100 % – e. 10 % – f. 6 % – g. 16 % – h. 7 %

⋯⫶ OBJECTIF DE L'ACTIVITÉ 12

⫶ **Comprendre une bande dessinée sur les blagues « belges ».**

12 Faire observer les dessins afin de faire identifier la situation : *dans un café, le patron (ou le serveur) raconte quelque chose aux clients qui les fait beaucoup rire.* Puis faire observer les personnages et leur comportement : *parmi les clients, il y a un homme âgé avec un béret* (cela servira à l'identifier comme Français), *un policier, un homme en costume et un prêtre. Ils sont tous très différents mais ils rient tous de la même chose.* Puis faire lire le texte dans les bulles et vérifier que les apprenants comprennent qu'il s'agit d'une blague. S'assurer de la compréhension de la chute et demander de qui l'histoire se moque. Confirmer la nationalité des personnages de la BD et l'endroit où ils peuvent se trouver. Puis faire retrouver le passage de l'article où on parle des « blagues belges ».

CORRIGÉ

La BD met en scène des Français, probablement à la frontière France-Belgique. Un des hommes raconte une blague belge. Le passage de l'article p. 54 sur l'habitude française illustrée par la BD est le suivant : « … ils [les Belges] ne semblent pas traumatisés par nos fameuses blagues belges où l'on se moque d'eux ».

⋯⫶ OBJECTIF DES ACTIVITÉS 13 ET 14

⫶ **Comprendre une conversation dans laquelle on raconte des blagues.**

13 Faire écouter l'enregistrement. En grand groupe, vérifier la compréhension en effectuant l'activité.

CORRIGÉ

a) Lors d'une soirée (ou similaire), un couple raconte à des amis des blagues sur les Français, entendues en Belgique.
b) Point commun : on raconte aussi des blagues associées à des stéréotypes.
Différence : cette fois, ce sont les blagues des Belges sur les Français.

14 Faire réécouter l'enregistrement ; effectuer l'activité en grand groupe.

CORRIGÉ

Le stéréotype correspondant aux blagues est le suivant : les Français ont un complexe de supériorité (cf. enquête : *les Français sont arrogants et chauvins*).

POINT *Langue*

Les pronoms démonstratifs *celui, celle, ceux, celles*

Ce Point langue permet de conceptualiser l'usage des pronoms démonstratifs.

a) Faire faire l'activité individuellement. Mettre en commun en grand groupe.

b) Faire faire l'activité par deux. Lors de la mise en commun, faire observer particulièrement la différence entre l'utilisation du démonstratif dans *celle de l'autoroute* (*celle* = la blague, mot énoncé en amont) et *celle-ci*, *celle-là* (= cette blague-ci/là) qui ont une valeur de désignation.

Faire lire en synthèse la rubrique **Attention !**

CORRIGÉ

a) Le pays des vacances et **celui** du bon vin. → *celui* = le pays. Le magazine des Français qui aiment la Belgique et de **ceux** qui y vivent. → *ceux* = les Français. Les qualités principales et **celles** qui obtiennent la plus faible réponse. → *celles* = les qualités.
b) Enregistrement : «... Par exemple celle de l'autoroute » ; « Et celle-ci, c'est le même genre... » ; « Et encore celle-là pour finir... ».
BD : « Et celle-ci, vous la connaissez ?... ».
c) Féminin singulier : **celle** ; masculin pluriel : **ceux** ; féminin pluriel : **celles**.

⋯⋮ OBJECTIF DE L'ACTIVITÉ 15

⋮ **Évoquer des blagues et des stéréotypes sur les Français et sur les habitants de son propre pays.**

15 **1.** et **2.** Cette activité interculturelle permet aux apprenants d'échanger sur les stéréotypes concernant leur pays ou d'autres pays que le leur. Former des groupes de nationalités différentes si le public est hétérogène. Si les apprenants sont tous du même pays, on peut travailler sur les différences régionales. Bien entendu, cette activité doit se dérouler dans une atmosphère bienveillante afin de ne pas risquer de vexer les sentiments nationaux ou régionaux. L'enseignant est le seul à pouvoir évaluer l'opportunité de cette activité dans sa classe.

⋯⋮ OBJECTIF DE L'ACTIVITÉ 16

⋮ **Rédiger un texte pour présenter son pays et ses habitants sur un site Internet.**

16 Poser d'abord le contexte : *chaque année en France, un pays est à l'honneur. Dans ce cadre, des manifestations diverses sont prévues, pour faire connaître et diffuser la culture du pays en question. Un site Internet est à chaque fois créé.* Proposer aux apprenants d'écrire individuellement sur le site www.unpaysalhonneur.fr un court texte pour présenter leur pays et donner envie aux gens de le visiter. La tâche à réaliser peut se faire en classe ou à la maison.
NB : le site cité dans l'activité est imaginaire, mais le contexte cité est véridique.

Corrigés S'exercer • Leçon 1

1. 1 e – 2 b – 3 d – 4 a – 5 f – 6 c
2. *(Réponses non exhaustives)* 1. Quel est ce plat d'origine nord-africaine **dont** les Français sont fous ? Le couscous. – 2. Quelle est cette ville du Sud de la France **où** un célèbre festival de cinéma a lieu en mai ? Cannes. – 3. Quelle est cette jolie actrice française **dont** les initiales sont « SM » ? Sophie Marceau. – 4. Quel est ce footballeur français d'origine algérienne **dont** on a beaucoup parlé entre 1995 et 2005 ? Zinédine Zidane.
3. ... au musée des Arts modernes **où** j'ai pu voir une exposition Picasso – ... peu de peintres modernes **dont** j'apprécie les œuvres – ... la façon **dont** Picasso peignait – ... le catalogue de l'expo **où** sont représentées les toiles – ... le château de Versailles **où** des rois de France ont vécu – ... galerie des Glaces **dont** les murs sont couverts – ... manière **dont** le guide expliquait – ... dans le parc **où** j'ai fait – ... visite **dont** je me souviendrai longtemps
4. *(Réponses non exhaustives)* 1. **Un Français sur cinq** ne va pas partir en vacances à cause de la crise et **presque un tiers** des Irlandais déclarent qu'ils resteront chez eux par mesure d'économie. – 2. **La majorité** des Indiens et **presque la moitié** des Sud-Coréens ont des difficultés à programmer leurs vacances parce qu'ils ont trop de travail (OU **un Sud-Coréen sur deux** a des difficultés à programmer ses vacances parce qu'il a trop de travail). C'est le cas pour seulement **un quart des** Français (OU **pour un Français sur quatre**) et **environ un Norvégien sur dix**. – 3. **Presque un quart** des Indiens interrogés déclarent travailler plus de 50 heures par semaine mais **les trois quarts** environ des Français affirment qu'ils travaillent entre 31 et 40 heures par semaine.
5. 1. – ... celles qui représentent / celle-ci par exemple. / – Et celles-là ? / – Celle-ci, c'est le centre... et celle-là représente... – 2. – Celui qui / celui-là / ceux des championnats d'Europe. – 3. – Celle qui jouait / celle-là, elle est française / une de celles qui jouent le mieux.

→ **Voir aussi le Cahier d'activités** | p. 33-36

Contenus socioculturels • Thématiques

Vivre en France, vivre ailleurs
Modes de vie différents : les expatriés, couples bi-nationaux

Objectifs sociolangagiers

Objectifs pragmatiques

Questionner sur/ évoquer un changement de vie	– comprendre une interview (écrite) sur Internet, concernant un changement de vie – comprendre un témoignage (oral) sur des conditions de vie – raconter une expérience personnelle et son ressenti – interroger sur les conditions de vie
Évoquer des différences culturelles	– comprendre des témoignages évoquant des différences culturelles – comprendre des usages et des règles de savoir-vivre – comprendre quelqu'un qui parle de différences culturelles – expliquer des règles de savoir-vivre et des différences culturelles

Objectifs linguistiques

Grammaticaux	– la question inversée (à l'écrit) : avec reprise du sujet par un pronom ; avec les verbes pronominaux au passé composé – pronoms indéfinis et adverbes
Lexicaux	– quelques marqueurs chronologiques – termes liés à l'expression du ressenti (état d'esprit, point de vue) – verbes et constructions pour exprimer des règles de savoir-vivre > Lexique thématique : livre de l'élève p. 198
Phonétiques	– les indéfinis : rythme et accentuation – phonie-graphie : -*t*- ou liaison verbe/pronom-sujet dans la question inversée

Scénario de la leçon

La leçon se compose de deux parcours :

Dans le premier parcours (p. 56-57), les apprenants liront l'interview d'une Française, à propos de son expérience d'expatriation. Ensuite, ils écouteront son témoignage, où elle raconte son changement de vie lors de son installation à l'étranger. Après avoir échangé sur ce type d'expérience, ils rédigeront un questionnaire dans le cadre d'une campagne pour améliorer l'accueil des touristes.

Dans le deuxième parcours (p. 58-59), les apprenants liront des témoignages sur des différences culturelles et un extrait de guide indiquant des usages et règles de savoir-vivre en France. Ensuite, ils compareront quelques usages en France et dans leur pays. Enfin, ils rédigeront une page de guide indiquant des règles de savoir-vivre dans leur pays.

> Questionner sur / Évoquer un changement de vie

■ Comprendre Écrit	■ Point langue	■ Aide-mémoire	■ Comprendre Oral	■ Aide-mémoire	■ S'exprimer Oral	■ S'exprimer Écrit
Act. 1, 2 et 3	La question inversée (à l'écrit)	→ S'exercer n° 8	Act. 4	→ S'exercer n° 9	Act. 5	Act. 6
	→ S'exercer n° 6 et 7					

Interview (écrite)
sur Internet

Témoignage

⋯⋗ OBJECTIF DES ACTIVITÉS 1, 2 ET 3

⦂ Comprendre une interview (écrite) sur Internet, concernant un changement de vie.

❶ En grand groupe, faire observer le document afin de l'identifier : *il s'agit d'une page du site www.expatblog. com*. Faire remarquer certains éléments comme le titre (*Marie, expatriée à Pékin*), la photo (*Marie en Chine, avec probablement sa famille*), l'alternance questions-réponses (*c'est un questionnaire*). Vérifier la compréhension des termes « expatrié », « expatriation ». Pour identifier le type de site et à qui il s'adresse, on peut aussi s'appuyer sur les quatre onglets (cf. bandeau).

> **CORRIGÉ**
>
> **a)** Il s'agit du site Expatblog.com, un site pour les expatriés dans le monde.
> **b)** Marie a répondu ; elle vit en Chine (cf. le titre : « Marie, expatriée à Pékin »).

❷ Faire faire l'activité par deux. Lors de la mise en commun, faire justifier les réponses.

> **CORRIGÉ**
>
> 1. Faux – 2. Vrai (questions 6 et 7) – 3. Faux – 4. Faux – 5. Vrai (questions 2, 4 et 8)

❸ **a)** Faire faire l'activité individuellement puis proposer de comparer par deux, avant la mise en commun en grand groupe.
b) Faire faire l'activité par deux. Lors de la mise en commun en grand groupe, faire justifier les réponses par des passages du texte.

> **CORRIGÉ**
>
> **a)** Motif de l'expatriation : contrat de travail du compagnon en Chine – souhait de vivre une nouvelle expérience / une vie différente.
> 1er séjour dans ce pays : non (« On avait déjà vécu deux ans en Chine »)
> Situation familiale : en couple avec un compagnon + un enfant (une fille).
> Expatriée depuis : un an
> Durée prévue du séjour dans le pays : non communiqué.
> Activité(s) dans le pays : enseignement du français.
> **b)** 1. Sentiment positif : « ...l'expatriation a changé ma vie, en positif ! C'est une occasion unique de s'enrichir humainement. La vie d'expatrié semble plus intense, encore plus belle. »
> 2. Elle n'est pas nostalgique de son pays : « la France ne me manque pas », mais ses proches et certains lieux lui manquent.
> 3. Elle pense que la France a un mode de fonctionnement un peu « figé » et que la mentalité française manque d'énergie positive. Elle dit aussi que les Français râlent beaucoup, critiquent et se plaignent.

POINT *Langue*

La question inversée (à l'écrit)

Ce Point langue permet de conceptualiser :
– la question inversée avec reprise du sujet par un pronom ;
– la question inversée avec des verbes pronominaux au passé composé.
a) En grand groupe, vérifier les acquis : l'exemple donné correspond à une question avec inversion du sujet, structure normalement utilisée dans les documents écrits, formels.
b) Faire observer les exemples et demander « ce qui est particulier » dans ces deux questions : *il y a un nom (sujet) et un pronom (qui reprend le sujet)*. Effectuer l'activité en grand groupe.
c) Cette activité se fait en grand groupe. Elle vise à vérifier les acquis.
d) Faire faire l'activité par deux, avant la mise en commun grand groupe.

> **CORRIGÉ**
>
> **a)** Question inversée : verbe + sujet.
> **b)** Nom sujet + verbe + pronom correspondant au sujet.
> Il y a un -*t*- après le verbe quand celui-ci se termine avec une voyelle + sujet *il* ou *elle*.
> **c)** Ce sont des verbes pronominaux. – Ils sont conjugués au passé composé avec l'auxiliaire *être*. – Le participe passé s'accorde avec le sujet.
> **d)** *se détacher, s'éloigner, se plaindre, s'enrichir, se sentir* (citoyen).
> Vous êtes-vous détaché(e)(s) / éloigné(e)(s)/ plaint(e)(s) / enrichi(e)(s), vous êtes-vous senti(e)(s) citoyen(ne)(s) ?
> Se sont-ils détachés / éloignés / plaints / enrichis, se sont-ils sentis citoyens ?
> **NB :** compte tenu de sa construction pronominale avec un COD (point grammatical qui sera découvert ultérieurement), on ne retiendra pas dans ce corrigé l'expression « se poser des questions » → ils/elles se sont posé des questions.

→ **L'aide-mémoire** reprend et permet de fixer les expressions utilisées pour exprimer son ressenti (l'état d'esprit, le point de vue). Il s'agit surtout d'expressions verbales. Faire observer la construction de ces verbes : *ressentir* + COD, *se sentir* + attribut du sujet, *rechercher/trouver* + COD, *manquer* + COI (*à*), *avoir hâte* + *de* + infinitif, *se détacher* / *s'éloigner* + *de* + nom, *avoir le sentiment* / *l'impression* + *que* + phrase (complétive).

Variante : préparer l'aide mémoire de manière à faire associer certains éléments par les apprenants, qui seront ainsi plus actifs face à ces expressions, au lieu d'y être simplement exposés. Par exemple, présenter les expressions de la partie « L'état d'esprit » sans les verbes :

...une appréhension (= de la peur)

...citoyen(ne) / seul(e) / bien ≠ mal

...une nouvelle dynamique / une énergie positive ≠ manquer de dynamique / d'énergie

...à quelqu'un : la France, mes amis me...

...hâte de rentrer = être pressé de rentrer

Demander aux apprenants de compléter ces expressions avec les verbes suivants, en consultant le texte (dans les réponses aux questions 2, 4, 5 et 8) pour confirmer leurs choix : *se sentir – avoir – rechercher / trouver – manquer – ressentir*.

Pour la partie « Le point de vue », proposer aux apprenants de rechercher dans le texte (questions 6 et 7) les équivalents ou les synonymes des expressions suivantes :

– le point de vue = la ... (de) = la façon de voir

– se détacher = ... (de) d'une culture

– avoir le sentiment = ... (que)

⋯⫶ OBJECTIF DE L'ACTIVITÉ 4

⫶ **Comprendre un témoignage (oral) concernant un changement de vie.**

4 **a)** Faire écouter l'enregistrement une première fois et vérifier la compréhension de la situation : *il s'agit du témoignage de Marie* (quelques indices permettent de faire le lien entre ce témoignage et le document p. 56 : *elle cite Pékin, sa petite famille...*). Faire imaginer la question posée à Marie permet de vérifier la compréhension du thème abordé dans son témoignage.

b) Faire faire l'activité individuellement, puis comparer les réponses par deux. Lors de la mise en commun en grand groupe, faire justifier les réponses.

> **CORRIGÉ**
>
> **a)** *À titre indicatif :* Comment se sont passés les premiers temps ? Comment s'est passée votre adaptation dans le pays ? L'adaptation a-t-elle été facile ?
>
> **b)** 1. Difficultés : communication (langue) – isolement affectif – logement – découverte de la ville immense :
> → *Au départ, je ne comprenais pas le chinois et les Chinois ne comprenaient pas mon anglais ! ...tout le monde me manquait et je me sentais seule... En plus, nous n'avons pas eu notre logement tout de suite... Alors au début, j'avais des problèmes très concrets... faire la lessive, faire à manger...*
> 2. Le logement et le travail → *au bout de deux mois, on a emménagé dans notre appartement et j'ai trouvé un travail.*
> 3. Trois mois → *je suis devenue autonome assez vite : au bout de trois mois.*

→ **L'aide-mémoire** reprend les marqueurs chronologiques qui servent à jalonner un récit.

⋯⫶ OBJECTIF DE L'ACTIVITÉ 5

⫶ **Raconter une expérience personnelle.**

5 Former des petits groupes pour faire échanger sur des expériences similaires à celle de Marie. Insister sur le fait que l'expérience doit avoir été suivie d'un changement de « regard » sur son propre pays. Effectuer une brève mise en commun en grand groupe, à partir des expériences les plus significatives.

⋯⫶ OBJECTIF DE L'ACTIVITÉ 6

⫶ **Transférer les acquis en rédigeant un questionnaire afin de connaître le ressenti de touristes concernant**
⫶ **l'accueil dans un pays.**

6 Faire faire l'activité en petits groupes. Le questionnaire peut porter sur le pays de leur choix. Si l'on dispose d'un TNI, mettre en commun en grand groupe. On peut envisager d'arriver à un questionnaire commun, rassemblant les questions estimées les plus pertinentes.

› Évoquer des différences culturelles

■ Comprendre / s'exprimer Écrit	■ Point langue Pronoms indéfinis et adverbes	■ Aide-mémoire	■ Phonétique Act. 10	■ S'exprimer Oral	■ S'exprimer Écrit
Act. 7, 8 et 9	→ S'exercer n° 10			Act. 11	Act. 12

Témoignages
sur Internet/Guide

⋯❖ OBJECTIF DES ACTIVITÉS 7, 8 ET 9

⋮ **Comprendre des témoignages sur des différences culturelles et un extrait de guide expliquant des usages en France.**

7 **a)** Tout d'abord, faire observer le document afin de l'identifier : *il s'agit d'une page du site www.binational.fr.* Faire lire le titre de la page (*Vous vivez avec une personne d'une nationalité différente...*) ainsi que l'introduction afin d'identifier à qui le site est destiné. L'introduction permet aussi d'identifier le contenu de la page: *il s'agit de témoignages.*
b) Avant d'effectuer l'activité, faire observer que la partie du document sur fond bleu contient deux témoignages : ceux de Maëlle et de Marc. Faire remarquer les titres en gras, qui indiquent qu'ils vivent en couple, avec une personne d'origine étrangère. Puis faire prendre connaissance des rubriques, à gauche (sur fond jaune). Faire faire l'activité individuellement, mise en commun en grand groupe.

> **CORRIGÉ**
>
> **a)** Le site www.binational.fr s'adresse aux couples binationaux, dont un des membres n'est pas français.
> **b)** Il s'agit de la rubrique « Différences culturelles ». L'objectif est de présenter des témoignages de couples binationaux, pour aider les autres couples binationaux « à prendre conscience des différences culturelles... afin d'éviter les malentendus. »

8 Faire faire l'activité par deux avant la mise en commun en grand groupe.

Variante : proposer aux apprenants de remplir une grille comme celle-ci :

Personnes	Pays	Situations		Usages
Maëlle	Allemagne	– invitation à dîner à 19h30	→	→ On arrive à l'heure indiquée
		...	→	→ ...
Marc	...	...	→	→
		...	→	→
		...	→	→

> **CORRIGÉ**
>
> **a)** Témoignage de Maëlle : en **Allemagne**. <u>Situations évoquées</u> : une invitation à dîner (l'heure d'arrivée chez les hôtes et la ponctualité) – un rendez-vous (la façon d'offrir un bouquet de fleurs).
> Témoignage de Marc : au **Japon**. <u>Situations évoquées</u> : la façon de recevoir un cadeau – ce qu'on fait quand on arrive chez quelqu'un – la place où se mettre dans les escalators.
> **b)** En **Allemagne** → On arrive toujours exactement à l'heure indiquée quand on est invité chez quelqu'un. – Quand on offre un bouquet de fleurs, on enlève d'abord l'emballage.
> Au **Japon** → Quand quelqu'un offre un cadeau, on ne l'ouvre pas immédiatement. – On enlève toujours ses chaussures quand on entre chez quelqu'un. – On stationne sur le côté gauche dans les escalators, pour laisser passer à droite les gens plus pressés.

9 Cette activité vise à vérifier la compréhension du document p. 58 et à donner des informations complémentaires sur le savoir-vivre et les usages en France. Avant d'effectuer l'activité, faire identifier le document : *il s'agit d'une page de guide, intitulée « Savoir-vivre en France – les choses à faire ou à éviter ».* Faire faire l'activité par deux. Mettre en commun en grand groupe.

CORRIGÉ

b) *À titre indicatif* : Si l'on reçoit un cadeau, il n'est pas impoli de *l'ouvrir immédiatement*. – Dans les escalators et sur les trottoirs roulants, il est d'usage de *stationner à droite et de laisser libre le côté gauche pour laisser passer les gens pressés*. – Lorsqu'on est invité pour une soirée, un dîner chez quelqu'un, il est nécessaire d'observer cette règle : *ne pas arriver à l'heure !* Si l'on est invité pour 19 heures, il est d'usage de *se présenter 10 ou 15 minutes plus tard*. – Que peut-on apporter à ses hôtes lorsqu'on est invité ? Un *bouquet de fleurs*, présenté *dans un bel emballage*.

POINT *Langue*

Pronoms indéfinis et adverbes

Ce Point langue vise à faire conceptualiser l'usage et la place des pronoms indéfinis et de certains adverbes ou locutions adverbiales.
a) et **b)** Faire faire les activités par deux, avant la mise en commun en grand groupe.
c) et **d)** Effectuer les activités en grand groupe, afin de vérifier la compréhension des règles de manière progressive.

CORRIGÉ

b) Personne : quelqu'un ; tout le monde ; personne.
Action / chose : rien ; quelque chose ; tout.
Lieu : partout ; nulle part ; quelque part.
c) 1. *Quelqu'un, personne, tout le monde* : peuvent être → sujets ou compléments.
2. *Quelque chose, rien, tout* : peuvent être → sujets ou compléments.
3. *Quelque part, nulle part, partout* : peuvent être → seulement compléments.
d) On utilise toujours la négation *ne* avant le verbe avec **personne**, rien et **nulle part**.
Le pronom indéfini complément est placé généralement **après** le verbe.

→ **L'aide-mémoire** reprend et permet de fixer les formulations utilisées pour évoquer des différences culturelles / des usages.
Variante : pour rendre les apprenants plus actifs face à l'apprentissage de ces formulations, proposer une activité en vue de conceptualiser leur construction et leur sens. Par exemple :
Associez les éléments suivants (plusieurs possibilités) :

1. Il est d'usage • • de partager l'addition (dans un restaurant).
　Il est poli ≠ impoli • • d'offrir un bouquet, de se tenir à droite.
　Il est normal • • d'arriver (10 ou 15 minutes) en retard (à un dîner).

2. Arriver en retard • • est mal considéré / mal vu.
　Dévisager quelqu'un • • est toléré.
　Un retard de cinq minutes • • est considéré comme impoli.

Trouvez l'expression équivalente :
　Connaître / respecter un usage • • Commettre un impair
　Faire une gaffe • • Observer une règle (de savoir-vivre)

⋯⋗ OBJECTIF DE L'ACTIVITÉ 10

⋮ **Phonétique : prononciation des indéfinis : rythme et intonation.**

10 Cette activité vise à faire prendre conscience aux apprenants du rythme de la phrase et de l'accentuation des mots dans les énoncés qui comportent des pronoms indéfinis et des adverbes. Faire écouter l'exemple et demander de compter les syllabes de l'énoncé. Proposer aux apprenants de dessiner une grille comme celle du corrigé pour noter les réponses. Faire écouter la suite de l'enregistrement de manière séquentielle pour que les apprenants puissent compter les syllabes de chaque énoncé. Faire réécouter de manière continue pour confirmer les réponses. Proposer une concertation par deux avant de mettre en commun en grand groupe.

CORRIGÉ

4 syllabes	5 syllabes	6 syllabes	7 syllabes
3, 4	1, 6, 8, 11	2, 5, 7, 9, 10	12

⋯⋟ OBJECTIF DE L'ACTIVITÉ 11

⋮ **Comparer quelques usages en France et dans son pays.**

11 Former des petits groupes, avec des nationalités différentes si possible. Proposer aux apprenants de réagir par rapport aux règles qu'ils viennent de lire ou d'autres dont ils ont connaissance, et de les comparer à celles qui existent dans leur pays pour les mêmes situations. Chaque sous-groupe peut nommer un rapporteur, pour la mise en commun en grand groupe.

⋯⋟ OBJECTIF DE L'ACTIVITÉ 12

⋮ **Transférer les acquis en rédigeant un guide concernant les règles de savoir-vivre et usages dans son pays.**

12 Cette activité peut se faire individuellement ou en sous-groupes. Pour rédiger une page de guide similaire à celle étudiée, les apprenants peuvent prendre comme point de départ les trois rubriques (*Bonnes ou mauvaises manières / dans les lieux publics / être invité*). Si l'on dispose d'un TNI, on peut prévoir une mise en commun / correction en grand groupe, visant éventuellement à concevoir une page synthétisant les principales propositions.

Corrigés S'exercer • Leçon 2

6. 1. Trouve-t-on des locations…? – 2. Votre compagnon a-t-il travaillé…? – 3. A-t-on beaucoup de temps…? – 4. Cette expérience d'expatriation a-t-elle été…? – 5. Votre bureau est-il situé…? – 6. Y a-t-il eu des moments…?

7. **a)** 1. S'est-il décidé à…? – 2. Vous habituez-vous à…? – 3. Vous êtes-vous levé ? – 4. Se souvient-on…? – 5. Se débrouille-t-il…?

b) 1. Vous sentez-vous bien…? – 2. Vous êtes-vous habitué à la nourriture locale ? – 3 Vous êtes-vous parfois plaint(e)…? – 4. S'exprime-t-on en anglais…? – 5. Vous êtes-vous bien entendus entre collègues chinois et français ?

8. j'ai encore des *appréhensions*-difficultés à *me détacher* – je *manque* d'énergie pour sortir – j'ai *le sentiment* que ma *vision* des choses est en train d'évoluer : je *me sens* de mieux en mieux – j'ai des *envies* de fromage et de vin français ! Mes amis et ma famille me *manquent* beaucoup, j'ai *hâte* de les voir.

9. *Au départ*, j'étais salarié, mais *petit à petit / progressivement* la routine s'est installée – *Au bout de* deux ans, j'ai rencontré – *à un moment* j'ai décidé – *progressivement / petit à petit* les contrats sont arrivés. *Finalement*, je ne regrette pas

10. 1. on s'est arrêté *quelque part* – On ne comprenait *rien* – on a choisi *quelque chose* – *Personne* n'a voulu goûter – qui a *tout* mangé

2. *Quelqu'un* nous a dit – *partout* où nous allons – la curiosité de *tout le monde*. On n'est seuls *nulle part*

→ Voir aussi le Cahier d'activités | p. 37-41

Paris-province : le match

> Livre de l'élève
p. 60-63

Contenus socioculturels • Thématiques

La qualité de vie à Paris, en province

Objectifs sociolangagiers

Objectifs pragmatiques

Comprendre une étude comparative, un classement	– comprendre un article de presse concernant la qualité de vie en région parisienne et en province – comprendre un classement sur la qualité de vie en France – présenter un classement de villes lié aux conditions de vie – comparer des lieux et indiquer des records
Parler de son lieu de vie	– comprendre des témoignages sur un choix de lieu de vie – parler de sa ville/région et justifier le choix de son lieu de vie – rédiger un témoignage sur son lieu de vie

Objectifs linguistiques

Grammaticaux	– le superlatif – *ce qui, ce que... c'est...* pour mettre en relief
Lexicaux	– termes liés au lieu de vie (province/capitale) – quelques verbes pour parler des avantages d'une ville ⤝ Lexique thématique : livre de l'élève p. 199
Phonétiques	– prononciation de *plus* dans le superlatif – phonie-graphie : *e* prononcé ou non prononcé

Scénario de la leçon

La leçon se compose de deux parcours :

Dans le premier parcours (p. 60-61), les apprenants liront un article de presse et un classement concernant la qualité de vie en région parisienne et en province. Puis, ils réaliseront à leur tour un classement sur la qualité de vie dans différentes villes de leur pays. Enfin, ils échangeront sur des lieux liés à leur vécu, en les comparant et en établissant des records.

Dans le deuxième parcours (p. 62-63), les apprenants écouteront l'interview de deux Français évoquant la qualité de vie dans leur ville ou leur région. Ensuite, ils échangeront sur leur lieu de vie idéal. Puis, ils simuleront une interview où il est question de choix de lieu de vie, en en présentant les avantages et inconvénients. Pour finir, ils rédigeront un témoignage pour un journal sur la vie dans leur ville ou leur région.

❯ Comprendre une étude comparative, un classement

■ Comprendre Écrit	■ Point culture	■ Comprendre Écrit	■ Aide-mémoire	■ Point langue	■ Phonétique	■ S'exprimer Écrit	■ S'exprimer Oral
■ S'exprimer Oral Act. 1, 2 et 3		Act. 4 et 5	→ S'exercer n° 11	Le superlatif pour désigner les extrêmes dans un classement → S'exercer n° 12 et 13	Act. 6	Act. 7	Act. 8

Article de journal et définition   Extrait de presse : classement

···⁞ OBJECTIF DES ACTIVITÉS 1, 2 ET 3

⁞ **Comprendre et réagir à une étude qualitative sur les conditions de vie à Paris et en province.**

1 Faire identifier le document : *il s'agit d'un article de presse du journal* Le Parisien, *intitulé « Paris-province, où vit-on le mieux en France ? »*. Vérifier la compréhension du terme « province » dans ce contexte, confirmer par la lecture de la définition. Attirer l'attention des apprenants sur le sous-titre de l'article (« Enquête sur la qualité de vie »), afin de faire faire des hypothèses sur le thème de ce dernier.

CORRIGÉ

L'article commente une enquête sur la qualité de vie à Paris et en province ; la question *Où vit-on le mieux ?* permet de comprendre qu'il s'agit d'une étude comparative proposant un classement.

2 Proposer aux apprenants de lire l'article et en vérifier la compréhension globale : *l'article commente une enquête sur la qualité de la vie à Paris et en province*. S'assurer que les apprenants comprennent que les résultats de l'enquête révèlent les « champions » : Paris ou la province, en positif ou en négatif, pour les différents points traités. Faire faire l'activité en petits groupes. Lors de la mise en commun, observer si les réponses des sous-groupes sont globalement convergentes. Faire justifier les réponses.

3 Cette activité permet de vérifier la compréhension des énoncés présentant les résultats de l'enquête. Faire faire l'activité par deux. Lors de la mise en commun, faire justifier chaque réponse avec une citation de l'article. À ce stade, se contenter d'un travail au niveau du sens. Les formes au superlatif seront observées dans le Point langue, prévu après l'activité sur le classement.

CORRIGÉ

1. Faux : c'est dans la capitale qu'on gagne le plus. – 2. Faux : c'est la région qui offre le plus de divertissements. – 3. Vrai : c'est dans Paris et sa région que les logements sont les plus chers. – 4. Faux : [l'Île-de-France] bénéficie du plus important réseau de transports en commun. – 5. Vrai : c'est en Île-de-France que le temps de transport quotidien est le plus long.

POINT Culture

Ce Point culture permet de revenir sur la notion de « Paris-province » et de mieux la cerner. Il propose aux apprenants de s'exprimer à partir de leur vécu, en comparant avec leur pays. Faire faire l'activité en sous-groupes. Mise en commun en grand groupe.

CORRIGÉ

Trois expressions pour désigner ce qui n'est pas la province : Région parisienne, l'Île-de-France, la capitale ; nom utilisé pour désigner les habitants de la région parisienne : les Franciliens.

···⁞ OBJECTIF DES ACTIVITÉS 4 ET 5

⁞ **Comprendre un classement sur la qualité de la vie.**

4 Faire observer le document afin de l'identifier : *il s'agit d'un classement intitulé « 44 villes au banc d'essai », publié dans le journal* Le Parisien. Faire faire le lien avec l'article p.60. Puis, faire observer les différentes parties du classement, les différentes couleurs qui représentent les rubriques du classement et la partie centrale (carte de France avec les villes, regardée à la loupe et commentaire du classement). Vérifier la compréhension de la procédure de ce classement : *on a comparé 44 villes françaises selon différents critères, positifs (en bleu) ou négatifs (en rouge)*. Seules cinq villes sont sélectionnées par critère et sont présentées de la 1re à la 5e place. Vérifier la compréhension de l'expression « banc d'essai » = étude comparative en termes de résultats objectifs. Faire faire l'activité par deux puis mettre en commun en grand groupe. À cette occasion, faire observer la différence de point de vue dans les deux documents : *le classement rend compte de l'étude menée auprès de 44 villes (dont Paris) à partir de différents critères ; l'article du journal reprend certaines informations concernant la qualité de la vie dans une optique contrastive entre Paris et la province, et met l'accent sur les points négatifs qui amènent les Franciliens à quitter Paris pour la province.*

CORRIGÉ

Classement	Article
Le meilleur niveau de vie	*C'est dans la capitale qu'on gagne le plus.* et aussi, indirectement : *L'Île-de-France possède le plus grand nombre d'entreprises.*
Le plus de cinémas	*C'est la région qui offre le plus de divertissements.*
Le plus de transports urbains	*L'Île-de-France bénéficie du plus important réseau de transports en commun.*

5 **a)** et **b)** Ces activités visent à faciliter la compréhension du classement de manière plus approfondie. Proposer aux apprenants de travailler par deux. Leur conseiller à chaque fois de repérer les villes « championnes » sur la carte de France. Lors de la mise en commun en grand groupe, faire observer certains éléments – par exemple, la meilleure météo à Perpignan (= une ville du Sud de la France). Pour les points négatifs, faire observer que pour le critère : *chômage le plus fort*, ce sont trois villes du Nord-Pas-de-Calais qui sont en tête de classement. Préciser que ce sont trois anciennes villes minières.
c) Faire effectuer l'activité par deux. Lors de la mise en commun en grand groupe, faire justifier les réponses.

CORRIGÉ

a) Le plus de logements sociaux : Cherbourg – Le plus de dépenses pour aménager les espaces verts : Vichy – La meilleure météo : Perpignan – La meilleure offre de soins : Montpellier – La plus forte réussite au bac : Toulouse.
b) Chômage le plus fort : Maubeuge – La plus forte criminalité : Mulhouse – Le plus de vols de voitures : Avignon – Le plus d'accidents de la circulation : Cannes.
c)

	Ville	Rubrique
Mathias	Nantes	Les mieux adaptées aux jeunes
Naïma et Mickaël, 3 enfants	Clermont-Ferrand	Les mieux adaptées aux familles

→ **L'aide-mémoire** reprend et permet de fixer certaines formules pour parler d'une ville.
Faire observer la construction de ces expressions verbales : *offre, possède* + COD ; *bénéficie* + *de* + nom ; *est adaptée* + *à* + nom.

POINT *Langue*

Le superlatif pour désigner les extrêmes dans un classement

Ce Point langue permet de conceptualiser le superlatif.
Rappeler que les documents travaillés présentent un classement des villes selon différents critères : on indique la ville qui est la *première* ou la *dernière* d'un classement, c'est-à-dire les extrêmes. Faire trouver dans le tableau un exemple de *premier* (*le plus...*) et un exemple de *dernier* (*le moins...*). Faire observer qu'on peut désigner des extrêmes en utilisant différentes catégories grammaticales (colonne de gauche). Puis, faire compléter le tableau en allant chercher dans les documents le correspondant opposé de chaque exemple. Une fois le tableau complété, faire remarquer les deux formes irrégulières : le superlatif de *bon(ne)* et de *bien*.

CORRIGÉ

Adjectif → les logements **les plus** chers, le temps de transport **le plus** long, **le meilleur** niveau de vie (faire remarquer que *bon* a disparu). Faire remarquer que l'article est différent en fonction du genre et nombre : *les / le / le* – Adverbe → On vit **le mieux** (faire remarquer que *bien* a disparu) – Verbe → On gagne **le plus**. – Nom → **le plus** de divertissements, **le moins** d'argent.

⋯⋗ OBJECTIF DE L'ACTIVITÉ 6

⋮ **Phonétique : prononciation de *plus* dans le superlatif.**

6 Cette activité a pour but de faire conceptualiser la prononciation du mot « plus » dans différents contextes. S'assurer d'abord que les apprenants identifient correctement la symbolisation en A.P.I. des trois prononciations du mot « plus ». Puis procéder à l'écoute et demander aux apprenants d'indiquer quelle prononciation ils entendent pour chaque série de phrases. Après la mise en commun, montrer éventuellement la grille complète suivante :

[plys]	[ply]	[plyz]
1. C'est dans cette ville qu'il y a **le plus de** monde, **le plus de** gens, **le plus de** divertissements. 2. C'est dans cette région qu'on travaille **le plus** et qu'on gagne **le plus**. 3. C'est dans la région parisienne qu'on passe **le plus de** temps dans les transports. 4. Ce qui me manque **le plus**, c'est ma famille.	1. C'est à Paris qu'on paie **le plus** cher pour se loger. 2. Dans cette ville, on a la vie **la plus** paisible. 3. Dans la capitale, on a le temps de transport **le plus** long, le coût **le plus** lourd et les logements **les plus** chers.	1. La capitale bénéficie **du plus** important réseau. 2. C'est dans la capitale qu'on trouve le coût **le plus** élevé. 3. C'est en Province qu'on a la vie **la plus** agréable.

Les apprenants pourront remarquer que « plus » est prononcé **[plys]** dans le superlatif avec un nom ou un verbe : quand il est suivi de la préposition « de » suivie d'un nom = superlatif avec un nom, ainsi que dans l'expression « le plus » placée après le verbe = superlatif avec un verbe. On prononce **[ply]** devant un adjectif (ou un adverbe, par exemple : *le plus difficilement*) qui commence par une consonne et **[plyz]** devant un adjectif (ou un adverbe, par exemple : *le plus agréablement*) qui commence par une voyelle. Terminer cette activité en faisant répéter les phrases par les apprenants, après une réécoute séquentielle.

CORRIGÉ

1. *Plus* se prononce [plys] dans un superlatif avec un verbe ou un nom.
2. *Plus* se prononce [ply] dans un superlatif avec un adjectif ou un adverbe qui commence par une consonne.
3. *Plus* se prononce [plyz] dans un superlatif avec un adjectif ou un adverbe qui commence par une voyelle.

⋯⋗ OBJECTIF DE L'ACTIVITÉ 7

⫶ **Transférer les acquis en présentant un classement sur la qualité de vie dans différentes villes.**

7 Pour cette activité, former des groupes de deux ou trois personnes. Si les apprenants sont de différentes nationalités, les regrouper par pays d'origine. Les apprenants sont libres de reprendre les critères proposés dans l'activité et dans le classement, ou d'en proposer d'autres.

⋯⋗ OBJECTIF DE L'ACTIVITÉ 8

⫶ **Transférer les acquis en échangeant sur des lieux, en les comparant et en établissant des records.**

8 Faire faire l'activité en petits groupes. Si les apprenants sont du même pays, constituer des groupes selon leur ville natale, leur quartier ou leur région. Si les apprenants sont de pays différents, regrouper les nationalités. Il s'agit d'une activité orale mais les apprenants peuvent prendre des notes en vue de la mise en commun en grand groupe. L'enseignant veillera à ce que l'activité se déroule dans une atmosphère bienveillante.

❯ Parler de son lieu de vie

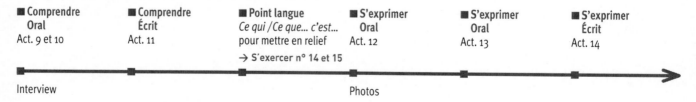

■ Comprendre Oral
Act. 9 et 10

■ Comprendre Écrit
Act. 11

■ Point langue
Ce qui /Ce que... c'est...
pour mettre en relief
→ S'exercer n° 14 et 15

■ S'exprimer Oral
Act. 12

■ S'exprimer Oral
Act. 13

■ S'exprimer Écrit
Act. 14

Interview

Photos

⋯⋗ OBJECTIF DES ACTIVITÉS 9 ET 10

⫶ **Comprendre des témoignages comportant des appréciations sur un lieu de vie.**

9 **a)** Avant d'effectuer l'activité, faire écouter l'interview et vérifier la compréhension de la situation : *deux hommes sont interrogés par un journaliste sur leur lie de vie*. Faire faire le lien avec le dossier « Paris-province » du journal *Le Parisien*, étudié dans le premier parcours (p. 60). Faire identifier le document sous les photos : *c'est la fiche d'enquête du journaliste*. Effectuer l'activité en grand groupe.
b) Faire réécouter le début de l'enregistrement afin d'effectuer l'activité. Mise en commun en grand groupe.

CORRIGÉ

a) Gérard Leroux est originaire de province, de Bourgogne, et y vit. Michel Clairet est originaire de province, de Bretagne, mais vit à Paris.
b) Trois questions : *premièrement, pourquoi vous avez choisi d'habiter là ; deuxièmement, ce qui vous plaît, ce que vous appréciez dans ce lieu ; et finalement, ce qui vous déplaît, quels inconvénients vous trouvez.*

10 Faire faire l'activité individuellement en prenant des notes, puis comparer les réponses par deux. Lors de la mise en commun, on peut faire réaliser une grille comme celle du corrigé.

CORRIGÉ	Gérard Leroux	Michel Clairet
Raisons du choix	Il n'a pas choisi la Bourgogne ; il y habite depuis l'âge de 1 an.	Ses activités professionnelles : il prend l'avion une fois par semaine ; c'est plus pratique pour les rendez-vous de travail.
Avantages	L'état d'esprit; ...les paysages et tous les produits de la région.	La vie culturelle, les musées, le théâtre.
Inconvénients	Pas d'inconvénient.	La vie plus chère qu'en Bretagne ; la circulation ; il n'y a pas la mer.

⋯⟩ OBJECTIF DE L'ACTIVITÉ 11

⋮ **Mettre en relation les témoignages et les données de l'étude sur la vie à Paris et en province.**

11 **a)** Rappeler le lieu de vie de chaque personne. Faire faire l'activité par deux puis mettre en commun en grand groupe.
b) Demander aux apprenants de reconstituer les énoncés entendus dans les témoignages. Comme la mention « Paris » ou « province/ Bourgogne » figure sur chaque amorce, il n'est pas utile de faire réécouter l'enregistrement. Cette activité peut être faite individuellement ou par deux. Mise en commun en grand groupe.

CORRIGÉ

a)

Témoignage de Gérard Leroux	Document du *Parisien* (p. 60)
« – Ce qui me plaît en Bourgogne, ce sont **les paysages**... »	– *La pollution, le bruit* (...) *placent Paris en dernier pour l'environnement* (information donnée dans l'article)
Témoignage de Michel Clairet	
« – Ce que j'apprécie... c'est **la vie culturelle**.	– *Le plus de cinémas*
– Mes **activités professionnelles** me font prendre l'avion au moins une fois par semaine.	– *Le plus de transports urbains*
– C'est... plus pratique pour mes **rendez-vous de travail**.	– *Le plus grand nombre d'entreprises et le plus important réseau de transports en commun d'Europe* (information donnée dans l'article)
– **La vie est plus chère** qu'en Bretagne.	– *le coût de la vie le plus élevé* (information donnée dans l'article)
– Ce qui est insupportable, c'est **la circulation**... »	– *le plus d'accidents de la circulation* (Paris est en 5ᵉ position)

b) 1 d – 2 a – 3 e – 4 c – 5 b

POINT *Langue*

Ce qui / Ce que... c'est... pour mettre en relief

Ce Point langue permet de conceptualiser l'utilisation de *ce qui/ce que... c'est...* pour mettre en relief.
a) Faire observer la première colonne, puis la deuxième afin d'identifier quelles phrases mettent en relief un élément. Faire dégager la structure de la mise en relief : *ce qui* + verbe, *c'est...– ce que* + sujet + verbe, *c'est...*
b) Revenir aux deux exemples et faire identifier quel est l'élément mis en relief ; faire remarquer à cette occasion qu'il s'agit d'une chose ou d'un concept. Puis, aborder la réflexion sur la fonction de *ce qui* et *ce que* dans la phrase. Pour cela, revenir aux deux phrases basiques (de la colonne de gauche) et faire identifier pour chacune la fonction de l'élément mis en relief dans la deuxième colonne. *La circulation est insupportable →* *la circulation* est sujet du verbe. Faire constater ensuite comment sont mis en relief un sujet : *ce qui...* et un COD : *ce que...* ; terminer la réflexion en signalant un autre usage de *ce qui* et *ce que*.

≥ ≥ ≥

> **CORRIGÉ**
>
> **a)** L'élément en relief se trouve dans les phrases de la colonne de droite.
> **b)** *ce* = la chose ; *ce qui* est sujet du verbe qui suit ; *ce que* est COD du verbe qui suit.

⋯⋮ OBJECTIF DE L'ACTIVITÉ 12

⋮ **Parler d'un lieu de vie idéal.**

12 Faire observer les photos et demander à chaque apprenant d'en choisir chacun une, qui correspond à son lieu de vie idéal. Former des groupes avec les personnes ayant choisi la même photo, pour échanger sur les raisons de ce choix et décrire le lieu de vie idéal, pour elles. Un apprenant dans chaque groupe est désigné comme rapporteur, lors de la mise en commun en grand groupe.

⋯⋮ OBJECTIF DE L'ACTIVITÉ 13

⋮ **Transférer les acquis en expliquant le choix de son lieu de vie et en parlant de sa ville/de sa région.**

13 Former des groupes de deux, constitués d'un journaliste / d'un interviewé. Rappeler les trois questions du journaliste (act. 9). Dans un premier temps, tous les groupes simulent l'interview en parallèle. Dans un deuxième temps, proposer aux apprenants de changer de rôle, les nouveaux journalistes interviewant une autre personne du groupe. Dans un troisième temps, proposer à deux ou trois sous-groupes de jouer la scène devant la classe. Pour concentrer l'écoute des autres apprenants, on pourra reproduire des fiches d'enquête et leur proposer de les remplir pendant le jeu de rôle. Cela facilitera la mise en commun en grand groupe.

⋯⋮ OBJECTIF DE L'ACTIVITÉ 14

⋮ **Transférer les acquis en rédigeant un témoignage sur son lieu de vie.**

14 Cette production se fera individuellement, en classe ou à la maison. La matrice proposée suit la structure de l'interview travaillée.

Corrigés S'exercer • Leçon 3

11. 1. Cette ville *offre* de nombreuses activités culturelles et sportives. – 2. Elle *bénéficie* d'une localisation idéale au bord de l'océan. – 3. Elle *possède/offre* des crèches et garderies pour les enfants. – 4. Elle *possède* de nombreux parcs et jardins. – 5. Les habitants *bénéficient* d'un réseau de bus et minibus dans tous les quartiers. – 6. Elle *est adaptée aux* déplacements des personnes handicapées.

12. Christophe a le plus d'enfants des deux. Jacques a le moins d'enfants. – Christophe a le salaire le plus élevé / le plus haut / le plus gros salaire des deux et travaille le plus. Jacques a le salaire le moins élevé / le plus bas / le plus petit salaire et travaille le moins. – Christophe a le plus grand appartement. Jacques a le moins grand / le plus petit appartement.

13. Les Théron habitent dans l'immeuble le plus ancien ; ils sont les plus proches des commerces. Leur appartement est le plus petit des deux et c'est le moins sécurisé mais il a la meilleure exposition / il est le mieux exposé.
Les Lamarque occupent l'appartement le plus grand mais le moins bien exposé. Ils sont dans l'immeuble le plus récent et le mieux sécurisé des deux. Ils sont les plus éloignés des commerces.

14. 1. Ce que j'adore, c'est l'architecture du centre-ville. – 2. Ce qui m'amuse énormément, c'est l'accent marseillais. – 3. Ce qui me plaît bien, c'est l'architecture moderne de la ville. – 4. Ce que j'apprécie, c'est le calme de la province. – 5. Ce qui est très gênant pour moi, c'est la pollution.

15. 1. Ce que j'apprécie dans la vie urbaine, c'est… – 2. Ce que je préfère, c'est… – 3. Ce que j'adore, c'est… – 4. Ce qui me plaît, c'est… – 5. Ce qui me déplaît, c'est…

→ **Voir aussi le Cahier d'activités** p. 42-47

Carnet de voyage

Ce *Carnet de voyage* propose un parcours à dominante (inter)culturelle, intitulé ***Différences culturelles et quiproquos***. Les apprenants écouteront d'abord une chanson présentant le regard des Québécois sur les Français. Puis ils imagineront une suite pour cette chanson, ce qui les amènera à échanger sur les représentations que l'on peut avoir des Français. À la fin du parcours, les apprenants liront un témoignage et écouteront des échanges où il est question de quiproquos culturels ou linguistiques. Puis ils échangeront à propos de leur vécu, concernant le même thème. Ce *Carnet de voyage* peut être travaillé à différents moments : par exemple, après la leçon 1, qui a pour thématique les représentations/stéréotypes concernant une nationalité. Il peut aussi être étudié après la leçon 2, dont le deuxième parcours est centré sur les différences culturelles.

Différences culturelles et quiproquos

1 Faire écouter l'extrait de la chanson (manuels fermés) et vérifier que les apprenants comprennent de quoi il s'agit.

CORRIGÉ

Cette chanson présente le regard des Québécois sur les Français.

2 Avant d'effectuer l'activité (manuels toujours fermés), on peut proposer aux apprenants de mettre en commun les thèmes qu'ils ont identifiés à la première écoute de la chanson. Puis effectuer l'activité, en proposant une concertation par deux avant la mise en commun en grand groupe.

CORRIGÉ

Thèmes	Couplets
les habitudes alimentaires	1, 2, 5, 7
les salutations	1
les clichés sur les autres pays/ peuples	4
la langue, la façon de parler	1, 7
les horaires, le rythme de vie	1, 7
la conduite automobile	3
la passion pour les chiens	6
les conflits sociaux	3

3 Proposer aux apprenants de retravailler en sous-groupes pour effectuer cette activité. Mise en commun en grand groupe.

CORRIGÉ

b) *Corrigé non exhaustif :* leur manière de parler est différente de celle des Français (moins articulée et avec des expressions différentes) ; on ne se fait pas la bise souvent comme en France, on passe moins de temps à table, les menus sont plus compréhensibles, ils boivent moins de vin, la manière de conduire est plus « civilisée », le café est moins fort qu'en France et on le boit dans de grandes tasses, leurs chiens ne vont pas dans les commerces et les restaurants, le nom des repas et/ou leurs horaires ne sont pas les mêmes (au Québec, on appelle le dîner le « souper » et on le prend plus tôt qu'en France, entre 18h00 et 19h00), ils mangent des œufs au bacon au petit déjeuner.

4 Cette activité peut se faire d'abord en sous-groupes, ou directement en grand groupe. Demander aux apprenants de justifier leur réponse.

CORRIGÉ

La chanson exprime un sentiment positif sur les Français ; il n'y a pas d'indice d'animosité. Le ton est bienveillant et humoristique.

5 Faire faire l'activité en petits groupes avant de mettre en commun en grand groupe. Demander aux apprenants de justifier leurs réponses.

> **CORRIGÉ**
>
> Le message de la chanson est : il y a des différences culturelles entre les Québécois et les Français mais il y aussi des ressemblances, et ils s'aiment bien → « Y disent au revoir, les yeux tout trempés… on réalise qu'on leur ressemble… Y a comme un trou dans le Québec quand partent les maudits Français ».

6 Former des petits groupes pour élaborer un couplet supplémentaire à la chanson. Mettre en commun en grand groupe.

7 **a)** Faire d'abord identifier le document : *il s'agit d'une page de site Internet intitulée linternaute.com*. Afin de faire identifier le thème, faire observer le chemin sous les onglets, qui mène à la page affichée : *vous avez vécu un quiproquo à l'étranger*. Faire remarquer qu'il s'agit d'un témoignage portant un titre (« Baiser japonais »), le nom de la personne qui témoigne et la ville où il habite.
b) Faire lire le document afin d'effectuer l'activité. Mettre en commun en grand groupe.

> **CORRIGÉ**
>
> **a)** Appel à témoignage sur des quiproquos vécus à l'étranger
> **b) Situation** : un Français avec des amis japonais dans une boulangerie ancienne en France, au moment de partir.
> **Quiproquo** : la boulangère interprète de façon erronée l'attitude physique de la femme japonaise : elle pense qu'elle s'incline pour faire la bise et elle l'embrasse, alors que la femme japonaise s'incline pour saluer uniquement.

8 En grand groupe, effectuer l'activité en deux temps : travailler d'abord le premier extrait, puis le deuxième. Vérifier que les apprenants comprennent bien les implicites.

> **CORRIGÉ**
>
> **1.** Au café, le serveur étranger ne comprend pas la commande. Le quiproquo repose sur une incompréhension linguistique : au lieu de comprendre « deux cafés **dont** un serré », il interprète deux cafés **et** un serré = trois cafés.
> **2.** Une personne raconte un quiproquo vécu en Bulgarie. Elle a mal interprété un mouvement de la tête de son hôte : un mouvement de la tête de droite à gauche signifie « non » en France, mais signifie « oui » en Bulgarie.

9 Faire effectuer l'activité en petits groupes. Lors de la mise en commun, inviter chaque sous-groupe à choisir la situation qui lui semble particulièrement intéressante à partager.

Vers le DELF A2

Cette page permet aux apprenants de s'entraîner aux activités du DELF A2. Pour ce Dossier 3, les activités proposées permettent d'évaluer les compétences en réception écrite (lire pour s'informer) puis en production orale (monologue suivi).

Compréhension des écrits   10 points

Il s'agit de lire le résumé d'un film provenant du site Internet *Allocine.com* et de répondre aux questions posées.
Questions 1, 2, 3 et 5 : 1 point est attribué pour chaque réponse correcte.
Question 4 : 1,5 point est attribué pour chaque réponse correcte.
Question 6 : 1,5 point par réponse correcte (réponse correcte + justification).

CORRIGÉ

1. b – **2.** a – **3.** b – **4.** a et e – **5.** c – **6.** a. Faux : « Julie refuse de croire qu'il se plaît dans le Nord » – **6.** b. Faux : « Antoine, le facteur du village, à la mère possessive et aux amours impossibles ».

Production orale   10 points

Cette activité est la deuxième partie des trois présentes dans l'épreuve de production orale du DELF A2. Il s'agit d'un monologue suivi pendant lequel le candidat doit parler de lui-même, de ses goûts, de ses activités, de ses habitudes. Ici, le thème est le lieu de vie et les loisirs. Le candidat devra répondre aux questions qui lui sont posées sur son temps libre, dire si certaines activités sont en relation avec la région où il habite et quels changements il envisagerait s'il devait changer de lieu de vie.
S'assurer de la compréhension de la consigne. Ce monologue doit durer environ deux minutes.
À partir du barème global conçu pour évaluer la production orale dans une épreuve de DELF A2, il est proposé d'évaluer les compétences pragmatiques sur **5 points** (présenter de manière simple ses activités, liées à la région et à ses particularités ou non = 3 points, et pouvoir relier entre elles les informations apportées de manière simple et claire = 2 points) et l'utilisation des outils linguistiques sur **5 points** (lexique et correction lexicale : 1,5 point – morphosyntaxe et correction grammaticale : 2 points – maîtrise du système phonologique : 1,5 point).
Ne pas hésiter à présenter la grille d'évaluation du DELF pour permettre aux apprenants de s'approprier les critères avec lesquels ils seront évalués.

Dossier 4 — Médiamania

> Livre de l'élève
p. 70-73

Leçon 1 — Faites passer l'info !

Contenus socioculturels • Thématiques

	Les nouveaux modes d'information, les médias participatifs

Objectifs sociolangagiers

Objectifs pragmatiques

Rendre compte d'un évènement	– comprendre l'annonce succincte d'un évènement – comprendre des informations sur un évènement et son contexte – comprendre la réaction d'une personne à l'annonce d'un évènement – donner son avis sur une manifestation artistique – rendre compte d'un évènement dans un mail ou un article
Intervenir dans la blogosphère	– comprendre la composition d'une page de blog – parler de sa fréquentation des blogs – comprendre une suggestion, une incitation à agir – comprendre un texte présentant un blog – concevoir une page d'accueil et rédiger un billet sur un blog

Objectifs linguistiques

Grammaticaux	– les pronoms interrogatifs – les pronoms possessifs – *si* + imparfait pour suggérer / inciter à agir
Lexicaux	– termes et expressions verbales pour informer sur un évènement > Lexique thématique : – termes liés à la blogosphère livre de l'élève p. 199
Phonétiques	– intonation : étonnement ou question simple – phonie-graphie : [jɛ̃] ou [jɛn]

Scénario de la leçon

La leçon se compose de deux parcours :

Dans le premier parcours (p. 70-71), les apprenants liront un tweet et échangeront sur ce mode de communication. Ils liront ensuite un article sur un média participatif rapportant l'évènement annoncé dans le tweet et écouteront un dialogue expliquant son contexte. Puis, ils donneront leur avis sur certaines manifestations urbaines. En fin de parcours, ils rédigeront un mail ou un article de blog pour rapporter l'évènement culturel dont il est question au début de la leçon.

Dans le deuxième parcours (p. 72-73), les apprenants découvriront la page d'accueil d'une plateforme de blogs. Ensuite, ils parleront de leur expérience et de leur fréquentation de ce type de site. Puis, ils écouteront un dialogue en lien avec le document lu en début de parcours. Aussi, ils liront la présentation d'un blog sur sa page d'accueil. En fin de parcours, ils concevront une page d'accueil de blog et rédigeront un premier billet.

› Rendre compte d'un évènement

■ Comprendre Écrit	■ Comprendre Écrit	■ Comprendre Écrit / Oral	■ Aide-mémoire	■ Point langue	■ Phonétique	■ S'exprimer Oral	■ S'exprimer Écrit
■ Échanger Oral	Act. 3 et 4	Act. 5 et 6	→ S'exercer n° 1	Les pronoms interrogatifs	Act. 7	Act. 8	Act. 9
Act. 1 et 2				→ S'exercer n° 2			

Tweet	Article d'un média participatif	Article et dialogue dans la rue

⋯∴ OBJECTIF DES ACTIVITÉS 1 ET 2

: **Comprendre une information succincte et échanger sur un mode de communication.**

1 **a)** Effectuer l'activité en grand groupe ; vérifier que tous les apprenants comprennent ce qu'est un tweet.
b) Faire faire l'activité en sous-groupe. Mise en commun en grand groupe.

> **CORRIGÉ**
>
> **a)** un tweet

2 Faire faire l'activité par deux. Lors de la mise en commun en grand groupe, vérifier la compréhension du message et laisser les apprenants faire des hypothèses sur l'évènement sans apporter davantage d'informations (elles seront données au fur et à mesure des activités).

> **CORRIGÉ**
>
> **1.** L'évènement → un radar flashe des piétons trop pressés ; ce qu'il y a de surprenant → un radar flashe normalement des automobilistes dépassant une limite de vitesse.
> **2.** Lieu : à Rouen. – On n'a pas d'informations concernant le moment, la raison ni le but.

⋯∴ OBJECTIF DES ACTIVITÉS 3 ET 4

: **Comprendre un article rapportant un évènement sur un média participatif.**

3 Avant de faire l'activité, faire identifier le document : *il s'agit d'un article sur Internet à propos de l'évènement évoqué dans le tweet : « Rouen : un nouveau radar... pour piétons ! ».* Faire repérer le site : *huffingtonpost.fr* et l'auteur de l'article : *Arronax (inscrit depuis...).* À partir de ce dernier élément, déduire que l'article a été posté par un lecteur ou un rédacteur bénévole et que *Le Huffington Post* est un média participatif. Inviter les apprenants à prendre connaissance de la définition de ce type de média et à trouver les autres indices qui montrent que *Le Huffington Post* en est un. Pour cela, on peut s'appuyer sur les mots-clés de la définition : « rédacteur bénévole » et « instantanéité de l'information ». Proposer de faire la recherche par deux avant de mettre en commun.

> **CORRIGÉ**
>
> « Rédacteur bénévole » → on observe que l'auteur de l'article n'est pas un journaliste professionnel : il utilise un pseudonyme, *Arronax*, et il contribue au *Post* depuis 2008.
> « Instantanéité de l'information » → on observe que l'oiseau « Tweet » annonce sur la page d'accueil une information récente : « il y a 2 heures : Tempête dans le nord de la France : 21 000 foyers sans électricité ».

4 Faire faire l'activité par deux. Lors de la mise en commun, mettre en évidence que l'article donne les informations manquantes dans le tweet : ce dernier annonce juste un évènement tandis que l'article rend compte de l'évènement et donne des informations sur son contexte.

> **CORRIGÉ**
>
> L'évènement → un radar flashe des piétons qui circulent à plus de 3km/h ; lieu → à Rouen, rue Ganterie (rue piétonnière) ; moment → le 09/11/2011, date de l'article (il s'agit donc d'un évènement actuel) ; but → « l'opération a pour but de faire ralentir et lever le nez aux promeneurs pour qu'ils admirent le patrimoine de la ville ».

⋯∴ OBJECTIF DES ACTIVITÉS 5 ET 6

: **Comprendre un dialogue où une personne explique le contexte d'un évènement.**

5 Dans un premier temps, faire identifier le document : *il s'agit d'une photo et de visuels postés sur le site du huffingtonpost.* Le titre « Rouen – Piétons, ralentissez ! » permet de faire le lien avec l'évènement découvert précédemment. Faire observer la photo : *on voit une rue piétonne, et deux panneaux mentionnés dans l'article p. 70 : celui de gauche indique la présence d'un radar et celui de droite la limitation de vitesse (3 km/h) pour les piétons.* Faire observer les panneaux sous la photo : outre ceux mentionnés, on remarquera celui avec la mention « Rouen impressionnée » (manifestation que les apprenants découvriront grâce au dialogue), « Marcher trop vite nuit gravement à l'observation du patrimoine » (confirmant le but de l'opération) et « fin de zone de limitation de vitesse ».

Dans un deuxième temps, faire écouter l'enregistrement. En grand groupe, vérifier la compréhension globale du dialogue et le lien avec les visuels et l'article.

CORRIGÉ

Une jeune femme parle à un passant dans la rue Ganterie à Rouen, car il vient d'être flashé par un radar. Elle lui explique pourquoi ce radar flashe les piétons qui marchent à plus de 3 km/h.

6 **1.** Faire réécouter le dialogue afin d'effectuer l'activité. Proposer aux apprenants de prendre des notes. Mise en commun par deux puis en grand groupe.

2. Effectuer l'activité en grand groupe. Une réécoute avec des pauses sera certainement nécessaire pour repérer les énoncés qui permettent de justifier la réponse.

CORRIGÉ

1. Le radar fait partie d'une opération culturelle, dans le cadre du festival « Rouen impressionnée », qui a lieu chaque année. Cette année, le thème, c'est le regard des artistes sur la ville. Il y a plusieurs œuvres, de différents artistes, dans la ville. Le radar est une œuvre d'art contemporain. Le festival s'adresse aux amateurs d'art contemporain et à tout le monde.

L'artiste a imaginé ce radar pour amener les gens à admirer la ville ; c'est une œuvre éphémère. Le festival dure deux mois : à partir d'aujourd'hui, jusqu'au 20 novembre.

2. Le piéton n'était pas informé de cet évènement ni du contexte, il est très étonné et pose des questions pour avoir des explications : « – Vous n'avez pas vu le panneau ? – Le panneau ? Lequel ? » / « – La vitesse est limitée à 3 km/h. – Quoi ? pour les piétons ? ça va pas, non ? » / « – ce radar, il fait partie d'une opération culturelle. – Ah bon, laquelle ? » / « Alors, ce radar, c'est une œuvre d'art ? »

→ **L'aide-mémoire** reprend et permet de fixer les formulations utilisées pour informer sur un évènement. Attirer l'attention des apprenants sur la construction des expressions données.

POINT *Langue*

Les pronoms interrogatifs

a) Ce Point langue permet de conceptualiser les pronoms interrogatifs *lequel /lesquels /laquelle /lesquelles*. Faire tout d'abord observer les deux premiers exemples (les réactions d'étonnement du jeune homme relevées à l'activité 6) afin de comprendre que *lequel /laquelle* remplacent des questions construites avec *quel(le)*. Effectuer l'activité en grand groupe en veillant à vérifier la compréhension de la règle.

b) Faire compléter le tableau avec les formes observées, par deux avant la mise en commun en grand groupe.

CORRIGÉ

a) Quel panneau ? – Quelle opération culturelle ? – Quelles villes ?

b)

	Masculin	Féminin
Singulier	*lequel*	*laquelle*
Pluriel	lesquels	*lesquelles*

⋯⟶ OBJECTIF DE L'ACTIVITÉ 7

⋮ Phonétique : intonation : étonnement ou simple question.

7 Cette activité d'écoute a pour but de sensibiliser les apprenants à une forme d'intonation expressive, l'expression de l'étonnement. Cette intonation se distingue de l'intonation de la question ordinaire par une montée plus accentuée de la voix en fin de question.

a) Faire écouter l'exemple sans support visuel et demander aux apprenants s'ils entendent une différence entre les deux questions. Puis faire trouver à quoi correspondent ces deux questions : une question simple et une question qui exprime un étonnement. Leur faire dire comment on exprime l'étonnement dans la deuxième question : par une montée plus forte et plus aiguë de la voix. Puis faire écouter le reste de cette première partie d'activité en grand groupe.

b) Proposer aux apprenants de reproduire les deux types de questions. Ils doivent d'abord reproduire la question proposée, puis transformer la question dans l'autre forme et écouter pour vérifier. Cette activité doit se faire sur un mode ludique, laisser les apprenants exagérer l'intonation de l'étonnement afin qu'ils fassent bien la différence avec la question simple.

CORRIGÉ

a) Étonnement : 1 a ; 2 b – Questions pour s'informer : 1 b ; 2 a

⋯⋮ OBJECTIF DE L'ACTIVITÉ 8

⋮ **Donner son avis sur certaines manifestations urbaines.**

8 Cette activité amène les apprenants à échanger en petits groupes sur leur vécu. Faire nommer un rapporteur par sous-groupe, en vue de la mise en commun avec les autres.

⋯⋮ OBJECTIF DE L'ACTIVITÉ 9

⋮ **Transférer ses acquis en rapportant un évènement dans un mail ou un article de blog.**

9 Il s'agit d'une activité de médiation : les apprenants sont invités à rendre compte par écrit de toutes les informations qu'ils ont obtenues sur l'opération *Radar piétons* à Rouen tout au long du parcours. Cette transmission s'effectue dans un nouveau contexte communicationnel : un mail à un ami ou un article sur le blog de la ville de Rouen. Les apprenants peuvent aussi choisir de raconter l'évènement du point de vue du jeune homme étonné. Cette production peut se faire en classe, en petits groupes ou individuellement à la maison. Elle peut porter aussi sur un évènement autre que celui travaillé dans la leçon.

❯ Intervenir dans la blogosphère

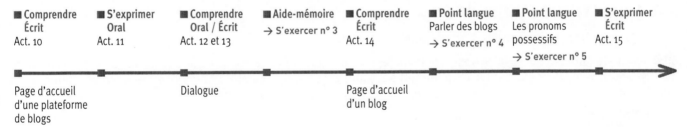

■ Comprendre Écrit	■ S'exprimer Oral	■ Comprendre Oral / Écrit	■ Aide-mémoire → S'exercer n° 3	■ Comprendre Écrit	■ Point langue Parler des blogs → S'exercer n° 4	■ Point langue Les pronoms possessifs → S'exercer n° 5	■ S'exprimer Écrit
Act. 10	Act. 11	Act. 12 et 13		Act. 14			Act. 15

Page d'accueil d'une plateforme de blogs — Dialogue — Page d'accueil d'un blog

⋯⋮ OBJECTIF DE L'ACTIVITÉ 10

⋮ **Comprendre la page d'accueil d'une plateforme de blogs.**

10 Tout d'abord, faire identifier le document : *il s'agit de la page d'accueil du site overblog.com*. Faire faire l'activité par deux. Lors de la mise en commun en grand groupe, vérifier la compréhension de la partie gauche du document (« créer mon blog », « participer au concours ») uniquement ; la partie de droite sera abordée dans l'activité 11.

CORRIGÉ

1. C'est une plateforme de blogs, qui héberge plus de 1,5 million de blogs.
2. Le site propose de créer un blog et de participer à un concours de blogs – quatre prix sont annoncés.

⋯⋮ OBJECTIF DE L'ACTIVITÉ 11

⋮ **Parler de son expérience et de sa fréquentation des blogs.**

11 Tout d'abord, revenir sur le document pour découvrir la partie « Blogs par catégories ». Vérifier la compréhension de la liste. Puis faire faire l'activité en petits groupes. Lors de la mise en commun, proposer aux personnes fréquentant ou tenant des blogs de partager leur vécu avec le grand groupe. Si la classe a un accès à Internet, on pourra accéder aux blogs concernés pour en présenter la page d'accueil, par exemple.

⋯⋗ OBJECTIF DES ACTIVITÉS 12 ET 13

⋮ **Comprendre un dialogue à propos de blogs et une incitation à agir.**

12 Tout d'abord, faire écouter l'enregistrement et vérifier la compréhension de la situation : *une jeune femme qui est en train d'écrire sur son blog parle avec un jeune homme qui en a un lui aussi.* Puis faire réécouter afin d'effectuer l'activité. Proposer de confronter les réponses par deux. Lors de la mise en commun en grand groupe, demander aux apprenants leurs réponses et vérifier la compréhension des termes liés à la blogosphère.

CORRIGÉ

1. Faux : ils tiennent chacun leur blog (« depuis que tu tiens un blog, toi aussi »). – **2.** Faux : elle écrit un billet chaque jour (« mon billet du jour » – « mon billet d'hier »). – **3.** Vrai (« j'ai de plus en plus de visiteurs »). – **4.** Faux (« tu vas t'inscrire ? » – « oh, non, mon blog, il n'a rien de très spécial »).

13 a) Faire réécouter le dialogue afin d'effectuer l'activité. Mise en commun en grand groupe.
b) Faire réécouter la fin du dialogue afin d'effectuer l'activité. Mise en commun en grand groupe.

CORRIGÉ

a) Catégories possibles pour le blog de Mélanie → « Opinions » ou « Actualités » – Pour le blog de Baptiste → « Art » ou « Photos ».
b) Amélie pense que son blog n'a rien de spécial mais que celui de Baptiste est intéressant / original et a une chance de gagner un prix (« Oh, non, mon blog, il n'a rien de très spécial… Mais toi, si tu participais ? Le tien, avec tes montages photo et tes animations, il a une chance de gagner un prix, non ? »).

→ **L'aide-mémoire** reprend des énoncés avec une formule interrogative pour faire une suggestion, inciter à agir : *Si* + imparfait…?

⋯⋗ OBJECTIF DE L'ACTIVITÉ 14

⋮ **Comprendre la présentation d'un blog sur sa page d'accueil.**

14 Avant de faire l'activité, faire observer la page et la faire identifier : *c'est une page d'accueil de blog.* Faire faire l'activité par deux. Lors de la mise en commun en grand groupe, on veillera à faire observer la composition de la partie gauche du document : *rubriques, archives, tags, liens.* Vérifier la compréhension de ces termes.

CORRIGÉ

1. Le blog a pour thème la perception du temps ; il s'adresse aux adolescents – une de ses fonctions est de montrer les créations de jeunes qui participent à un atelier de création.
2. Éducation / Pédagogie
3. Sur cette page, on annonce le thème du blog et son contenu (à venir); on incite (implicitement) le lecteur à consulter le blog régulièrement.

POINT *Langue*

Parler des blogs

Ce Point langue permet de vérifier la compréhension du lexique relatif aux blogs. Faire faire l'activité par deux en recommandant aux apprenants de revenir sur les documents travaillés pour trouver/confirmer les réponses. Mise en commun en grand groupe.

CORRIGÉ

L'ensemble des blogs = la *blogosphère* – Un blogueur / une blogueuse = un(e) internaut(e) qui *tient un blog* – Écrire un article sur son blog = *publier /poster un billet* – Réagir par écrit à un article sur un blog = *poster un commentaire* – La page générale qui présente le blog = *la page d'accueil* – Un renvoi vers un article, une vidéo, un site etc. = un *lien* – La liste des anciens articles = les *archives* – Un mot-clé = un *tag*

POINT *Langue*

Les pronoms possessifs

Ce Point langue permet de conceptualiser la forme et l'usage des pronoms possessifs.

a) Revenir sur les documents afin de resituer dans leur contexte les trois phrases données. Si les documents peuvent être affichés (TNI), surligner ou isoler les phrases d'une manière ou d'une autre afin de faire trouver ce que les pronoms possessifs remplacent. Cette activité se fait en grand groupe.

b) Par deux, faire remplir le tableau avec les différentes formes observées avant de mettre en commun en grand groupe. Faire observer que les pronoms possessifs peuvent remplacer des choses, comme dans les exemples, mais aussi des personnes.

CORRIGÉ

a) Chaque journaliste a le sien (→ *son blog*), les artistes ont le leur (→ *leur blog*) – Créez le vôtre ! (→ *votre blog*) – Ce blog parle du temps. Le tien, (→ *ton temps*), le sien (→ *son temps*), le nôtre (→ *notre temps*).

b)

Singulier	Masculin Féminin	le mien *la mienne*	*le tien* la tienne	*le sien* la sienne	le nôtre *la nôtre*	*le vôtre* la vôtre	*le leur* la leur
Pluriel	Masculin féminin	les miens les miennes	*les tiens* les tiennes	les siens *les siennes*	les nôtres	*les vôtres*	les leurs

⋯⋮ OBJECTIF DE L'ACTIVITÉ 15

⋮ **Transférer les acquis en créant une page d'accueil de blog et en rédigeant un premier billet.**

15 Former des petits groupes afin d'effectuer l'activité. Rappeler que le blog doit donner envie aux visiteurs de le visiter souvent. Si l'on dispose d'un TNI, on peut proposer aux sous-groupes de présenter leur blog et leurs productions lors de la mise en commun en grand groupe.

Pour aller plus loin : si l'on dispose d'un TNI pour présenter les blogs, on peut envisager un concours, à l'issue duquel les apprenants voteront pour le « meilleur blog », « le plus original », etc.

Corrigés S'exercer • Leçon 1

1. a pour but de – Il s'agit d' – se déroule – s'adresse aux internautes – a lieu

2. 1. lesquelles – 2. Lequel – 3. laquelle – 4. lesquels – 5. lequel – 6. Lesquels.

3. 1. Si on allait / nous allions les voir ? – 2. Si vous envoyiez – 3. Si tu allais – 4. Si tu publiais – 5. Si elle créait – 6. Si on s'inscrivait ?

4. Bienvenue dans la *blogosphère* – votre *page d'accueil* doit montrer – vos *billets* les plus récents – dans les *archives* – pour les *blogueurs* – les *commentaires* des internautes – avec un *lien* – choisissez vos *tags*

5. 1. le mien / du tien – 2. la vôtre – 3. les miennes / les tiennes – 4. les leurs – 5. les vôtres – 6. le nôtre – 7. le leur

→ **Voir aussi le Cahier d'activités** | p. 48-51

Contenus socioculturels • Thématiques

Les médias traditionnels : presse (en ligne), radio, télé

Objectifs sociolangagiers

Objectifs pragmatiques

Comprendre des titres de presse	– comprendre des sommaires de journaux sur Internet – parler de ses habitudes/préférences en matière d'information – donner son avis sur la situation de la presse – comprendre des titres d'articles de presse – rédiger des titres dans la presse et à la radio – créer la Une d'un journal et rédiger les titres
Donner son opinion sur une émission	– comprendre une information à la radio concernant le succès d'émissions de télévision – comprendre un programme de télévision – comprendre des personnes qui donnent leur opinion sur une émission de télévision – parler de ses habitudes concernant la télévision – justifier le choix d'une émission de télévision – réagir/donner son opinion sur une émission de télévision

Objectifs linguistiques

Grammaticaux	– la nominalisation – le genre des noms – *c'est… qui, c'est… que* pour mettre en relief
Lexicaux	– termes liés aux médias > Lexique thématique : livre de l'élève p. 199
Phonétiques	– rythme de la phrase et intonation de la mise en relief – phonie-graphie : [ɔ̃] ou [ɔn]

Scénario de la leçon

La leçon se compose de deux parcours :

Dans le premier parcours (p. 74-75), les apprenants compareront des sommaires de journaux en ligne et parleront de leurs rubriques d'information préférées. Ensuite, ils donneront leur avis et débattront sur la situation de la presse. Puis, ils liront des titres de presse et écouteront un flash d'informations à la radio. À la fin du parcours, ils réaliseront la Une d'un journal.

Dans le deuxième parcours (p. 76-77), les apprenants liront un titre de presse et écouteront une information à la radio concernant le succès d'émissions de télévision. Ensuite, ils liront un programme de télévision et justifieront leur choix d'une émission. Puis, ils écouteront des personnes donnant leur avis sur une émission de télévision. En fin de parcours, ils parleront de leurs habitudes et préférences concernant la télévision. Aussi, ils donneront leur avis sur une émission de télévision et posteront un message à ce sujet sur un forum.

Comprendre des titres de presse

■ Comprendre Écrit   ■ Point culture   ■ S'exprimer Oral   ■ Comprendre Écrit / Oral   ■ Point langue   ■ S'exprimer Écrit / Oral

■ S'exprimer Oral   Act. 3   Act. 4   La nominalisation   Act. 5

Act. 1 et 2   Le genre des noms

                                                        → S'exercer n° 6 à 8

Sommaires de presse   Page média   Titres de presse /
en ligne   participatif   Journal radio

⋯⋗ OBJECTIF DES ACTIVITÉS 1 ET 2

: Comparer des sommaires de journaux en ligne et parler de ses rubriques d'information préférées.

1 Avant d'effectuer l'activité, faire identifier les deux supports : *ce sont deux sommaires de journaux français, de quotidiens en ligne*. Faire observer les bandeaux de rubriques : *pour chacun il y a des rubriques générales et des sous-rubriques*. Faire observer que sur les deux sommaires l'onglet de la rubrique « Actualités » a été sélectionné. Puis faire effectuer l'activité en petits groupes. Effectuer une brève mise en commun en grand groupe.

2 Faire faire l'activité par deux. Lors de la mise en commun en grand groupe, attirer l'attention des apprenants sur les spécificités des deux quotidiens (leurs différences), afin de cerner leur lectorat. Par exemple, on remarque une dominante « information » sur le site du *Monde* (cf. rubriques *Éducation, Idées, Économie*, inexistantes sur celui du *Parisien/Aujourd'hui en France*) et une priorité donnée à la sous-rubrique *International*, en première position *Le Parisien/Aujourd'hui en France* présente de son côté des rubriques plus populaires (cf. sous-rubriques : *Auto, Faits divers* et *Médias/people*) ; il donne aussi des informations locales, notamment en ce qui concerne les divertissements (cf. rubrique *Culture* couplée avec *Loisirs, Vidéos/photos* et *Votre ville*). À ce stade, on pourra expliquer que le journal *Le Parisien/Aujourd'hui en France* présente des variantes, en fonction des départements où il est vendu. **NB :** le site www.aujourd'hui-en-france.fr a subi de récents changements. Désormais, l'adresse sur la toile est la suivante: www.leparisien.fr.

CORRIGÉ

1. Comparaison des rubriques
Macro-rubriques
→ communes aux deux quotidiens : *Actualité(s) – Sport(s) – Pratique*
→ légèrement différentes : *Culture* sur le site du *Monde* – *Culture/loisirs* sur le site du *Parisien/Aujourd'hui en France*
→ spécifiques : – *Économie, Idées, Éducation, M magazine* → *Le Monde*
– *Votre ville, Vidéos/photos, Participez, La Parisienne, Étudiants* → *Le Parisien/Aujourd'hui en France*
Rubrique « Actualités »
→ communes aux deux quotidiens : *Société, Politique, International*. On remarque que certaines rubriques sont communes mais nommées de manière différente : *Planète* (*Le Monde*) – *Environnement* (*Le Parisien/Aujourd'hui en France*), *Technologies* (*Le Monde*) – *High-tech* (*Le Parisien/Aujourd'hui en France*)
→ légèrement différentes : *Médias* sur le site du *Monde* – *Médias/People* sur le site du *Parisien/Aujourd'hui en France*
→ spécifiques : *À la Une, Faits divers, Auto, blogs* sur le site du *Parisien/Aujourd'hui en France*
2. Hypothèses sur les lecteurs (*à titre indicatif*)
– Les lecteurs du *Monde* s'intéressent à l'économie (macro-rubrique sur le site du *Monde* / sous-rubrique sur le site du *Parisien/Aujourd'hui en France*), aux opinions/débats d'idées et à l'éducation (macro-rubriques).
– Les lecteurs du *Parisien/Aujourd'hui en France* veulent des informations locales (rubrique *Votre ville*), s'intéressent aux faits divers, aux voitures, aux people (sous-rubriques dans *Actualités*).

POINT Culture

Ce Point culture permet de donner des informations sur la manière dont les Français s'informent.
a) Effectuer l'activité en grand groupe. Pour aller plus loin, on pourra faire les statistiques de la classe, pour comparer les résultats.
b) Aborder le premier point en grand groupe. Pour le deuxième point, proposer une concertation par deux avant la mise en commun en grand groupe. Compte tenu du travail qui a été effectué auparavant, les apprenants sont en mesure de trouver qu'*Aujourd'hui en France/Le Parisien* est un quotidien à la fois national et régional, et, d'après la signification du titre, que *L'Équipe* est le quotidien consacré au sport.

CORRIGÉ

b) Quotidien à la fois national et régional : *Aujourd'hui en France/Le Parisien* – quotidien consacré au sport : *L'Équipe*.

···: OBJECTIF DE L'ACTIVITÉ 3

⋮ **Donner son avis et débattre sur la situation de la presse.**

3 Avant de faire l'activité, faire observer le document afin de l'identifier : *il s'agit d'une page du site Newsring.* Faire remarquer les indices qui démontrent qu'il s'agit d'un média participatif (« Faites progresser le débat » ; « Bienvenue dans le débat ») et la manière de participer (on se prononce en « votant » *oui* ou *non* ; on peut apporter des contributions, réagir aux commentaires). Vérifier la compréhension de la question posée puis former des petits groupes pour échanger sur le sujet. Les apprenants doivent ensuite voter. Un apprenant dans le groupe récolte les résultats et les justifications des votes en vue de les exposer au grand groupe par la suite.

Pour aller plus loin : si l'on dispose d'un TNI en classe, on peut enrichir l'activité en allant sur la page du média : www.newsring.fr/medias-tech/102-presse-ecrite-les-quotidiens-vont-ils-disparaitre.

···: OBJECTIF DE L'ACTIVITÉ 4

⋮ **Comprendre des titres dans la presse écrite et dans un flash d'informations à la radio.**

4 **a)** Avant de faire l'activité, faire observer les extraits pour les identifier : *il s'agit de titres de presse.* Faire faire l'activité en petits groupes. Lors de la mise en commun, vérifier la compréhension des titres au fur et à mesure des réponses.

b) Avant d'effectuer l'activité, faire écouter l'enregistrement afin de l'identifier : *il s'agit du sommaire d'un journal à la radio.* Vérifier la compréhension de la notion de *sommaire* dans ce contexte : *les titres sont seulement annoncés, les informations seront développées dans la suite du journal.* Faire faire l'activité et proposer de comparer les réponses par deux. Lors de la mise en commun en grand groupe, vérifier les réponses.

Pour aller plus loin : on peut faire réécouter l'extrait afin de relever les formulations (par exemple : le nouveau film de G. Canet sort aujourd'hui...) et les noter au tableau. La mise en parallèle de ces informations avec les titres de presse permettra l'observation du procédé de nominalisation, développé dans le Point langue suivant.

CORRIGÉ

a) 1 : International – 2 : Politique – 3 : Culture – 4 : Éducation – 5 : Économie – 6 : Sport – 7 : Société – 8 : Médias – 9 : Société
b) Le nombre de chômeurs a augmenté... → titre n° 7 – Après la publication du rapport de *Reporters sans frontières*, les journalistes manifestent... → titre n° 9 – La présidente brésilienne arrive... → titre n° 1 – Le nouveau film de Guillaume Canet sort... → titre n° 3

POINT *Langue*

La nominalisation

Ce Point langue permet de conceptualiser un procédé couramment utilisé dans la presse pour donner une information : la nominalisation.
Faire observer la liste des informations données à la radio avec une phrase complète et un verbe (colonne de gauche) et demander aux apprenants de compléter les titres de la colonne de droite. En grand groupe, faire constater qu'une information peut être communiquée au moyen d'un verbe, c'est-à-dire une phrase complète, ou bien résumée au moyen d'un nom. Faire compléter la règle.

CORRIGÉ

Manifestation des journalistes / Arrivée de la présidente du Brésil – Pour annoncer rapidement une information, on peut la présenter de deux façons : avec un *verbe* ou avec un *nom*.

POINT *Langue*

Le genre des noms

Ce Point langue permet de conceptualiser le genre des noms d'après leur terminaison.
Faire faire l'activité par deux. Lors de la mise en commun, faire observer les terminaisons des noms : *-ion*, *-ment*, *-ée*, *-age*, *-ique*, *-té*, *-ie*, *-isme*, *-oire* et *-sse*. Faire constater le genre des noms d'après leur terminaison et faire compléter la règle.
Pour aller plus loin, on pourra donner les exceptions suivantes : une jument – une image, une plage, une cage, une page, une nage, la rage – un pion, un million, un camion, un avion – un lycée, un musée – un traité, un comité – un incendie.

>>>

CORRIGÉ

a) changement – apprentissage – pessimisme → masculin
élection – liberté – arrivée – baisse – sortie – victoire – augmentation – manifestation – musique → féminin
b) Sauf exceptions, les noms qui se terminent en **-sse, -ion, -ée, -ique,-té, -ie, -oire**, sont féminins.
Sauf exceptions, les noms qui se terminent en **-ment, -age, -isme**, sont masculins.

⋯⋗ OBJECTIF DE L'ACTIVITÉ 5

⠅ **Transférer les acquis en réalisant la Une d'un journal et en rédigeant les titres.**

5 Former des petits groupes afin d'effectuer l'activité. Préciser que les deux premières étapes sont fondamentales (choix du public visé et du nom du journal) et aideront à effectuer les suivantes (préparation et réalisation de la Une). Dans cette activité, les apprenants peuvent laisser libre cours à leur imagination pour les sujets ou les gros titres, qui peuvent être fantaisistes (par exemple, « Disparition de la tour Eiffel pendant la nuit ! »). Pour la réalisation de la Une, il est recommandé de prévoir de grandes feuilles (format A3 par exemple), si l'on ne dispose pas de TNI. La mise en commun en grand groupe peut se faire en affichant les productions dans la classe ou sur TNI.

❭ Donner son opinion sur une émission

■ Comprendre Oral / Écrit Act. 6	■ Comprendre Écrit ■ S'exprimer Oral Act. 7	■ Point langue Parler de la radio et de la télévision → S'exercer n° 9	■ Comprendre Oral / Écrit Act. 8 et 9	■ Point langue La mise en relief → S'exercer n° 10	■ Phonétique Act. 10	■ S'exprimer Oral Act. 11	■ S'exprimer Oral / Écrit Act. 12

Extrait radio / Coupure de presse / Programme de télévision · Programme de télévision · Messages sur répondeur / Programme de télévision · Site de TV5 Monde

⋯⋗ OBJECTIF DE L'ACTIVITÉ 6

⠅ **Comprendre un titre de presse et une information à la radio concernant le succès d'émissions de télévision.**

6 Dans un premier temps, faire observer les documents et les faire identifier : *il s'agit d'une coupure de presse et d'un extrait de programme de télévision*. Vérifier que les apprenants retrouvent dans l'extrait du programme, les deux émissions citées dans le titre de la coupure de presse – cela permettra notamment de comprendre que « le 20 h » correspond au « Journal de 20 h » de France 2. Puis, faire observer les photos de la coupure de presse, afin de les mettre en relation avec l'émission *Scènes de ménages*. Faire faire des hypothèses sur l'émission et vérifier que les apprenants ont bien compris le titre de la coupure de presse.
Dans un deuxième temps, faire écouter l'extrait de radio. Vérifier la compréhension globale : *il s'agit de la rubrique télé d'un journal à la radio ; le journaliste annonce que l'émission* Scènes de ménages *a battu la veille un record d'audience, dépassant le journal de France 2.* Faire réécouter l'extrait afin de confirmer la supériorité d'audience de *Scènes de ménages* par rapport au Journal de 20 h. Vérifier aussi que les apprenants comprennent la fin de l'extrait : *le journaliste incite les auditeurs à répondre à la question du jour, « Que regardez-vous à la télé à 20 h ? ».* Cet élément permettra d'identifier le contexte de l'audio travaillé à l'activité 8.
Pour aller plus loin : pour mieux comprendre le concept de l'émission, on pourra aller sur le site de la chaîne M6, qui propose des épisodes en streaming (http://www.m6.fr/serie-scenes_de_menages/).

CORRIGÉ

1. M6 et France 2 sont des chaînes de télévision – *Scènes de ménages* est une série qui passe six soirs par semaine (du lundi au samedi) à 20 h 05 sur M6 – le 20 h est le « JT » (= journal télévisé) qui passe à 20 h sur France 2. Hier soir, la série *Scènes de ménages* « a battu un nouveau record d'audience » = elle a eu plus de spectateurs que le 20 h de France 2, donc elle est passée « devant le 20 h de France 2 » dans le classement de l'audience (nombre des spectateurs).
2. *À titre indicatif :* on raconte la vie quotidienne de quatre couples d'âges différents. Le titre *Scènes de ménages* peut être compris de deux manières : d'une part « scènes de la vie de couple » au quotidien, d'autre part « moments de conflits » (une scène de ménage = une grosse dispute dans un couple). Les photos des couples sur cette coupure de presse montrent bien que l'émission joue sur la légèreté et l'humour, mais ne montrent pas le côté « conflictuel », pourtant bien présent dans l'émission (les couples se disent / se font souvent des petites méchancetés).

⋯⋮ OBJECTIF DE L'ACTIVITÉ 7

⋮ Comprendre un programme de télévision et justifier son choix d'une émission.

7 Faire observer le programme de télévision. Proposer aux apprenants d'échanger en petits groupes afin d'exposer leur choix et de le justifier. Effectuer une brève mise en commun en grand groupe, afin de constater s'il y a des émissions majoritairement retenues.

POINT *Langue*

Parler de la radio et de la télévision

Ce Point langue à dominante lexicale permet de vérifier la compréhension de termes concernant la radio et la télévision. Faire faire les activités d'association à la suite. Proposer aux apprenants de comparer leurs réponses par deux avant la mise en commun en grand groupe.

CORRIGÉ

a) Un téléspectateur, une téléspectatrice *regarde une émission sur une chaîne de télévision.*
Un auditeur, une auditrice *écoute une émission sur une station de radio.*
b) 1 c – 2 f – 3 e – 4 b – 5 d – 6 a

⋯⋮ OBJECTIF DES ACTIVITÉS 8 ET 9

⋮ Comprendre des personnes donnant un avis sur un programme de télévision.

8 Faire écouter l'enregistrement et en vérifier la compréhension globale (cf. corrigé). Vérifier que les apprenants font le lien avec l'enregistrement travaillé à l'activité 6.

CORRIGÉ

Quatre personnes laissent un message sur le répondeur de la radio pour répondre à la question du jour « Que regardez-vous à la télé à 20 h 00 ? ». Ils disent quelle émission ils regardent, sur quelle chaîne. Ils justifient leur choix : ils donnent des raisons personnelles et donnent leur opinion sur les émissions.

9 **a)** Pour faciliter l'exécution de la tâche, lister tout d'abord les prénoms des auditeurs (Anatole, Sylvia, Sophie, Christophe). Puis faire faire l'activité et comparer par deux avant la mise en commun en grand groupe.
b) Faire réécouter l'extrait de manière séquentielle afin que les apprenants puissent relever les justifications des téléspectateurs et leurs appréciations sur les émissions choisies. Proposer aux apprenants de comparer leurs notes par deux avant la mise en commun. Ce repérage sert de transition vers le Point langue sur la mise en relief.

CORRIGÉ

a) – Anatole regarde le 19-45 et *Scènes de ménages* sur M6. (Avant il regardait le journal sur TF1.) – Sylvia regarde toujours le 20 heures sur France 2. – Sophie ne rate jamais *Scènes de ménages* sur M6. – Christophe regarde toujours à 20 heures le 19/20, et ensuite, soit *Scènes de ménages* sur M6, soit le sport (sur France 3).
b) – Anatole → je regarde le 19-45 sur M6. « c'est le dynamisme de la présentation qui me plaît ! » ; « c'est plus vivant ! » ; « on va à l'essentiel ! » Et après, j'enchaîne sur *Scènes de ménages*. « C'est vraiment le genre d'humour que j'adore ! »
– Sylvia → comme je n'ai pas le temps de lire le journal, je regarde toujours le 20 heures sur France 2. « C'est celui que je préfère, que je trouve le plus objectif. »
– Sophie → « J'adore l'humour de cette série ; Liliane et José, c'est le couple qui me fait le plus rire ! Ce sont les émissions comme ça qui m'attirent le soir, j'ai besoin de me détendre après une journée de travail. »
– Christophe → pour les infos, c'est toujours le 19/20 ! « C'est le seul journal qui parle de ma région. »

POINT *Langue*

La mise en relief

Ce Point langue permet de conceptualiser un nouveau procédé de mise en relief d'un élément de la phrase (sujet ou COD). Il vient compléter celui de la leçon 3 du dossier 3.
Faire observer les quatre exemples afin d'identifier l'élément d'information mis en relief dans chacun et la fonction de cet élément dans la phrase. Guider en posant les questions « Qu'est-ce qui me plaît ? », « Qu'est-ce que j'adore ? », « Qu'est-ce que je préfère ? » et « Qu'est-ce qui m'attire ? » puis faire constater que :
– L'élément sujet est encadré par *c'est, ce sont… qui.* – L'élément COD est encadré par *c'est, ce sont… que.*

▷▷▷

Faire aussi observer que ces éléments se trouvent placés avant le verbe et qu'il s'agit des pronoms relatifs sujet et COD, déjà étudiés (Leçon 1 Dossier 1). Faire compléter la règle.

CORRIGÉ

- Pour mettre en relief le sujet du verbe, on utilise *C'est /ce sont* + nom/pronom + **qui** + verbe. Exemples n° **1 & 4**.
- Pour mettre en relief le COD du verbe, on utilise *C'est /ce sont* + nom/pronom + **que** + verbe. Exemples n° **2 & 3**.

⋯⋗ OBJECTIF DE L'ACTIVITÉ 10

⫶ **Phonétique : le rythme de la phrase et l'intonation de la mise en relief.**

🔟 **a)** Cette activité d'écoute vise à faire entendre et à faire reproduire l'accentuation des groupes de mots mis en relief dans un message. Cette accentuation expressive se manifeste par une montée mélodique, souvent accompagnée d'une hausse de volume. Faire écouter l'exemple, demander de repérer l'élément qui porte l'accentuation. Procéder à l'écoute de chaque message en demandant à chaque fois de repérer la partie accentuée. **b)** Faire réécouter les énoncés de manière séquentielle et demander à quelques apprenants de les répéter, en respectant le rythme et la mélodie.

CORRIGÉ

1. Ce sont les émissions <u>comme ça</u> qui m'attirent le soir. – **2.** C'est son <u>dynamisme</u> qui me plaît. – **3.** C'est celui de <u>France 2</u> que je trouve le plus objectif. – **4.** C'est <u>vraiment</u> le genre d'humour que j'adore. – **5.** C'est le couple de <u>Liliane et José</u> qui me fait le plus rire. – **6.** C'est le <u>seul</u> journal qui parle de ma région.

⋯⋗ OBJECTIF DE L'ACTIVITÉ 11

⫶ **Parler de ses habitudes et préférences concernant la télévision.**

🔟🔟 Former des petits groupes afin d'effectuer l'activité. Effectuer une rapide mise en commun en grand groupe afin de constater si une émission ou un type d'émission recueille majoritairement des avis positifs ou négatifs.

⋯⋗ OBJECTIF DE L'ACTIVITÉ 12

⫶ **Transférer les acquis en donnant son avis sur une émission de télévision et en postant un message à ce** ⫶ **sujet sur un forum.**

🔟🔟 **1.** Tout d'abord, proposer aux apprenants de consulter le site de TV5 Monde individuellement à la maison ou en petits groupes dans un espace dédié aux ressources multimédia. Puis, mettre en commun en grand groupe pour identifier les émissions que les apprenants ont envie de regarder. Pour faciliter la suite de l'activité, il vaut mieux qu'un nombre limité d'émissions soit visionné : constituer des petits groupes, en fonction des préférences. Le visionnement peut se faire en petits groupes à l'école ou individuellement à la maison.
2. Proposer aux apprenants ayant visionné la même émission de se concerter afin de la présenter et dire pourquoi ils l'apprécient ou non. Après chaque présentation, les autres apprenants disent s'ils ont envie de visionner l'émission.
3. Cette activité se fait individuellement, à la maison. S'assurer au préalable que les apprenants comprennent bien le contexte de la production (forum TV5 monde).

Corrigés S'exercer • Leçon 2

6. 1. Élection d'un nouveau président… – 2. Entrée d'un nouveau pays… – 3. Disparition d'un reporter… – 4. Diminution du pouvoir d'achat des Français – 5. Construction d'un nouvel aéroport – 6. Développement de l'apprentissage des langues…

7. 1. La rémunération – 2. Le déménagement – 3. Le classement – 4. Le pessimisme – 5. La nécessité – 6.La gentillesse

8. 1. Le socialisme – 2. Une égalité – 3. La polémique – 4. La vitesse – 5. La mémoire – 6. Le partage

9. 1. chaîne / téléspectateurs / reportages – 2. documentaire / émission de téléréalité / 3. station / auditeurs – 4. émission / magazine de société / débats

10. 1. C'est la vie des gens ordinaires qui me fascine. – 2. Ce sont les débats politiques qui m'ennuient. – 3. Ce sont les émissions interactives que j'écoute à la radio. / Ce sont les émissions interactives à la radio que j'écoute. – 4. Ce sont les séries qui battent un record d'audience. – 5. C'est le magazine de société *Envoyé spécial* que j'apprécie. – 6. C'est le foot sur Canal + que je ne manque jamais. / C'est le foot que je ne manque jamais sur Canal +.

→ **Voir aussi le Cahier d'activités** | p. 52-56

Pas de chance !

> Livre de l'élève
p. 78-81

Contenus socioculturels • Thématiques

	Les faits divers dans la presse et la radio

Objectifs sociolangagiers

Objectifs pragmatiques

Comprendre un récit – Rapporter un fait divers	– comprendre des faits divers dans la presse écrite et à la radio – établir la chronologie des faits dans un récit concernant des évènements passés – raconter un fait divers
Témoigner d'un évènement	– comprendre un témoignage – comprendre un avis de recherche – rapporter un évènement dont on a été témoin – rédiger un article de presse rapportant un fait divers

Objectifs linguistiques

Grammaticaux	– les temps du passé dans le récit – la forme passive – l'accord du participe passé avec le COD	
Lexicaux	– termes liés à la déclaration de vol : personnes et actions – termes liés à la superstition et aux jeux de hasard	> Lexique thématique : livre de l'élève p. 200
Phonétiques	– l'enchaînement vocalique dans la forme passive – phonie-graphie : l'accord du participe passé avec *avoir*	

Scénario de la leçon

3

La leçon se compose de deux parcours :
Dans le premier parcours (p. 78-79), les apprenants liront des faits divers dans la presse écrite et seront amenés à identifier la chronologie des faits. Ensuite, ils écouteront le récit d'un des faits divers à la radio, compareront les précisions données et identifieront les différentes façons de rapporter les faits. En fin de parcours, ils raconteront à leur tour un fait divers.
Dans le deuxième parcours (p. 80-81), les apprenants écouteront une situation de vol et une déclaration au commissariat ; ils rempliront le récépissé correspondant. Ensuite, ils simuleront une situation où le témoin d'un vol rend compte de ce qu'il a vu ; ils compléteront le récépissé de sa déclaration. En fin de parcours, ils rédigeront un fait divers à partir de titres ou photos données.

> Comprendre un récit – Rapporter un fait divers

■ Comprendre Écrit	■ Point langue	■ Aide-mémoire	■ Comprendre Oral	■ Comprendre Écrit / Oral	■ Point langue	■ Phonétique	■ S'exprimer Oral
Act. 1, 2, 3 et 4	Les temps du passé pour raconter un fait divers		Act. 5	Act. 6	La forme passive	Act. 7	Act. 8
	→ S'exercer n° 11				→ S'exercer n° 12 et 13		

Faits divers : presse écrite

Flash info à la radio

⋯⋟ OBJECTIF DES ACTIVITÉS 1, 2, 3 ET 4

: Comprendre des faits divers dans la presse écrite ; comprendre la chronologie des faits.

1 Avant de faire l'activité, faire identifier les documents : *il s'agit d'articles de journal.* Pour éviter tout malentendu, faire repérer le titre du journal (*Métro*) et, si les apprenants ne le connaissent pas (il existe dans plusieurs pays), préciser qu'il s'agit d'un journal gratuit, distribué la plupart du temps à l'entrée des stations de métro. Puis faire lire les deux articles et faire faire l'activité par deux avant de mettre en commun en grand groupe.

CORRIGÉ

1. faits divers
2. *À titre indicatif :* article 1 → Agression d'une sexagénaire / Une sexagénaire agressée pour son ticket gagnant – article 2 → 100 000 euros envolés sur l'autoroute / Un conducteur distrait perd une grosse somme d'argent sur l'autoroute.

2 Faire relire les deux faits divers et demander aux apprenants de repérer l'ordre d'apparition des éléments demandés. On peut leur proposer de remplir par deux un tableau comme ci-dessous afin de les aider à identifier la chronologie des évènements. Il pourra ensuite servir de base pour l'observation du Point langue sur les temps du passé.

CORRIGÉ

« Le vendredi 13 lui porte chance… et malchance »	**1.** évènement principal	**2.** contexte / circonstance	**3.** cause / explication	**4.** conséquences / suite
	« …une femme âgée […] s'est fait voler son ticket gagnant d'un jeu de grattage. » À noter, l'évènement principal précisé/ reformulé ensuite → – « … la gagnante a été agressée par un homme qui lui a arraché son porte-monnaie […] avant de prendre la fuite. » – « Quand ma cliente est sortie, il lui a sauté dessus et a arraché […] s'est enfui »	« Vers 10 h 30, au moment où elle sortait d'un bureau de tabac à Tarbes » À noter, contexte/ circonstance précisés ensuite → « L'homme attendait devant la porte, il faisait semblant […] mais devait la guetter. »	« La vendeuse du tabac avait annoncé […] Mais elle lui avait proposé de se rendre […] car elle n'avait pas assez d'argent en caisse. »	« Aussitôt alertée, la police s'est rendue sur place et a ouvert une enquête […] La victime, choquée, a été transportée à l'hôpital mais elle va bien. »
« Pluie d'euros sur l'autoroute »	**1.** contexte / circonstance	**2.** évènement principal	**3.** conséquences / suite	**4.** cause / explication
	« Mercredi, les automobilistes qui roulaient sur l'autoroute A43 »	« les automobilistes […] ont vu des centaines de billets en euros voler et atterrir sur la route. Beaucoup se sont arrêtés pour les ramasser. La police a été prévenue […] billets. »	« …seulement 3 000 euros ont été récupérés, sur une somme totale de… 100 000 euros. »	« Ces billets provenaient d'une mallette qui avait été oubliée […] Il avait alors posé la mallette […] et avait tout simplement repris l'autoroute. »

3 Faire faire l'activité individuellement. Proposer aux apprenants de comparer leurs réponses par deux. Lors de la mise en commun en grand groupe, faire remarquer que, dans ce type d'écrit, on cite plusieurs fois la/les même(s) personne(s), ce qui amène à trouver des mots différents pour la/les désigner.

CORRIGÉ

Article 1 : une femme âgée d'une soixantaine d'années → *elle – la gagnante – la sexagénaire – elle – ma cliente – la victime – elle*
Article 2 : un chef d'entreprise de 42 ans → *l'automobiliste – Il – le conducteur distrait*

4 Faire faire la première partie de l'activité par deux puis mettre en commun en grand groupe. Ensuite, proposer aux apprenants de travailler à nouveau par deux pour effectuer la deuxième partie de l'activité (si une grille a été effectuée à l'activité 2, il peut être facilitant de revenir dessus).

CORRIGÉ

1. Déroulement des faits : d – b – c – a.
2. c – a – d – b ; L'article ne suit pas la chronologie : on commence par l'évènement le plus important, qui est à l'origine de l'article (ici, le plus sensationnel), puis on fait un retour en arrière pour expliquer ce qui s'est passé avant, qui permet de comprendre l'évènement.

POINT *Langue*

Les temps du passé pour raconter un fait divers

Ce Point langue permet de faire une synthèse de l'usage de l'imparfait, du passé composé et du plus-que-parfait pour raconter des faits passés. Comme les fonctions de ces différents temps sont déjà connues, vérifier les acquis en faisant faire l'activité individuellement. Mise en commun en grand groupe.

CORRIGÉ

Quand on raconte dans le passé :
• on utilise *le passé composé* pour rapporter l'évènement principal : les faits, dans l'ordre chronologique.
Exemples : *une femme âgée d'une soixantaine d'années, s'est fait voler son ticket gagnant d'un jeu de grattage – la gagnante a été agressée par un homme qui lui a arraché son porte-monnaie avec le ticket gagnant – les automobilistes sur l'autoroute A43 ont vu des centaines de billets en euros voler et atterrir sur la route. Beaucoup se sont arrêtés pour les ramasser.*
• on utilise *l'imparfait* pour parler du contexte, des circonstances.
Exemples : au moment où elle sortait d'un bureau de tabac à Tarbes – les automobilistes qui roulaient sur l'autoroute A43.
– on utilise *le plus-que-parfait* pour donner une explication ou des faits antérieurs.
Exemples : *l'automobiliste avait reçu un appel – Il avait alors posé la mallette sur le toit de sa voiture – il n'y avait plus pensé, et avait tout simplement repris l'autoroute.*
• on utilise *le passé composé* ou le présent pour indiquer les conséquences ou suites.
Exemple : *seulement 3 000 euros ont été récupérés, sur une somme totale de… 100 000 euros. – la police a ouvert une enquête – La victime a été transportée à l'hôpital mais elle va bien.*

→ **L'aide-mémoire** reprend et permet de fixer le lexique lié à la superstition et aux jeux de hasard. Avant de faire lire l'aide-mémoire, on peut proposer aux apprenants de retrouver dans l'article « Vendredi 13 » tous les termes liés aux jeux de hasard et à la superstition. Vérifier la compréhension de ces deux expressions. On pourra expliquer le terme « superstition » de la manière suivante : *il s'agit d'une croyance irrationnelle liée à la chance ou à la malchance.*

⋯⋗ OBJECTIF DE L'ACTIVITÉ 5

: **Comprendre un fait divers rapporté à la radio.**

5 Faire écouter l'enregistrement et identifier la situation : *il s'agit d'un flash info à la radio, rapportant un fait divers*. Vérifier si les apprenants font le lien entre ce fait divers et l'article « Le vendredi 13… », p. 78.

CORRIGÉ

1. C'est un extrait d'un flash d'informations. – **2.** Le sujet principal est : un fait divers dramatique.

⋯⋗ OBJECTIF DE L'ACTIVITÉ 6

: **Comparer les précisions données et identifier les différentes façons de rapporter les faits.**

6 **a)** Faire relire l'article afin de bien identifier les informations données sur le fait divers puis faire réécouter le flash info ; demander aux apprenants de noter les précisions données. Proposer de comparer les notes par deux avant de mettre en commun.
b) Faire lire les phrases données dans l'activité et demander de rechercher dans l'article les formulations équivalentes. Écrire sur le tableau (ou TNI), à gauche, les deux premières phrases données dans l'activité, et, à droite, les deux phrases équivalentes, trouvées dans l'article. Procéder de la même manière pour la troisième phrase donnée dans l'activité. De cette façon, on obtient le corpus à observer sur les constructions passive et active, traitées dans le Point langue qui suit.

CORRIGÉ

a) Précisions → la dame joue depuis 30 ans à chaque vendredi 13, mais elle n'avait encore jamais gagné – elle n'a pas de chance.
b) La gagnante a été agressée par un homme. – La victime a été transportée à l'hôpital. – La police a ouvert une enquête.

POINT *Langue*

La forme passive

Ce Point langue permet de conceptualiser l'usage et la formation de la forme passive.

1. a) En grand groupe, faire observer les phrases des deux colonnes et faire constater les différences entre elles : place des informations, forme du verbe, sujets différents. Faire remarquer que pour les phrases de gauche, le sujet du verbe est aussi l'auteur de l'action : c'est pourquoi cette structure est appelée « forme active », à la différence des phrases de droite qui sont à la « forme passive » (le sujet grammatical ne fait pas l'action exprimée par le verbe).

b) Faire compléter la règle, en grand groupe.

c) Revenir sur les exemples, faire observer les verbes à la forme active et demander quel est le temps du verbe. Puis faire observer les verbes à la forme passive afin de constater que c'est le verbe *être* qui est conjugué, au même temps, et qu'il est suivi du participe passé. Ex. : *Un homme a agressé la gagnante → La gagnante **a été** agressée*. Faire remarquer et justifier l'accord du participe passé avec le sujet → *la gagnante a été agressée*.

2. Cette activité permet de vérifier la compréhension de la règle. Puis faire observer que, dans les exemples relevés, on ne précise pas toujours qui fait l'action. Faire remarquer le mot *par* pour indiquer l'auteur de l'action.

> **CORRIGÉ**
>
> **1. a)** Le sujet est différent ; le sujet n'effectue pas l'action exprimée par le verbe ; la forme verbale comporte un élément de plus.
> **b)** Le *COD* de la phrase active devient le *sujet* de la phrase passive.
> **c)** Un verbe à la forme passive est formé avec le verbe *être* au présent, futur, passé composé, etc. + le participe passé du verbe. Le participe passé s'accorde avec le *sujet*.
> **2.** – La police a été prévenue – la circulation a été interrompue – seulement 3 000 euros ont été récupérés → passé composé.
> – ...une mallette en cuir qui avait été oubliée par un chef d'entreprise → plus-que-parfait.
> – la mallette de billets est tombée sur la route, avant d'être écrasée → infinitif passif.

⋯⟩ OBJECTIF DE L'ACTIVITÉ 7

⋮ **Phonétique : l'enchaînement vocalique dans la forme passive.**

7 Faire écouter l'exemple. Demander de compter les syllabes de la phrase : « Une enquête a été ouverte » (= 8). Proposer de découper le message en syllabes : **U / n**(e) **en / quê / t**(e) **a / é / té / ou / vert**e). Représenter le découpage par le schéma suivant :

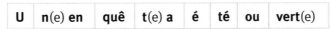

| U | n(e) en | quê | t(e) a | é | té | ou | vert(e) |

Proposer ensuite d'observer le segment : **a / é / té / ou /** et de repérer les enchaînements vocaliques : **a ⁄ é ; té ⁄ ou**. Faire répéter par quelques apprenants en insistant sur la continuité de l'émission sonore entre les voyelles (pas d'interruption). Procéder ensuite à l'écoute de l'enregistrement et demander à quelques apprenants de répéter les phrases en respectant les enchaînements (sans interrompre la voix).

⋯⟩ OBJECTIF DE L'ACTIVITÉ 8

⋮ **Transférer les acquis en racontant un fait divers.**

8 Cette activité permet aux apprenants d'échanger en petits groupes : chaque apprenant est invité à raconter un fait divers insolite dont il a connaissance. Mettre en commun : demander à chaque sous-groupe de nommer un rapporteur pour raconter le fait divers le plus insolite à la classe. Vérifier, à travers la compréhension des auditeurs (la classe), que la chronologie des faits a été clairement établie et, en fonction, procéder aux éventuelles corrections après chaque récit.

Variante : pour aider les apprenants à se préparer à cette production orale, les inciter à rechercher et lire des faits divers dans des coupures de presse ou sur Internet, si c'est possible. Au moment de l'activité, les apprenants qui ont lu des faits divers et en ont sélectionné un ou deux ne doivent pas disposer des documents recherchés. Leur prise de parole doit être spontanée et refléter leur compréhension du fait divers sélectionné, sans appui textuel.

› **Témoigner d'un évènement**

■ **Comprendre** **Oral** Act. 9	■ **Comprendre** **Oral / Écrit** Act. 10, 11 et 12	■ **Point langue** L'accord du participe passé	■ **Point langue** Rapporter un évènement, témoigner	■ **S'exprimer** **Oral / Écrit** Act. 13	■ **S'exprimer** **Écrit** Act. 14
		→ S'exercer n° 14 et 15	→ S'exercer n° 16		

Situation de vol / Déclaration au commissariat

Récépissé de déclaration / Avis de recherche

····⁝▸ **OBJECTIF DES ACTIVITÉS 9 À 12**

⁝ **Comprendre une situation de vol et une déclaration au commissariat ; remplir le récépissé correspondant.**

9 Faire écouter le premier enregistrement et vérifier la compréhension de la situation : *un homme vient de se faire voler son téléphone portable, dans la rue.* Procéder de même pour le deuxième enregistrement : *l'homme dont on a pris le portable est au commissariat de police ; il fait une déclaration de vol.*

CORRIGÉ

1. Dans le premier extrait, Maxime se trouve dans la rue. Dans le deuxième, il est au commissariat de police.
2. Il fait une déclaration au commissariat parce qu'il s'est fait arracher son téléphone portable dans la rue.

10 Avant la réécoute de la deuxième partie de l'enregistrement, faire identifier le document : *c'est un récépissé de déclaration, ce que remplit l'agent de police qui enregistre la déclaration.* Demander aux apprenants d'être attentifs pendant l'écoute aux circonstances du vol : *où ? quand ? comment ?* (les informations de la déclaration à compléter). Faire faire l'activité puis comparer les réponses par deux avant de mettre en commun en grand groupe.

CORRIGÉ

A déclaré avoir été victime de : *vol simple.* – Le mardi *18 mars* à *18 h 10 devant la gare* à Brunoy. – Détails sur le délit : téléphone arraché par *deux individus à moto*. – Plainte déposée le *18 mars*.

11 Avant d'effectuer l'activité, faire identifier les documents : *ce sont des avis de recherche.* Vérifier la compréhension : *on « lance » un avis de recherche dans une ville pour retrouver une personne dont on a donné le « signalement », c'est-à-dire la description.* Faire faire l'activité et comparer les réponses par deux avant la mise en commun en grand groupe.

CORRIGÉ

Avis n° 2

12 Faire réécouter le dialogue afin d'effectuer l'activité. Recommander aux apprenants de prendre des notes. Proposer de comparer les réponses par deux, avant de mettre en commun en grand groupe. Lors de la mise en commun, on peut assurer une transition vers le Point langue en inscrivant au tableau (ou TNI) les précisions récoltées.

CORRIGÉ

Le véhicule : *J'ai entendu la moto… elle arrivait à toute vitesse derrière moi. La moto, je l'ai reconnue parce que j'ai la même : c'était une Honda.* – Les voleurs : *Je les ai vus… ils étaient deux, ils portaient un casque. La femme que j'ai aperçue à l'arrière… elle avait des cheveux longs, blonds qui dépassaient du casque et puis elle avait l'air petite. Elle avait un casque avec des dessins rouges, un blouson noir.*

POINT *Langue*

L'accord du participe passé

Ce Point langue permet la conceptualisation de l'accord du participe passé quand le COD est placé avant l'auxiliaire *avoir*.
a) Faire relier les éléments des deux colonnes afin de recontextualiser les énoncés.
b) Faire observer les phrases de gauche afin de remarquer qu'elles contiennent toutes un verbe conjugué avec *avoir* et un COD (avant ou après le verbe). Faire observer ensuite la variation (ou non) du participe passé et faire interpréter cette variation en fonction de la place du COD. Puis faire compléter la règle.

⇉ ⇉

CORRIGÉ

a) 1 d – 2 a – 3 c – 4 b
b) Pour les temps composés avec le verbe *avoir*, le participe passé s'accorde avec le COD : *placé avant le verbe*.

POINT *Langue*

Rapporter un évènement, témoigner

Ce Point langue à dominante lexicale reprend et permet de fixer les termes utilisés pour rapporter un évènement/témoigner. Faire faire l'activité par deux avant de mettre en commun en grand groupe.

CORRIGÉ

– une victime → se faire agresser/voler ; alerter / prévenir la police ; témoigner/faire un témoignage ; déposer une plainte
– un malfaiteur → voler / arracher (un portable/un sac) ; commettre un délit, une agression, un vol à l'arraché ; s'enfuir / prendre la fuite
– un agent de police → enregistrer une plainte ; ouvrir une enquête

⋯⃗ OBJECTIF DE L'ACTIVITÉ 13

⋮ Transférer les acquis en rapportant un vol dont on a été témoin/ rédiger le récépissé de la déclaration.

13 **a)** Former deux groupes dans la classe : les témoins d'un vol (voiture, vélo, sac, portefeuille, portable, lecteur de musique, tablette, ordinateur portable, bijou, etc.) et les policiers. Le groupe des témoins doit être le double de celui des policiers. Les deux groupes préparent l'activité séparément. D'une part, les témoins, par deux, imaginent les circonstances du vol dont ils ont été témoins ainsi que le déroulement des faits. D'autre part, les policiers préparent ensemble les questions à poser pour avoir des précisions sur le vol. Pour cela, les inviter à repérer les informations demandées sur le récépissé et à aller plus loin, en identifiant d'autres informations à demander. Puis faire jouer quelques binômes de témoins avec à chaque fois un policier choisi au hasard. Pendant la passation des sous-groupes, demander aux autres de bien repérer les informations.
b) Par deux, les apprenants remplissent un récépissé de déclaration sur l'un des témoignages écoutés.
Variante : on peut proposer aux apprenants de remplir la déclaration à chaque passage d'un sous-groupe, en vue de la mise en commun.

⋯⃗ OBJECTIF DE L'ACTIVITÉ 14

⋮ Transférer les acquis en rédigeant un fait divers pour un magazine.

14 Tout d'abord, vérifier la compréhension de la consigne, en tenant compte des trois étapes. Former des groupes de trois personnes afin de faire l'activité. Selon les moyens techniques dont on dispose, on peut aller plus loin en demandant aux apprenants de veiller à la mise en page du fait divers. Si l'on dispose d'un TNI, projeter les productions lors de la mise en commun.

Corrigés S'exercer • Leçon 3

11. 1. avait décollé – se dirigeait – a dû – avait – arrivait – a réussi – ont eu – sont repartis
2. a disparu – s'était installé – était parti – a constaté – a prévenu – a cherché – n'a pas encore retrouvé
12. 1. Une valise a été retrouvée… – 2. On a cambriolé la banque… – 3. La tempête a endommagé… – 4. On installera un nouveau système… – 5. Le Salon sera inauguré…
13. a été déclenchée – avait décroché – a été prévenue – ont été bloquées – a réussi – on l'a retrouvé – avait trouvé – avait passé – a été récupéré – a été emmené
14. 1. vous avez vu / je les ai entendues / je ne les ai pas vues – 2. avez-vous rencontré / que nous avons trouvée – 3. j'ai déposé / l'agent l'a enregistrée / je l'ai signée
15. 1. nous l'avons prévenue – 2. qui ont agressé la dame – 3. déclaration que j'ai faite à la police – 4. l'enquête que la police a ouverte – 5. plusieurs personnes les ont identifiés – 6. la police les a arrêtés
16. 2 f – 3 h – 4 e – 5 j – 6 c – 7 i – 8 b – 9 g – 10 d

→ **Voir aussi le Cahier d'activités** p. 57-61

Carnet de voyage

Ce *Carnet de voyage* propose un parcours à dominante (inter)culturelle, intitulé **_Superstitieux, moi ?_**
D'abord, les apprenants liront un extrait d'article de presse permettant d'entrer dans la thématique « Les Français et la superstition ». Ensuite, ils écouteront un extrait d'émission de radio et découvriront les résultats d'une enquête sur le même sujet. Puis, ils seront invités à se positionner et à échanger par rapport au fait d'être – ou pas – superstitieux. En fin de parcours, ils seront invités à identifier/découvrir des superstitions courantes en France et à échanger à propos de superstitions liées à leur vécu (personnel ou culturel).

superstitieux, moi ?

① **1.** Faire identifier le document ainsi que son titre : *il s'agit d'un article de journal, intitulé « Le vendredi 13, jour des Français superstitieux et des opérateurs de jeux ».* Faire observer l'illustration à droite afin de faire le lien avec le titre. Faire préciser que le vendredi 13, il y a un tirage spécial du loto (une plus grosse somme à gagner) car certains joueurs croient que ce jour porte chance.
2. L'activité permet de faire le lien entre le vendredi 13 et le thème général du *Carnet* : la superstition. Proposer de la faire par deux. Lors de la mise en commun, vérifier la compréhension du terme trouvé (« superstitieux »).

> **CORRIGÉ**
>
> **1.** Thème : Vendredi 13 et les Français qui jouent ce jour-là aux jeux de hasard (ici au loto). Sur l'illustration → la date ; le trèfle à quatre feuilles qui symbolise la chance. – **2.** (Français) superstitieux.

② **1.** et **2.** Faire écouter l'enregistrement et vérifier la compréhension de la situation : *il s'agit d'un extrait de journal à la radio (France-Inter) ; le journaliste mentionne une étude sur « Les Français et la superstition » ; cette annonce est suivie d'un reportage avec des témoignages.* Vérifier que les apprenants font bien le lien entre le sujet et le contenu de l'article.
3. Faire réécouter le début de l'enregistrement et vérifier la compréhension des informations concernant l'étude citée. Faire déduire que si on parle de cette dernière au journal, c'est parce qu'elle vient d'être publiée et certainement à l'occasion d'un vendredi 13. Cette activité sert de transition vers l'activité 3.

> **CORRIGÉ**
>
> **1.** Il s'agit du journal. – **2.** Le journaliste et les personnes qui témoignent parlent des superstitions des Français. –
> **3.** Il cite le résultat d'une étude sur les Français et la superstition (*41 % des Français s'avouent superstitieux*).

③ **1.** Avant de faire l'activité, identifier le document : *il s'agit des résultats d'une étude sur les Français et les superstitions.* Faire établir le lien entre ce document et l'étude évoquée dans le journal radio. Faire observer les résultats de l'étude pour retrouver le nombre mentionné par le journaliste.
2. Faire faire l'activité par deux avant de mettre en commun en grand groupe.

> **CORRIGÉ**
>
> **1. 41 %** des Français sont superstitieux (encadré orange). – **2.** 41 % : total des Français qui se déclarent superstitieux
> → 34 % (un peu) + 5 % (assez) + 2 % (très) = 41 %. Les plus superstitieux : 7 % → 5% (assez) + 2 % (très) = 7 %.

④ **1.** Faire une enquête dans la classe pour savoir où se situent les apprenants par rapport à la superstition. Pour cela, demander aux apprenants de se placer aux quatre coins de la classe, chaque coin représentant : les « très superstitieux », les « assez superstitieux », les « un peu superstitieux » et les « pas superstitieux ». Proposer aux apprenants de justifier leur positionnement.
Variante : faire imaginer une ligne traversant la classe d'un bout à l'autre, allant du *plus* vers le *moins* et demander aux apprenants de se placer sur cette ligne en fonction de leur estimation : les plus superstitieux se placent près du *plus* et les moins superstitieux se placent près du *moins*. Demander aux apprenants de discuter entre eux sur

leur degré de superstition respective de façon à se situer les uns par rapport aux autres et de partager cette ligne en quatre groupes : les « très superstitieux », les « assez superstitieux », les « un peu superstitieux » et les « pas superstitieux ».

2. Une fois que les groupes sont constitués, compter le nombre de personnes dans chaque groupe. Inscrire les résultats au tableau (ou TNI). En grand groupe, calculer le pourcentage de chaque groupe par rapport au nombre total de personnes dans la classe pour comparer ces données avec celles de l'étude sur les Français et la superstition.

5 Avant de faire réécouter l'enregistrement, faire observer les dessins et les faire identifier : *il s'agit de gestes, actions ou phénomènes liés à des superstitions*. Proposer aux apprenants d'effectuer l'activité par deux. Mise en commun en grand groupe.

> ### CORRIGÉ
>
> **1.** Christiane : se lever du pied gauche (poser le pied gauche en premier à terre) → dessin n° 8 – Stéphanie : croiser les couverts à table → dessin n° 2 – Frédérique : toucher du bois → dessin n° 7 ; vendredi 13 → dessin n° 1. – **2.** Se lever du pied gauche, croiser les couverts à table → malchance – toucher du bois, vendredi 13 → liés à la chance.

6 Pour cette activité, former des groupes de deux ou trois personnes. Lors de la mise en commun, vérifier la compréhension.

> ### CORRIGÉ
>
> Dessin 3 : (trouver) un trèfle à quatre feuilles → porte chance /bonheur – Dessin 4 : passer sous une échelle → porte malchance / malheur – Dessin 1 : le chiffre 13 / être 13 à table → porte malchance / malheur. Mais le vendredi 13 est considéré comme jour de chance par certaines personnes, jour de malchance par d'autres. – Dessin 10 : ouvrir un parapluie dans une pièce → porte malchance / malheur – Dessin 12 : voir une étoile filante → porte chance / bonheur – Dessin 11 : poser le pain à l'envers sur la table → porte malchance / malheur – Dessin 13 : jeter une pièce dans une fontaine → porte chance / bonheur – Dessin 5 : croiser un chat noir → porte malchance / malheur – Dessin 9 : croiser les verres lorsque vous trinquez → porte malchance / malheur – Dessin 6 : avoir un fer à cheval chez soi → porte chance / bonheur.

7 **1.** Avant de faire écouter l'enregistrement, faire observer la couverture du livre *Je ne suis pas superstitieux …* pour identifier l'auteur et le thème du livre. Après l'écoute, les apprenants se concertent par deux avant la mise en commun en grand groupe.

2. Faire réécouter l'extrait afin de noter les questions de la journaliste. Former des petits groupes de deux ou trois ; les apprenants confrontent leurs notes et tentent de répondre aux questions notées avant de mettre en commun en grand groupe.

> ### CORRIGÉ
>
> **1.** E. Keller a écrit un livre sur les superstitions – elle explique l'origine d'une superstition : pourquoi on dit « Merde ! » et non « Bonne chance ! » – elle indique que, selon les pays, ce ne sont pas les mêmes chiffres (ou nombres) qui portent malheur.
> **2.** Questions de la journaliste : *Pourquoi le 13 justement ? Pourquoi faire un détour pour éviter de passer sous une échelle ? Pourquoi le pain à l'envers sur la table nous dérange ?*

8 **a)** Former des petits groupes pour échanger sur les superstitions courantes dans leur pays. Les apprenants listent les superstitions qu'ils connaissent et expliquent aux autres en quoi elles consistent, si elles sont liées à la chance ou à la malchance et, s'ils le savent, d'où elles proviennent. Chaque sous-groupe nomme un rapporteur en vue de la mise en commun.

b) Par petits groupes, les apprenants personnalisent le sujet en parlant de leurs superstitions personnelles, s'ils en ont.

A2

Cette page permet aux apprenants de s'entraîner aux activités du DELF A2. Pour ce dossier 4, les activités proposées permettent d'évaluer leurs compétences en réception orale (compréhension portant sur deux documents enregistrés ayant trait à des situations de la vie quotidienne) puis en production écrite (écriture créative).

Compréhension de l'oral
7 points

Deux exercices sont proposés : il s'agit de comprendre un message sur répondeur puis un flash info.
Exercice 1 : 3 points (1 point est attribué par réponse correcte).
Exercice 2 : 4 points (1 point est attribué par réponse correcte).

> **CORRIGÉ**
>
> **Exercice 1 :** 1 b – 2 a – 3 c
> **Exercice 2 :** 1 b – 2 c – 3 c – 4 a

Production écrite
13 points

Dans le DELF A2, il y a deux types d'épreuves pour la production écrite. Il s'agit ici d'une tâche de type « exercice 1 » du DELF (écriture créative → raconter et décrire, donner ses impressions par écrit dans une situation définie par la consigne. Ici, la production écrite doit prendre la forme d'un texte de blog).

S'assurer de la compréhension de la consigne : qui écrit (l'apprenant), à qui (aux internautes), quoi (un texte racontant une expérience passée), pour parler de quoi (du premier cours de français, des relations avec les autres étudiants, avec le professeur, des activités proposées, des impressions pendant et après le cours).

À partir du barème global conçu pour évaluer la production écrite dans une épreuve de DELF A2, il est ici proposé d'évaluer :

– les compétences à communiquer sur **7 points** (respect de la consigne : 1 point ; capacité à raconter et à décrire : 4 points ; capacité à donner ses impressions : 2 points)

– la capacité à utiliser les outils linguistiques sur **6 points** (lexique/orthographe lexicale : 2 points ; morphosyntaxe/orthographe grammaticale : 2,5 points ; cohérence et cohésion : 1,5 point).

Ne pas hésiter à présenter la grille d'évaluation du DELF pour permettre aux apprenants de s'approprier les critères avec lesquels ils seront évalués.

Dossier 5 — Instants loisirs

Leçon 1 Ciné, cinéma

> Livre de l'élève
p. 88-91

Contenus socioculturels • Thématiques	
	Le Festival de cannes et les critiques de films

Objectifs sociolangagiers

Objectifs pragmatiques

Présenter un réalisateur / un film	– comprendre la présentation d'un évènement cinématographique – comprendre l'évocation d'un réalisateur et de ses films – comprendre la fiche technique et le synopsis d'un film – parler de ses préférences en matière de cinéma – parler d'un réalisateur et de ses films
Exprimer des appréciations sur un film	– comprendre le récapitulatif des succès d'un film – comprendre des réactions et commentaires critiques – rédiger la fiche technique d'un film – exprimer son appréciation sur un film – recommander ou déconseiller un film dans une lettre amicale

Objectifs linguistiques

Grammaticaux	– place de l'adverbe dans les temps composés – place des adjectifs (révision / approfondissement)
Lexicaux	– termes liés au cinéma et aux récompenses – termes et formules pour exprimer des appréciations sur un film > Lexique thématique : livre de l'élève p. 200
Phonétiques	– intonation : enthousiasme ou déception – phonie-graphie : *vieil/vieille – bel/belle – nouvel/nouvelle*

Scénario de la leçon

La leçon se compose de deux parcours :

Dans le premier parcours (p. 88-89), les apprenants liront un court article de presse annonçant un évènement cinématographique. Ensuite, ils écouteront un extrait radio évoquant ledit évènement ainsi qu'un réalisateur et ses films. Puis, ils liront la présentation d'un film, sur un site de cinéma. En fin de parcours, ils échangeront sur leurs préférences en matière de films et sur les palmarès récents. Ils présenteront aussi un réalisateur particulièrement apprécié dans leur pays.

Dans le deuxième parcours (p. 90-91), les apprenants écouteront une chronique de radio récapitulant les succès d'un film. Puis, ils liront une page Internet avec des réactions et commentaires critiques de spectateurs sur ce film. En fin de parcours, ils seront invités à participer à une sélection de films incontournables : en présentant les films, en en faisant des commentaires critiques, en donnant leur avis sur des films proposés. Ils écriront aussi un mail à un ami pour recommander ou déconseiller un film.

97

› Présenter un réalisateur / un film

| ■ Comprendre Écrit / Oral Act. 1 et 2 | ■ Point culture* | ■ Comprendre Oral / Écrit
■ S'exprimer Oral Act. 3 et 4 | ■ Point Langue La place de l'adverbe
→ S'exercer n° 1 et 2 | ■ Point Langue Parler de cinéma
→ S'exercer n° 3 | ■ S'exprimer Oral Act. 5 | ■ S'exprimer Oral Act. 6 |

Extrait de presse/
Extrait radio

Extrait radio / Fiche
technique de film

* Pour des questions de mise en page, le Point culture a dû être mis p. 89. Mais il sera idéalement travaillé après l'activité 2.

⋯⋮ OBJECTIF DES ACTIVITÉS 1 ET 2

⋮ **Comprendre l'annonce d'un évènement cinématographique dans la presse écrite et à la radio.**

1 Tout d'abord, faire identifier le document : *il s'agit d'un article du journal* La Provence, *intitulé « Festival de Cannes : une 64ᵉ édition très glamour ».* Faire repérer la date : le 11 mai 2011. Inviter les apprenants à lire l'article et vérifier qu'ils comprennent que l'article a été écrit le jour de l'ouverture du Festival, pour l'annoncer.

CORRIGÉ

Dans cet extrait de presse, on annonce la 64ᵉ édition du Festival de Cannes.

2 Faire écouter l'enregistrement et en vérifier la compréhension globale : *il s'agit d'un extrait de radio annonçant l'ouverture du Festival de Cannes*. Faire l'activité en grand groupe, en faisant réécouter si nécessaire.

CORRIGÉ

1. L'extrait de radio date du 11 mai ; il annonce l'ouverture du 64ᵉ Festival de Cannes. – **2.** Le journaliste précise que l'ouverture du Festival de Cannes commence avec la projection du dernier film de Woody Allen. – **3.** Il donne des informations sur le réalisateur : sa relation avec le Festival de Cannes, et avec le public français.

POINT Culture

Ce Point culture vise à donner des informations sur le Festival de Cannes et à permettre un échange interculturel sur ce type de manifestation.

NB : pour des questions de mise en page, le Point Culture a dû être mis p. 89. Mais il sera idéalement travaillé après l'activité 2.

a) Avant de faire lire, demander aux apprenants s'ils savent depuis quand le Festival existe (ils peuvent le calculer avec la 64ᵉ édition en 2011), qui est concerné, comment les prix sont décernés et quelle en est la plus haute récompense. Puis faire lire le Point culture pour confirmer les réponses données.

b) Proposer aux apprenants de former des petits groupes pour échanger leurs connaissances sur les festivals de cinéma qu'ils connaissent et qui existent dans leur pays.

⋯⋮ OBJECTIF DES ACTIVITÉS 3 ET 4

⋮ **Comprendre l'évocation d'un réalisateur et de ses films / comprendre la présentation d'un film sur un site**
⋮ **de cinéma.**

3 **1.** Avant de faire l'activité, faire identifier le document : *il s'agit d'une page du site allocine.com, consacré au cinéma*. Faire identifier le film concerné : *Minuit à Paris*, de Woody Allen. Faire repérer les différentes parties de la page : *le bandeau avec les rubriques, l'affiche du film présenté, la fiche technique et le synopsis*. Vérifier la compréhension de ce terme. Faire remarquer que la fiche contient des appréciations des spectateurs et de la presse (cf. étoiles et l'incitation à participer/ « voter »). Faire remarquer aussi le slogan du site : « ne restez pas simple spectateur ». Puis, faire observer qu'il manque des éléments dans la fiche technique et proposer aux apprenants d'effectuer l'activité par deux. Effectuer une mise en commun en grand groupe.

2. Revenir sur le document et faire observer les mentions suivantes, qui incitent l'internaute à intervenir sur le site :

Envie de voir ce film ? | Oui || Non | Déjà vu ce film ? Votez : ☆ ☆ ☆ ☆ ☆

Faire faire l'activité individuellement puis faire comparer les réponses par deux. Mettre en commun en grand groupe en faisant justifier brièvement les réponses.

3. En grand groupe, demander aux apprenants s'ils ont envie d'en savoir plus et sur quel onglet ils ont envie de cliquer.
NB : si l'on dispose d'une salle multimédia, on peut bien sûr inviter les apprenants à aller sur Internet afin d'effectuer ces deux dernières tâches directement sur le site allocine.com.

> **CORRIGÉ**
>
> **1.** Date de sortie : 11 mai 2011 / Réalisé par : Woody Allen / Avec : Oscar Wilson, Rachel McAdams, Michael Sheen, Marion Cotillard / Genre : comédie romantique / Nationalité : américain.

4 Proposer aux apprenants de prendre connaissance du vrai-faux avant de réécouter l'extrait. Recommander de prendre des notes pendant l'écoute, pour justifier les réponses. Faire comparer les réponses par deux avant la mise en commun en grand groupe. Cette activité servant de transition vers le Point langue, ne pas hésiter à réécouter certains passages pour confirmer les justifications.

> **CORRIGÉ**
>
> **1.** Vrai : le réalisateur new-yorkais est souvent venu à Cannes. – **2.** Faux : il n'a jamais obtenu de récompense... Il a toujours refusé d'être en compétition. – **3.** Faux : *Hollywood Ending* avait déjà fait l'ouverture du Festival. – **4.** Vrai : le public français a toujours apprécié les films de Woody Allen. – **5.** Faux : les spectateurs avaient beaucoup aimé *Vicky Cristina Barcelona* – ils ont assez bien accueilli son avant-dernier film présenté l'an dernier.

POINT *Langue*

La place de l'adverbe

Ce Point langue permet de conceptualiser la place de l'adverbe, notamment avec un temps composé. Selon le niveau de la classe, on fera l'activité en grand groupe ou par deux, au préalable.

> **CORRIGÉ**
>
> (Rappel) Avec une forme verbale simple, l'adverbe se place en général : *après le verbe*.
> Avec une forme verbale composée, on place certains adverbes entre *l'auxiliaire* et *le participe passé* :
> – adverbes de fréquence/temps : jamais ≠ *toujours*, rarement ≠ *souvent, déjà*
> – adverbes de quantité : peu ≠ *beaucoup*, trop, assez
> – adverbes de manière : mal ≠ *bien*, mieux

POINT *Langue*

Parler de cinéma

Ce Point langue à dominante lexicale permet de vérifier la compréhension des termes utilisés pour parler du cinéma. Faire faire l'activité individuellement puis mise en commun en grand groupe.

> **CORRIGÉ**
>
> 1 g – 2 e – 3 a – 4 d – 5 b – 6 c – 7 f

⋯⋮ OBJECTIF DE L'ACTIVITÉ 5

⋮ **Échanger sur ses préférences en matière de cinéma et sur les palmarès récents.**

5 **1.** Avant de faire faire l'activité, vérifier la compréhension des genres de films cités. Puis proposer aux apprenants de se déplacer dans la classe pour se regrouper par genre préféré. Proposer un échange dans les sous-groupes, pour que les apprenants disent :
– leur fréquentation du cinéma (cela permettra d'identifier « le » cinéphile du groupe) ;
– quel film de leur(s) genre(s) préféré(s) les a le plus marqués.
Lors de la mise en commun en grand groupe, dresser le profil cinéphile de la classe :
– la fréquentation du cinéma par les apprenants : établir combien de personnes dans le groupe-classe vont au cinéma en moyenne entre 3 et 5 fois/an – 1 fois/mois – 1 fois/semaine – 2 fois/semaine → 2 fois/semaine ;
– les genres préférés : on peut établir une grille mentionnant les genres (comédie, drame...) et observer lesquels sont (le plus) mentionnés ;
– les films préférés, par genre.

2. Former à nouveau des petits groupes afin de faire l'activité. Lors de la mise en commun en grand groupe, observer la récurrence ou la variété des réponses.

⋯⋮ OBJECTIF DE L'ACTIVITÉ 6

⋮ **Transférer les acquis en présentant un réalisateur.**

6 Proposer aux apprenants de former des petits groupes afin d'effectuer l'activité. Lors de la mise en commun, après toutes les présentations, la classe peut voter pour choisir l'invité d'honneur parmi ceux qui ont été présentés.

❯ Exprimer des appréciations sur un film

■ Comprendre Oral	■ Aide-mémoire	■ Comprendre Écrit	■ Point langue	■ Phonétique	■ S'exprimer Écrit / oral	■ S'exprimer Écrit
Act. 7 et 8		Act. 9 et 10	Exprimer des appréciations sur un film	Act. 11	Act. 12	Act. 13
			→ S'exercer n° 4 et 5			

Extrait de radio   Appréciations
                                     de spectateurs sur
                                     un site de cinéma

⋯⋮ OBJECTIF DES ACTIVITÉS 7 ET 8

⋮ **Comprendre une chronique de radio récapitulant les succès d'un film.**

7 **1** et **2.** Tout d'abord, faire observer l'affiche. Faire identifier le film (*The Artist*), les acteurs sur la photo (*Jean Dujardin et Bérénice Bejo*) ainsi que le réalisateur (*Michel Hazanavicius*). Faire remarquer la mention « Sélection officielle – Compétition au Festival de Cannes » en tout petit au-dessus du titre. Demander aux apprenants s'ils connaissent le film, s'ils l'ont vu. Puis faire écouter l'enregistrement et identifier la situation : *il s'agit d'un extrait de journal radio ; on parle du film* The Artist. Vérifier si les apprenants comprennent à quelle occasion (pourquoi) on parle du film à la radio, et de quel type de film il s'agit.
3. Cette activité sera à adapter selon le groupe-classe. Si les apprenants ont majoritairement vu le film, on le fera raconter en quelques mots aux autres. Si tel n'est pas le cas, former des petits groupes afin qu'ils fassent des hypothèses sur le synopsis. Puis, mettre en commun brièvement. Si un/des apprenant(s) a/ont vu le film, on pourra faire confirmer les hypothèses. Sinon, cela sera fait en les comparant au synopsis dans l'activité 9.1.

CORRIGÉ

1. On parle du film *The Artist* parce que le DVD sort bientôt. – **2.** C'est un film muet, en noir et blanc.

8 **a)** Avant de faire réécouter, rappeler que le journaliste parle du film en termes de « saga » et vérifier si les apprenants comprennent le sens premier de ce mot (longue histoire avec plusieurs épisodes). Puis faire réécouter afin qu'ils justifient l'usage du mot dans le contexte donné. Mettre en commun en grand groupe.
b) Faire réécouter (en faisant éventuellement des pauses) afin que les apprenants effectuent l'activité. Leur recommander de prendre des notes, puis leur proposer de les comparer par deux. Mettre en commun en grand groupe.
Variante : faire imaginer l'affiche du film après les récompenses des Oscars (les prix sont généralement mis en avant, sur l'affiche).

CORRIGÉ

a) Le journaliste parle de *saga* parce que l'histoire du film et de son succès comporte beaucoup d'épisodes, d'évènements.
b) – Mai : première projection à Cannes et Prix d'interprétation masculine au Festival de Cannes pour Jean Dujardin.
– Octobre : sortie du film dans les salles.
– Octobre-janvier : plusieurs récompenses.
– Mi-janvier : 3 Golden Globes.
– Fin janvier : 10 nominations aux Oscars – le film est ressorti dans les salles.
– 24 février : 6 trophées aux Césars (meilleur film, meilleur réalisateur et meilleure actrice).
– 26 février : 5 statuettes (récompenses) aux Oscars, dont l'Oscar du meilleur film.
– 14 mars : sortie du DVD de *The Artist*.

→ **L'aide-mémoire** reprend et permet de fixer différentes expressions évoquant le parcours / succès d'un film. Attirer l'attention des apprenants sur la construction passive des expressions : *un prix est attribué / décerné à un film ou une personne*, et sur la construction active de même sens : *un film ou une personne gagne / remporte / obtient un prix*

Faire noter les mots équivalents à *prix* : *un trophée / une récompense, une consécration* (= la récompense suprême). Enfin, faire remarquer les prépositions utilisées dans les expressions : *un film sort **dans** les salles et est **à** l'affiche.*

⋯⋗ OBJECTIF DES ACTIVITÉS 9 ET 10

⦂ **Comprendre des réactions et commentaires critiques de spectateurs sur un site Internet de cinéma.**

9 Faire d'abord identifier le document : *il s'agit d'une nouvelle page du site allocine.com* (cf. p. 88). Faire observer la composition de la page : *elle contient un synopsis et des critiques de spectateurs.* Un rapide coup d'œil à la première critique permet d'identifier de quel film il est question : *The Artist.*

1. Faire lire le synopsis. Selon la démarche adoptée à l'activité 7, on demandera soit de confirmer les hypothèses émises, soit de comparer avec les informations rapportées par les apprenants ayant vu le film.

2. Cette activité permet de vérifier la compréhension globale des critiques. Faire lire les critiques puis effectuer l'activité individuellement. Puis, proposer aux apprenants de comparer leurs réponses par deux avant de mettre en commun en grand groupe.

CORRIGÉ

2. Corinne ★★★★★ – Vincent ★ – Jacques ★★★ – Nina ★★★ – Julia ★★★★★

10 Faire relire le document afin d'identifier sur quoi portent les commentaires. Proposer de remplir une grille comme celle du corrigé et de comparer les réponses par deux. Lors de la mise en commun, faire justifier les réponses et en vérifier la compréhension. Les justifications pourront être soulignées/surlignées dans le texte sur une projection éventuelle du document.

CORRIGÉ

	Corinne	Vincent	Jacques	Nina	Julia
les acteurs		✗		✗	✗
la bande originale	✗				
la réalisation/ mise en scène					✗
le scénario		✗	✗	✗	✗
la photographie/ l'image	✗	✗			
le rythme du film		✗	✗		
les sentiments suscités chez le spectateur	✗	✗	✗		✗

POINT *Langue*

Exprimer des appréciations sur un film

Ce Point langue vise à travailler sur les formules exprimant des appréciations sur un film.

a) Faire faire l'activité individuellement puis comparer par deux. La mise en commun en grand groupe peut être faite en regroupant a) et b).

b) Faire faire l'activité individuellement ou par deux. Lors de la mise en commun, vérifier la compréhension du lexique.

c) En grand groupe, revenir sur les réponses obtenues précédemment afin de faire observer la place des adjectifs : cf. a) → *une **grande** émotion, un **bon** scénario, une mise en scène **parfaite**, une **belle** surprise, une **grosse** déception* et b) → *des acteurs **sympathiques**, des acteurs **remarquables**, un film **agréable**, un **véritable** chef-d'œuvre, un très **grand** film, un **bon** moment.* Rappeler la règle de la place des adjectifs en général en français : ils sont postposés. Faire observer que certains adjectifs sont antéposés, faire compléter la règle. Pour finir, faire découvrir la forme spéciale des adjectifs *beau, nouveau* et *vieux*, devant un nom masculin qui commence par une voyelle.

⋙ ⋙

▶▶▶

CORRIGÉ

a) 1. Le succès du film est largement mérité. ≠ *Le succès de ce film est incompréhensible.* – 2. C'est émouvant. = *On éprouve une grande émotion.* ≠ *Il n'y a pas d'émotion.* – 3. Un bon scénario, original. ≠ *L'histoire est banale.* – 4. Le rythme est inégal. = *L'intérêt faiblit un peu vers le milieu du film ; il y a des longueurs.* – 5. Une mise en scène parfaite. = *Une réalisation impeccable.* – 6. les dialogues sont excellents. = *Les dialogues sont bien écrits.* – 7. Une belle surprise. ≠ *Une grosse déception.*

b) NB : le corrigé suivant tient compte de la graduation, qui peut être observée lors de la mise en commun : **Positif** → Des acteurs sympathiques < remarquables. Pas mal, ce film < un film agréable < un très grand film < un véritable chef-d'œuvre. **Négatif** → Le jeu des acteurs est caricatural. C'est nul. On est très loin du chef-d'œuvre. **Mitigé** → On passe un bon moment, sans plus.

c) *(Rappel)* Certains adjectifs se placent en général avant le nom : bon ≠ *mauvais* ; vieux ≠ *jeune* ; *joli – véritable – gros.*

⋯⋮⟩ OBJECTIF DE L'ACTIVITÉ 11

⋮ **Phonétique : intonation expressive : enthousiasme ou déception.**

11 Cette activité a pour but de sensibiliser les apprenants à l'intonation expressive de l'enthousiasme et de la déception en français. Dans cette activité, les apprenants ne peuvent s'appuyer que sur l'intonation pour distinguer les sentiments éprouvés.

a) Faire écouter la première phrase et demander sur quelle intonation elle est dite : enthousiasme ou déception. Puis faire écouter le reste de l'enregistrement et demander de noter l'intonation pour chaque énoncé. Pendant l'écoute de l'enregistrement (écoute séquentielle), les apprenants notent individuellement les sentiments exprimés et comparent ensuite leurs notes par deux avant la mise en commun en grand groupe, après une seconde écoute (continue) si nécessaire.

b) Faire écouter la première phrase et solliciter quelques apprenants pour la répéter sur la même intonation. Puis demander à quelques apprenants volontaires de dire la phrase sur l'intonation opposée. Faire écouter ensuite la deuxième phrase pour confirmer l'intonation trouvée. Procéder ainsi pour le reste de l'enregistrement. Cette activité sert aussi d'échauffement pour la prise de parole en grand groupe qui suit (partie 3. de l'activité 12).

CORRIGÉ

Enthousiasme : 1 ; 4 ; 5 ; 7 – Déception : 2 ; 3 ; 6.

⋯⟩ OBJECTIF DE L'ACTIVITÉ 12

⋮ **Transférer les acquis en participant à une sélection de films incontournables : en présentant les films,**
⋮ **en en faisant des commentaires critiques, en donnant son avis sur des films proposés.**

12 Avant d'effectuer l'activité, faire identifier le document déclencheur : *il s'agit d'une page du site linternaute.fr, rubrique* cinéma *(lintern@utecinema).* Faire lire la page et en vérifier la compréhension : *le site propose la liste des « 100 films qu'il faut avoir vus dans la vie », et incite les internautes à donner leur avis sur ces films « incontournables ».* Faire remarquer les deux dernières lignes de la page, en gras : *on peut soit cliquer sur le lien « 100 films » (donnant toute la liste), soit sur une décennie (années 1920, 1930, etc.).* Faire observer que la liste s'arrête aux années 2000.

L'activité proposée concerne la décennie manquante : *les années 2010.*

1. et 2. Faire effectuer l'activité par deux : proposer aux apprenants d'échanger sur des films récents (ou sortis depuis 2010) qu'ils ont vus et particulièrement appréciés. Ensuite, chaque sous-groupe sélectionne deux films et réalise leur fiche technique (sur le modèle de la fiche de allocine.com p. 88), ainsi qu'un commentaire critique.

3. et 4. Chaque sous-groupe présente brièvement ses deux films (un film par personne) et justifie son choix en quelques mots. Au fur et à mesure des présentations, si un film a déjà été présenté par un groupe, ne faire dire que l'avis des autres groupes qui l'ont aussi sélectionné. L'enseignant dresse au fur et à mesure au tableau ou TNI la liste des films « incontournables » pour la décennie 2010. À la fin de l'activité, le groupe observe si certains films sont en tête de liste, et si un classement peut être effectué.

5. Revenir sur le document déclencheur : *linternaute.com incite les internautes à se prononcer sur la sélection de films « incontournables ».* Proposer aux apprenants de choisir un film dans la liste établie et de donner leur avis, soit en appuyant, soit en contestant la sélection de ce film. Cette activité écrite peut être faite individuellement, à la maison.

⋯⋮ OBJECTIF DE L'ACTIVITÉ 13

⋮ **Transférer les acquis en écrivant un mail à un(e) ami(e) pour recommander ou déconseiller un film.**

13 Proposer aux apprenants d'écrire un mail à un(e) ami(e) pour recommander ou déconseiller un film qu'ils viennent de voir. Préciser la matrice du mail en reprenant les éléments cités dans l'activité. Cette production est individuelle ; elle peut se faire en classe ou à la maison.

Corrigés S'exercer • Leçon 1

1. 1. a souvent diffusé – 2. ont déjà vu – 3. a beaucoup parlé – 4. a bien plu – 5. s'est toujours intéressé – 6. n'a jamais remporté de récompense

2. 1. Le film marche bien : il a déjà fait – 2. Le public attend patiemment ; on n'avait jamais vu ça – 3. a déjà été interrompu ; ça va mieux – 4. a encore eu

3. La bande originale – du jeune réalisateur – un producteur – du scénario – le synopsis – le nom des acteurs – la bande-annonce

4. 1. largement mérité ; succès incompréhensible – 2. l'histoire est banale ; le scénario est original – 3. véritable chef-d'œuvre ; bon moment – 4. des longueurs ; le rythme – 5. La réalisation est impeccable ; la mise en scène

5. 1. Quatre nouveaux films ; un gros succès – 2. Ce jeune réalisateur ; un film intelligent ; par une interprétation originale – 3. ce joli film ; à petit budget ; le véritable talent – 4. Ce beau film ; le vieil homme ; des meilleures cinémathèques

→ **Voir aussi le Cahier d'activités | p. 62-66**

> Livre de l'élève
> p. 92-95

Contenus socioculturels • Thématiques

Les loisirs : les MJC – Maisons Pour Tous et la vie associative

Objectifs sociolangagiers

Objectifs pragmatiques

Inciter à pratiquer une activité de loisirs	– comprendre la présentation d'un programme d'activités de loisirs – comprendre une incitation à participer à une activité – écrire une lettre pour inciter à participer à une activité de loisirs
Parler de ses loisirs et de la vie associative	– comprendre un article informant d'un évènement et incitant à y participer – comprendre quelqu'un qui parle de ses activités de loisirs associatives – parler de ses activités de loisirs/associatives – écrire un mail pour donner des informations sur une activité/inciter à la pratiquer

Objectifs linguistiques

Grammaticaux	– les pronoms personnels après *à* et *de* – les pronoms COI (rappel) – les pronoms indirects *y* et *en*	
Lexicaux	– termes liés aux loisirs – termes liés aux associations de loisirs – formules pour inciter	> Lexique thématique : livre de l'élève p. 200
Phonétiques	– intonation : incitation et encouragement	

Scénario de la leçon

La leçon se compose de deux parcours :

Dans le premier parcours (p. 92-93), les apprenants liront une lettre d'une association présentant son programme d'activités de loisirs pour l'année. Ensuite, ils écouteront un échange où l'on incite à participer à une activité. En fin de parcours, ils écriront une lettre pour inciter des personnes à s'inscrire pour des loisirs associatifs.

Dans le deuxième parcours (p. 94-95), les apprenants liront une page de magazine de ville annonçant le forum des associations. Ils écouteront ensuite un échange où l'on (s') informe sur une association de loisirs. Puis, ils auront à comprendre des commentaires sur une activité de loisirs et sur la vie associative. En fin de parcours, ils échangeront sur leurs activités de loisirs / associatives et rédigeront un mail pour parler d'une association à un(e) ami(e) et l'inciter à l'y rejoindre.

> Inciter à pratiquer une activité de loisirs

■ Comprendre Écrit	■ Aide-mémoire	■ Comprendre Oral	■ Aide-mémoire	■ Point langue	■ Point culture	■ Phonétique	■ S'exprimer Écrit
Act. 1, 2 et 3		Act. 4 et 5	→ S'exercer n° 6	Les pronoms personnels après *à* et *de* → S'exercer n° 7		Act. 6	Act. 7

Lettre   Dialogue

···⟩ OBJECTIF DES ACTIVITÉS 1, 2 ET 3

⋮ **Comprendre la présentation d'un programme d'activités de loisirs.**

1 Tout d'abord, faire observer le document afin de l'identifier : *il s'agit d'une lettre de la « Maison Pour Tous » de Saint-Germain à ses adhérents*. Vérifier que les apprenants comprennent le contexte en faisant repérer les indices qui l'élucident : en haut du document, des dessins représentant des activités de loisirs ; le premier paragraphe de la lettre annonce la rentrée / la reprise des activités et incite les adhérents à se (ré)inscrire ; en bas de document, le paragraphe grisé mentionne les tarifs d'adhésion pour l'année ; la phrase en gras en-dessous souhaite une « bonne reprise » aux adhérents ; le pied de page rappelle l'expéditeur (Maison des Jeunes et de la Culture – Maison Pour Tous). Puis, faire repérer la date (le 2 septembre) ; vérifier si les apprenants comprennent que c'est le moment de la rentrée scolaire et de la reprise des activités de loisirs ; le but de la lettre est donc d'inciter les personnes à se (ré)inscrire aux activités.

> **CORRIGÉ**
>
> **1.** L'expéditeur est la MJC (Maison des Jeunes et de la Culture) – Maison Pour Tous ; les destinataires sont les adhérents de la MJC (« chers adhérents »), susceptibles de s'inscrire aux activités. – **2.** La lettre est écrite le 2 septembre; c'est la rentrée et la MJC-Maison Pour Tous informe des activités annuelles proposées et de la date de reprise. Ce courrier a aussi pour but d'inciter les membres de l'association à s'inscrire/se réinscrire, notamment aux nouvelles activités.

2 Avant d'effectuer l'activité, faire identifier le plan de la lettre : *paragraphe d'introduction/liste des activités proposées/présentation des nouvelles activités (cirque, hip-hop, groupe vocal, gym fitness)/information sur les tarifs/phrase de clôture incitant à s'inscrire*. Faire faire l'activité par deux. Lors de la mise en commun en grand groupe, vérifier la compréhension.

> **CORRIGÉ**
>
> **1.** Activités intellectuelles : bridge ; échecs – Arts créatifs : arts plastiques ; photographie – Arts de la scène : théâtre ; théâtre en anglais ; cirque – Danse : club salsa ; danse classique ; danse modern'jazz ; hip-hop – Langues : club de conversation anglaise ; initiation à l'arabe ; théâtre en anglais – Musique : éveil musical ; guitare ; percussions ; groupe vocal – Sport & bien-être : éveil corporel ; gym douce ; judo ; qi gong ; yoga ; gym fitness – Autres : œnologie.
> **2.** L'association (MJC – Maison Pour Tous) porte bien son nom : les activités sont destinées à un large public. Dans les nouvelles activités proposées par exemple, il y a le cirque pour les enfants à partir de 6 ans, le hip-hop pour les adolescents, le fitness pour les adultes.
> Maison des Jeunes et de laCulture : les activités peuvent être considérées culturelles, dans un sens large : arts créatifs, arts de la scène, langues, musique, œnologie.

3 Faire faire l'activité par deux puis effectuer une mise en commun en grand groupe. Les énoncés repérés sont repris dans l'aide-mémoire qui suit les activités de compréhension orale 4 et 5, p. 93.

> **CORRIGÉ**
>
> Si vous ne l'avez pas encore fait, venez vous (ré)inscrire pour l'année ! – (Vos enfants aiment bouger…) Pourquoi ne pas les amener à l'atelier cirque ? – (Vous avez un(e) ado entre 12 et 16 ans, qui aime le rap ?) Cet atelier s'adresse à lui/elle ! – Et si vous veniez chanter ?... n'hésitez pas, lancez-vous ! – Inscrivez-vous sans tarder, il ne reste que quelques places !

→ **L'aide-mémoire** reprend et permet de fixer des expressions liées à un fait culturel typiquement français : la rentrée et la reprise des activités après l'arrêt des vacances d'été, généralement plus longues pour les jeunes Français que pour beaucoup d'autres nationalités dans le monde. Pour beaucoup de personnes (notamment les parents d'enfants en âge scolaire), une « nouvelle année » commence début septembre, plusieurs « pans de la société » redémarrant à ce moment-là : la vie professionnelle, le rythme scolaire, la vie économique, sociale et politique, mais aussi la vie associative avec les activités culturelles et sportives.
Attirer l'attention des apprenants sur le préfixe *r–* ou *re–* qui signifie « à nouveau » : *rentrée, reprise, reprendre, recommencer*.
Variante : le Point culture (p. 93) peut être travaillé à la suite de l'aide-mémoire.

···⟩ OBJECTIF DES ACTIVITÉS 4 ET 5

⋮ **Comprendre un dialogue où quelqu'un incite à participer à une activité.**

4 Faire écouter l'enregistrement et faire identifier la situation ainsi que le lien avec la lettre de la MJC – Maison Pour Tous. Selon le niveau du groupe, faire réécouter le dialogue afin que les apprenants puissent répondre à la deuxième partie de l'activité. Lors de la mise en commun, on peut revenir sur la lettre pour situer les trois activités citées dans l'enregistrement.

CORRIGÉ

1. Un couple vient de recevoir la lettre de la MJC incitant à s'inscrire aux activités annuelles. Ils évoquent les différentes activités auxquelles chaque membre de la famille va/ peut s'inscrire. – **2.** La femme incite son compagnon à s'inscrire dans le groupe vocal. Elle va se réinscrire en gym et au club photo. Leur enfant, Robin, va faire du cirque.

5 Faire réécouter l'enregistrement afin d'effectuer l'activité. Mettre en commun en grand groupe.

CORRIGÉ

L'homme hésite un peu à s'inscrire, car il n'a jamais fait de musique. Pour l'encourager, sa femme lui dit : « Ils prennent les débutants et tu chantes juste, ça suffit ! Vas-y, tu verras bien ! »

→ **L'aide-mémoire** reprend et permet de fixer des formules utilisées pour informer et inciter une personne à pratiquer une activité.

POINT *Langue*

Les pronoms personnels après *à* et *de*

Ce Point langue permet de conceptualiser l'usage des pronoms personnels toniques après *à* ou *de* dans les constructions verbales indirectes.
a) Faire observer les phrases données et faire réécouter la fin du dialogue afin d'identifier ce que les deux pronoms soulignés remplacent. Faire remarquer qu'il s'agit à chaque fois de la même personne. Puis faire compléter les deux pronoms personnels indirects qui manquent à la liste. Rappeler la construction indirecte d'autres verbes déjà connus et l'utilisation des pronoms COI dans ce cas. Exemple : *j'ai parlé à l'animateur.* → *Je lui ai parlé.* Rappeler la position de ces pronoms avant le verbe.
b) Faire observer les exemples et faire remarquer la construction différente des deux colonnes de verbes : à gauche, construction avec *à* + personne et, à droite, construction avec *de* + personne. Faire ensuite compléter individuellement le tableau des verbes. Vérifier la compréhension de la règle en grand groupe.
c) En grand groupe, revenir sur les exemples de la partie **b)** pour faire compléter la règle. Faire observer que pour les verbes à construction indirecte avec *à*, on a recours aux pronoms toniques pour représenter les personnes lorsqu'il s'agit des verbes pronominaux et du verbe *penser*, et que c'est toujours le cas pour les verbes à construction indirecte avec *de*.

CORRIGÉ

a) Tu as pensé **à** lui ? → Tu as pensé **à** Robin ? Oui, je lui ai déjà parlé. → J'ai déjà parlé à Robin.
Rappel : la majorité des verbes avec *à* fonctionnent avec les pronoms personnels indirects *me, te, lui, nous, vous, leur*, placés avant le verbe.
b) Verbes construits avec *à* : *penser à /s'adresser à quelqu'un*
Verbes construits avec *de* : *avoir besoin de /s'occuper de /se souvenir de quelqu'un*
c) Pour les verbes pronominaux et le verbe *penser*, on utilise la construction *à* + pronom tonique (*moi, toi, lui/ elle, nous, vous, eux/elles*).

POINT Culture

Ce Point culture donne des informations sur les MJC – Maisons Pour Tous, dont il est question dans la lettre p. 92. Il propose aussi aux apprenants d'échanger sur les structures similaires dans leur pays.
a) Faire faire l'activité individuellement. Proposer aux apprenants de comparer leur réponse par deux avant la mise en commun en grand groupe.
b) Former des petits groupes pour que les apprenants échangent sur les structures similaires qui existent dans leur pays. Faire ensuite une brève mise en commun.

CORRIGÉ

a) *À titre indicatif :* les MJC-MPT « tissent un lien social » avec des « actions [menées] auprès des habitants » ; elles ont pour objectif « l'épanouissement de la personne par l'accès à l'éducation et à la culture ».

···⫶ OBJECTIF DE L'ACTIVITÉ 6

⫶ **Phonétique : intonation de l'incitation et de l'encouragement.**

6 Cette activité de reproduction a pour objectif d'attirer l'attention des apprenants sur une autre forme d'intonation expressive, l'intonation de l'incitation et de l'encouragement, dont la courbe mélodique est montante en fin de groupe.
Faire écouter tout l'enregistrement (en continu) et demander aux apprenants ce qui caractérise la mélodie des énoncés qu'ils viennent d'écouter : la mélodie monte vers la fin. Puis faire réécouter le 1ᵉʳ énoncé et demander à quelques apprenants de le reproduire avec l'intonation. Procéder de la même façon pour le reste de l'enregistrement.

···⫶ OBJECTIF DE L'ACTIVITÉ 7

⫶ **Transférer les acquis en rédigeant une lettre pour inciter à pratiquer une activité.**

7 Tout d'abord, bien poser le contexte de la production : les apprenants sont invités à prendre le rôle fictif d'une personne travaillant à la MJC, où trois activités n'ont pas assez d'inscrits à la veille de la reprise. Il s'agit donc de rédiger une lettre incitant les adhérents de l'association à s'inscrire à ces activités. Cette production peut être faite individuellement à la maison ou en petits groupes en classe. On peut proposer d'utiliser la matrice de la lettre p. 92, en plus court : information sur la reprise des activités, informations sur les trois activités (en quoi elles consistent, le public visé, les horaires, qui est l'animateur/trice, etc.), clôture avec une ou deux formules pour inciter à s'inscrire et/ou venir à un premier cours pour voir.

❯ Parler de ses loisirs et de la vie associative

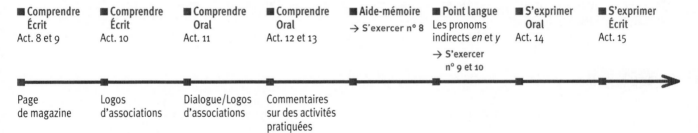

■ Comprendre Écrit Act. 8 et 9	■ Comprendre Écrit Act. 10	■ Comprendre Oral Act. 11	■ Comprendre Oral Act. 12 et 13	■ Aide-mémoire → S'exercer n° 8	■ Point langue Les pronoms indirects *en* et *y* → S'exercer n° 9 et 10	■ S'exprimer Oral Act. 14	■ S'exprimer Écrit Act. 15
Page de magazine	Logos d'associations	Dialogue/Logos d'associations	Commentaires sur des activités pratiquées				

···⫶ OBJECTIF DES ACTIVITÉS 8 ET 9

⫶ **Comprendre une page de magazine qui annonce un forum des associations.**

8 Tout d'abord, faire identifier le document : *il s'agit d'une page du magazine de la ville de Pornic.* Préciser éventuellement que cette ville est au bord de la mer, près de Nantes. Faire repérer le bandeau-titre : « on en parle » – ce qui donne à penser que la page concerne l'actualité de la ville. Puis, faire observer l'illustration : *elle annonce le 20ᵉ forum des associations et incite à y aller : « la vie associative, c'est super ! ».* Puis, faire lire l'article afin de repérer sa date (approximative) de parution. Lors de la mise en commun en grand groupe, vérifier que les apprenants comprennent à quelle occasion l'article est publié (à la rentrée de septembre, ou juste avant).

CORRIGÉ

1. « On en parle » : la page concerne quelque chose dont on parle en ce moment, qui est dans l'actualité de la ville. L'objectif est d'informer les habitants de Pornic sur le prochain évènement dans la ville : le forum des associations.
2. C'est le numéro de septembre (peut-être sorti fin août).

9 Faire faire l'activité individuellement. Proposer aux apprenants de se concerter par deux, avant de mettre en commun en grand groupe.

CORRIGÉ

1. Objectif du forum : les associations peuvent se faire connaître, les gens peuvent s'informer sur les activités proposées et s'inscrire. – **2.** Certains habitants ont déjà une idée précise de l'association qui les intéresse et viennent s'y inscrire. D'autres viennent au forum pour s'informer et trouver leurs loisirs pour l'année à venir. D'autres ont des idées mais hésitent encore.

···⫶ OBJECTIF DE L'ACTIVITÉ 10

⫶ **Identifier des catégories d'associations.**

10 Tout d'abord, faire observer les logos des associations pour les faire identifier : *ce sont des logos, des noms d'associations.* Faire le lien avec le contexte du document en haut de page : *ces associations sont présentes au Forum des associations de Pornic.* Faire faire l'activité par deux. Lors de la mise en commun, vérifier la compréhension du lexique.

> **CORRIGÉ**
>
> **1. Culture/loisirs/sport :** Club de pétanque ; Club de plongée de Pornic ; Chœur des voix liées ; Entre Ciel et Terre Tai-chi-chuan ; Les marcheurs des sentiers ; Mil'pattes Roller ; Tennis club de Pornic ; Le Pinceau Chinois – **Enfance/ scolarité :** Association des parents d'élèves de Pornic – **Quartiers :** Comité de quartier des Halles – **3ᵉ âge :** Amicale des retraités Pornicais – **Solidarité/social :** Femmes solidaires.
> **2.** Associations liées à une activité sportive : Club de pétanque (jeu de boules) – Club de plongée de Pornic (plongée sous-marine avec bouteilles) – Entre Ciel et Terre Tai-chi-chuan (tai-chi-chuan, gymnastique/art martial chinois) – Les marcheurs des sentiers (marche à pied/randonnée) – Mil'pattes Roller (roller) – Tennis club de Pornic (tennis).

···⫶ OBJECTIF DE L'ACTIVITÉ 11

⫶ **Comprendre un dialogue où l'on (s')informe sur une association de loisirs.**

11 **1.** Faire écouter l'enregistrement. Tout d'abord, vérifier la compréhension globale de la situation ainsi que le lien avec les documents p. 94 : une personne s'informe à un stand, au forum des associations. Ensuite, vérifier si les apprenants ont compris à quel stand est la personne, et avec qui elle parle. Puis faire dire la raison de sa présence sur le stand : pour cela, on peut revenir sur l'article du magazine de Pornic afin de faire trouver dans quelle catégorie de visiteurs on peut la classer: « ... d'autres viennent au forum pour s'informer et trouver leurs loisirs pour l'année à venir ».
2. Faire réécouter l'enregistrement pour compléter le prospectus, par deux avant de mettre en commun en grand groupe.

> **CORRIGÉ**
>
> **1.** Sur le stand de l'association Mil'Pattes Roller, deux membres de l'association parlent avec une personne qui est venue s'informer ; ils lui donnent des détails sur les propositions de l'association et des informations pratiques.
> **2.** roller ; dimanches ; adultes (niveaux débutants, moyen, avancé) ; les enfants ; par mois ; 75 € (40 € cotisation + 35 € licence).

···⫶ OBJECTIF DES ACTIVITÉS 12 ET 13

⫶ **Comprendre des commentaires sur une activité de loisirs et sur la vie associative.**

12 Faire écouter les deux enregistrements et en vérifier la compréhension globale : *il s'agit d'extraits de conversation au Forum ; les personnes parlent de l'activité de loisirs qu'elles pratiquent, et de leur vécu au sein de leur association.* Faire identifier parmi les logos le nom de l'association concernée par chaque commentaire.

> **CORRIGÉ**
>
> 1. Entre Ciel et Terre ; tai-chi-chuan – 2. Chœur des voix liées

13 Faire réécouter pour relever les commentaires demandés dans l'activité. Les apprenants se concertent brièvement par deux avant de mettre en commun en grand groupe.

> **CORRIGÉ**
>
> Fréquentation : *J'y vais deux fois par semaine ; j'en fais partie depuis deux ans ; on répète tous les lundis soirs pendant deux heures.* – Ce que ça leur apporte : *J'en ai besoin, ça me détend ; je ne peux pas m'en passer ; je me suis fait plusieurs amis depuis que j'y participe.* – Relations : *C'est convivial ; on passe de bons moments ; il y a vraiment une bonne ambiance.*

→ **L'aide-mémoire** reprend et permet de fixer les expressions utilisées pour parler de la vie associative.

POINT *Langue*

Les pronoms indirects *en* et *y*

Ce Point langue permet de conceptualiser les pronoms indirects *en* et *y*.

a) b) Faire faire les activités individuellement puis comparer par deux. Lors de la mise en commun en grand groupe, faire observer la construction des verbes dans les formulations complètes (sans les pronoms) : les verbes sont suivis de *à* ou *de*.

c) Faire faire les activités individuellement puis comparer par deux. En ce qui concerne les dialogues, on peut les faire réécouter ou en faire lire la transcription p. 216 (act. 11 et 12-13). Mettre en commun en grand groupe.

CORRIGÉ

a) 1. Certains habitants (ont une idée précise de l'association et) viennent s'**y** inscrire → *à l'association* – 2. (Se (re)mettre au dessin ? Faire du roller ? De la randonnée ? De la danse ? S'initier à la calligraphie ?) Vous **en** rêvez… Vous vous **y** intéressez… Vous en avez envie… → *vous rêvez /vous avez envie de faire ces activités – vous vous intéressez à ces activités.* – 3. Pensez-**y** ! → *Pensez à venir au forum, à vous inscrire.*
b) Pour trouver ce que *en* remplace, il faut poser la question : *de quoi ?*
Pour trouver ce que *y* remplace, il faut poser la question : *à quoi ?*
c) Verbe + *à* quelque chose : *penser à – s'inscrire à – s'intéresser à – participer à.*
NB : faire remarquer les autres verbes présents dans le document dont la construction est identique : *se remettre à qq ch, s'initier à qq ch.*
Verbe + *de* quelque chose : *s'occuper de – parler de – rêver de – avoir envie de – se souvenir de – avoir besoin de.*

⋯⁞ OBJECTIF DE L'ACTIVITÉ 14

⁞ **Échanger sur ses activités de loisirs/associatives.**

14 Proposer aux apprenants d'échanger en petits groupes à partir du fil conducteur proposé dans l'activité. Ensuite, inviter les sous-groupes à désigner une personne dont le vécu associatif lié aux loisirs leur semble significatif et intéressant à partager avec le grand groupe.

⋯⁞ OBJECTIF DE L'ACTIVITÉ 15

⁞ **Transférer les acquis en rédigeant un mail pour parler de son association à un(e) ami(e) et l'inciter à la**
⁞ **rejoindre.**

15 Cette activité s'inscrit dans la continuité de l'activité 14. Proposer aux apprenants d'écrire le mail individuellement, en classe ou à la maison. Veiller à bien poser le contexte du courriel (qui écrit, à qui, pourquoi), en tenant compte des éléments précisés. Si les apprenants n'appartiennent à aucune association, ils peuvent s'inspirer des témoignages de l'activité précédente.

Corrigés S'exercer • Leçon 2

6. 1 f, b, c – 2 a – 3 b, f – 4 d – 5 c – 6 e
7. 1. lui ; à elle ; à elle ; d'eux ; lui ; d'elle ; lui – 2. vous ; d'elle ; d'elle ; à eux ; lui ; vous ; d'elle ; lui
8. association – animateurs – activité – entraînement – membre – licence – cotisation – inscription
9. en – en – y – y
10. en – y – leur – me – en – en – leur – d'eux – leur – à eux – en – de lui – à lui

→ **Voir aussi le Cahier d'activités** | p. 67-70

Tourisme pour tous

> Livre de l'élève
> p. 96-99

Contenus socioculturels • Thématiques

Les différents types de tourisme – le tourisme insolite, le tourisme vert

Objectifs sociolangagiers

Objectifs pragmatiques

Sélectionner une prestation touristique	– comprendre une page Internet proposant des week-ends insolites – donner son avis sur des propositions touristiques – présenter une formule de tourisme insolite sur un site Internet
Faire une réservation touristique	– comprendre une brochure sur des prestations touristiques – comprendre une conversation téléphonique pour une réservation touristique
Informer sur un itinéraire	– comprendre quelqu'un qui explique l'itinéraire et le programme d'une journée – (s')informer sur des prestations touristiques – confirmer une réservation par mail

Objectifs linguistiques

Grammaticaux	– le gérondif – les pronoms de lieu *y* et *en*
Lexicaux	– termes liés aux descriptifs touristiques et à la réservation (repas, hébergement...) > Lexique thématique : livre de l'élève p. 201
Phonétiques	– distinction [ã] / [an] – phonie-graphie : graphies de [ã] – distinction de [ã] / [ɔ̃] / [ɔn] – les sons [ã] /[ɔ̃] et le gérondif – voyelles nasales / voyelles orales

Scénario de la leçon

La leçon se compose de trois parcours :

Dans le premier parcours (p. 96-97), les apprenants liront une page Internet présentant des prestations de tourisme insolite et diront quel type de tourisme ils apprécient. Ensuite, ils donneront leur avis sur les prestations proposées sur la page Internet. En fin de parcours, ils imagineront une formule de week-end insolite et en rédigeront la présentation.

Dans le deuxième parcours (p. 98-99), les apprenants liront un dépliant sur des prestations touristiques. Ensuite, ils écouteront une demande de renseignements par téléphone en vue d'une réservation.

Dans le troisième parcours (p. 99), les apprenants écouteront un dialogue où on explique le programme d'une journée touristique et un itinéraire. Ensuite, ils transfèreront leurs acquis dans une situation où l'on s'informe par téléphone en vue d'une réservation. En fin de parcours, ils rédigeront un mail pour confirmer la réservation effectuée.

> Sélectionner une prestation touristique

■ **Comprendre Écrit** ■ **S'exprimer Oral** Act. 1, 2, 3 et 4	■ **Point langue** Le gérondif pour donner une précision sur une action → S'exercer n° 11 et 12	■ **Phonétique** Act. 5	■ **S'exprimer Oral** Act. 6	■ **S'exprimer Écrit** Act. 7

Page d'un site Internet de tourisme

⋯⋮ OBJECTIF DES ACTIVITÉS 1, 2, 3 ET 4

⋮ Comprendre une page Internet présentant des prestations de tourisme insolite.

1 **1.** Tout d'abord, faire identifier le document : *il s'agit d'une page Internet présentant des prestations de tourisme.* Faire repérer le titre de la page : « Tourisme autrement », puis faire observer le bandeau avec les quatre photos (sur le site, ce sont des liens sur lesquels on clique). À partir des légendes (*Esprit nature, Insolite original, Sports et loisirs, Vacances à thèmes*), faire dire la spécificité du site : *comme son nom l'indique, il propose des vacances non conventionnelles, ou à thèmes.* Faire faire le lien entre les légendes et les photos : quel séjour illustrent ces dernières ? (vacances à la campagne, pour « Esprit nature » ; voyage en montgolfière, pour « Insolite original » ; voile, pour « Sports et loisirs » ; séjour en spa ou anti-stress, pour « Vacances à thèmes »). Puis, faire faire l'activité par deux ou trois. Lors de la mise en commun en grand groupe, vérifier la compréhension du lexique.
2. Cette activité fait appel au vécu et vise à élargir la palette des types de tourisme. Former des petits groupes pour que les apprenants échangent à partir du fil conducteur proposé. Lors de la mise en commun, noter les types de tourisme cités et faire remarquer s'il y en a qui plaisent davantage que d'autres, dans le groupe.

CORRIGÉ

1. Séjour dans un village cheyenne → *insolite* – Vacances à la ferme → *esprit nature* – Séjour préhistorique troglodyte → *insolite* – Séjour régions et gastronomie → *vacances à thèmes* – Séjour sports extrêmes → *sports et loisirs* – Vacances bien-être et santé → *vacances à thèmes* – Vacances trekking/randonnée → *esprit nature/sports et loisirs* – Vacances solidaires → *vacances à thèmes*.

2 Tout d'abord, faire observer la composition de la page sans la lire en détail : sous le bandeau, figure le titre « Idées du mois ». Le sous-titre en bleu « Vous allez vivre un week-end inoubliable... » renvoie à trois propositions de séjour, chacune commençant par un titre en rouge (« ...en construisant votre igloo pour la nuit ! »/ « ...en menant l'enquête au château ! »/ « ...en dormant dans un arbre ! ») et comportant une photo. Faire observer les propositions : sous le titre, la description de la prestation et, en-dessous, les informations pratiques en bleu : lieu, nombre de participants, prix, renseignements et réservation (lien vers le site Internet concerné). Puis, faire lire le document et proposer aux apprenants d'effectuer l'activité par deux. Mettre en commun en grand groupe.

CORRIGÉ

1. Il s'agit de trois formules de week-end – tourisme insolite / original.
2. Proposition 1 → activités et hébergement : construire son igloo et dormir dedans. – Proposition 2 → lieu et activités : participer à un jeu de rôle et mener une enquête dans un château. – Proposition 3 → lieu et hébergement : cabane perchée dans un arbre.

3 Faire faire l'activité par deux ou trois. Pour les deux premiers critères, préciser aux apprenants que cela dépend de leur vécu ou de leurs goûts personnels. Lors de la mise en commun en grand groupe, veiller à faire justifier les réponses.

CORRIGÉ

De la plus originale à la moins originale / De la plus dépaysante à la moins dépaysante → réponses en fonction du vécu de chacun. – De la plus chère à la moins chère : enquête au château (à partir de 195 € par personne) ; construction igloo (119 € par personne) ; dormir dans un arbre (128 € pour un couple = 64 € par personne).

4 **a)** Cette activité vise à faire repérer le plan (la matrice discursive) de la présentation des séjours ; elle peut être faite par deux. Lors de la mise en commun, encadrer les différentes parties trouvées sur le texte, s'il peut être projeté, afin de visualiser la matrice discursive et l'importance des parties les unes par rapport aux autres.
b) Cette activité permet de finaliser l'observation de la matrice discursive du document. Elle sert aussi de transition vers le Point langue. Elle peut être effectuée en grand groupe.

CORRIGÉ

a) 1 : type de week-end – 2 : description de personnes qui peuvent être intéressées – 3 : précisions sur le week-end – 4 : informations pratiques.
b) Vivez un week-end inoubliable → en construisant votre igloo pour la nuit – en menant l'enquête au château – en dormant dans un arbre.

POINT *Langue*

Le gérondif pour donner une précision sur une action

Ce Point langue permet de conceptualiser la morphologie et l'usage du gérondif.

a) En grand groupe, faire observer les exemples afin de faire découvrir l'occurrence dans les phrases du mode « gérondif » (nommer ce mode). Guider l'observation des apprenants de manière à arriver aux réponses demandées.

b) En grand groupe, faire observer les gérondifs et faire remarquer qu'ils comportent deux éléments : *en* + une forme verbale nommée « participe présent ». Faire observer la terminaison du participe présent et réfléchir sur la base ; partir de la forme *faisant* pour mettre en évidence que cette base est identique à celle de *nous* au présent de l'indicatif. Procéder de la même façon avec les autres gérondifs. À partir de ces observations, faire compléter la règle.

c) Faire rechercher par deux les autres gérondifs de la page Internet pour vérifier la compréhension des règles et faire identifier la valeur temporelle du gérondif de la phrase donnée.

CORRIGÉ

a) Le gérondif apporte la précision *comment ?* – Le gérondif indique une action *simultanée* à celle du verbe principal. – Le sujet des deux verbes est *identique*.

b) Pour former le gérondif, on utilise *en* + participe présent. Le participe présent = base de la 1re personne du *pluriel* au présent + *ant*.

c) Vous découvrez les paysages… *en participant* à une balade matinale. – Vous devrez trouver le coupable, *en cherchant* les indices et *en vous appuyant* sur votre connaissance… – Une dizaine d'animateurs… vous aideront… *en jouant* des personnages et *en intervenant* dans les scènes. – Vous rêviez *en lisant*… – Vous pouvez les déguster… *en profitant* de la vue.

<u>En arrivant</u>, vous recevrez un sac à dos → *temps* = quand vous arriverez.

⋯⋗ OBJECTIF DE L'ACTIVITÉ 5

⋮ **Phonétique : prononciation du son [ɑ̃] opposé à [an].**

5 L'activité proposée vise à faire reproduire le son [ɑ̃] dans des mots d'abord, puis dans des phrases où la séquence : voyelle orale [a] suivie de [n], est aussi présente et s'oppose à la nasale.

a) Faire écouter la première paire de mots afin de faire identifier les sons entendus. Puis faire écouter une fois en continu toute la partie a). La faire réécouter ensuite de manière séquentielle et inviter quelques apprenants à reproduire pour chaque numéro ce qu'ils ont entendu.

b) Faire écouter la partie b) en continu et vérifier brièvement la compréhension. Puis la faire réécouter de manière séquentielle et inviter quelques apprenants à reproduire chaque phrase entendue.

⋯⋗ OBJECTIF DE L'ACTIVITÉ 6

⋮ **Donner son avis sur des propositions touristiques.**

6 Cette activité permet aux apprenants d'échanger en petits groupes sur leur point de vue personnel à propos des formules de week-ends. Faire justifier les choix lors de la mise en commun en grand groupe.

Variante : selon l'effectif de la classe, on peut proposer aux apprenants de se regrouper par formule de week-end « préféré » (« igloo », « enquête au château » ou « cabane dans un arbre »). Proposer aux apprenants d'expliquer à leur sous-groupe pourquoi ils ont envie d'effectuer le séjour. Effectuer une mise en commun en grand groupe afin de savoir si les choix ont été faits pour des raisons similaires ou différentes, pour chaque formule.

⋯⋗ OBJECTIF DE L'ACTIVITÉ 7

⋮ **Transférer les acquis en présentant des formules de week-ends.**

7 Proposer aux apprenants d'effectuer l'activité en petits sous-groupes. Vérifier la compréhension du contexte de la production (« vous travaillez pour l'agence *Voyage Insolite*… ») et recommander de tenir compte des éléments précisés pour la rédaction de la présentation de la formule (la matrice discursive). Présenter ensuite en grand groupe toutes les formules imaginées par les sous-groupes (en les projetant, si l'on dispose d'un TNI). Pour finir, on peut inviter les apprenants à se prononcer à propos de leur week-end préféré, parmi ceux présentés.

› Faire une réservation touristique

■ Comprendre
  Écrit
■ S'exprimer Oral
Act. 8 et 9

■ Comprendre
  Oral / Écrit
Act. 10 et 11

■ Point langue
Les informations sur les prestations
touristiques
→ S'exercer n° 13 et 14

■ Point Culture

Dépliant de tourisme   Dialogue au téléphone

⋯∴ OBJECTIF DES ACTIVITÉS 8 ET 9

⋮ **Comprendre un dépliant sur des prestations touristiques.**

8 Tout d'abord, faire identifier le document : *il s'agit d'un dépliant touristique de la Ferme de Marance, située dans les Cévennes, au cœur de la France.* Si possible, situer les Cévennes sur une carte, en précisant qu'elles touchent les départements de la Lozère, de l'Ardèche et du Gard. Préciser aussi qu'une partie des Cévennes est un parc naturel régional, c'est-à-dire une zone protégée. Faire faire l'activité individuellement puis comparer par deux. Lors de la mise en commun en grand groupe, faire remarquer que le dépliant est vert, couleur liée à la nature. Vérifier la compréhension du lexique.

> **CORRIGÉ**
>
> **1.** Tourisme Esprit nature : vacances « vertes » – **2.** La Ferme de Marance organise des randonnées pédestres avec des ânes dans les Cévennes (1ʳᵉ partie du dépliant), et propose un gîte rural à louer (2ᵉ partie).

9 **a)** Faire faire l'activité en petits groupes de deux ou trois. Lors de la mise en commun en grand groupe, vérifier la compréhension du lexique.
b) Former des petits groupes pour effectuer l'activité. Mettre en commun en grand groupe.

> **CORRIGÉ**
>
> **a)** « Randonnée pédestre » : le logement → dans des gîtes d'étape, chez l'habitant, ou en camping – le programme proposé → « vous marchez entre 16 et 24 km par jour, vos bagages sont transportés par les ânes » – les repas → demi-pension (petit déjeuner et déjeuner ou petit déjeuner et dîner). Possibilité de pension complète.
> « Location de gîte rural » : tarifs (à la semaine) variables en fonction des saisons touristiques → 270 € hors saison ; 320 € en moyenne saison (mai, juin, septembre, et petites vacances scolaires) – 400 € en haute saison (juillet et août).

⋯∴ OBJECTIF DES ACTIVITÉS 10 ET 11

⋮ **Comprendre une demande de renseignements par téléphone en vue d'une réservation.**

10 **1.** Faire écouter l'enregistrement et faire identifier la situation ainsi que le lien avec le dépliant : une femme téléphone à la Ferme de Marance pour avoir des précisions avant de réserver.
2. Si nécessaire, faire réécouter la partie de l'enregistrement qui permet de relever la précision apportée sur les tarifs.

> **CORRIGÉ**
>
> **1.** Une femme téléphone à la Ferme de Marance pour avoir des précisions avant de réserver. – **2.** Réductions pour les enfants : demi-tarif (50 %) pour les enfants de moins de 6 ans et 30 % pour les enfants de moins de 12 ans.

11 Avant de faire réécouter, faire lire le mail et en vérifier la compréhension globale : *il s'agit d'un mail écrit par Odile Bertrand à la Ferme de Marance, pour confirmer sa réservation (cf. dialogue act. 10), demander un devis et le montant des arrhes.*
1. Faire réécouter afin de compléter le mail, individuellement. Mettre en commun en grand groupe.
2. Faire faire l'activité par deux. Demander de relire le mail afin de repérer les prestations demandées par la femme, puis faire calculer le montant total de ces prestations, en se référant aux tarifs indiqués sur le dépliant et aux précisions apportées dans la conversation au téléphone. Mettre en commun en grand groupe.

> **CORRIGÉ**
>
> **1.** la première quinzaine – la première semaine – deuxième semaine

2. 1) Location du gîte pendant une semaine : 400,00 €.
2) 6 jours de randonnée (accompagnateur x 6 jours → 190 x 6 = 1140,00 / 2 ânes pendant 6 jours → (2 x 45) x 6 = 540,00 / hébergement en demi-pension pour 4 personnes (plus de 12 ans) → (34 x 4) x 6 = 816,00 / hébergement en demi-pension pour un enfant de moins de 6 ans → (34 / 2) x 6 = 102,00. Total : 2598,00 €.
→ montant total : 2 598,00 € + 400,00 € = 2 998,00 €.

POINT *Langue*

Les informations sur les prestations touristiques

Ce Point langue permet de vérifier la compréhension du lexique concernant les informations sur les prestations touristiques.
Faire faire l'activité individuellement ou par deux. Mise en commun en grand groupe.

CORRIGÉ

Le type d'hébergement → chez l'habitant – à l'hôtel – en gîte rural – en camping – en location
Le type de séjour → en pension complète – en demi-pension – nuit + petit déjeuner
Les prix / tarifs → en basse saison / hors saison – en haute saison – en moyenne saison

POINT Culture

Ce Point culture donne des informations sur le tourisme vert en France et permet de vérifier la compréhension de certains éléments figurant dans les documents travaillés.
a) Faire lire le texte et compléter avec les mots proposés, en se référant si nécessaire au dépliant p. 98.
b) Proposer aux apprenants de former des petits groupes pour échanger à partir du fil conducteur proposé. Effectuer une brève mise en commun.

CORRIGÉ

a) chez l'habitant – un gîte rural – la randonnée pédestre – les plus longs circuits – en randonnée itinérante

❯ Informer sur un itinéraire

■ **Comprendre**	■ **Aide-mémoire**	■ **S'exprimer**	■ **S'exprimer**
Oral	Les pronoms *y* et *en* pour indiquer	**Oral**	**Écrit**
Act. 12	le lieu	Act. 13	Act. 14
	→ S'exercer n° 15		

Dialogue

⋯❯ OBJECTIF DE L'ACTIVITÉ 12

⁝ Comprendre un dialogue où l'on explique le programme d'une journée touristique et un itinéraire.

12 **a)** Tout d'abord, faire écouter l'enregistrement et en vérifier la compréhension globale : *une famille part en randonnée avec des ânes et un accompagnateur.* Celui-ci donne des précisions sur le programme de la journée. Faire établir le lien entre l'enregistrement et les autres supports de la double page, notamment la photo. Puis demander aux apprenants de dire à quel moment la conversation a lieu.
b) Faire réécouter afin de compléter le programme avec les heures. Faire relever les énoncés qui justifient les réponses, afin d'effectuer une transition vers l'aide-mémoire.

CORRIGÉ

a) Cela se passe le matin, au moment où la famille part en randonnée.
b) 9h30 : chargement des ânes et départ – 12h30 : arrivée au village de Pradelles – 14h00 : départ vers le gîte pour la nuit.

→ **L'aide-mémoire** permet de fixer l'utilisation des pronoms *en* et *y* pour indiquer le lieu.
Vérifier que la différence de sens de *y* et *en* est bien perçue : rappeler l'usage du pronom *y* pour indiquer la destination ou le lieu où l'on est et faire constater par opposition celui du pronom *en* pour indiquer la provenance.

⋯⋮ OBJECTIF DE L'ACTIVITÉ 13

⋮ **Transférer les acquis dans une situation où l'on s'informe par téléphone en vue d'une réservation.**

🔟3️⃣ Pour préparer cette activité d'expression orale, revenir sur le document p. 96 afin de donner la consigne de jeu de rôles. Dans un premier temps, former deux groupes : l'un avec les personnes qui demandent des informations sur le séjour, l'autre avec celles qui « travaillent » à l'agence *Tourisme-autrement* et qui donnent donc des précisions sur les séjours. Pour alléger la préparation et faciliter la formation des tandems lors du jeu de rôles, on peut proposer aux apprenants de ne travailler que sur un seul séjour. Ainsi par exemple, dans le sous-groupe de six employés de l'agence de voyages, deux travailleront sur le séjour « igloo », deux sur « enquête au château », deux sur « cabane dans un arbre » et on procèdera de même pour les « clients ». Proposer aux uns de prévoir quelles questions complémentaires ils souhaitent poser, et aux autres de prévoir quelles informations complémentaires ils pourront donner (cf. éléments donnés dans la consigne). Dans un deuxième temps, proposer aux apprenants d'effectuer le jeu de rôles par deux, les tandems étant définis en fonction des séjours choisis. Dans un troisième temps, proposer à trois groupes de jouer devant la classe (un groupe par séjour). Après chaque jeu de rôles, vérifier la compréhension des informations auprès du grand groupe et amener à corriger certaines formulations en lien direct avec ces précisions.

⋯⋮ OBJECTIF DE L'ACTIVITÉ 14

⋮ **Transférer les acquis en rédigeant un mail pour confirmer une réservation.**

1️⃣4️⃣ Cette activité découle de la précédente. Proposer aux apprenants d'écrire le mail de réservation individuellement, en classe ou à la maison.

▌ Corrigés S'exercer • Leçon 3

11. 1. en attendant – 2. en réservant – 3. en découvrant – 4. en rentrant – 5. en partant – 6. en téléphonant – 7. en voyant

12. 1. En passant la nuit dans un igloo, je vais vivre une belle expérience. / Je vais vivre une belle expérience en passant la nuit dans un igloo. – 2. En voyant le mont Blanc en face de vous, vous serez émerveillés. / Vous serez émerveillés en voyant le mont Blanc en face de vous. – 3. En revenant ici, je me suis souvenu de mon enfance. / Je me suis souvenu de mon enfance en revenant ici. – 4. On supporte très bien le froid en mettant plusieurs pulls. / En mettant plusieurs pulls, on supporte très bien le froid. – 5. On a pu s'offrir ce week-end original en réunissant toutes nos économies. / En réunissant toutes nos économies, on a pu s'offrir ce week-end original. – 6. On se sent plus libre en faisant du camping. / En faisant du camping, on se sent plus libre.

13. 1. la haute saison – 2. la demi-pension – 3. le camping – 4. un gîte rural – 5. la basse saison/ hors saison – 6. une chambre chez l'habitant / une chambre d'hôtes – 7. la pension complète – 8. une location

14. Carte 1 (à gauche) : haute saison ; hôtel ; pension complète – Carte 2 (à droite) : basse saison ; chambre d'hôtes ; demi-pension.

15. 1. y ; y (à la crèche) – 2. y ; en (au cinéma / du cinéma) – 3. y ; en (dans les magasins / des magasins) – 4. y ; en (à la piscine /de la piscine) – 5. y ; en (dans l'avion / de l'avion) – 6. en (de l'école, l'université)

→ **Voir aussi le Cahier d'activités** | p. 71-75

Ce *Carnet de voyage* a une fonction (inter)culturelle. Il permet de découvrir deux évènements festifs urbains français qui existent maintenant dans beaucoup d'autres pays : la Fête de la musique et la Nuit Blanche. Ce *Carnet de voyage* se compose d'un seul volet, intitulé ***Rendez-vous festifs et culturels***.

Tout d'abord, les apprenants découvriront la Fête de la musique et la Nuit blanche par le biais d'affiches et seront invités à échanger à propos de ces évènements internationaux. Puis, ils liront des textes les présentant. En fin de parcours, ils imagineront un évènement festif et présenteront leur projet à la classe ; ils concevront aussi une affiche pour l'évènement.

Rendez-vous festifs et culturels

1 Faire observer les affiches des deux manifestations (p. 100-101) ; effectuer l'activité en grand groupe.

2 Faire faire l'activité en petits groupes ; mettre en commun en grand groupe.

> **CORRIGÉ**
>
> **1.** Symboles liés à la « nuit », dans les affiches de la « Nuit Blanche » : la chouette, animal nocturne ; les ampoules électriques, le papillon de nuit attiré par la lumière, le bleu « nuit » ou le noir contrastant avec le blanc de la lumière...
> **2.** Les affiches, très colorées et dynamiques, traduisent un esprit festif, gai ; on aperçoit des personnes qui s'expriment en chantant, en jouant, il y a une impression de mouvement. On voit aussi que cela s'adresse au plus grand nombre, avec sur l'affiche 2012 toutes les mains qui s'agitent, comme dans un concert.

3 **1.** Faire faire l'activité individuellement. Lors de la mise en commun en grand groupe, vérifier la compréhension des deux textes (surtout en ce qui concerne la création de l'évènement, la date où il se produit chaque année, ses objectifs et sa présence dans le monde).
2. Former des groupes de trois ou quatre personnes. Si la classe est multilingue, mélanger les nationalités. Les apprenants échangent sur leurs expériences par rapport à ces évènements, ou, s'ils ne les connaissent pas, leur préférence d'un évènement plutôt que l'autre. Effectuer une mise en commun en grand groupe.

> **CORRIGÉ**
>
> 1er texte : Nuit Blanche – 2e texte : Fête de la musique

4 Faire faire l'activité en sous-groupes. Lors de la mise en commun en grand groupe, chaque sous-groupe présente son projet à la classe.

5 Proposer aux sous-groupes de réaliser une affiche pour l'évènement imaginé dans l'activité précédente. Les inciter à y intégrer des symboles représentant l'évènement choisi. Selon le matériel dont on dispose (TNI ou papier/ feutres/ magazines à découper...), prévoir le nécessaire pour que les apprenants puissent matérialiser l'affiche imaginée. Effectuer une mise en commun en exposant les affiches dans la classe ou en les présentant sur TNI.

Ces trois pages permettent aux apprenants de s'entraîner aux activités du DELF A2. Pour ce Dossier 5, les activités proposées permettent d'évaluer les compétences en réception écrite (avec trois activités) puis en production orale (en trois parties), comme pour l'examen. Les apprenants vont ainsi s'exercer à réaliser la moitié d'un sujet du DELF A2.

Compréhension des écrits

25 points

Il s'agit de répondre « à des questionnaires de compréhension portant sur trois ou quatre courts documents écrits ayant trait à des situations de la vie quotidienne ». Ici les trois documents ont pour thématique les loisirs culturels (le cinéma) et la vie associative.

Exercice 1 : 5 points (1 point est attribué par réponse correcte).
Exercice 2 : 11 points → réponse 1 : 1 point ; réponse 2 : 6 points (1,5 point est attribué par réponse correcte) ; réponse 3 : 2 points ; réponses 4 et 5 : 1 point chacune.
Exercice 3 : 9 points → réponses 1, 3 et 4 : 1 point chacune ; réponse 2 : 6 points (1,5 point est attribué par réponse correcte).

CORRIGÉ

Exercice 1 : 1d ; 2b ; 3c ; 4a ; 5f.
Exercice 2 : 1. c. – 2. a. Vrai : elle est trésorière de l'association. – b. Faux : l'association existe depuis 8 ans. – c. Faux : un guide encadre et anime les randonnées. – d. Faux : l'auteur parle de « l'amitié des gens de la campagne ». – 3. a. sensibiliser les gens à la nature et à la protection de l'environnement – b. faire découvrir le patrimoine naturel et culturel breton – 4. b. – 5. c.
Exercice 3 : 1. a. – 2. a. Faux : il se réunit toutes les semaines. – b. Faux : il y a aussi des femmes actives. – c. Vrai : « Quand on voit le prix demandé pour raccourcir un pantalon ou réparer un vêtement, il vaut mieux savoir le faire soi-même ». – d. Faux : l'atelier ne peut plus prendre de nouvelles inscriptions. – 3. L'atelier permet de faire des choses utiles : réparer des vêtements par exemple, de créer de beaux ouvrages et c'est aussi agréable parce que les personnes passent de bons moments ensemble. – 4. C'est une œuvre sur le thème de la diversité parce qu'elle comporte le mot « bienvenue » en plusieurs langues et des dessins qui représentent tous les continents.

Production orale

25 points

Cette production orale correspond à l'épreuve complète de production orale dans le DELF A2, divisée en trois parties : un entretien dirigé (1 min 30 s environ) où l'apprenant doit se présenter, un monologue suivi (2 minutes environ) pendant lequel il doit présenter un acteur ou une actrice qu'il apprécie, et un exercice en interaction (3 à 5 minutes environ). Ici, le thème est le lieu de vie et la participation à un évènement dans ce lieu de vie. Le candidat doit répondre aux questions qui lui sont posées sur ses compétences, son intérêt à participer à tel ou tel évènement projeté dans sa ville et dire ce qu'il peut faire pour participer.

S'assurer de la compréhension des consignes.

Le barème est celui de la production orale dans une épreuve de DELF A2 :

– Entretien dirigé : **4 points** (contact, présentation... = 3 points et gestion de l'interaction = 1 point) ;

– Monologue suivi : **5 points** (présentation de l'acteur/l'actrice = 3 points et lien entre les informations = 2 points) ;

– Exercice en interaction : **6 points** (demander / donner des informations simples – faire/accepter/refuser des propositions = 4 points et entrer dans des relations simples en utilisant des expressions courantes = 2 points).

Pour les trois exercices : **10 points** pour l'utilisation des outils linguistiques (lexique = 3 points ; morphosyntaxe = 4 points et maîtrise du système phonologique = 3 points).

> Livre de l'élève
> p. 108-111

Leçon 1 **Penser l'avenir**

Contenus socioculturels • Thématiques	
	Les souhaits et aspirations pour demain

Objectifs sociolangagiers

Objectifs pragmatique

Envisager l'avenir	– comprendre une interview sur un groupe musical – comprendre une chanson, sa structure et son univers – comprendre l'expression de souhaits et espoirs – donner son avis sur une chanson / évoquer une chanson – exprimer des vœux
Exprimer des souhaits, faire des suggestions	– comprendre des souhaits et suggestions pour l'avenir – exprimer des souhaits et des suggestions pour l'avenir dans un forum de discussion

Objectifs linguistiques

Grammaticaux	– expression du souhait : *souhaiter que* + subjonctif – *espérer que* + indicatif – *J'aimerais, je voudrais que* + subjonctif – *J'aimerais* + infinitif – le conditionnel présent pour faire une suggestion – morphologie du conditionnel
Lexicaux	– termes liés à la musique et aux groupes musicaux – formules pour exprimer un souhait – termes liés aux forums de discussions sur Internet > Lexique thématique : livre de l'élève p. 201
Phonétiques	– prononciation de [ʀ] – phonie-graphie : révision des graphies de [ɛ]

Scénario de la leçon

La leçon se compose de deux parcours :

Dans le premier parcours (p. 108-109), les apprenants liront une interview de l'un des membres du groupe Sinsemilia, qui parle des vingt ans d'existence du groupe musical. Ils écouteront ensuite une chanson du groupe : « Tout le bonheur du monde » ; ils en repéreront la structure, les thèmes et les sentiments exprimés. Puis ils donneront leur avis sur la chanson et évoqueront d'autres chansons à succès. En fin de parcours, ils liront et rédigeront des messages de vœux.

Dans le deuxième parcours (p. 110-111), les apprenants liront des interventions sur un forum de discussion ayant pour thème les souhaits et suggestions concernant l'avenir. En fin de parcours, ils interviendront à leur tour sur le forum de discussion afin d'exprimer leurs souhaits et suggestions concernant différents sujets dont le fil conducteur est un monde meilleur.

› Envisager l'avenir

■ Comprendre Écrit	■ Comprendre Oral / Écrit	■ Point langue Exprimer un souhait / un espoir	■ S'exprimer Oral	■ Comprendre Écrit ■ S'exprimer Écrit
Act. 1 et 2	Act. 3, 4, 5 et 6	→ S'exercer n° 1 et 2	Act. 7	Act. 8

Article | Chanson : « Tout le bonheur du monde » | | | Message de vœux

⋯⋮ OBJECTIF DES ACTIVITÉS 1 ET 2

⋮ **Comprendre une interview sur un groupe musical.**

1 Avant d'effectuer l'activité, faire identifier le document : *il s'agit d'un article sous forme d'interview.* Faire observer la photo : *on y voit un groupe de musique en concert.* Faire repérer les références de l'article (d'après www.reggae.fr), afin d'identifier le type de musique dont il est question. Puis effectuer l'activité, en grand groupe. Vérifier si les apprenants connaissent Sinsemilia, s'ils ont déjà écouté leurs chansons.

CORRIGÉ

1. Sinsemilia est un groupe de musique. Mike est un de ses membres.
2. Il est interviewé à l'occasion des 20 ans du groupe (titre de l'article : « Sinsemilia fête ses 20 ans »).

2 Faire lire l'article, en proposant éventuellement de chercher d'abord des informations complémentaires concernant les questions posées précédemment (act. 1). Faire faire l'activité individuellement puis comparer les réponses par deux avant la mise en commun en grand groupe.

CORRIGÉ

Lieu de naissance : à Grenoble. Début de carrière : Fête de la musique, en 1991. Style musical : reggae. Discographie : 1995, *Première récolte* ; 2009, *En quête de sens* ; 2011, *Best of*.

⋯⋮ OBJECTIF DES ACTIVITÉS 3 À 6

⋮ **Comprendre une chanson, sa structure, les thèmes et les sentiments évoqués.**

3 Avant de faire écouter la chanson, prévenir les apprenants qu'ils devront être attentifs à sa structure : l'alternance entre les couplets (passages qui changent) et le refrain (passages identiques, qui se répètent). Effectuer l'activité en grand groupe.

CORRIGÉ

1. La chanson commence par le refrain suivi d'un couplet ; cette alternance est conservée tout le long. On trouve en tout 4 refrains et 3 couplets. – **2.** Le vers « On vous souhaite tout le bonheur du monde ».

4 Faire réécouter la chanson afin d'effectuer l'activité. Proposer aux apprenants de comparer leurs réponses, par deux. Lors de la mise en commun en grand groupe, faire justifier les réponses. Si cela s'avère difficile, passer directement à l'activité 5a), où l'on propose de lire les paroles de la chanson.

CORRIGÉ

1. Des adultes s'adressent à leurs enfants → « Puisque on ne sera pas toujours là comme on le fut aux premiers pas, je ne sais pas quel monde on vous laissera ». – **2.** On parle de l'avenir → « Pour aujourd'hui comme pour demain..., Puisque l'avenir vous appartient..., votre envol est pour demain..., toute une vie s'offre devant vous ».

5 **a)** Faire lire les paroles de la chanson (cf. transcription p. 217) afin de confirmer/justifier les réponses données à l'activité 4.
b) c) Faire faire les activités par deux. Lors de la mise en commun en grand groupe, faire justifier les réponses. Si le document peut être projeté, souligner les passages repérés, au fur et à mesure des réponses.

> **CORRIGÉ**
>
> **a)** Cf. corrigé de l'activité 4.
> **b)** La liberté : « Dans cette liberté à venir…, Libres de faire vos propres choix, De choisir quelle sera votre voie » – la paix : « Que votre chemin évite les bombes, Qu'il mène vers de calmes jardins » – le bonheur : « On vous souhaite tout le bonheur du monde…, Sûrement plein de joie au rendez-vous…, De profiter de chaque instant » – l'amour : « Et que quelqu'un vous tende la main, Que votre soleil éclaircisse l'ombre, Qu'il brille d'amour au quotidien ».
> **c)** Dans la chanson, sont exprimés des souhaits : « On vous souhaite tout le bonheur, Et [on vous souhaite] que quelqu'un vous tende la main, Que votre chemin évite les bombes, Qu'il mène vers de calmes jardins, Que votre soleil éclaircisse l'ombre, Qu'il brille d'amour au quotidien ». Sont aussi exprimés des espoirs : « J'espère juste que vous prendrez l'temps, J'ose espérer qu'cela suffira » et des peurs (de façon plus implicite) : « J'sais pas quel monde on vous laissera ».

6 **a)** Cette activité permet de vérifier la compréhension en faisant appel à l'interprétation personnelle et à une expression plus libre et spontanée. Proposer aux apprenants de réagir à partir des paroles qu'ils auront comprises mais aussi à partir de la mélodie.
b) Tout d'abord, revenir sur l'article afin de faire remarquer que le bas du texte est déchiré, et que la dernière phrase est incomplète. Faire faire l'activité par deux, avant de mettre en commun en grand groupe.

> **CORRIGÉ**
>
> **a)** (*À titre indicatif*) Les thèmes et phrases de la chanson vus à l'activité 5b) sont optimistes et la mélodie est joyeuse, mais les paroles sont dans l'ensemble pessimistes : le présent est assimilé à « l'ombre » et l'avenir des enfants est perçu par les parents avec pessimisme. Le message est : *Quel monde, quelle planète allons-nous laisser à nos enfants ? Pourront-ils vraiment vivre dans la paix et le bonheur ?* Cependant, l'optimisme est aussi présent dans la chanson : « Toute une vie s'offre devant vous / Tant d'rêves à vivre jusqu'au bout / Sûrement plein d'joie au rendez-vous ».
> **b)** (*À titre indicatif, la phrase d'origine, dans l'article*) Pour Mike ce n'est pas une chanson joyeuse ni optimiste → « Beaucoup la considèrent comme une chanson joyeuse mais en réalité elle exprime les peurs que les parents ressentent en voyant le monde où leurs enfants vont grandir et en pensant à leur avenir. »

POINT *Langue*

Exprimer un souhait / un espoir

Ce Point langue permet un développement de l'utilisation du subjonctif dans les propositions complétives. Ce mode, déjà vu dans le dossier 2 (leçon 3) dans l'expression de la nécessité, est utilisé ici dans l'expression du souhait. Ce Point langue permet aussi une première approche du contraste subjonctif/indicatif dans les complétives.
a) Faire faire l'activité individuellement. Les apprenants peuvent se concerter par deux avant la mise en commun en grand groupe.
b) Effectuer l'activité en grand groupe. Faire observer que dans les phrases exprimant le souhait, le subjonctif est identifiable à partir des formes verbales suivantes : « que quelqu'un vous **tende** la main et que le soleil **éclaircisse** l'ombre ». Faire remarquer que dans la phrase « que votre chemin évite… », il ne se distingue pas du présent de l'indicatif.

> **CORRIGÉ**
>
> **a)** 1 a, c, d – 2 b, e
> **b)** Lorsqu'on exprime un souhait, le verbe dans la deuxième partie de la phrase est au *subjonctif*.
> Lorsqu'on exprime un espoir, le verbe dans la deuxième partie de la phrase est à *l'indicatif*.

⋯⟶ OBJECTIF DE L'ACTIVITÉ 7

⋮ Donner son avis sur une chanson et évoquer des chansons à succès.

7 Former des petits groupes de deux ou trois apprenants. Proposer d'échanger à partir du fil conducteur proposé dans l'activité. Lors de la mise en commun en grand groupe, faire désigner un apprenant dans chaque sous-groupe pour rendre compte des échanges.

⋯⟶ OBJECTIF DE L'ACTIVITÉ 8

⋮ Transférer ses acquis en rédigeant des messages de vœux pour le nouvel an.

8 **a)** Avant de faire l'activité, faire identifier le document déclencheur : *il s'agit d'un message de vœux pour la nouvelle année ; le signataire, Élodie, s'adresse à un(e) ami(e) (elle tutoie la personne et le ton est léger).* Faire

faire l'activité par deux. Lors de la mise en commun en grand groupe, vérifier que les apprenants comprennent le message implicite que contiennent les vœux fantaisistes repérés.

b) Proposer d'écrire deux messages de vœux comme celui de l'activité, à deux personnes différentes parmi les destinataires proposés. Cette production peut se faire en classe, par deux ou en travail individuel, ou à la maison.

CORRIGÉ

a) Les vœux suivants sont fantaisistes/inhabituels car ils contiennent un message implicite (donné entre parenthèses, à titre indicatif) : « Que tu répondes à mes messages » (parce que mes messages restent sans réponse…) ; « Que tu sois toujours de bonne humeur » (parce que tu es souvent de mauvaise humeur…).

❯ Exprimer des souhaits, faire des suggestions

| ■ **Comprendre Écrit** ■ **S'exprimer Oral** Act. 9, 10 et 11 | ■ **Point langue** Le conditionnel présent pour exprimer un souhait, faire une suggestion La formation du conditionnel → S'exercer n° 3 et 4 | ■ **Phonétique** Act. 12 | ■ **Aide-mémoire** → S'exercer n° 5 | ■ **S'exprimer Écrit** Act. 13 |

Forum : Fans de Sinse

⋯❖ OBJECTIF DES ACTIVITÉS 9, 10 ET 11

⋮ **Comprendre des souhaits et suggestions concernant l'avenir dans un forum de discussion et y réagir.**

9 Tout d'abord, faire identifier le document : *c'est une page du forum de discussion du site du groupe Sinsemilia (www.fansdesinse.com).* Faire identifier le thème de la discussion : *« La Terre n'est pas tout à fait ronde, mais le reste est entre nos mains ».* Signaler que, dans un forum, ce thème s'appelle « fil de discussion ». Faire le lien avec la chanson évoquée dans l'article p. 108 (« Entre nos mains », titre inédit de l'album *Best of* qui vient de sortir). Faire remarquer les guillemets : il s'agit d'une citation de la chanson. Puis faire observer qu'il y a cinq interventions sur la page, et que la première est celle de Jess : en tant que modérateur, il lance le débat. Faire lire les interventions puis faire expliquer la citation en haut de page.

CORRIGÉ

« La terre n'est pas tout à fait ronde, mais le reste est entre nos mains » → le monde n'est pas parfait, mais on peut agir pour un monde meilleur, ça dépend de nous.

10 **a)** Dans un premier temps, revenir sur l'intervention de Jess pour observer comment il introduit le débat : *il cite des vers de la chanson « Entre nos mains ».* Faire repérer les questions qu'il pose afin d'identifier ce qui est demandé aux participants.
b) Faire faire l'activité par deux avant de mettre en commun en grand groupe. Cette activité sert de transition vers le Point langue.

CORRIGÉ

a) *« Entre nos mains », entre vos mains… ça dépend de nous tous ! Et vous ? Vous feriez quoi pour un monde meilleur ? Vous voudriez quoi pour l'avenir ?* On demande aux participants : leurs souhaits et suggestions pour un monde meilleur.
b) Filou : économie ; Youf : société ; Anaïs : environnement ; Lilie : santé.

11 **a)** Demander aux apprenants de repérer d'abord les souhaits dans les interventions, puis d'y réagir en petits groupes avant de mettre en commun.
b) Faire identifier les suggestions et leur demander ce qu'ils en pensent, en petits groupes avant de mettre en commun en grand groupe.

CORRIGÉ

a) Souhaits : Filou → *Je souhaite qu'il y ait moins d'inégalités dans le monde.* Youf → *J'aimerais que les gens soient plus tolérants… /Je rêve d'un monde sans violence…* Lilie → *Je voudrais qu'on fasse plus pour la prévention.*

b) Suggestions : Filou → *Les pays riches pourraient aider les pays pauvres. Chacun devrait acheter des produits du commerce équitable.* Youf → *À l'école, nous pourrions avoir une réflexion humaniste. Il y a en ce moment des expériences (...) on devrait généraliser ça.* Anaïs → *Il faudrait que l'État donne des aides.* Lilie → *à l'école, on pourrait éduquer davantage les enfants aux bonnes habitudes alimentaires.*

POINT *Langue*

Le conditionnel pour exprimer un souhait, faire une suggestion

Ce Point langue a deux parties. Dans un premier temps, il permet de découvrir l'utilisation du conditionnel pour exprimer un souhait ou faire une suggestion. Dans un deuxième temps, il amène à conceptualiser la morphologie de ce mode.
a) Faire l'activité en grand groupe afin de guider l'observation des apprenants et vérifier la compréhension. (Faire) nommer la forme verbale récurrente : le conditionnel présent. Vérifier que les apprenants remarquent l'emploi du subjonctif présent après les formes verbales exprimant le souhait.
b) Cette activité sert de transition vers la deuxième partie du Point langue : l'observation des exemples permettra de formuler la règle lors de l'activité suivante.

> **CORRIGÉ**
>
> **a)** Les souhaits : *J'aimerais... Je voudrais...*
> Les suggestions : *Chacun devrait... Il faudrait... Nous pourrions... Les pays riches pourraient... on pourrait...*
> **b)** *J'aimerais* → **aimer** – *je voudrais* → **vouloir** – *on devrait* → **devoir** – *on pourrait, nous pourrions, ils pourraient* → **pouvoir**

POINT *Langue*

La formation du conditionnel

a) Faire observer les formes verbales données dans l'activité précédente, afin de compléter la règle.
b) Pour vérifier la compréhension de la règle dégagée, faire conjuguer le verbe *faire* au conditionnel, individuellement. Mettre en commun en grand groupe.
c) Cette activité peut être faite par deux ; elle permet de vérifier les acquis, concernant les bases irrégulières du futur de l'indicatif et, par conséquent, du conditionnel présent. Mettre en commun en grand groupe.

> **CORRIGÉ**
>
> **a)** Le conditionnel se forme avec la base *du futur* et les terminaisons *de l'imparfait*.
> **b)** je ferais, tu ferais, il/elle ferait, nous ferions, vous feriez, ils/elles feraient
> **c)** être → *ser-*, faire → *fer-*, avoir → *aur-*, savoir → *saur-*, aller → *ir-*, pouvoir → *pourr-*, courir → *courr-*, mourir → *mourr-*, voir → *verr-*, envoyer → *enverr-*, (de)venir → *(de)viendr-*, tenir → *tiendr-*, devoir → *devr-*, recevoir → *recevr-*, vouloir → *voudr-*

⤳ OBJECTIF DE L'ACTIVITÉ 12

⦂ **Phonétique : reproduction du son [ʀ].**

12 **a)** Il s'agit d'une activité de reproduction du son [ʀ] dans différentes positions (finale, intervocalique, initiale...), utilisant des mots de la leçon. Faire écouter l'enregistrement (numéros de 1 à 5) et faire répéter chaque mot par un apprenant différent. Proposer ensuite de faire dire un numéro entier (= 5 mots) par un même apprenant.
b) La phrase comporte plusieurs occurrences de [ʀ] dans différentes positions. La faire écouter puis répéter par les apprenants à tour de rôle.

→ **L'aide-mémoire** reprend et permet de fixer les formulations utilisées pour exprimer un souhait. Attirer l'attention des apprenants sur le mode suivi par les trois verbes : *je souhaite, je voudrais, j'aimerais + que + subjonctif.*

⋯⟶ OBJECTIF DE L'ACTIVITÉ 13

⦂ Transférer les acquis en participant à un forum de discussion et en exprimant des souhaits et des suggestions.

13 Avant d'effectuer l'activité, faire identifier le document déclencheur : *il s'agit d'une page du forum fansdeSinse. com, donnant la liste de sujets (fils de discussion) sur lesquels chacun peut intervenir.* Faire remarquer que sur le site, on clique sur le sujet (le lien) auquel on veut accéder.

1. Faire faire l'activité individuellement.

2. Regrouper les interventions sur un même sujet, les afficher ou les projeter. Proposer aux apprenants ayant participé au même fil de discussion de réagir par rapport aux interventions des autres en rédigeant un nouveau message.

3. Proposer de prendre connaissance des interventions concernant les autres sujets et de rédiger un (des) message(s) pour y réagir.

Corrigés S'exercer • Leçon 1

1. Un mariage : 2. : que vous soyez ; 6. que vous aurez

Avant un examen : 3. que tu réussiras

Le nouvel An : 7 : que l'année soit

Un départ à la retraite : 1. que vous profitiez ; 4. que vous sachiez ; 5. que vous soyez

2. a) 1. J'espère que tu réussiras tous tes examens, que tu auras d'excellentes notes et que tu obtiendras ton diplôme à la fin de l'année. 2 Je souhaite que tes parents soient moins sévères, que tu aies l'autorisation de regarder la télé tous les soirs et surtout que tu puisses avoir un ordinateur dans ta chambre. 3. J'espère que vous deviendrez très vite célèbre et qu'on vous fera tourner dans des films intéressants.

b) 1. Johan : je souhaite réussir…, avoir… et obtenir… 2. Romain : J'espère que mes parents seront…, j'espère avoir/que j'aurai… et surtout pouvoir/que je pourrai… 3. Augustin : je souhaite devenir… et qu'on me fasse…

3. a) Pour améliorer la circulation : Nous devrions… – Les responsables politiques pourraient… – On pourrait…

Pour prévenir les maladies : Les gens devraient… – Il faudrait… – Nous devrions… Le ministère de la Santé devrait…

b) *À titre indicatif :* 1. Nous devrions être plus attentifs pour économiser l'électricité / nous devrions éteindre la lumière en quittant une pièce. 2. Il faudrait que la municipalité construise des parkings souterrains. 3. J'aimerais que les contrôles de sécurité soient allégés ! 4. Je souhaite qu'il n'y ait plus de publicité ! 5. Les footballeurs ne devraient pas percevoir des salaires aussi importants. 6. On devrait modifier la loi sur la fermeture des magasins.

4. 1. Nous ferions – 2. Ils enverraient – 3. On voudrait – 4. Tu saurais – 5. Vous verriez – 6. Nous prendrions – 7. Vous boiriez – 8. Nous viendrions – 9. Il faudrait – 10. Il irait – 11. Tu serais – 12. Vous auriez – 13. Vous finiriez

5. *À titre indicatif :* a) Contre : Je rêve d'un monde où toute l'énergie serait uniquement renouvelable. – Je voudrais qu'on remplace l'énergie nucléaire par les éoliennes et les panneaux solaires.

Pour : Je souhaite que l'énergie nucléaire continue à exister. – J'aimerais qu'on construise plus d'industries nucléaires.

b) Contre : Je voudrais qu'on maintienne la durée actuelle du travail. – J'aimerais qu'on ne remette pas en question la durée du travail. Pour : Je souhaite qu'on augmente la durée du travail. – J'aimerais que les salariés travaillent plus.

⟶ **Voir aussi le Cahier d'activités | p. 76-80**

Contenus socioculturels • Thématiques

L'action humanitaire / bénévole

Objectifs sociolangagiers

Objectifs pragmatiques

Parler de ses centres d'intérêt, de ses engagements	– comprendre la présentation d'une association humanitaire, de ses objectifs – comprendre une annonce faisant appel au bénévolat : la description de profils de personnes et de centres d'intérêt – comprendre un témoignage sur le bénévolat/l'engagement personnel – exprimer le but/l'objectif d'un engagement personnel
Présenter un projet	– comprendre la présentation d'un projet humanitaire, ses objectifs – exposer un projet hypothétique, définir les actions envisagées et les buts recherchés
Imaginer une situation hypothétique	– comprendre la position d'une personne face à un projet – comprendre quelqu'un qui évoque une situation hypothétique – réagir à une situation hypothétique – rédiger un témoignage sur une situation hypothétique

Objectifs linguistiques

Grammaticaux	– le but : *afin de/pour* + infinitif, *afin/pour que* + subjonctif – le conditionnel présent (projet, situation irréelle)
Lexicaux	– quelques formules verbales pour indiquer un objectif > Lexique thématique : livre de l'élève p. 201 – verbes pour indiquer les centres d'intérêt
Phonétiques	– virelangues et groupes consonantiques – distinction futur simple / conditionnel présent – phonie-graphie : le conditionnel présent

Scénario de la leçon

La leçon se compose de trois parcours :

Dans le premier parcours (p. 112-113), les apprenants découvriront des associations humanitaires, leurs logos et leur champ d'action. Ensuite, ils liront des appels à bénévolat et les mettront en relation avec deux des associations présentées. Puis, ils écouteront le témoignage d'un bénévole de l'une de ces associations. En fin de parcours, ils échangeront sur des expériences de bénévolat.

Dans le deuxième parcours (p. 114), les apprenants écouteront l'interview de deux personnes qui présentent un projet de loto humanitaire. Ils seront ensuite amenés à élaborer eux-mêmes un projet d'évènement en vue de récolter des fonds pour une association humanitaire. Puis ils présenteront leur projet, après avoir réfléchi aux modalités et à l'organisation.

Dans le troisième parcours (p. 114-115), les apprenants liront une coupure de presse où des personnes réagissent à la proposition de loto humanitaire et imaginent la situation hypothétique. En fin de parcours, ils seront amenés à imaginer leur comportement dans ce type de situation. Ils prendront aussi position dans une rubrique donnant la parole aux lecteurs, comme celle du début de parcours.

❯ Parler de ses centres d'intérêt, de ses engagements

■ Comprendre Écrit	■ Aide-mémoire	■ Point culture	■ Comprendre Écrit	■ Aide-mémoire → S'exercer n° 6	■ Comprendre Oral	■ Point langue Exprimer le but → S'exercer n° 7	■ S'exprimer Oral
■ S'exprimer Oral Act. 1 et 2			Act. 3 et 4		Act. 5 et 6		Act. 7

Affiche salon des solidarités · · · · · · · · · · Annonces : appels à bénévolat · · · · · · · · · · Témoignage

⋯⋗ OBJECTIF DE l'ACTIVITÉ 1

⋮ Comprendre le thème d'une manifestation à partir des différents éléments d'une affiche. À partir de logos, ⋮ identifier/échanger sur les ONG internationales présentes en France.

① **1.** Avant de faire l'activité, faire identifier le document : *il s'agit d'une affiche du 4ᵉ salon des solidarités*. Faire observer les photos : *elles représentent des situations concernées par la solidarité internationale (l'éducation, l'eau, l'énergie)*. Puis, faire remarquer l'illustration : *la Terre y a la forme d'un cœur*. Ensuite, vérifier si les apprenants comprennent l'objectif du salon.
2. Attirer l'attention des apprenants sur les logos en bas de l'affiche. Faire identifier ceux qu'ils connaissent et présenter ceux qu'ils ne connaissent pas.
3. Faire lire la liste des domaines représentés dans le salon (en haut de l'affiche) afin d'identifier le mot-clé qui désigne l'action des ONG citées.

> **CORRIGÉ**

1. Le salon des solidarités vise à informer les personnes sur la solidarité internationale.
3. Les ONG indiquées concernent le secteur humanitaire.

⋯⋗ OBJECTIF DE l'ACTIVITÉ 2

⋮ Comprendre la présentation des objectifs d'une association.

② Faire faire l'activité par deux. Lors de la mise en commun en grand groupe, faire identifier les ONG dont il est question. Afin d'assurer une transition vers l'aide-mémoire, faire remarquer que les phrases ont un point commun : *elles indiquent l'objectif des organisations/associations évoquées.*

> **CORRIGÉ**

Action contre la faim – Amnesty international – Handicap international – La Croix-Rouge – Médecins sans frontières – Aide et action

→ **L'aide-mémoire** reprend et permet de fixer les formulations utilisées pour indiquer l'objectif d'une association/ organisation. Mettre en évidence la construction des formes verbales avec les différentes prépositions : *lutter + contre + nom ; chercher + à + verbe à l'infinitif : avoir pour objectif / pour vocation + nom / + de + verbe à l'infinitif.*

POINT Culture

Ce Point culture est informatif. Il permet de préciser le statut des ONG, leurs principales valeurs et leur champ d'action. Susciter éventuellement des échanges sur les ONG les plus importantes dans les pays d'origine des apprenants, en fonction de ce qui aura été évoqué à l'activité 1.

⋯⋗ OBJECTIF DES ACTIVITÉS 3 ET 4

⋮ Comprendre des annonces d'appel à bénévolat.

③ Avant l'activité, faire observer les deux documents pour les identifier et faire le lien avec l'affiche p. 112 (faire observer le logo du salon en bas de chaque annonce) : *il s'agit de deux annonces diffusées lors du salon des solidarités*. Attirer l'attention des apprenants sur la proposition de contact en bas de chaque annonce.

a) Demander de parcourir rapidement les deux annonces pour identifier le type d'écrit.
b) Faire relire afin de relier chaque annonce à l'ONG correspondante parmi celles listées en bas de l'affiche p. 112. Demander aux apprenants de justifier leur réponse. Leur proposer de se concerter par deux avant de mettre en commun en grand groupe.

> **CORRIGÉ**
>
> **a)** Il s'agit d'appels à bénévolat.
> **b)** Annonce 1 : le logo Aide et action (« vous êtes enseignant à la retraite ou vous avez exercé un métier en relation avec l'éducation »). Annonce 2 : le logo d'Action contre la faim (« vous êtes motivé par la lutte contre la faim »).

4 Faire relire les deux annonces afin d'en dégager la matrice discursive. Proposer aux apprenants de se concerter par deux avant de mettre en commun en grand groupe. À l'issue de la mise en commun, effectuer une transition vers l'aide-mémoire en faisant observer les formulations utilisées pour parler des centres d'intérêt.

> **CORRIGÉ**
>
> 1. Le profil de la personne recherchée – 2. Les centres d'intérêt de la personne recherchée – 3. L'action proposée et ses objectifs – 4. Les façons de contacter l'organisation

> → **L'aide-mémoire** reprend et permet de fixer les formulations utilisées pour parler des centres d'intérêt. Faire remarquer la différence de construction entre la forme pronominale : *se passionner pour…/ s'intéresser à…* et les formes passives : *être passionné / intéressé par…*

⋯⟶ OBJECTIF DES ACTIVITÉS 5 ET 6

⋮ **Comprendre quelqu'un qui explique son engagement.**

5 Faire écouter l'enregistrement et en vérifier la compréhension globale : *c'est le témoignage d'un bénévole sur son action dans une association*. Revenir sur les deux appels à bénévolat et faire identifier l'annonce à laquelle la personne (Jean-Pierre) a répondu. Faire réécouter si nécessaire pour faire repérer l'indice : la nourriture.

> **CORRIGÉ**
>
> Jean-Pierre a répondu à la 2e annonce (Action contre la faim) → « …j'ai compris qu'il fallait l'action de vrais professionnels pour répondre à des problèmes comme faire venir l'eau, réparer des routes pour faire passer les camions de nourriture… »

6 **a)** Effectuer l'activité en grand groupe, en faisant justifier la réponse.
b) Faire réécouter le témoignage (avec des pauses si nécessaire) pour effectuer le repérage proposé. Proposer une concertation par deux avant de mettre en commun en grand groupe.

> **CORRIGÉ**
>
> **a)** Jean-Pierre ne correspond pas au profil professionnel décrit dans l'annonce car il n'est ni médecin ni spécialiste en développement ou en logistique. Il dit avoir compris qu'il fallait l'action de vrais professionnels pour… ce qui signifie qu'il n'en est pas un.
> **b)** La motivation de Jean-Pierre pour être bénévole : il a décidé de faire du bénévolat pour être utile et aider les gens. Son action : il s'occupe « d'une lettre d'information » qu'il diffuse tous les mois. Le but de cette action : pour que toutes les personnes de l'association soient régulièrement informées.

POINT *Langue*

Exprimer le but

Ce Point langue vise à faire conceptualiser l'expression du but, à partir de formules entraînant l'utilisation de l'infinitif ou du subjonctif.
a) Effectuer l'activité en grand groupe. Attirer l'attention des apprenants sur les différentes formules : d'un côté *pour que / afin que*, et de l'autre *pour / afin de*. Faire identifier les formes verbales qui suivent ces formules et faire justifier la différence de construction en attirant l'attention sur les sujets de la première et de la deuxième partie des phrases : sujet unique ou deux sujets différents.
b) Faire compléter la règle à partir des observations effectuées.

⇛⇛⇛

CORRIGÉ

a) Partez quelques mois *afin que* des enfants puissent découvrir le plaisir d'apprendre. – Vous pourriez consacrer une année ou plus à l'étranger *afin d'*encadrer les équipes locales. – J'ai décidé de faire du bénévolat *pour* être utile et aider des gens. – Depuis février, je la diffuse chaque mois *pour que* les personnes de l'organisation soient régulièrement informées.
b) On utilise *pour que/afin que* quand le sujet dans la 2ᵉ partie de la phrase est *différent du premier*.
Le verbe après *pour que/afin que* est au subjonctif.
Le verbe après *pour/afin de* est à *l'infinitif*.

···> **OBJECTIF DE L'ACTIVITÉ 7**

: **Raconter une expérience de bénévolat, les actions effectuées et leurs objectifs.**

7 Proposer aux apprenants d'échanger à partir du fil conducteur proposé. Effectuer une rapide mise en commun en retenant les témoignages les plus significatifs.
Variante : former des petits groupes de trois ou quatre personnes et demander de créer l'association « qui n'existe pas encore », sans en imaginer le projet spécifique. Faire présenter l'association et ses objectifs par chaque groupe devant le grand groupe.

> Présenter un projet

■ **Comprendre**
Oral
Act. 8, 9 et 10

■ **Point langue**
Le conditionnel pour présenter un projet
→ S'exercer n° 8

■ **S'exprimer**
Oral
Act. 11

Interview à la radio

···> **OBJECTIF DES ACTIVITÉS 8, 9 ET 10**

: **Comprendre la présentation d'un projet humanitaire dans une interview à la radio.**

8 Faire écouter l'enregistrement et en vérifier la compréhension globale : *deux personnes, un homme et une femme, sont interviewées par un journaliste de radio.* Vérifier si les apprenants comprennent la raison du passage des deux personnes dans l'émission.

CORRIGÉ

Ondine Khayat et Frédéric Koskas sont à la radio parce qu'ils lancent un projet : le loto humanitaire.

9 Effectuer l'activité en grand groupe en veillant à vérifier la compréhension du slogan.

CORRIGÉ

1. Le but d'Ondine Khayat et de Frédéric Koskas est « de lutter contre la pauvreté dans le monde ».
2. Leur slogan est : « Parions pour un monde meilleur ».

10 Faire réécouter l'interview jusqu'à la question du journaliste : « Et ça se présenterait sous quelle forme ? » Vérifier si les apprenants comprennent ce que le journaliste veut savoir : *comment les deux personnes imaginent le fonctionnement du loto humanitaire.* Puis faire réécouter l'enregistrement jusqu'au bout pour que les apprenants effectuent les repérages demandés. Proposer une mise en commun par deux avant celle en grand groupe.

CORRIGÉ

Le loto humanitaire se présenterait comme le « loto français : il y aurait un tirage supplémentaire qui serait à vocation humanitaire… tous les heureux gagnants donneraient 20 % de leurs gains à un collectif qui ensuite distribuerait l'argent en fonction des urgences… il y aurait redistribution de l'argent. »

POINT *Langue*

Le conditionnel pour présenter un projet

Ce Point langue permet de découvrir l'usage du conditionnel pour parler d'un projet. Faire les activités en grand groupe, en vérifiant si les apprenants comprennent que les personnes qui s'expriment dans l'enregistrement parlent de faits qui ne sont pas encore réels : il s'agit seulement d'un projet pas encore finalisé, en cours d'élaboration.

CORRIGÉ

a) Ça se *présenterait* comment ? Il y *aurait* un tirage supplémentaire. Tous les gagnants *donneraient* 20 % de leurs gains. Un collectif *distribuerait* tout l'argent.
b) Pour indiquer qu'un fait n'est pas encore réel, mais existe seulement à l'état de projet, on utilise *le conditionnel présent*.

⋯⋮ OBJECTIF DE L'ACTIVITÉ 11

⋮ **Transférer les acquis en définissant un projet d'évènement et en le présentant.**

11 Faire faire l'activité en petits groupes. Prévoir une mise en commun en grand groupe afin que les projets soient présentés, en veillant à faire préciser à chaque fois le type d'initiative, son objectif, son organisation et les modalités de mise en place.

❯ **Imaginer une situation hypothétique**

■ Comprendre Écrit	■ Point langue	■ Phonétique	■ S'exprimer Oral	■ S'exprimer Écrit
Act. 12 et 13	Imaginer une situation hypothétique, irréelle → S'exercer n° 9 et 10	Act. 14	Act. 15	Act. 16

Coupure de presse

⋯⋮ OBJECTIF DES ACTIVITÉS 12 ET 13

⋮ **Comprendre des réactions face à un projet et une situation hypothétique.**

12 D'abord, faire observer le document afin de l'identifier : *il s'agit d'une coupure de presse.* Faire repérer le nom de la rubrique : *« La parole est à vous ».* Préciser que ce type de rubrique existe dans plusieurs journaux (par exemple, dans le journal *Le Parisien/Aujourd'hui en France*, elle s'appelle « Voix Express ») : chaque jour, on effectue un micro-trottoir en posant la même question à plusieurs personnes. Ensuite, le journal publie quelques réponses (en général cinq, contrastées). Faire lire l'extrait d'article puis vérifier la compréhension à partir des indications données dans l'activité.

CORRIGÉ

1. La question posée est : Seriez-vous prêt à participer à un loto humanitaire ?
2. Les personnes évoquent une situation imaginaire.

13 Faire faire l'activité par deux. Lors de la mise en commun en grand groupe, faire justifier les réponses.

CORRIGÉ

a) Ambre est favorable : « C'est une excellente idée ! » ; Denis est défavorable : « Si ce type de loto existait, je ne participerais pas, je me méfierais trop de l'utilisation qui pourrait être faite de mon argent. »
b) Ambre : « Moi, si je gagnais une grosse somme, j'accepterais sans difficulté d'en donner le cinquième. » ; Denis : « ... si je gagnais le gros lot, je préférerais faire un don à une petite association [...] comme ça je saurais où irait mon argent. »

POINT *Langue*

Imaginer une situation hypothétique, irréelle

Ce Point langue permet de conceptualiser la structure utilisée pour exprimer une situation hypothétique, irréelle.
a) Faire observer les deux exemples et faire identifier les deux parties de chaque phrase : on exprime d'abord une hypothèse avec *si*, puis on imagine la conséquence. Faire remarquer que l'hypothèse concerne une situation imaginaire, considérée comme peu probable, irréelle.
b) Effectuer l'activité en grand groupe en veillant à vérifier la compréhension de la règle.

CORRIGÉ

b) Les deux personnes utilisent la structure *si* + imparfait, suivie du conditionnel présent pour *faire une hypothèse qui concerne le présent et en imaginer la conséquence*.
Dans ces cas, le conditionnel présent exprime *l'irréel dans le présent*.

⋯⋗ OBJECTIF DE L'ACTIVITÉ 14

⋮ **Phonétique : prononciation de [ʀ] et des groupes consonantiques avec [ʀ] – distinction futur simple /**
⋮ **conditionnel présent.**

14 **a)** Faire écouter les phrases l'une après l'autre et solliciter les apprenants pour les répéter à tour de rôle, avec le support du livre au début, puis sans le livre, au fur et à mesure des répétitions.
b) Faire écouter chaque numéro pour faire identifier la forme entendue. Demander aux apprenants de souligner la forme verbale entendue.
c) Faire écouter les phrases successivement et solliciter quelques apprenants pour les répéter, à tour de rôle.

CORRIGÉ

b) 1. a. Vous donnerez. 2. b. Nous protégerions. 3. b. Vous voyageriez. 4. a. Nous mangerons. 5. b. Nous travaillerions.

⋯⋗ OBJECTIF DE L'ACTIVITÉ 15

⋮ **Réagir à/imaginer une situation hypothétique.**

15 Former des petits groupes et leur demander de répondre à la question posée par le journal. Lors de la mise en commun en grand groupe, constater les similitudes ou la variété des réponses.

⋯⋗ OBJECTIF DE L'ACTIVITÉ 16

⋮ **Transférer les acquis en rédigeant une prise de position pour réagir à une situation hypothétique.**

16 Tout d'abord, rappeler la question posée dans l'article p. 114 : « Seriez-vous prêt(e) à participer à un loto humanitaire ? » Proposer aux apprenants de s'appuyer sur ce qui a été dit précédemment pour rédiger leur « prise de position ». Faire faire l'activité individuellement, en classe ou à la maison.

Corrigés S'exercer • Leçon 2

6. 1. Vous êtes intéressé par la défense de l'environnement / Vous vous intéressez à la défense de l'environnement. 2. Il se passionne pour la recherche médicale / Il est passionné par la recherche médicale. 3. Je me passionne pour l'archéologie / Je suis passionné par l'archéologie. 4. Nous sommes intéressés par l'aide aux enfants en difficulté / Nous nous intéressons à l'aide aux enfants en difficulté.
7. 1. pour/afin de construire – 2. pour/afin de vous sentir utile – 3. afin que/pour que la population puisse être soignée –
4. pour que/afin que les enfants apprennent – 5. afin de/pour venir en aide
8. 1. On irait – 2. On les accueillerait – 3. Elles pourraient – 4. On leur offrirait – 5. Nous serions – 6. Nous rédigerions et enverrions
9. 1. je pouvais ; je jouerais – 2. tout irait ; les pays étaient – 3. chaque personne donnait ; la pauvreté serait – 4. tu économisais ; tu pourrais – 5. vous auriez ; vous choisissiez
10. *À titre indicatif* : A. Si la pauvreté n'existait plus, certaines populations ne mourraient plus de faim. S'il n'y avait plus de guerres, les peuples seraient plus heureux. Si les ONG n'existaient pas, les populations en danger ne seraient pas secourues. Si le commerce devenait équitable, tous les paysans pourraient vivre du produit de leurs terres. Si tous les enfants allaient à l'école, ils pourraient ensuite choisir un métier. – B. On vivrait mieux si on était moins exigeants. Les hommes seraient plus heureux s'ils pouvaient s'entendre entre eux. Le monde serait plus juste si les riches offraient une partie de leurs revenus aux pauvres. Il y aurait moins de maladies si on avait une alimentation plus équilibrée. J'aiderais financièrement plusieurs ONG si mon salaire me le permettait. Vous donneriez un peu de votre temps si vous travailliez moins.

→ **Voir aussi le Cahier d'activités | p. 81-85**

Vivre ses rêves

Contenus socioculturels • Thématiques	
	Le voyage d'aventure, les récits de voyage

Objectifs sociolangagiers

Objectifs pragmatiques

Présenter, résumer un livre	– comprendre une interview avec l'auteur d'un livre – comprendre la présentation d'un livre et de sa genèse, dans un article – comprendre l'évocation d'un récit de voyage et de sa genèse – raconter un voyage/un rêve de voyage – rédiger la quatrième de couverture d'un livre de récit de voyage
Donner son avis, justifier ses choix	– comprendre la présentation d'un festival de films et d'un palmarès – comprendre le témoignage d'un réalisateur à propos de son film – comprendre un micro-trottoir où l'on donne son avis à propos d'un film – donner son avis, échanger sur sa conception du voyage – rédiger la présentation d'une œuvre sur le thème du voyage

Objectifs linguistiques

Grammaticaux	– connecteurs pour exprimer la cause et la conséquence : *car, comme, en effet, c'est pourquoi /c'est pour cette raison que /c'est pour ça que, donc, alors* – *grâce à /à cause de*
Lexicaux	– termes liés au récit de voyage – expression pour exprimer son avis, l'accord / le désaccord > Lexique thématique : livre de l'élève p. 202
Phonétiques	– intonation de l'insistance – phonie-graphie : les verbes en *-ger* et *-cer* avec alternance graphique

Scénario de la leçon

La leçon se compose de deux parcours :

Dans le premier parcours (p. 116-117), les apprenants découvriront deux couvertures de livres liés au voyage et écouteront un extrait de radio présentant le plus récent des deux. Ils liront ensuite un article de magazine présentant ce livre et échangeront sur les voyages qu'ils ont faits ou qu'ils aimeraient faire, dans la lignée de celui dont il est question dans le livre. Puis ils écouteront un autre extrait de radio, pour recueillir des informations qui leur permettront de rédiger une quatrième de couverture pour la réédition du livre le plus ancien.

Dans le deuxième parcours (p. 118-119), les apprenants liront un extrait de presse qui annonce le palmarès d'un festival de films de voyage et découvriront le film primé à travers son affiche. Ils liront ensuite l'évocation du film par son réalisateur et écouteront un micro-trottoir à la sortie de la projection. À la fin du parcours, ils seront en mesure d'échanger et de donner leur avis sur différentes conceptions du voyage. Ils rédigeront aussi la présentation d'une œuvre liée au thème du voyage pour un magazine.

❯ Présenter / Résumer un livre

■ Comprendre Écrit	■ Comprendre Oral	■ Comprendre Écrit	■ Point langue	■ Point langue	■ S'exprimer Oral	■ Comprendre Oral ■ S'exprimer Écrit
Act. 1	Act. 2 et 3	Act. 4 et 5	Présenter un récit de voyage	Exprimer la cause et la conséquence	Act. 6	Act. 7
				→ S'exercer nº 11 et 12		

| Couvertures de livres | Extrait de radio : interview | Article : présentation de livre | | | | Extrait de radio |

⋯❖ OBJECTIF DE L'ACTIVITÉ 1

⋮ À partir de couvertures de livres, faire des hypothèses sur leur contenu et leurs points communs.

① Faire observer les documents afin de les identifier : *il s'agit de couvertures de livres*. Faire repérer les titres et les auteurs : L'Usage du monde, *de Nicolas Bouvier et* L'Usure du monde – Hommage à Nicolas Bouvier, *de Frédéric Lecloux*. Faire observer brièvement les couvertures : *sur l'une, un dessin de type oriental représentant un âne en marche transportant deux personnes qui se font face ; sur l'autre, une photo de paysage désertique avec un objet insolite au milieu : un matelas*. Vérifier si les apprenants connaissent les deux livres. Sinon, faire trouver de quel type d'ouvrage il s'agit en faisant remarquer le nom de collection du premier : *Voyageurs*. À partir des différents indices, formuler quelques hypothèses sur les deux livres : *L'Usage du monde* est un récit de voyage, effectué à une époque peut-être lointaine, où l'on prenait son temps ; *L'Usure du monde* a comme point de départ le livre de Nicolas Bouvier, mais l'époque n'est pas la même (la photo retrace un monde « usé », elle est le reflet d'un certain « délabrement » du monde).

CORRIGÉ

1. Les deux livres sont des récits de voyage. *L'Usure du monde* est aussi un livre d'art (de photos).
2. Les deux titres sont en écho, se ressemblent ; ils comportent le mot « monde », ce qui donne à penser qu'il s'agit de voyage(s) traversant plusieurs pays. Sur la couverture de *L'Usure du monde*, on observe qu'il s'agit d'un hommage à Nicolas Bouvier, auteur de *L'Usage du monde*.

⋯❖ OBJECTIF DES ACTIVITÉS 2 ET 3

⋮ Comprendre l'interview d'un auteur sur son livre.

② Faire écouter l'enregistrement et en vérifier la compréhension globale : *il s'agit d'un extrait de radio, où un journaliste interviewe F. Lecloux à l'occasion de la sortie de son livre* L'Usure du monde. Faire confirmer les hypothèses émises précédemment et préciser le lien entre les deux livres.

CORRIGÉ

L'Usage du monde et *L'Usure du monde* sont tous les deux des récits de voyage. *L'Usure du monde* a pour point de départ la lecture du livre de Nicolas Bouvier. Cinquante ans après le voyage raconté par ce dernier dans *L'Usage du monde*, Frédéric Lecloux a effectué un voyage similaire, pour faire un livre de photos et de textes.

③ Avant l'écoute, faire lire les questions et proposer aux apprenants de former des groupes de trois pour faire l'activité, chacun se concentrant surtout sur l'une des trois questions. Après l'écoute, proposer une concertation dans les sous-groupes avant la mise en commun en grand groupe. Faire réécouter, si nécessaire.

CORRIGÉ

1. Il a voulu suivre à peu près la même route que Nicolas Bouvier avait suivie. Il voulait retrouver l'émotion présente dans *L'Usage du monde* : « ce qu'on a cherché surtout, c'est à retrouver l'émotion que le livre de Nicolas Bouvier nous a transmise, et à essayer d'aller la rechercher sur cette route ».
2. Il a constaté que certains pays avaient beaucoup changé depuis le voyage de N. Bouvier : « Ils ont beaucoup changé, ils se sont usés de partout. Ce sont tous des pays qui ont connu la guerre de façon plus ou moins violente ».
3. Pour F. Lecloux, les rencontres sont essentielles, dans un voyage : « ce qui nous intéressait, c'était de rencontrer les gens et de passer du temps avec eux. C'est ça le voyage, hein, c'est de se donner le temps de la rencontre, c'est tout ».

···⋮ **OBJECTIF DES ACTIVITÉS 4 ET 5**

⋮ **Comprendre un article qui présente un livre de voyage et sa genèse.**

4 Tout d'abord, faire identifier le document : *il s'agit d'un article intitulé «* De l'Usage *à l'*Usure du monde *».* Puis faire observer la photo : *on y voit le livre de N. Bouvier,* L'Usage du monde, *posé par terre.* Faire faire l'activité individuellement puis proposer de se concerter par deux avant de mettre en commun en grand groupe.

CORRIGÉ

Cette photo a été prise par F. Lecloux, à la Passe de Khiber parce qu'il était arrivé au même point final du périple que N. Bouvier : « Comme la longue "flânerie" de Nicolas Bouvier s'était achevée à la Passe de Khiber (à la frontière pakistano-afghane) le photographe y a également terminé son périple. C'est pourquoi il a photographié à cet endroit précis son exemplaire usé du livre, puis l'a laissé symboliquement sur place, dans la poussière. »

5 Faire faire l'activité par deux. Lors de la mise en commun en grand groupe, faire justifier les réponses avec des passages du texte.

CORRIGÉ

a) « C'est grâce à *L'Usage du monde* que le photographe Frédéric Lecloux a décidé de prendre la route cinquante ans après Nicolas Bouvier, pour effectuer approximativement le même parcours. » / « Ce grand voyage, c'est la réalisation d'un rêve d'enfance car, tout petit, il voulait déjà partir en Inde en voiture. À la lecture de l'ouvrage de Nicolas Bouvier, ce rêve a ressurgi et est devenu une véritable obsession. Il a alors décidé de vivre la même aventure, autour d'un projet photographique. »
b) Son objectif était de faire « un voyage pour le voyage, pour ce qu'il est », de prendre son temps, « le temps du monde des gens ». Il a donc privilégié les rencontres et les contacts humains, d'où les nombreux portraits dans le livre.

POINT *Langue*

Présenter un récit de voyage

Ce Point langue amène à faire repérer le lexique utilisé pour présenter un récit de voyage, dans l'article travaillé précédemment. Faire faire l'activité individuellement puis proposer de se concerter par deux avant la mise en commun en grand groupe.

CORRIGÉ

Nicolas Bouvier : (son) illustre prédécesseur – le célèbre voyageur – Frédéric Lecloux : le photographe – l'auteur – un grand voyage → parcours – périple – le livre → l'ouvrage – le chef-d'œuvre.

POINT *Langue*

Exprimer la cause et la conséquence

Ce Point langue permet de conceptualiser différentes manières d'exprimer un lien de cause/conséquence.
a) Faire faire l'activité individuellement. Puis, en grand groupe, faire remarquer le rapport de cause/conséquence qui relie les phrases. Faire identifier les expressions de cause et de conséquence.
b) c) Effectuer les activités en grand groupe, en guidant l'observation des apprenants.

CORRIGÉ

a) C'est grâce à *L'Usage du monde* que le photographe Frédéric Lecloux a décidé de prendre la route.
Comme la longue « flânerie » de Nicolas Bouvier s'était achevée à la Passe de Khiber (à la frontière pakistano-afghane), le photographe a également terminé son périple dans ce site. C'est pourquoi il a photographié à cet endroit précis son livre.
Ce grand voyage, c'est la réalisation d'un rêve d'enfance car, tout petit, il voulait déjà partir en Inde en voiture.
À la lecture de l'ouvrage de Nicolas Bouvier, ce rêve a ressurgi et est devenu une véritable obsession. Il a alors décidé de vivre la même aventure.
Son objectif était de faire « un voyage pour le voyage, pour ce qu'il est », de prendre son temps, « le temps du monde des gens ». Il a donc privilégié les rencontres.
b) – cause : *parce que, car* ; **comme** ; *à cause de* (+ nom) ≠ **grâce à (+ nom)**
– conséquence : *c'est pourquoi* ; **alors, donc**
c) Pour exprimer la cause en première position dans la phrase : *comme*.
Expression de conséquence entre auxiliaire et participe passé : *donc*.
NB : comme *donc, alors* (qui exprime ici la conséquence) peut également être placé entre l'auxiliaire et le participe passé, comme dans l'article ; mais il peut aussi se placer en début de phrase : *alors il a décidé…* – *donc, il a privilégié…*

⋯⋮⟩ OBJECTIF DE L'ACTIVITÉ 6

⋮ **Raconter un voyage effectué/ parler d'une façon de voyager.**

6 **1.** Former des petits groupes et proposer d'échanger à partir du fil conducteur proposé. Proposer à chaque sous-groupe de désigner un apprenant dont le récit de voyage semble riche à partager, lors de la mise en commun en grand groupe.

2. Effectuer l'activité en grand groupe, en interrogeant particulièrement les apprenants qui rêvent de faire un voyage semblable à ceux de N. Bouvier et de F. Lecloux.

⋯⋮⟩ OBJECTIF DE L'ACTIVITÉ 7

⋮ **Transférer les acquis en rédigeant la présentation d'un récit de voyage à partir de la compréhension de**
⋮ **son évocation et de sa genèse dans un extrait de radio.**

7 **a)** Faire écouter l'extrait et en vérifier la compréhension globale : *il s'agit d'une émission de radio sur les voyages, où la journaliste évoque le livre de N. Bouvier pour introduire son émission du jour.* Donner ensuite la consigne de production écrite (partie b) de l'activité) pour inviter les apprenants à prendre des notes pendant la 2e écoute de l'enregistrement. Faire réécouter. Les apprenants se regroupent par deux ou trois pour comparer leurs notes.

b) Proposer d'effectuer l'activité en petits groupes, à l'aide des notes prises et des informations recueillies dans les autres documents étudiés (act. 2 à 5). Préciser aux groupes que la 4e de couverture doit contenir la présentation du livre et le commentaire de l'éditeur. Lors de la mise en commun en grand groupe, afficher ou projeter les productions, si possible.

> **CORRIGÉ**
>
> **a)** *L'Usage du monde* est un livre qui a mis sur la route beaucoup de voyageurs. « À l'origine, Nicolas Bouvier est parti avec son ami peintre, Thierry Vernet, en 53, pour courir la planète à bord d'une Fiat Topolino. Il apprend alors le beau métier de voyageur. Yougoslavie, Turquie, Iran, Pakistan, Afghanistan... » Il n'a rien fait d'exceptionnel, aucun exploit. « Bouvier nous donne simplement à voir, il montre des maisons, des femmes, des oignons, des ânes... Une version positive de la route ! Et il jubile dans ce voyage où rien ne se passe, seulement la découverte du coin de la rue. » Pour lui, « Un voyage se passe de motifs, il ne tarde pas à prouver qu'il se suffit à lui-même : on croit qu'on va faire un voyage, mais bientôt c'est le voyage qui vous fait... ou vous défait. »

⟩ Donner son avis, justifier ses choix

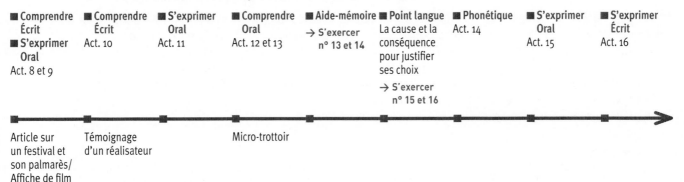

| ■ Comprendre Écrit ■ S'exprimer Oral Act. 8 et 9 | ■ Comprendre Écrit Act. 10 | ■ S'exprimer Oral Act. 11 | ■ Comprendre Oral Act. 12 et 13 | ■ Aide-mémoire → S'exercer n° 13 et 14 | ■ Point langue La cause et la conséquence pour justifier ses choix → S'exercer n° 15 et 16 | ■ Phonétique Act. 14 | ■ S'exprimer Oral Act. 15 | ■ S'exprimer Écrit Act. 16 |

Article sur un festival et son palmarès/ Affiche de film — Témoignage d'un réalisateur — Micro-trottoir

⋯⋮⟩ OBJECTIF DES ACTIVITÉS 8 ET 9

⋮ **Comprendre un court article sur un festival de film et son palmarès ; faire des hypothèses sur un film à**
⋮ **partir de son affiche.**

8 Tout d'abord, faire identifier le document : *il s'agit d'un court article sur les résultats du festival du film Curieux Voyageurs.* Ensuite, faire lire l'article afin d'identifier la thématique du festival et ses valeurs. Proposer aux apprenants de comparer leurs réponses par deux avant la mise en commun en grand groupe.

> **CORRIGÉ**
>
> Il s'agit du festival du film Curieux Voyageurs. Ce festival a pour thématique les films de voyage. Il donne une place importante à l'engagement citoyen et aux ONG, et rassemble de nombreux films destinés à sensibiliser les spectateurs au tourisme responsable et solidaire.

9 Effectuer l'activité en grand groupe, en guidant l'observation des apprenants.

> **CORRIGÉ**
>
> **1.** Le nom du film, *Nomad's Land*, indique qu'il s'agit de nomades et de leur lieu de vie. Le sous-titre indique qu'il s'agit d'un hommage à Nicolas Bouvier. Sur la photo, on voit des personnes à cheval, dans un paysage désertique et montagneux.
> **2.** Le film a obtenu le Grand Prix du festival.

⋯⟩ OBJECTIF DE L'ACTIVITÉ 10

⋮ **Comprendre le témoignage d'un réalisateur sur la genèse et le tournage de son film.**

10 Faire lire le début du document afin de l'identifier : *il s'agit du témoignage du réalisateur du film* Nomad's Land, *Gaël Metroz*. Faire faire l'activité individuellement puis comparer les réponses par deux. Lors de la mise en commun en grand groupe, faire justifier les réponses avec des passages du texte.

> **CORRIGÉ**
>
> **1.** Le livre de Nicolas Bouvier a été le point de départ du projet : « Les voyages de Nicolas Bouvier m'avaient tant fait rêver, que, à l'automne 2005, je suis parti seul pour tourner pendant six mois un documentaire sur la route qu'il avait effectuée en 1953. » – **2.** Il y a un jeu de mots entre le titre *Nomad's Land* et l'expression « No man's land » qui désigne un lieu indéfini (lieu entre 2 pays – « à côté », « en-dehors »), qui n'appartient à personne et où il n'y a rien (cf. 2e paragraphe) → « En arrivant à Tabriz, ville que Nicolas affectionnait entre toutes et où il a passé tout un hiver, je n'ai plus rien trouvé des descriptions d'antan. À la différence de Nicolas, je n'avais pas de Topolino, et surtout, je n'aimais pas les villes. La suite, et l'essentiel du voyage, m'a donc mené par les chemins de traverse avec d'autres gens du voyage. En train, puis en bus, en jeep, en chameau, yak, dromadaire, et surtout à pied, j'ai suivi les traces nomades. »

⋯⟩ OBJECTIF DE L'ACTIVITÉ 11

⋮ **Exprimer son intention de lire/regarder/visionner des œuvres dont on a entendu parler.**

11 Former des petits groupes pour échanger à partir du fil conducteur proposé. Effectuer une brève mise en commun.

⋯⟩ OBJECTIF DES ACTIVITÉS 12 ET 13

⋮ **Comprendre un micro-trottoir où des personnes donnent leur avis et justifient leur opinion.**

12 **1.** Tout d'abord, faire écouter l'enregistrement et en vérifier la compréhension globale : *il s'agit d'un micro-trottoir effectué après la projection du film* Nomad's Land *au festival de Saint-Étienne ; le journaliste demande à quatre spectateurs (deux femmes et un couple) de donner leur avis sur le film.* Puis faire réécouter afin d'effectuer l'activité. Recommander aux apprenants de noter ce qui permet de justifier l'opinion des spectateurs. Lors de la mise en commun en grand groupe, ne pas hésiter à faire réécouter pour confirmer/compléter les réponses.
2. Faire réécouter afin d'effectuer l'activité. Proposer aux apprenants de comparer leurs réponses par deux avant la mise en commun en grand groupe.

> **CORRIGÉ**
>
> **1.** Le film *Nomad's Land* obtiendrait 3 votes pour le Grand Prix du festival : les deux femmes qui répondent d'abord et l'homme du couple qui répond ensuite. **Les 2 femmes** ont une opinion très positive : « À mon avis, ce film, c'est le meilleur de la programmation ! Selon moi, c'est celui-là qui va gagner le Grand Prix cette année. »/ « je trouve que c'est un hommage extraordinaire ! Ce voyage, ces paysages, et l'accueil de ces gens surtout, ça m'a vraiment donné envie de prendre la route. » **L'homme du couple** a une opinion très positive : « c'est le plus beau film de voyage que j'aie vu ! » **La femme du couple** a une opinion mitigée, elle préfère le film qu'elle a vu le matin : « c'est très beau, certes... il y a des paysages à couper le souffle... Mais […] Pour moi, c'est pas très original. » « […] le point de vue est intéressant. Mais d'après moi, le film qu'on a vu ce matin est plus riche. Il mériterait vraiment de gagner le Grand Prix »/ « […] pour moi, c'est trop lent, et puis il y a trop de chants et de danses, c'est répétitif ».
> **2. Points forts :** la beauté des paysages, les gens qui sont filmés → « ces paysages, et l'accueil de ces gens surtout, ça m'a vraiment donné envie de prendre la route ! » ; « c'est très beau, il y a des paysages à couper le souffle » ; « il n'y a pas que de belles images, il y a aussi la philosophie du voyage, la richesse des rencontres, et... le temps du partage ! » – **Points faibles :** le manque d'originalité, le rythme du film, la répétition de scènes de chants et de danses.

13 **a)** Faire réécouter avec des pauses et demander aux apprenants de noter les différentes expressions utilisées pour exprimer son accord ou son désaccord. Mettre en commun en grand groupe.
b) Faire réécouter une dernière fois pour noter comment le couple donne son avis et le justifie. Proposer aux apprenants de comparer leurs réponses par deux avant la mise en commun en grand groupe.

> **CORRIGÉ**
>
> **a)** je suis tout à fait d'accord – je ne suis pas du tout d'accord – je suis assez d'accord – tu as raison – je ne suis pas de ton avis.
> **b)** L'homme : « [...] il y a aussi la philosophie du voyage, la richesse des rencontres, et... le temps du partage ! Et c'est pour cette raison qu'il m'a touché – [...] il fait réfléchir et c'est pour ça qu'il doit gagner un prix aussi. »
> La femme : « [le film qu'on a vu ce matin] mériterait vraiment de gagner le Grand Prix. En effet, c'est un film engagé qui montre des militants, et c'est super important, la défense de la planète ! »

→ **L'aide-mémoire** reprend et permet de fixer différentes expressions utilisées pour exprimer son avis et exprimer son accord/son désaccord.

POINT *Langue*

La cause et la conséquence pour justifier ses choix

Ce Point langue permet d'élargir la conceptualisation à d'autres expressions de la cause et de la conséquence dans un contexte argumentatif.
Faire faire l'activité par deux. Lors de la mise en commun en grand groupe, vérifier la compréhension.

> **CORRIGÉ**
>
> Cause : Ce film devrait gagner le Grand Prix. *En effet*, c'est un film engagé qui fait réfléchir, et c'est super important, la défense de la planète !
> Conséquence : C'est un film engagé qui fait réfléchir, et c'est super important, la défense de la planète ! *C'est pour cette raison qu'il* /*c'est pour ça qu'*il devrait gagner le Grand Prix.

⋯⋗ OBJECTIF DE L'ACTIVITÉ 14

⋮ **Phonétique : intonation de l'insistance.**

14 Faire écouter la première phrase. Demander aux apprenants s'ils ont entendu le(s) mot(s) prononcé(s) avec une accentuation plus forte. Faire écouter le reste de l'enregistrement et demander aux apprenants de repérer les mots qui ont été accentués. Corriger au fur et à mesure. Terminer en faisant répéter les phrases avec l'accentuation proposée.

> **CORRIGÉ**
>
> 1. À mon avis, ce film, c'est *le meilleur* de la programmation ! 2. Selon moi, c'est *celui-là* qui va gagner le Grand Prix cette année. 3. Ah oui, je suis *tout à fait d'accord* ! 4. Je trouve que c'est un hommage *extraordinaire* ! 5. Ce voyage, ces paysages, ça m'a *vraiment* donné envie de prendre la route ! 6. Ah, je ne suis *pas du tout d'accord* ! 7. C'est le *plus beau film de voyage* que j'aie vu ! 8. *C'est pour cette raison* qu'il m'a touché ! 9. C'est *super important*, la défense de la planète ! 10. Il fait réfléchir et c'est *pour ça* qu'il doit gagner un prix !

⋯⋗ OBJECTIF DE L'ACTIVITÉ 15

⋮ **Donner son avis sur une conception du voyage et exprimer sa propre conception.**

15 Former des petits groupes et proposer aux apprenants d'échanger à partir du fil conducteur proposé. Lors de la mise en commun, chaque sous-groupe nomme un rapporteur pour rendre compte des échanges au grand groupe.

⋯⋗ OBJECTIF DE L'ACTIVITÉ 16

⋮ **Transférer les acquis en rédigeant la présentation d'une œuvre sur le thème du voyage, pour un magazine.**

16 Tout d'abord, expliciter le contexte de la production : *le magazine* Vagabondages *donne la parole aux lecteurs dans sa rubrique Coups de cœur...* Proposer aux apprenants de rédiger individuellement la présentation d'une œuvre sur le voyage, qu'ils ont particulièrement appréciée. Préciser que cette production doit contenir les éléments indiqués : le résumé de l'œuvre, les raisons du choix de cette œuvre et les conséquences de cette œuvre dans leur vie.

Corrigés S'exercer • Leçon **3**

11. a) 1. On a été bien reçus grâce à nos relations sur place. 2. Comme j'organise mon prochain voyage, j'achète des guides. 3. Il a fallu attendre une semaine avant de partir à cause de la neige. 4. On a pu traverser facilement la région car on avait un laissez-passer des autorités.

b) *(À titre indicatif)* 1.Comme j'adore la Thaïlande, je suis parti dans ce pays / Je suis parti en Thaïlande parce que j'adore ce pays. 2. Nous avons été malades à cause du soleil / Nous avons été malades parce que / car nous étions restés au soleil. 3. Nous avons vu des sites extraordinaires parce que / car nous avions un très bon guide / Grâce à notre guide / Comme nous avions un très bon guide, nous avons vu des sites extraordinaires. 4. Comme nous recherchons les contacts, nous logerons chez l'habitant / Nous logerons chez l'habitant car nous recherchons les contacts.

12. 2. Nous sommes tombés en panne (d), nous avons donc dû trouver un garage / c'est pourquoi nous avons dû trouver un garage. 3. Il fallait absolument arriver avant la nuit, on ne s'est donc pas arrêtés en route (c) / c'est pourquoi on ne s'est pas arrêtés en route. 4. Tous les hôtels étaient complets (b), c'est pourquoi nous avons dormi dans la voiture / alors, nous avons dormi dans la voiture. 5. On avait dépensé tout notre argent (a), alors on a décidé de vendre quelques objets personnels / c'est pourquoi on a décidé de vendre…

13. À mon avis – je ne suis pas tout à fait d'accord – Pour moi – tu as raison – je suis de ton avis – je pense qu'avec

14. Production libre.

15. alors – comme – en effet – grâce à – c'est pour cette raison que

16. 1. Je n'ai pas apprécié le film ; en effet, je n'ai pas cru à l'histoire. Je n'ai pas cru à l'histoire, c'est pour cette raison que / c'est pour ça que je n'ai pas apprécié le film. 2. On a envie d'aller admirer les paysages sur place. En effet, ils sont magnifiquement filmés. – Les paysages sont magnifiquement filmés ; c'est pour ça que / c'est pour cette raison qu'on a envie d'aller les admirer sur place ! 3. Les spectateurs ont longuement applaudi après la projection. En effet, le film est remarquable. – Le film est remarquable ! C'est pour cette raison / C'est pour ça que les spectateurs ont longuement applaudi après la projection. 4. C'est une histoire que les enfants vont aimer ; en effet, elle est facile à comprendre. – Cette histoire est facile à comprendre, c'est pour ça que / c'est pour cette raison que les enfants vont l'aimer. 5. L'auteur a un vrai talent de réalisateur. C'est pour cette raison que / C'est pour ça que j'ai adoré son film. – J'ai adoré son film ! En effet, cet auteur a un vrai talent de réalisateur.

→ **Voir aussi le Cahier d'activités** | **p. 86-91**

Ce *Carnet de voyage* a une fonction (inter)culturelle. Il se compose de deux volets.

Le premier volet, intitulé **Portraits chinois**, propose aux apprenants de découvrir tout d'abord un voyageur du Grand Nord, Nicolas Vanier, à travers la lecture d'un court article et l'écoute d'une interview sous forme de portrait chinois. Ensuite, ils se familiariseront avec cette technique pour se présenter/parler de soi (ou de quelqu'un d'autre), avec l'écoute d'extraits d'autres portraits chinois, puis seront amenés à interagir en interrogeant d'autres apprenants sous cette forme. Ils rédigeront pour finir leur propre portrait chinois.

Le second volet, intitulé **Si j'étais…**, propose aux apprenants la lecture d'un extrait littéraire où l'auteur imagine sa vie avec une origine différente. Ensuite, ils prendront connaissance d'un graphique concernant l'immigration en France. Enfin, ils seront amenés à s'imaginer avec une origine étrangère et à comparer leur « portrait imaginaire » avec des personnes du groupe ayant choisi la même origine.

Portraits chinois

1 Tout d'abord, montrer la photo de Nicolas Vanier : *il s'agit d'un homme habillé chaudement, avec un chien d'une race vivant dans des régions très froides.* Faire faire des hypothèses en faisant remarquer l'arrière-plan de la photo où on voit des personnes observant/ photographiant la scène : peut-être que le personnage en premier plan est un aventurier ayant fait une expédition dans une région polaire ? Puis faire identifier le document de gauche : *il s'agit d'un court article, intitulé « Nicolas Vanier, président des Trophées du Tourisme responsable ».* Faire le lien avec la photo et demander aux apprenants s'ils connaissent le personnage. Puis faire lire l'article et en vérifier la compréhension globale : *on y présente N. Vanier, on raconte brièvement son parcours et on évoque ses principales œuvres.* Faire faire l'activité par deux puis mettre en commun en grand groupe.

> **CORRIGÉ**
>
> Nicolas Vanier est un grand voyageur, amoureux du Grand Nord dont il explore depuis toujours les grands espaces vierges. Il est écrivain (il a écrit une vingtaine d'ouvrages, dont *L'Enfant des neiges*), photographe (il a publié des albums) et réalisateur (son dernier roman, *Loup*, a été adapté au cinéma et a connu un immense succès).

2 Faire écouter l'enregistrement en annonçant son contexte : *il s'agit d'une interview avec Nicolas Vanier.* Procéder à l'activité en grand groupe.

> **CORRIGÉ**
>
> Le portrait chinois amène à parler de soi, en s'imaginant objet, saison, couleur… (« si j'étais une destination ? »).

3 **a)** Faire réécouter l'interview de N. Vanier afin d'identifier la première question et de faire retrouver les suivantes.
b) Faire réécouter pour identifier les réponses de N. Vanier en lien avec certaines informations de la fiche. Proposer aux apprenants de se concerter par deux avant de mettre en commun.

> **CORRIGÉ**
>
> **a)** Si j'étais une destination ? / un voyage ? / un arbre ? / un plat ? / une invention ? / une couleur ? / un objet usuel ? / un sport ? – **b)** Les éléments suivants sont en lien avec les informations données dans la fiche : le voyage, la nature, la découverte des grands espaces… → (je serais) les montagnes Rocheuses, le Vercors, un chêne, le vélo, le vert.

4 Faire écouter l'enregistrement une première fois dans sa totalité pour identifier le document : *il s'agit d'extraits de portraits chinois.* Différentes personnes répondent. Puis demander de retrouver les questions posées à chaque fois. Pour cela, faire réécouter avec des pauses. Les apprenants se concertent par deux avant la mise en commun.

> **CORRIGÉ**
>
> Si tu étais/ si vous étiez…
> – … une pièce de la maison ? je serais la cuisine / … un personnage historique ? je serais Louis XIV – … un animal ? je serais un chat / … un vêtement ? je serais… un maillot de bain / … une profession ? je serais interprète / … un livre ? je serais un dictionnaire / … une ville ? je serais Marrakech.

5 **a)** Former des petits groupes afin que les apprenants préparent une liste de questions. Ensuite, proposer à chaque sous-groupe d'interviewer un volontaire d'un autre groupe (face au grand groupe). Vérifier que les apprenants ont bien compris le type de questions que l'on pose dans un portrait chinois et préciser qu'ils peuvent formuler des questions inédites (si vous étiez un parfum, un livre, etc.).

Variante : dans un premier temps, proposer à chaque sous-groupe de préparer sa liste de questions. Dans un deuxième temps, proposer aux apprenants de circuler dans la classe et d'interviewer deux personnes, l'une après l'autre. Puis inverser les rôles pour que les intervieweurs soient interviewés. Procéder à une mise en commun en demandant aux intervieweurs de rapporter brièvement ce qu'ils ont appris sur les personnes interviewées.

b) Cette activité est à faire individuellement, en classe ou à la maison.

Si j'étais...

6 Avant d'effectuer l'activité, faire identifier les personnes sur les photos. Demander aux apprenants ce que ces personnes ont en commun : *elles sont françaises d'origine étrangère*. Puis faire identifier la page et la couverture de livre, et faire lire l'extrait. Vérifier la compréhension globale avec les questions de l'activité. Les apprenants se concertent par deux avant la mise en commun.

> **CORRIGÉ**
>
> **a)** La narratrice est française d'origine marocaine.
> **b)** Elle imagine sa vie avec une origine différente.

7 Tout d'abord, faire observer le graphique afin de l'identifier : *il présente le nombre des personnes immigrées en France (de plus de 18 ans) en 2008, selon le pays de naissance.* Expliciter, si nécessaire, les lieux d'origine (le Maghreb, notamment) et faire remarquer les origines majoritaires. Faire faire l'activité par deux puis une mise en commun en grand groupe.

> **CORRIGÉ**
>
> **a)** « Même Nabil a disparu. Peut-être que lui aussi est parti avec ses parents en Tunisie ».
> **b)** Les parents de la narratrice étant marocains et ceux de Nabil tunisiens, on situe ces personnes parmi les gens originaires du Maghreb, deuxième origine des immigrés de 18 ans et plus en France, après l'Union européenne.

8 Faire faire l'activité en petits groupes puis mise en commun en grand groupe.

9 Faire relire l'extrait afin de faire identifier les stéréotypes demandés. Les apprenants peuvent se concerter par deux avant de mettre en commun en grand groupe.

> **CORRIGÉ**
>
> Stéréotypes : le patinage artistique, les prénoms sont compliqués, les personnes sont blondes → « Si j'étais d'origine russe... je ferais peut-être du patinage artistique... j'aurais sûrement un prénom super compliqué à prononcer et je serais sûrement blonde ».

10 **1.** Faire faire l'activité en petits groupes, en suivant le fil conducteur proposé.
2. Effectuer la mise en commun en grand groupe telle que décrite dans l'activité.

Cette page permet aux apprenants de préparer la deuxième partie d'un sujet complet du DELF A2. Pour ce Dossier, les activités proposées permettent d'évaluer leurs compétences en réception orale (trois activités) puis en production écrite (deux activités).

Compréhension de l'oral

25 points

Il s'agit d'écouter trois documents : un extrait d'émission de radio qui présente un ouvrage sur la marche à pied, une conversation entre deux jeunes étudiants sur leur engagement dans une association de quartier, et un micro-trottoir réalisé auprès de trois habitants interrogés sur leurs suggestions pour améliorer la vie dans le centre-ville. Faire lire les questions, puis proposer deux écoutes par document pour permettre aux candidats de répondre aux questions.

L'exercice 1 est noté sur **6 points**, l'exercice 2 est noté sur **8 points** et l'exercice 3 est noté sur **11 points**.

> **CORRIGÉ**
>
> **Exercice 1 :** 1. a – 2. Le voyage à pied – 3.c et f – 4. c
> **Exercice 2 :** 1.a – 2.a – 3. elle s'adresse aux enfants pour de l'aide aux devoirs – 4. b – 5. c (réponses 1, 2, 4 et 5 : 1,5 point chacune ; réponse 3 : 2 points)
> **Exercice 3 :** 1.b – 2.a : Fabienne ; b : Alain ; c : Maria. – 3. a. et c : Fabienne ; b : Maria ; d : Alain (réponse 1 : 2 points ; réponse 2 : 3 points ; réponse 3 : 6 points)

Production écrite

25 points

Pour la production écrite, deux activités sont proposées (« rédaction de deux brèves productions écrites… »), comme pour tout sujet de DELF A2.

Dans le premier exercice, il s'agit d'écrire un témoignage sur une expérience de bénévolat et, dans le second exercice, il s'agit d'écrire un mail de réponse à un ami pour lui donner des conseils et lui faire des suggestions au sujet d'un voyage qu'il projette de faire.

Dans **l'exercice 1**, la production écrite doit prendre la forme d'un témoignage en réponse à un appel du journal *Le Monde*.

S'assurer de la compréhension de la consigne : qui écrit (l'apprenant), à qui (au journal), quoi (un texte relatant une expérience), pour parler de quoi (de son expérience de bénévolat dans une association, ses motivations et sa satisfaction par rapport à son engagement).

Rappel des points attribués pour ce type d'exercice : **13 points** répartis ainsi (respect de la consigne : 1 point ; capacité à raconter et à décrire : 4 points ; capacité à donner ses impressions : 2 points ; lexique/orthographe lexicale : 2 points ; morphosyntaxe/orthographe grammaticale : 2,5 points ; cohérence et cohésion : 1,5 point).

Dans **l'exercice 2**, la production écrite prend la forme d'un mail à un ami.

S'assurer de la compréhension de la consigne : qui écrit (l'apprenant), à qui (à Lucien, un ami), quoi (un mail pour répondre à Lucien), pour parler de quoi (des destinations intéressantes, des suggestions de pays à visiter, des étapes de voyage à ne pas manquer).

Rappel des points attribués pour ce type d'exercice : **12 points** répartis ainsi (respect de la consigne : 1 point ; correction sociolinguistique : 1 point ; capacité à interagir : 4 points ; lexique/orthographe lexicale : 2 points ; morphosyntaxe/orthographe grammaticale : 2,5 points ; cohérence et cohésion : 1,5 point).

Ne pas hésiter à présenter la grille d'évaluation du DELF pour permettre aux apprenants de s'approprier les critères avec lesquels ils seront évalués.

Alternatives

> Livre de l'élève
p. 126-129

| Leçon **1** | **Nouveau départ** |

Contenus socioculturels • Thématiques

Le changement de vie, de voie professionnelle

Objectifs sociolangagiers

Objectifs pragmatiques

Évoquer un changement de vie	– comprendre un extrait de spectacle évoquant un changement de vie – comprendre l'histoire d'un spectacle et le récit d'une reconversion professionnelle – s'exprimer sur un type de spectacle – rédiger un témoignage sur un changement de vie
Comprendre une biographie	– comprendre quelqu'un qui résume un parcours de vie – comprendre la chronologie des évènements dans une courte biographie – présenter une personnalité exerçant des activités variées – rédiger une courte biographie : présenter une personnalité et indiquer les étapes de son parcours de vie

Objectifs linguistiques

Grammaticaux	– le pronom relatif *où* pour le temps : *le jour où* – les marqueurs temporels (3): *en* + durée (en contraste avec *dans* et *pendant*, rappel) – expression des rapports temporels : *avant de* + infinitif, *après* + infinitif passé
Lexicaux	– termes liés au monde du spectacle – termes liés à la biographie – marqueurs chronologiques (2) > Lexique thématique : livre de l'élève p. 202
Phonétiques	– liaison et enchaînement – phonie-graphie : liaison et enchaînement + *h* muet / *h* aspiré

Scénario de la leçon

La leçon se compose de deux parcours :

Dans le premier parcours (p. 126-127), les apprenants découvriront un spectacle humoristique à travers la jaquette de son DVD puis ils en écouteront un extrait, où l'on évoque un changement de vie. Ensuite, ils liront un témoignage en lien avec la genèse de ce spectacle et ils échangeront à propos de ce type de divertissement. Puis, ils liront un article sur le parcours et la reconversion professionnelle de l'humoriste découvert au début de la leçon. Enfin, ils rédigeront un témoignage concernant un changement de vie.

Dans le deuxième parcours (p. 128-129), ils écouteront un extrait radio sur un chanteur populaire en France, au parcours atypique ; ils retrouveront les étapes de sa biographie. Ensuite, ils échangeront à propos d'une personnalité au parcours varié. Finalement, ils rédigeront un article sur une personnalité et son parcours.

› Évoquer un changement de vie

■ Comprendre Oral	■ Comprendre Écrit	■ S'exprimer Oral	■ Comprendre Écrit	■ Aide-mémoire	■ Point langue	■ Point langue	■ S'exprimer Écrit
■ Comprendre Écrit	Act. 3	Act. 4	Act. 5 et 6	→ S'exercer n° 1	Indiquer une durée	Le monde du spectacle	Act. 7
Act. 1 et 2					→ S'exercer n° 2	→ S'exercer n° 3	

Jaquette de DVD / Extrait de spectacle   Extrait de livre   Article de presse

⋯› OBJECTIF DES ACTIVITÉS 1 ET 2

: Découvrir un spectacle humoristique à travers la jaquette de son DVD ; comprendre un extrait du spectacle,
: où l'on évoque un changement de vie.

1 **a) b)** Tout d'abord, faire observer le document afin de l'identifier : *c'est la jaquette d'un DVD.* Faire observer la photo : *il y a un homme seul, dans une attitude comique.* Faire faire des hypothèses sur le type de spectacle : *il s'agit probablement d'un one-man show humoristique.* Puis, faire repérer le nom du spectacle : « Demaison s'envole » et faire le lien avec l'attitude de l'artiste sur la photo : *Demaison est peut-être le nom de l'artiste.*
c) Faire écouter l'enregistrement et en vérifier la compréhension globale : *c'est un extrait du spectacle « Demaison s'envole ».* Vérifier que les apprenants ont bien identifié qu'il s'agit d'un spectacle humoristique avec une personne seule sur scène.

> **CORRIGÉ**
>
> **a)** Spectacle comique (cf. photo). C'est un one man show humoristique.
> **b)** Nom : Demaison.
> **c)** Il s'agit bien d'un one man show humoristique : d'une part, on n'entend qu'une seule voix ; d'autre part, on entend des rires dans la salle.

2 **a)** Faire réécouter afin de faire compléter la fiche. Proposer aux apprenants de se concerter par deux avant la mise en commun en grand groupe.
b) Tout d'abord, vérifier que les apprenants ont compris que, par moments, l'animateur du séminaire reprend les paroles de François, et les commente (par exemple : *Tu gagnais un million par an ?!! Et tu veux écrire du théâtre ?... J'sais pas quoi te dire*). Faire réécouter afin d'effectuer l'activité. Proposer aux apprenants de comparer leurs réponses par deux avant la mise en commun en grand groupe.

> **CORRIGÉ**
>
> **a)** Contexte/lieu : séminaire de réorientation professionnelle – Personnage joué sur scène : l'animateur du séminaire – Il s'adresse à François (qu'on n'entend pas).
> **b)** François est là parce qu'il est en réorientation professionnelle : il veut « écrire du théâtre » ; il explique qu'il a quitté New York où il avait un appartement de 100 m² à Central Park et gagnait 1 million par an (une bonne situation), que maintenant il vit dans un studio à La Courneuve (banlieue de Paris) et que sa femme l'a quitté.
> D'après le commentaire de l'animateur, on comprend que François « a eu envie de suivre sa passion ».

⋯› OBJECTIF DE L'ACTIVITÉ 3

: Comprendre un témoignage en lien avec la genèse d'un spectacle.

3 Tout d'abord, faire identifier le document : *il s'agit d'un extrait du livre* Demaison s'envole !. Faire repérer le titre de l'extrait : *« l'histoire d'un spectacle »* ainsi que l'auteur : *François-Xavier Demaison.* Vérifier que les apprenants comprennent qu'il s'agit du livre issu du spectacle, contenant certainement la genèse du spectacle ainsi que le texte des sketchs.
Puis, faire réécouter la fin de l'extrait audio travaillé précédemment, afin de repérer la dernière phrase : « François, c'est moi ! ». Vérifier que les apprenants comprennent le lien entre cet énoncé et le prénom de l'auteur du texte/ du spectacle (François). Puis faire lire le texte afin d'effectuer l'activité. Proposer une concertation par deux avant de mettre en commun en grand groupe.

CORRIGÉ

1. Le comédien s'appelle François-Xavier Demaison. Dans ce sketch, il raconte sa propre histoire – on comprend dans son témoignage que tout le spectacle est basé sur son expérience, sur son changement de vie.
2. F.X. Demaison a suivi des études de droit et des cours de théâtre ; puis il étudie à l'Institut des Sciences Politiques à Paris, a arrêté le théâtre et est devenu fiscaliste. Il a été envoyé à New York pour son travail. Le 11 septembre 2001, l'attentat du World Trade Center a provoqué une rupture dans sa vie.
3. L'idée du spectacle est née à New York (dans son bureau), après le 11 septembre 2001. Le titre est métaphorique et à double sens : il s'envole parce qu'il quitte New York et son ancienne vie ; il prend son envol car il prend un nouveau départ et il « se lance » pour vivre sa passion.

···⫶ OBJECTIF DE L'ACTIVITÉ 4

⫶ **Échanger à propos des spectacles humoristiques.**

4 Proposer aux apprenants d'échanger en petits groupes à partir du fil conducteur proposé. Effectuer ensuite une brève mise en commun en grand groupe.

···⫶ OBJECTIF DES ACTIVITÉS 5 ET 6

⫶ **Comprendre un article sur le parcours d'un humoriste, sa reconversion professionnelle.**

5 Tout d'abord, faire observer le document de droite : *il s'agit de l'affiche du spectacle* Demaison s'évade, *à la Gaîté Montparnasse (un théâtre parisien)*. Faire le lien avec les documents précédents afin de faire observer le parallèle entre les deux titres de spectacle de F. X. Demaison. Ensuite, faire identifier le document de gauche : *il s'agit d'un article de presse, intitulé « François-Xavier Demaison s'évade à la Gaîté Montparnasse »*. Faire remarquer le sous-titre : *« il y a eu* Demaison s'envole, *voici maintenant* Demaison s'évade... ». Faire lire afin d'effectuer l'activité.

CORRIGÉ

F. X. Demaison est dans l'actualité car son nouveau spectacle, intitulé *Demaison s'évade*, démarre dans quelques jours au théâtre.

6 Proposer aux apprenants d'effectuer l'activité individuellement puis de se concerter par deux. Lors de la mise en commun en grand groupe, faire justifier les réponses.

CORRIGÉ

a) C'est une réussite : « En un an, le fiscaliste est devenu humoriste ! – ...son one man show triomphe sur différentes scènes pendant plusieurs années. Le comédien se consacre ensuite au cinéma où il enchaîne 19 films en 6 ans ».
b) « ...il exerce pendant trois ans le métier de fiscaliste et est envoyé en 2001 à New York. Le jour où il voit les tours jumelles s'effondrer, sa vie bascule... C'est un électrochoc, une révélation sur le sens de sa vie. Il réalise que désormais, il ne veut plus "perdre sa vie à la gagner". En quelques jours, il prend sa décision : il plaque tout et rentre en France pour revenir à ses premières amours, le théâtre ».

→ **L'aide-mémoire** reprend et permet de fixer les formulations utilisées pour indiquer un moment. Faire observer que dans les deux expressions *le jour où* et *jusqu'au moment où*, le pronom relatif *où* a un référent temporel et non spatial. Faire aussi remarquer que les deux expressions concernent des dates ou des moments ponctuels, l'expression *désormais* désignant un point de départ pour une durée indéterminée.

POINT *Langue*

Indiquer une durée

Ce Point langue permet de conceptualiser les structures utilisées pour indiquer une durée.
Effectuer l'activité en grand groupe, afin de vérifier la compréhension des apprenants de manière progressive.

CORRIGÉ

a) En quelques jours, il prend sa décision. → *Il lui faut quelques jours pour* prendre sa décision.
En un an, le fiscaliste est devenu humoriste. → *Il lui a fallu un an pour* devenir humoriste.
b) *en* + durée chiffrée : indique la durée de temps nécessaire pour réaliser une action.
pendant + durée chiffrée : indique une période/une durée de temps délimitée, entre le début et la fin d'une situation/action (présente, passée ou future).

POINT *Langue*

Le monde du spectacle

Ce Point langue permet de vérifier la compréhension du lexique utilisé pour parler du monde du spectacle. Faire faire l'activité individuellement puis comparer par deux avant la mise en commun en grand groupe.

CORRIGÉ

Un acteur de théâtre = un comédien ; un comédien comique = un humoriste ; se produire (être) sur (la) scène = monter (être) sur les planches ; avoir un gros succès = triompher ; un one man show = un spectacle en solo.

⋯⋗ OBJECTIF DE L'ACTIVITÉ 7

⁝ **Transférer les acquis en rédigeant un témoignage sur un changement de vie.**

7 Tout d'abord, bien poser le contexte de la production : il s'agit de rédiger une « histoire vraie » pour la proposer à l'émission de télévision *Le jour où ma vie a basculé*. Proposer aux apprenants de réfléchir à leur propre situation, reprendre celle d'une personne de leur entourage ou imaginer une situation fictive qu'ils s'approprient, pour raconter un changement de vie (positif !), en précisant quel a été l'évènement déclencheur et l'enchaînement des faits qui ont permis un « nouveau départ ».

⟩ Comprendre une biographie

| ■ Comprendre Écrit / Oral Act. 8, 9 et 10 | ■ Point langue Les marqueurs chronologiques dans une biographie → S'exercer n° 4 | ■ Point langue Indiquer la chronologie de deux actions → S'exercer n° 5 | ■ Phonétique Act. 11 | ■ S'exprimer Oral Act. 12 | ■ S'exprimer Écrit Act. 13 |

Extrait de programme télé/ Extrait de radio

⋯⋗ OBJECTIF DES ACTIVITÉS 8, 9 ET 10

⁝ **Comprendre l'évocation d'un parcours professionnel.**

8 Dans un premier temps, faire identifier le document : *il s'agit d'une page du site de la chaîne de télévision W9 ; on y annonce l'émission « Absolument Yannick Noah ».* Faire observer les informations contenues sur la page : *sous la photo de l'artiste, outre le titre de l'émission, figurent la date et l'horaire de diffusion, le type d'émission (documentaire), et un résumé.* Vérifier si les apprenants connaissent Yannick Noah, puis faire lire le résumé et en vérifier la compréhension globale : *il s'agit d'une personnalité avec un parcours hors du commun (tennisman de renom puis chanteur).*

Dans un deuxième temps, faire écouter l'enregistrement et en vérifier la compréhension globale : *il s'agit d'un extrait radio composé de deux parties ; dans la première partie, le journaliste annonce l'émission de télévision sur Yannick Noah le soir même ; dans la deuxième partie, le journaliste retrace son parcours.* Puis vérifier si les apprenants ont compris pourquoi la chaîne W9 a programmé le documentaire sur Yannick Noah.

CORRIGÉ

Yannick Noah vient d'être réélu « personnalité préférée des Français ».

9 Faire réécouter afin d'effectuer l'activité. Proposer aux apprenants de prendre des notes et de les comparer par deux avant la mise en commun en grand groupe.

CORRIGÉ

a) On parle de « reconversion réussie » car Y. Noah, qui était un grand sportif est devenu chanteur et a beaucoup de succès (il a fait plusieurs albums, il est en tournée et se produira bientôt à l'Olympia).
b) Joueur de tennis, puis militant dans l'action humanitaire, puis entraîneur et capitaine de l'équipe de France, et enfin chanteur.

10 Avant de faire l'activité, faire identifier le document : *il s'agit d'une courte biographie, intitulée « Yannick Noah, un parcours exceptionnel ».* Faire observer les visuels : *il s'agit de pochettes de ses CD.* Puis faire réécouter l'extrait pour effectuer l'activité. Proposer aux apprenants de prendre des notes puis de les comparer par deux. Lors de la mise en commun en grand groupe, faire justifier les réponses en faisant réécouter si nécessaire.

CORRIGÉ

1983 : victoire à Roland-Garros (à l'âge de 23 ans) – 1991 : capitaine de l'équipe de France de tennis – 1991 : victoire de l'équipe en coupe Davis (la même année) – 2003 : séjour au Népal (trois ans plus tard) – 2004 : sortie de l'album *Pokhara* (l'année suivante) – 2006 : album *Charango* (un an après) – 2010 : sortie de l'album *Frontières*

POINT *Langue*

Ce Point langue se compose de deux parties.

Les marqueurs chronologiques dans une biographie

Ce Point langue permet de vérifier les acquis, en ce qui concerne l'utilisation de marqueurs chronologiques dans une biographie. Faire faire l'activité individuellement puis comparer par deux avant la mise en commun en grand groupe.

CORRIGÉ

à l'âge de 23 ans – trois ans plus tard / après – l'année suivante – la même année – deux ans plus tard / après

Indiquer la chronologie de deux actions

Ce Point langue permet de travailler sur des formes indiquant la chronologie de deux actions. Effectuer l'activité en grand groupe, en guidant l'observation des apprenants de manière progressive. Puis faire compléter la règle et en vérifier la compréhension.

CORRIGÉ

a) Noah <u>devient</u> chanteur **après avoir été** entraîneur.
     N° 2   N° 1

Après être devenu capitaine de l'équipe de France, il <u>mène</u> son équipe à la victoire.
     N° 1   N° 2

Avant de lancer son deuxième album, il <u>séjourne</u> au Népal.
     N° 2   N° 1

b) *Après* + verbe à l'infinitif passé indique : *une action accomplie.*
On le forme avec *l'auxiliaire **avoir** ou **être*** + participe passé.
Avec *avant de*, on utilise un verbe à *l'infinitif.*

⋯⋮ OBJECTIF DE L'ACTIVITÉ 11

⋮ **Phonétique : liaisons et enchaînements.**

11 **a)** Procéder à l'écoute du premier énoncé et faire remarquer la liaison entre le *n* de *un* et le *o* de *homme* (préciser que le *h* est muet). Faire écouter le deuxième exemple et le faire répéter. Faire observer que la consonne finale n'est prononcée que quand on fait la liaison avec la voyelle initiale du mot qui suit. Faire écouter, puis répéter les énoncés avec les liaisons.
b) Procéder de même pour les enchaînements : faire observer qu'on enchaîne la consonne finale, toujours prononcée d'un mot, avec la voyelle initiale du mot qui suit. Faire écouter le deuxième exemple avec l'enchaînement vocalique et faire déduire qu'on enchaîne la dernière voyelle prononcée d'un mot à la voyelle initiale du mot suivant. Préciser qu'on fait un enchaînement vocalique entre *après* et *avoir* mais que la liaison est possible dans un registre de langue soutenu (dans un registre standard, on fait plutôt l'enchaînement vocalique). Procéder à l'écoute des autres enchaînements et les faire répéter à tour de rôle.

···⊹ OBJECTIF DE L'ACTIVITÉ 12

⋮ **Présenter une personnalité au parcours varié.**

12 Former des petits groupes afin que les apprenants échangent dans un premier temps à partir du fil conducteur proposé. Dans un deuxième temps, proposer à chaque sous-groupe de choisir une personnalité à présenter, parmi celles évoquées. Mettre en commun en grand groupe.

···⊹ OBJECTIF DE L'ACTIVITÉ 13

⋮ **Transférer les acquis en rédigeant un article sur une personnalité et son parcours.**

13 Proposer aux apprenants d'imaginer un évènement médiatique concernant l'une des personnalités qui a été présentée précédemment. Faire faire l'activité par deux ou individuellement, en classe ou à la maison.

Corrigés S'exercer • Leçon 1

1. a) 1. temps – 2. lieu – 3. temps – 4. lieu – 5. temps

b) 1. Le soir où j'ai vu le spectacle, la salle était pleine. – 2. Le jour où tu passeras me voir, n'oublie pas de me rapporter mon livre. – 3. Le matin où je suis rentré de voyage, une grosse surprise m'attendait. – 4. Au moment où nous avons visité ce pays, il n'y avait pas encore de touristes. – 5. À l'époque où il a débuté dans la profession, personne ne croyait en lui. – 6. L'année où je terminerai mes études, je ferai un grand voyage.

2. a) 1. pendant – 2. en – 3. pendant – 4. En – 5. en

b) 1. en – 2. dans ; pendant – 3. pendant ; en – 4. dans

3. un comédien – il a tourné – décerner un prix d'interprétation pour son rôle dans la comédie – ce brillant humoriste – sur les planches de Bobino – un énorme succès : son spectacle en solo enthousiasme les spectateurs – en tournée dans toute la France

4. *(À titre indicatif)* Jamel Debbouze, humoriste, acteur, producteur et réalisateur français d'origine marocaine, est né le 18 juin 1975 à Paris. Il a débuté à Radio Nova à l'âge de 20 ans et, quatre ans plus tard, il a obtenu un des rôles principaux dans la série télévisée *H*. La même année, il a fait son premier one man show *Jamel en scène* et est devenu célèbre. À l'âge de 26 ans, il a joué dans *Le Fabuleux destin d'Amélie Poulain* puis, l'année suivante, dans la version cinématographique d'*Astérix et Cléopâtre*. En 2003, il est parti en tournée dans la France entière pour présenter son deuxième one man show *Jamel 100 % Debbouze*. Deux ans après, il a joué le rôle principal dans le film *Angel-A* réalisé par Luc Besson. Un an plus tard, en 2006, il a reçu le prix d'interprétation avec ses partenaires pour le film *Indigènes* au Festival de Cannes. En avril 2008, il a créé à Paris son théâtre le « Comedy Club » dont l'objectif est de révéler au public de jeunes talents d'humoristes. La même année, il a épousé la journaliste Mélissa Theuriau en mai et leur fils Léon est né le 3 décembre. Trois ans plus tard, le 30 septembre 2011, leur fille Lila est née.

5. 1. J'ai travaillé dans une maison d'édition après avoir fait des études littéraires. / J'ai fait des études littéraires avant de travailler dans une maison d'édition. – 2. Il a remporté le Prix du meilleur acteur après être passé plusieurs fois à côté de la chance. / Il est passé plusieurs fois à côté de la chance avant de remporter le Prix du meilleur acteur. – 3. Vous êtes devenu réalisateur après avoir été acteur. / Vous avez été acteur avant de devenir réalisateur. – 4. Elle continue son voyage jusqu'au Japon après être passée par Tahiti. / Elle passe par Tahiti avant de continuer son voyage jusqu'au Japon. – 5. Ils se sont retrouvés par hasard après s'être perdus de vue. / Ils se sont perdus de vue avant de se retrouver par hasard. – 6. J'ai changé de travail après avoir hésité longtemps. / J'ai hésité longtemps avant de changer de travail.

→ **Voir aussi le Cahier d'activités** | p. 92-97

Contenus socioculturels • Thématiques	
	Professions « féminines », professions « masculines » – Exploits et réussites

Objectifs sociolangagiers	

Objectifs pragmatiques	
Rapporter une conversation	– comprendre une page de magazine sur les professions « masculines » et « féminines » – réagir à propos d'un fait de société – comprendre le récit d'une rencontre et une conversation rapportée – comprendre une personne qui parle de sa profession et de son choix de vie – rédiger un article sur un fait de société et rapporter des propos
Rapporter un exploit	– comprendre la chronologie d'un récit, à travers différents mails – comprendre l'expression de sentiments, de réactions face à un exploit – comprendre des informations statistiques sur les professions – rapporter un évènement exceptionnel, un exploit personnel – s'exprimer sur une personne marquante : raconter son exploit/ son parcours

Objectifs linguistiques	
Grammaticaux	– le discours rapporté au passé
Lexicaux	– quelques professions – quelques termes pour exprimer des sentiments et réactions > Lexique thématique : livre de l'élève p. 203
Phonétiques	– intonation : découragement ou détermination – phonie-graphie : graphies de [e] : *er, ez, é, ée*

Scénario de la leçon

La leçon se compose de deux parcours :

Dans le premier parcours (p. 130-131), les apprenants liront la page d'introduction d'un dossier de magazine sur un fait de société ; ils seront ensuite invités à réagir sur la question. Puis ils écouteront un échange où quelqu'un raconte une rencontre et rapporte une conversation. En fin de parcours, ils rédigeront un premier article sur une personne dont ils auront écouté l'interview, et un deuxième article sur une autre personne exerçant comme la première une profession inhabituelle pour son sexe.

Dans le deuxième parcours (p. 132-133), les apprenants liront des mails où une personne exprime ce qu'elle ressent face au défi qu'elle est en train de vivre. Ensuite, ils seront invités à partager leur vécu en racontant un défi relevé / une réussite personnelle. En fin de parcours, ils donneront leur avis sur l'existence d'un trophée décerné à des femmes et ils présenteront l'exploit d'une personne marquante.

> **Rapporter une conversation**

■ Comprendre
Écrit
Act. 1

■ Comprendre
Oral
Act. 2 à 5

■ Point langue
Le discours rapporté
au passé
→ S'exercer n° 6 et 7

■ Comprendre
Oral
■ S'exprimer
Écrit
Act. 6

Page de magazine

Dialogue et mail

OBJECTIF DE L'ACTIVITÉ 1

: **Comprendre la page d'introduction d'un dossier de magazine sur un fait de société.**

1 **1.** Avant d'effectuer l'activité, faire identifier le document : *il s'agit d'une page du magazine* Modes de vie. Faire observer qu'il s'agit de la page d'introduction du *Dossier de la semaine*, puis faire faire des hypothèses sur la thématique, par le biais des photos : on y voit des personnes exerçant des professions inhabituelles pour leur sexe, ce qui est confirmé par les statistiques qui les accompagnent (ne pas rentrer dans les détails). Faire lire l'introduction afin d'effectuer la première partie de l'activité, par deux. Lors de la mise en commun, vérifier que les apprenants comprennent pourquoi le sujet est dans l'actualité : *une étude de l'INSEE sur les métiers et parcours professionnels des hommes et des femmes vient d'être publiée* (cf. Point culture p. 132).
2. En grand groupe, faire observer les statistiques et réagir en fonction du vécu de chacun.
NB : pour des raisons de place, le Point culture a dû être placé p. 132. Idéalement, le faire découvrir avant de passer à l'activité 2.

OBJECTIF DES ACTIVITÉS 2 À 5

: **Comprendre un échange où quelqu'un raconte une rencontre et rapporte une conversation.**

2 **a)** Faire écouter l'enregistrement et en vérifier la compréhension globale, en grand groupe.
b) Vérifier que les apprenants font le lien avec l'article de magazine p. 130 en faisant repérer l'information demandée.

CORRIGÉ

a) Qui parle : Laurence et Paul, un couple. De quoi : Laurence raconte sa rencontre le matin même avec la cousine de Paul, Frédérique, en uniforme de pompier. Le couple est surpris de cette découverte.
b) Les femmes pompier sont rares. Il s'agit d'un secteur d'activité professionnelle où les femmes sont largement minoritaires (armée, police, pompiers : 14 % de femmes).

3 Tout d'abord, faire découvrir le document en haut de page, à droite : *c'est un mail de Frédérique à ses cousins Paul et Laurence, avec une photo en pièce jointe.* Faire réécouter pour compléter le mail et choisir la photo envoyée. Mettre en commun en grand groupe.

CORRIGÉ

a) Salut les cousins ! Eh oui ! Je suis bien *pompier* depuis une *semaine* ! Sur la photo, je suis devant la caserne, le premier jour où j'ai porté l'*uniforme* de *pompier*. Alors, vous êtes fiers de moi ? Bises Frédérique
b) Elle envoie la photo de droite, où elle est en uniforme de pompier.

4 Faire réécouter pour effectuer l'activité. Mettre en commun en grand groupe.

CORRIGÉ

1. Faux : c'est la cousine de Paul. – 2. Vrai : pompier volontaire depuis une semaine. – 3. Vrai : elle a suivi une formation de huit mois. – 4. Faux : elle est toujours professeur.

5 Faire réécouter avec des pauses si nécessaire, afin que les apprenants prennent des notes sur la conversation que Laurence a eue avec Frédérique le matin, conversation rapportée à Paul. Ensuite, leur proposer de se concerter par deux pour reconstituer la conversation directe entre Laurence et Frédérique. Lors de la mise en commun en grand groupe, on peut effectuer une transition vers le Point langue en proposant d'écrire les deux conversations au tableau (ou TNI) : la conversation directe déduite par les apprenants, et, en parallèle, les passages correspondants dans la conversation entre Paul et Laurence. Faire réécouter si nécessaire pour faire retrouver les formulations utilisées.

CORRIGÉ

« Hé ! Frédérique, c'est toi !? Qu'est-ce que tu fais dans cette tenue ? C'est un déguisement ?
– Non, non, je suis vraiment pompier ! J'en rêvais depuis longtemps... J'ai suivi une formation de huit mois, avec plusieurs stages, et je suis pompier volontaire depuis une semaine.
– Paul ne va pas me croire !
– Je vous enverrai une photo par mail. »

POINT *Langue*

Le discours rapporté au passé

Le Point langue permet de conceptualiser le discours rapporté au passé.
Revenir sur la conversation reconstituée entre Laurence et Frédérique (conversation directe) et cette conversation rapportée par Laurence à Paul. Faire remarquer que la première conversation est antérieure à celle entre Paul et Laurence et est donc rapportée au passé. Faire observer les verbes utilisés par Laurence pour rapporter les paroles (ils sont soulignés) : ils sont tous au passé composé. Faire observer ensuite les deux conversations en parallèle afin de faire remarquer ce qui change et ce qui ne change pas d'une forme de discours à l'autre. Faire ensuite déduire les règles de concordance des temps pour rapporter des paroles au passé.

CORRIGÉ

Pour rapporter :
– un fait actuel, exprimé avec *le présent*, on utilise *l'imparfait* ;
– une situation ancienne, exprimée avec *l'imparfait*, on utilise *l'imparfait* ;
– un fait passé, exprimé avec *le passé composé*, on utilise *le plus-que-parfait* ;
– un fait futur, exprimé avec *le futur proche*, on utilise *l'auxiliaire* aller *à l'imparfait* + *l'infinitif* ;
– un fait futur, exprimé avec *le futur simple*, on utilise *le conditionnel présent*.

···❖ **OBJECTIF DE L'ACTIVITÉ 6**

⋮ **Transférer les acquis en rédigeant deux articles basés sur des témoignages de personnes qui exercent un**
⋮ **métier inhabituel, compte tenu de leur sexe.**

6 **a)** Faire écouter l'enregistrement et en vérifier la compréhension globale : *il s'agit d'une interview auprès d'un homme qui exerce un métier de femme : il est assistant maternel.* Faire faire le lien avec l'article p. 130 (cf. dernière photo : « assistante maternelle », c'est un métier exercé par 1% d'hommes). Ensuite, faire remarquer l'encadré bleu en bas, à gauche : *il mentionne les différents témoignages figurant dans le dossier, dont celui de Christophe.* Expliquer aux apprenants le contexte de la tâche à effectuer : *ils sont invités à assumer une identité fictive, celle du journaliste à* Modes de vie *chargé du dossier de la semaine découvert précédemment.* Ils doivent réécouter le témoignage de Christophe et prendre des notes afin de rédiger le premier article du dossier. Puis faire écouter l'enregistrement et proposer aux apprenants de travailler par deux pour confronter leurs notes. La rédaction de l'article peut se faire à deux ou individuellement.
b) Proposer aux apprenants de rédiger, individuellement en classe ou à la maison, un autre article sur une autre personne citée dans le dossier. Le contenu de ce deuxième article reposera cette fois sur un témoignage imaginé au préalable.

〉 Rapporter un exploit

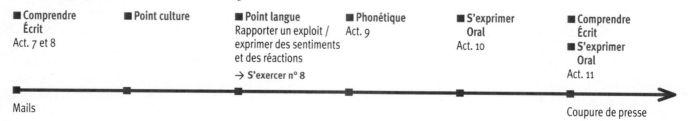

| ■ Comprendre Écrit
Act. 7 et 8 | ■ Point culture | ■ Point langue
Rapporter un exploit /
exprimer des sentiments
et des réactions
→ S'exercer n° 8 | ■ Phonétique
Act. 9 | ■ S'exprimer Oral
Act. 10 | ■ Comprendre Écrit
■ S'exprimer Oral
Act. 11 |

Mails   Coupure de presse

···❖ **OBJECTIF DES ACTIVITÉS 7 ET 8**

⋮ **Comprendre des sentiments et réactions exprimés dans des mails rapportant un exploit.**

7 **1.** Faire identifier les trois documents : *ce sont des mails de Frédérique.* Les faire lire et en vérifier la compréhension globale en grand groupe.
2. Effectuer l'activité en grand groupe, en faisant justifier les réponses.

CORRIGÉ

1. Frédérique écrit à ses parents, à son compagnon / mari et à une amie, au cours du dernier stage (stage incendie) de sa formation de pompier, à trois moments différents du stage.
2. Les documents ne sont pas placés dans l'ordre chronologique. Le mail à « Philou » vient en premier (*Je suis contente d'avoir enfin commencé ce stage incendie*) ; puis le mail à Karine (*je suis au milieu du stage*) ; et, en dernier, le mail à ses parents (*nous avons appris les résultats de notre stage… j'ai réussi, je suis pompier !*).

8 Faire relire les mails pour repérer l'état d'esprit de Frédérique à chaque étape du stage. Proposer aux apprenants de se concerter par deux. Lors de la mise en commun en grand groupe, faire justifier leurs réponses.

CORRIGÉ

a) Étape 1 : mitigé (« Je suis contente d'avoir enfin commencé…, mais quatre semaines ça risque d'être long… »), puis plutôt négatif (« Accepter la discipline, c'est dur !… Hier, j'étais démoralisée, découragée… il faut que je tienne bon… ») – Étape 2 : plutôt négatif (« Je trouve ça très dur physiquement et moralement, quelquefois j'ai envie de tout plaquer »), voire très négatif (« j'ai cru que je n'y arriverais pas, j'ai failli arrêter »). Puis positif (« J'étais soulagée, et j'ai décidé que je ne me découragerais plus ») – Étape 3 : très positif (« J'étais émue !… Je suis fière de moi ! Très heureuse d'avoir enfin terminé… »).
b) *À titre indicatif :* volontaire – déterminée – courageuse – persévérante

POINT Culture

Ce Point culture permet de découvrir l'étude de l'INSEE mentionnée dans le document p. 130, sur les professions où les femmes / les hommes sont très majoritaires. Il permet aussi aux apprenants de comparer les chiffres donnés avec la situation dans leur pays.
Faire faire l'activité en petits groupes, si possible hétérogènes (âge, sexe, pays d'origine…). Puis mettre en commun en grand groupe afin de vérifier les similitudes / les différences constatées.

POINT *Langue*

Rapporter un exploit / exprimer des sentiments et des réactions

Ce Point langue permet de vérifier la compréhension du lexique utilisé pour rapporter un exploit/exprimer des sentiments et des réactions.
Faire faire l'activité individuellement puis comparer les réponses par deux. Lors de la mise en commun en grand groupe, vérifier la compréhension du lexique.

CORRIGÉ

a) J'étais… contente, démoralisée, découragée, soulagée, émue, fière.
Négatif : démoralisée, découragée – Positif : contente, soulagée, émue, fière.
b) Découragement : J'ai failli arrêter – Accepter la discipline, c'est dur ! – J'ai cru que je n'y arriverais pas – J'ai envie de tout arrêter.
Détermination : J'ai réussi à surmonter ma peur – Il faut que je tienne bon – j'ai décidé que je ne me découragerais plus.

⋯⋗ OBJECTIF DE L'ACTIVITÉ 9

⦂ Phonétique : intonation : découragement ou détermination.

9 **a)** Faire écouter l'enregistrement. Demander aux apprenants de déterminer si l'énoncé entendu exprime le découragement ou la détermination.
b) Faire écouter la suite de l'enregistrement et faire repérer les énoncés dits sur l'intonation de la détermination ou du découragement.
c) Faire réécouter, puis répéter avec la même intonation (détermination : débit plus rapide et mélodie légèrement vers le haut ; découragement : débit plus lent et mélodie légèrement vers le bas).

CORRIGÉ

a) 1. détermination – 2. découragement
b) Découragement : 1 – 4 – 5 – 7 – 10
Détermination : 2 – 3 – 6 – 8 – 9

⋯⋛ OBJECTIF DE L'ACTIVITÉ 10

⋮ **Transférer les acquis en racontant un exploit personnel.**

10 Former des petits groupes et proposer aux apprenants d'échanger à partir du fil conducteur proposé. Les encourager à intégrer dans leur récit l'expression de leur ressenti. À l'issue des échanges, proposer que chaque sous-groupe désigne un apprenant dont le vécu est particulièrement riche, afin qu'il témoigne lors de la mise en commun en grand groupe.

⋯⋛ OBJECTIF DE L'ACTIVITÉ 11

⋮ **Donner son avis sur l'existence d'un trophée décerné à des femmes ; présenter l'exploit d'une personne**
⋮ **marquante.**

11 **1.** Avant de faire l'activité, faire identifier le document : *il s'agit d'une coupure de presse sur les « Trophées des femmes en Or »*. Faire lire le document et faire réagir les apprenants par petits groupes à partir du fil conducteur proposé. Effectuer une rapide mise en commun en grand groupe.

2. Faire faire l'activité en petits groupes : d'abord, chaque apprenant fait une proposition puis le sous-groupe sélectionne une personnalité à présenter au grand groupe. Selon les moyens techniques dont on dispose, proposer de faire une recherche sur Internet afin de recueillir des informations complémentaires. Lors de la mise en commun en grand groupe, les sous-groupes font leur proposition en présentant l'exploit et le parcours de la personne choisie.

Corrigés S'exercer • Leçon **2**

6. 1. elle avait fait – elle avait fait – elle avait couru – elle irait/ allait aller

2. il se trouvait – sa boîte l'avait envoyé – ils avaient rompu – il allait se marier

7. J'ai rencontré Elsa hier. Je lui ai demandé ce qu'elle faisait dans la région. Elle m'a répondu qu'elle faisait du parachutisme dans un centre à proximité depuis un an. Elle a expliqué que ses amis lui avaient offert un stage pour son anniversaire, qu'elle avait adoré ça, qu'elle avait fait plusieurs stages et que maintenant elle venait une fois par mois pour sauter. Je lui ai dit que je viendrais la voir sauter un jour, si elle voulait bien.

8. a) 1. content/fier – 2. découragé – 3. soulagé – 4. ému

b) 1. j'ai réussi à surmonter ma peur – 2. j'ai envie de tout plaquer – 3. il faut que je tienne bon – 4. j'ai décidé que je ne me découragerais plus – 5. j'ai failli arrêter

→ Voir aussi le Cahier d'activités | p. 98-101

Contenus socioculturels • Thématiques

Les regrets liés au choix de vie

Objectifs sociolangagiers

Objectifs pragmatiques

Imaginer un passé différent	– comprendre des témoignages de personnes sur un évènement qui a changé leur vie – situer un évènement imminent dans un récit au passé – faire des hypothèses concernant un passé différent et formuler les conséquences d'une situation hypothétique
Exprimer un regret	– comprendre une conversation et des échanges sur un forum Internet où des personnes expriment des regrets – comprendre un échange (question et réponses écrites) sur un forum Internet de personnes qui formulent des regrets – comprendre un dessin humoristique où une personne formule des regrets et imagine un passé différent – raconter la vie d'une personne et formuler des regrets

Objectifs linguistiques

Grammaticaux	– irréel du passé *si* + plus-que-parfait, conditionnel (passé/présent) – le passé récent et le futur proche dans un récit au passé – le regret : *regretter de* + infinitif passé / *j'aurais aimé/voulu* + infinitif
Lexicaux	– quelques expressions des sentiments et émotions, des comportements et attitudes : *avoir des regrets, des tracas, entraîner quelqu'un, insister auprès de quelqu'un, se consacrer à quelque chose, soigner quelqu'un…* > Lexique thématique : livre de l'élève p. 203
Phonétiques	– intonation : regret ou satisfaction – phonie-graphie : révision des graphies de [e] et de [ɛ]

Scénario de la leçon

La leçon se compose de deux parcours :

Dans le premier parcours (p. 134-135), les apprenants écouteront un extrait de radio où des personnes racontent un évènement qui a changé leur vie. Ensuite, ils formuleront des hypothèses concernant un passé différent et en imagineront les conséquences. En fin de parcours, ils rédigeront la première page de leurs mémoires, en imaginant un passé différent et les conséquences sur leur vie.

Dans le deuxième parcours (p. 136-137), ils écouteront un dialogue entre deux personnes qui expriment des regrets. Ensuite, ils liront des interventions sur un forum d'Internet, où l'on exprime le même type de sentiments. Puis, ils découvriront un dessin humoristique où l'on exprime des regrets à valeur implicite de reproche et imagineront une suite à la situation présentée. En fin de parcours, ils rédigeront un extrait des mémoires d'une personnalité en décrivant sa vie et en exprimant des regrets.

❯ Imaginer un passé différent

■ Comprendre Oral/Écrit Act. 1 à 4	■ Point langue *Si* + plus-que-parfait pour imaginer un passé différent → **S'exercer n° 9 et 10**	■ Aide-mémoire	■ S'exprimer Oral Act. 5	■ S'exprimer Écrit Act. 6

Émission de radio :
témoignages/ Pages d'agenda

⋯⟩ OBJECTIF DES ACTIVITÉS 1 À 4

⋮ **Comprendre un extrait de radio où des personnes racontent un évènement qui a changé leur vie.**

1 Faire écouter l'enregistrement et en vérifier la compréhension globale : *il s'agit d'une émission de radio pendant laquelle deux personnes appellent pour apporter leur témoignage.* Puis, faire l'activité en grand groupe. Effectuer une transition vers l'activité suivante en vérifiant si les apprenants ont compris que le témoignage des personnes est constitué de trois éléments : la situation de départ, l'évènement lié au hasard et ses conséquences.

> **CORRIGÉ**
>
> **1.** Thème de l'émission : « La chance était au rendez-vous ».
> **2.** Les personnes qui sont interviewées racontent un évènement qui a changé leur vie, dans un sens positif.

2 Tout d'abord, on peut dessiner une grille au tableau (ou TNI), avec les trois éléments à faire repérer lors de l'écoute (cf. corrigé) : cela facilitera la compréhension de la consigne et la mise en commun ultérieure. Puis proposer aux apprenants de réécouter et de noter les informations demandées. Mettre en commun en grand groupe après une concertation par deux.

> **CORRIGÉ**

	Situation de départ	**Évènement lié au hasard**	**Conséquences**
Lucie	Elle était au chômage ; elle n'avait pas envie de sortir le soir.	Elle a rencontré un directeur d'agence dans un restaurant.	Elle a retrouvé un emploi.
Benjamin	Il partait à un rendez-vous professionnel à Marseille ; il était en retard et venait de rater son train.	Il a fait une rencontre amoureuse dans un train.	Il a revu la personne ; aujourd'hui, il vit avec elle et ils ont un enfant.

3 Avant de faire réécouter, faire identifier les documents : *il s'agit de pages d'agenda des deux personnes qui ont témoigné à l'émission de radio : Lucie et Benjamin.* Faire déduire qu'il s'agit de leur emploi du temps au moment où les évènements imprévus ont changé leur vie. Puis, pendant la réécoute, demander aux apprenants d'être attentifs aux modifications qui ont eu lieu en raison des imprévus. Leur faire réécouter et procéder à ces modifications. Proposer une concertation par deux avant de mettre en commun en grand groupe.

> **CORRIGÉ**
>
> 1er dialogue : jeudi 16 : Camille vient dîner → dîner au restaurant avec Camille ; vendredi 17 : Pôle emploi 10h00 → RV avec le directeur de l'agence à 10h (au lieu d'aller à Pôle emploi).
> 2e dialogue : le TGV vers Lyon le lundi soir : annulé → remplacé éventuellement par « dîner avec Eva » – tous les rendez-vous prévus le mardi : annulés aussi (« je l'ai invitée à dîner le soir, je suis resté un jour de plus à Marseille »).

4 Effectuer l'activité en grand groupe, avec des pauses si nécessaire pour que les apprenants puissent prendre des notes. Mettre en commun en faisant justifier la réponse. Veiller à vérifier la compréhension du lexique, dont les expressions « sans doute » = probablement et « bout de chou » = petit enfant.

> **CORRIGÉ**
>
> Les personnes imaginent la suite de ce jour-là sans intervention de la chance.
> Lucie : « Et ce qui est extraordinaire dans cette histoire, c'est que si mon amie n'avait pas insisté pour que je sorte, je n'aurais sans doute jamais rencontré mon directeur, et… je serais peut-être encore au chômage… »
> Benjamin : « … Exactement ! Si je n'avais pas, par chance, raté mon train, nous ne serions pas aujourd'hui parents d'un adorable bout de chou ! »

POINT *Langue*

Si + plus-que-parfait pour imaginer un passé différent

Ce Point langue permet de conceptualiser l'usage de *si* + plus-que-parfait pour imaginer un passé différent. Effectuer l'activité en grand groupe, en guidant l'observation des apprenants de manière progressive. Vérifier la compréhension en faisant donner d'autres exemples.

⟩⟩⟩

>>>

CORRIGÉ

je n'avais pas raté = j'ai raté le train
– On utilise la structure *si* + plus-que-parfait pour faire une hypothèse *qui concerne le passé*.
– Dans la première phrase, la personne utilise le conditionnel passé pour imaginer une conséquence *passée*.
– Dans la deuxième phrase, la personne utilise le conditionnel présent pour imaginer une conséquence *actuelle*.
– Dans les deux cas, il s'agit de faits *irréels*.
– On forme le conditionnel passé avec l'auxiliaire (*avoir* ou *être*) au *conditionnel présent* + le *participe passé*.

→ **L'aide-mémoire** reprend et permet de fixer deux formes qui permettent de situer un évènement dans un récit au passé, en indiquant l'immédiateté de cet évènement par rapport à un autre. Cette imminence peut se situer juste avant (*venir de* à l'imparfait + infinitif) ou juste après (*aller* à l'imparfait + infinitif) l'évènement principal.

⋯⋰ OBJECTIF DE L'ACTIVITÉ 5

Formuler des hypothèses concernant un passé différent et en imaginer les conséquences.

5 **a)** Faire observer le dessin : un homme avec trois scies veut « refaire » le monde. Faire déduire le jeu de mots avec l'homonyme de scies : « si ». Vérifier si les apprenants connaissent le dicton « Avec des "si" on pourrait mettre Paris en bouteille » et comprennent le sens de « refaire le monde ».
b) Former des groupes de deux ou trois apprenants et leur faire lire les hypothèses. Leur proposer d'en choisir trois ou quatre et d'en imaginer les conséquences. Mettre en commun en grand groupe.

⋯⋰ OBJECTIF DE L'ACTIVITÉ 6

Transférer ses acquis de manière ludique, en imaginant une vie différente et en rédigeant le début de ses mémoires.

6 Cette production peut se faire individuellement, à la maison ou en classe. Vérifier la compréhension de la consigne et du terme « mémoires » = récit autobiographique, de sa propre vie passée.

⟩ Exprimer un regret

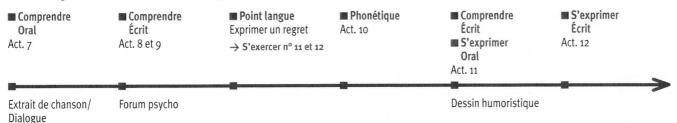

■ Comprendre Oral	■ Comprendre Écrit	■ Point langue Exprimer un regret	■ Phonétique	■ Comprendre Écrit	■ S'exprimer Écrit
Act. 7	Act. 8 et 9	→ S'exercer n° 11 et 12	Act. 10	■ S'exprimer Oral	Act. 12
				Act. 11	

Extrait de chanson/ Dialogue   Forum psycho   Dessin humoristique

⋯⋰ OBJECTIF DE L'ACTIVITÉ 7

Comprendre un dialogue entre deux personnes qui expriment des regrets.

7 Faire écouter l'enregistrement puis en vérifier la compréhension globale en effectuant l'activité en grand groupe.

CORRIGÉ

1. Premier moment : Julien prend sa douche en chantant. Deuxième moment : il sort de la douche et discute avec Muriel (sa compagne).
2. Sentiment exprimé : l'insatisfaction ; mot-clé : regret.

⋯⋮ OBJECTIF DES ACTIVITÉS 8 ET 9

⋮ **Comprendre des regrets formulés sur un forum Internet.**

8 Faire observer le document afin de l'identifier : *il s'agit d'une page de forum Internet, avec quatre interventions.* Puis faire repérer le sujet du forum.

CORRIGÉ

Les regrets → « Quels sont vos regrets, petits ou grands ? »

9 Tout d'abord, on peut faire lire la page et vérifier si les apprenants on saisi que les interventions contiennent deux types d'éléments : des informations sur la vie de la personne d'une part, ses regrets d'autre part.
1. Faire faire l'activité individuellement puis comparer les réponses par deux. Mettre en commun en grand groupe.
2. Faire faire l'activité individuellement puis comparer les réponses par deux. Lors de la mise en commun en grand groupe, faire justifier les réponses avec des passages du texte.

CORRIGÉ

1. Danièle : elle est née et vit en province, elle est de condition modeste (*je n'ai jamais eu les moyens de voyager, alors je suis restée dans ma province natale*), elle « voyage » grâce aux documentaires qui passent à la télé. Elle est allée une fois à Paris.
Poulopo : enfant unique, il a eu une enfance solitaire ; il s'ennuyait souvent.
Damien : il n'a pas fait d'études ; il a commencé à travailler à l'âge de 14 ans dans la ferme familiale.
NB : dans l'intervention de Fatjab, ne figurent que des regrets, elle ne donne pas les informations de façon explicite.
2. Danièle : loisirs / voyages → « J'aurais voulu voyager, découvrir des horizons nouveaux. Je serais allée très loin, en Afrique, en Chine, j'aurais découvert d'autres manières de vivre. »
Poulopo : famille → « J'aurais voulu avoir des frères et sœurs, j'aurais aimé jouer avec eux, parler... on se serait sans doute disputés, mais au moins je n'aurais pas été seul ! »
Damien : études/ profession → « je regrette d'avoir été obligé de travailler si tôt, de ne pas avoir fait d'études. J'aurais aimé passer mon bac puis je serais allé à la fac, j'aurais suivi des études scientifiques pour devenir ingénieur. »
Fatjab : famille → « ne pas avoir eu de sœur » ; « ne pas m'être mariée ni être devenue mère de famille à 20 ans comme j'en rêvais». Profession → « ne pas avoir pu devenir astronaute ou enseignante. »

POINT *Langue*

Exprimer un regret

Ce Point langue permet de faire découvrir aux apprenants l'expression du regret avec le conditionnel passé et *regretter de* + infinitif passé.
Proposer aux apprenants d'effectuer l'activité par deux. Lors de la mise en commun en grand groupe, vérifier la compréhension.

CORRIGÉ

a) La personne qui déclare : « J'aurais voulu avoir des frères et sœurs » *n'a pas eu de frères et sœurs*. Dans cette phrase, le regret s'exprime avec le verbe *vouloir* au conditionnel passé.
b) *j'aurais aimé* + infinitif ; *je regrette* + *de* + (*ne pas*) infinitif passé (action accomplie).
c) *J'aurais aimé voyager* – *Je regrette de ne pas avoir voyagé.*

⋯⋮ OBJECTIF DE L'ACTIVITÉ 10

⋮ **Phonétique : intonation : expression du regret ou de la satisfaction.**

10 **a)** Cette activité a pour but de sensibiliser les apprenants à l'intonation de l'expression du regret ou de la satisfaction. Les apprenants ne peuvent s'appuyer que sur l'intonation des énoncés pour juger si l'on exprime le regret ou la satisfaction.
b) Faire réécouter de manière séquentielle pour faire répéter chaque énoncé par quelques apprenants à tour de rôle.

CORRIGÉ

a) Regret : 1 – 3 – 4 – 7
Satisfaction : 2 – 5 – 6 – 8

⋯⋮⟶ OBJECTIF DE L'ACTIVITÉ 11

⋮ **Comprendre des regrets à valeur implicite de reproche et imaginer une réaction.**

11 Tout d'abord, faire lire et observer le dessin de Sempé. Vérifier la compréhension de la situation : *une femme menace son mari avec un révolver en lui expliquant ce qu'elle regrette de leur vie, confortable et douillette mais sans surprise, ennuyeuse.* Vérifier que les apprenants comprennent que les regrets exprimés ont une valeur de reproche, dans ce contexte. Puis proposer aux apprenants d'imaginer par deux la réaction du mari surpris.
Variante : on peut faire jouer cette scène de manière théâtrale, en y ajoutant la réaction du mari.

⋯⋮⟶ OBJECTIF DE L'ACTIVITÉ 12

⋮ **Transférer les acquis en rédigeant un extrait des mémoires d'une personnalité : en décrivant sa vie et en**
⋮ **exprimant des regrets.**

12 Former des groupes de deux ou trois apprenants. Demander aux apprenants de se mettre d'accord sur le choix d'une personne connue. Leur proposer de rédiger un extrait des mémoires de cette personnalité avec des informations réelles et en y intégrant des regrets qu'elle serait susceptible d'exprimer.

Corrigés S'exercer • Leçon **3**

9. 1. S'ils n'étaient pas allés voir ce film, ils ne se seraient pas ennuyés. – 2. Si tu m'avais donné ton numéro de téléphone, je t'aurais invité. – 3. Si vous aviez composté votre billet, vous n'auriez pas eu d'amende. – 4. Si je n'avais pas pris ma voiture, je ne serais pas arrivé en retard. – 5. Si elle ne l'avait pas épousé, elle n'aurait pas été obligée de quitter la ville. – 6. Si je n'étais pas sorti sans manteau / si j'avais mis un manteau, je n'aurais pas eu froid. – 7. Si nous n'avions pas mangé de champignons, nous n'aurions pas été malades.

10. *À titre indicatif :* 1. … tu te serais reposé. – 2. … on ne se serait jamais rencontrés / on ne serait pas amis maintenant. – 3. … ils auraient pu entrer au casino. – 4. … on ne vous aurait pas poursuivis / vous ne seriez pas au commissariat de police à cette heure. – 5. … ils ne l'auraient jamais su / personne ne serait au courant. – 6. … nous aurions pu voir tes parents.

11. 1. Vous auriez aimé / voulu vous inscrire. – 2. Il aurait aimé / voulu l'épouser. – 3. J'aurais aimé / voulu avoir le temps de passer… – 4. Nous aurions aimé / voulu être là. – 5. On aurait aimé / voulu ne pas te décevoir.

12. 1. Il aurait aimé être champion olympique ; il aurait gagné une / des médaille(s) d'or et il serait monté sur les podiums. – 2. Elle aurait voulu continuer l'équitation ; elle aurait participé / elle aurait pu participer… – 3. J'aurais voulu continuer mes études. J'aurais aimé devenir avocat, j'aurais défendu de grandes causes. – 4. (J'aurais préféré ne pas être malade) J'aurais voulu aller voir le spectacle, j'aurais aimé / j'aurais pu demander… – 5. On aurait aimé aller avec vous à Cannes, on aurait vu / on aurait pu voir les acteurs.

⟶ **Voir aussi le Cahier d'activités** | **p. 102-106**

Carnet de voyage

Ce *Carnet de voyage*, intitulé **Double sens**, propose un parcours interactif et ludique, à dominante socio-linguistique. D'abord, les apprenants découvriront par le biais d'expressions idiomatiques françaises, le jeu sur le double sens (littéral/figuré). Ensuite, ils seront amenés à comparer avec leur propre langue, en disant s'il existe des expressions imagées traduisant les mêmes idées. En fin de parcours, ils découvriront/ évoqueront d'autres expressions françaises imagées et en illustreront le sens littéral.

Double sens

1 Faire observer la page afin de vérifier la compréhension de la situation. Tout d'abord, faire identifier le personnage central : *il s'agit d'une jeune femme étrangère* ; la légende en-dessous informe que « Naoko vit en France depuis un an ». Faire remarquer que Naoko a l'air perplexe et qu'elle se demande « Pourquoi mon prof de français a dit que je ne devais pas tout prendre au pied de la lettre ? » (question en gras, en haut à gauche). Faire observer les dessins dans les bulles et lire les questions correspondantes, individuellement. Puis proposer aux apprenants d'échanger par deux, pour expliquer la situation et le sens de la question « Pourquoi mon prof de français… ». Lors de la mise en commun en grand groupe, vérifier que les apprenants comprennent que « au pied de la lettre » = au sens littéral (opposé à figuré). Faire remarquer que toutes les questions que Naoko se pose concernent des paroles prononcées par son entourage (« Pourquoi telle personne a dit… ? ») et qu'elles contiennent des expressions idiomatiques, imagées. Faire dire ce que les dessins représentent et faire faire des hypothèses sur le sens véritable des expressions.

> **CORRIGÉ**
>
> **a)** Naoko n'est pas française, elle n'a pas compris ce que son prof de français a voulu dire ; elle ne comprend pas toujours quand les Français utilisent des expressions idiomatiques : parfois elle comprend la signification littérale d'une phrase mais pas son sens réel ; elle se demande ce que les personnes veulent dire.
> **b)** Les dessins représentent l'interprétation de Naoko quand elle comprend uniquement la signification littérale, ce qu'elle imagine.

2 Faire faire l'activité en petits groupes. Lors de la mise en commun, vérifier la compréhension des expressions en faisant éventuellement appel à d'autres contextes.

> **CORRIGÉ**
>
> 1 d – 2 a – 3 b – 4 c

3 Faire faire l'activité en petits groupes puis mettre en commun en grand groupe.

> **CORRIGÉ**
>
> Faire le pont → c – chercher une aiguille dans une botte de foin → a – passer du coq à l'âne → b.
> Faire le pont : ne pas travailler entre le week-end et un jour férié de la semaine.
> Chercher une aiguille dans une botte de foin : chercher une chose de petite taille, difficile à repérer.
> Passer du coq à l'âne : passer d'un sujet à l'autre, sans transition.

4 Faire faire l'activité en petits groupes de différentes nationalités, si possible. Lors de la mise en commun, projeter ou afficher les dessins effectués.

5 Former d'autres petits groupes afin de faire faire l'activité. Lors de la mise en commun, projeter ou afficher les dessins effectués.

> **CORRIGÉ**
>
> **a)** Dévorer un livre : lire un livre très vite, en très peu de temps – Avoir un chat dans la gorge : avoir une irritation, quelque chose dans la gorge qui gêne pour parler – Avoir une fièvre de cheval : avoir une fièvre très forte.

B1

Cette page permet aux apprenants de commencer à découvrir et à s'entraîner aux épreuves du DELF B1. Elle propose deux activités : l'une pour évaluer les compétences en réception écrite, et, l'autre, pour évaluer les compétences en production orale.

Compréhension des écrits

10 points

Il s'agit de lire un article du quotidien *La Croix* consacré aux femmes dont le métier est exercé en grande majorité par des hommes, puis de répondre aux questions posées pour évaluer sa compréhension du texte.
Exercice 1 : 1 point.
Exercice 2 : 3 points.
Exercice 3 : 4,5 points (1,5 point par réponse ; toutes les réponses doivent être justifiées).
Exercice 4 : 1,5 point.

CORRIGÉ

1. Plusieurs possibilités de titres : par exemple : « Femmes dans des métiers d'homme» ou « Elles font des métiers d'homme ».
2. a. Mariam – b. Patricia – c. Lydia
3. a. Faux : « Elle accepte toutes les contraintes du métier : le travail la nuit, les week-ends, les jours fériés ». – b. Vrai : « un jour, j'ai assisté à un accident sur lequel il a fallu intervenir avant l'arrivée des pompiers ». – c. Faux : « Au début, mes collègues étaient toujours prêts à me taquiner. Et puis, ça s'est calmé. ».
4. « Sois belle et tais-toi » signifie ici qu'une femme n'a pas à s'exprimer, à s'imposer, cela ne fait pas partie de son « rôle », de ce qu'on attend d'elle.

Production orale

10 points

Il s'agit de jouer une situation à deux pendant quelques minutes (3 à 4 minutes environ).
La situation proposée permet d'évaluer l'expression des regrets et des excuses : une personne téléphone à un(e) ami(e) parce qu'elle a manqué son train alors qu'elle était invitée à passer le week-end chez lui (chez elle). Le candidat doit interagir avec un partenaire qui joue le rôle de l'ami(e) qui reçoit le coup de téléphone.
Cette activité permet de s'entraîner à la production orale en interaction. Elle correspond à la deuxième partie de l'épreuve de production orale dans le DELF B1.
S'assurer de la compréhension de la consigne. Si c'est un autre apprenant qui joue le rôle de l'ami(e), n'évaluer que l'apprenant qui joue le rôle de la personne qui a raté son train.

Dans cette activité, **10 points** sont attribués : **5 points** pour les compétences pragmatiques (respect de la situation et des codes sociolinguistiques : 1 point ; adaptation des actes de parole à la situation = 2 points ; capacité à répondre aux sollicitations de l'interlocuteur : 2 points) et **5 points** pour l'utilisation des outils linguistiques (lexique – étendue et maîtrise : 1,5 point – morphosyntaxe : 2 points – maîtrise du système phonologique : 1,5 point).

Contenus socioculturels • Thématiques

Les Français et l'environnement, l'opération *Défi pour la Terre*

Objectifs sociolangagiers

Objectifs pragmatiques

Comprendre un manifeste, inciter à agir	– comprendre un manifeste, un appel à l'engagement – comprendre le plan, l'organisation d'un écrit – comprendre des informations sur l'environnement, l'écologie – comprendre une incitation à agir – rédiger un manifeste appelant à l'engagement : indiquant la nécessité et incitant à agir dans le cadre d'une campagne pour l'environnement
Prendre position, exprimer une opinion	– comprendre une prise de position – prendre position à propos de gestes écologiques – donner son avis sur des affiches de sensibilisation à l'écologie – faire des propositions pour sensibiliser l'opinion à l'écologie (affiches et slogans)

Objectifs linguistiques

Grammaticaux	– l'expression de la nécessité avec le subjonctif (2) ou l'infinitif – contraste indicatif/subjonctif dans les complétives (opinion, certitude, doute, volonté, constat)
Lexicaux	– termes liés à l'environnement et l'écologie – quelques expressions impersonnelles de nécessité > Lexique thématique : livre de l'élève p. 203
Phonétiques	– prononciation du subjonctif – phonie-graphie : distinction de quelques formes verbales

Scénario de la leçon

La leçon se compose de deux parcours :
Dans le premier parcours (p. 144-145), les apprenants liront deux textes incitant à agir pour l'environnement : un manifeste puis un document pédagogique destiné aux enfants sur les gestes écologiques à adopter. Puis ils échangeront et donneront leur avis sur des initiatives écologiques. En fin de parcours, ils rédigeront un manifeste pour une association de leur choix.
Dans le deuxième parcours (p. 146-147), les apprenants écouteront des échanges sur des actions à mener dans le domaine de l'environnement. Puis ils analyseront des affiches de sensibilisation à l'écologie et donneront leur avis sur leur efficacité respective. Enfin, ils imagineront d'autres affiches et slogans et débattront des propositions.

> Comprendre un manifeste – Inciter à agir

■ Comprendre Écrit	■ Comprendre Écrit	■ Point langue	■ Point langue	■ S'exprimer Oral	■ S'exprimer Écrit
Act. 1 et 2	Act. 3	Indiquer la nécessité d'agir → S'exercer n° 1 et 2	Parler de l'environnement et de l'écologie → S'exercer n° 3	Act. 4	Act. 5

Manifeste écologiste   Document pédagogique incitatif pour l'écologie

⋯⋮ OBJECTIF DES ACTIVITÉS 1 ET 2

⋮ Comprendre un manifeste incitant à agir.

1 Tout d'abord, faire observer le document (auteurs, slogan, sous-titres en gras sur fond vert, destinataires) afin de déduire qu'il s'agit d'un manifeste écologiste (d'où la couleur verte, dominante). Vérifier la compréhension du terme « manifeste » = tract, information avec opinion/prise de position affichée. Puis, faire lire et vérifier que les apprenants comprennent l'objectif du document.

CORRIGÉ

1. Ses auteurs : Université verte de Toulouse, association universitaire écologiste – son thème : l'écologie – son objectif : sensibiliser les gens à ce thème et les inciter à agir et à s'engager – les destinataires : les étudiants de l'université, mais aussi tous ceux qui cherchent des informations sur l'écologie sur Internet.
2. La couleur verte fait penser à la nature et correspond à la couleur symbolique des écologistes (certains appelés « les Verts »).

2 Avant d'effectuer l'activité, faire observer que le corps du texte contient trois parties, repérables grâce aux titres en gras sur fond vert. Faire relire le manifeste afin de trouver son plan, en donnant un titre à chaque partie. Faire comparer les réponses par deux. Lors de la mise en commun, vérifier que les apprenants ont remarqué la présence de « nous » dans chaque titre : *Nous savons tous…, Nous, écologistes, Avec nous…* Faire remarquer l'apparition de « vous » dans la dernière partie : *Avec nous, ENGAGEZ-VOUS !*

CORRIGÉ

1re partie : constat sur la situation – 2e partie : mesures, actions nécessaires – 3e partie : incitation à s'engager.

⋯⋮ OBJECTIF DE L'ACTIVITÉ 3

⋮ Comprendre un document pédagogique sur les gestes écologiques.

3 Tout d'abord, faire observer le document : *il s'intitule « Les bons gestes au quotidien » et il est composé de dessins mettant en scène un enfant à différents moments du quotidien (quand il prend sa douche, quand il roule à vélo…).* Faire remarquer que chaque dessin correspond à un commentaire, à la 1re personne (dix dessins et commentaires). Faire lire et vérifier si les apprenants comprennent qu'il s'agit d'un document pédagogique, incitant les jeunes à adopter de « bons gestes » pour l'environnement. Vérifier la compréhension du terme « geste » dans le contexte (*faire un geste pour la planète* = faire une action bénéfique pour l'environnement). Ensuite, faire faire l'activité par deux en précisant qu'il n'y a pas de correspondance exacte entre les gestes et les actions écologiques nécessaires indiquées dans le manifeste (à une action peuvent correspondre plusieurs gestes). Lors de la mise en commun en grand groupe, vérifier la compréhension du lexique.

CORRIGÉ

Il est important de développer et généraliser le tri sélectif des déchets. → gestes n° 7 & 8 – Il est essentiel d'utiliser les transports en commun, de diversifier les types d'énergie. → geste n° 10 – Il est urgent d'économiser l'eau, de plus en plus rare. → geste n° 3 – Il faut préserver les milieux naturels pour empêcher la disparition des espèces animales et végétales. → geste n° 6 (de manière indirecte) – Il est primordial que les consommateurs choisissent les produits qui respectent l'environnement. → geste n° 6 – Il est nécessaire que chacun économise les ressources naturelles, qui diminuent de jour en jour. → geste n° 5 – Il est indispensable que nous apprenions aux enfants les économies d'énergie au quotidien. → gestes n° 1, 2, 3, 4 & 9.

POINT *Langue*

Indiquer la nécessité d'agir

Ce Point langue permet de conceptualiser les différentes formulations utilisées pour indiquer la nécessité d'agir. En grand groupe, guider l'observation des apprenants afin qu'ils déduisent la règle.

CORRIGÉ

On exprime la nécessité de manière générale, sans personnaliser, avec :
Il faut + verbe à **l'infinitif**
Il est important/nécessaire/indispensable/essentiel + *de* + verbe **à l'infinitif**.
On exprime la nécessité pour une personne ou un groupe spécifique, avec :
Il faut + *que* + sujet + verbe **au subjonctif**.
Il est important/nécessaire/indispensable/essentiel que + sujet + verbe **au subjonctif**.

POINT *Langue*

Parler de l'environnement et de l'écologie

Ce Point langue permet de vérifier la compréhension du lexique utilisé pour parler de l'environnement et de l'écologie.

Tout d'abord, vérifier la compréhension de la consigne en faisant donner un exemple pour chaque colonne à compléter. Faire faire l'activité par deux puis mettre en commun en grand groupe.

CORRIGÉ

	Phénomènes	Action écologiste	
Les ressources naturelles	*s'épuiser / diminuer*	*économiser*	L'eau
Les espèces animales	*disparaître*	*préserver*	Les milieux naturels
Le climat	*être bouleversé*	*économiser*	Les ressources naturelles
La biodiversité	*être attaqué*	*économiser*	L'énergie
		développer	Le tri sélectif
		diversifier	Les énergies

⋯⋗ OBJECTIF DE L'ACTIVITÉ 4

⋮ **Échanger et donner son avis sur des initiatives écologiques.**

4 Former des petits groupes et proposer aux apprenants d'échanger à partir du fil conducteur proposé. Effectuer une brève mise en commun en grand groupe.

⋯⋗ OBJECTIF DE L'ACTIVITÉ 5

⋮ **Transférer les acquis en rédigeant un manifeste pour une association.**

5 Tout d'abord, mettre l'accent sur le contexte de la production : *il s'agit d'écrire un manifeste pour une association « créée » par les apprenants* (cf. exemples donnés). Faire faire l'activité en petits groupes en recommandant de respecter la matrice indiquée (similaire à celle du manifeste p. 144).

❭ Prendre position, exprimer une opinion

■ Comprendre Oral Act. 6, 7 et 8	■ Point langue Prendre position, exprimer une opinion → S'exercer n° 4 et 5	■ Point culture	■ Phonétique Act. 9	■ S'exprimer Oral Act. 10

Échanges au collège   Affiches « Journée de la Terre »

⋯⋗ OBJECTIF DES ACTIVITÉS 6, 7 ET 8

⋮ **Comprendre des échanges sur des actions à mener dans le domaine de l'environnement**

6 Tout d'abord, faire observer l'illustration à droite et les éléments qui permettent de comprendre le contexte : *dans une classe, une personne écrit au tableau noir ; l'inscription « 22 avril : Journée de la Terre au collège » et le dessin (la Terre avec des mains de toutes les couleurs tout autour) permettent de comprendre qu'il s'agit d'une journée de sensibilisation à l'école sur le thème de l'environnement.* Puis faire écouter le document et en vérifier la compréhension globale.

CORRIGÉ

Dans une classe d'adolescents (collège), au moment de la Journée de la Terre, les élèves font des propositions d'actions dans le cadre de cette manifestation et en discutent avec leur professeur.

7 Faire réécouter afin d'effectuer les activités a) et b). Proposer aux apprenants de comparer leurs réponses, par deux. Lors de la mise en commun, vérifier la compréhension puis enchaîner sur l'activité c).

CORRIGÉ

a) et b) 1ʳᵉ proposition : faire une campagne d'affichage de slogans dans la ville (*on a eu une idée : c'est de faire une campagne, de coller des affiches un peu partout dans la ville, avec des slogans*). / Les slogans visent/s'adressent aux enfants et aux jeunes (*vous vous adressez surtout aux enfants et aux jeunes ?*) – 2ᵉ proposition : des gestes concrets, comme nettoyer les forêts, les plages, planter des arbres. / Cette proposition vise tous les gens, en général (*on veut que les gens soient actifs aussi, et pas seulement sensibilisés au problème… mais tout le monde, les adultes, les enfants… On voudrait qu'ils fassent des gestes concrets, comme nettoyer les forêts, les plages, planter des arbres*). – 3ᵉ proposition : devenir des ambassadeurs de la Fondation Nicolas Hulot. Cette proposition est faite pour les élèves de la classe (*Je propose que nous, toute la classe, on devienne des ambassadeurs de la fondation Nicolas Hulot.*)
c) La première proposition reçoit un accueil mitigé.

8 **a)** Faire réécouter afin d'effectuer l'activité. Proposer aux apprenants de comparer leurs réponses, par deux. Lors de la mise en commun, faire justifier les réponses en faisant réécouter si nécessaire certains passages.
b) Adopter la même démarche que ci-dessus.

CORRIGÉ

a) 1ʳᵉ proposition : *on pense qu'on peut éveiller les consciences avec des formules choc comme ça – je crois pas qu'on puisse atteindre facilement tous les publics – on peut modifier le comportement des gens si on commence par les enfants. Et c'est eux qui pourront faire passer le message dans leurs familles. – Je suis sûre que c'est mieux de viser surtout les très jeunes.*
2ᵉ proposition : *on veut que les gens soient actifs aussi, pas seulement sensibilisés au problème.*
3ᵉ proposition : *si vous voulez qu'on agisse vraiment, et de manière efficace…*
b) Réactions à la 1ʳᵉ proposition : – *Oh, ça rime, eh !! y a des poètes dans la classe !!* → moquerie – *c'est archi nul « Le vélo, c'est beau. L'auto, c'est pas rigolo ! ». Vous prenez les gens pour quoi ?* → moquerie + désaccord – *ils sont pas mal, vos slogans /l'idée des slogans, c'est pas mal* → approbation – *mais pour celui-là, je trouve que vous êtes très optimistes ! Ça m'étonnerait que les gens veuillent laisser leur voiture. On sait bien que le nombre de voitures est en augmentation* → doute.
Réactions à la 2ᵉ proposition : *c'est mieux, ça !* → approbation.
L'échange se termine sur la 3ᵉ proposition – on n'entend pas de réaction.

POINT *Langue*

Prendre position, exprimer une opinion

Ce Point langue permet de conceptualiser différentes manières de prendre position et exprimer une opinion. Il permet d'aborder l'utilisation contrastée de l'indicatif et du subjonctif dans les complétives.
a) Faire faire l'activité individuellement puis comparer les réponses par deux. Lors de la mise en commun en grand groupe, vérifier si les apprenants saisissent les nuances de sens.
b) c) Effectuer les activités en grand groupe, en guidant l'observation des apprenants. Vérifier la compréhension de la règle.

CORRIGÉ

a) et b) Opinion pure : 1 et 4 (*croire que, penser que, trouver que*) – Certitude : 3 (*être certain(e) que, être sûr que*) – Constat : 5 (*constater que, être conscient que, savoir que*) – Doute : 2 et 4 (*ne pas penser que, ne pas trouver que, ne pas croire que, ça m'étonnerait que*) – Volonté : 6, 7 et 8 (*vouloir que, proposer que*).
c) – Après une expression d'opinion, de certitude, de constat, on utilise *l'indicatif*.
– Après une expression de doute, de volonté, on utilise *le subjonctif*.

POINT Culture

Ce Point culture permet de découvrir d'une part Nicolas Hulot, journaliste emblématique de la protection de la nature pour les Français et, d'autre part, des informations statistiques sur le comportement des Français en matière d'écologie au quotidien.
a) Faire lire le Point culture et en vérifier la compréhension.
b) Former des petits groupes afin que les apprenants échangent à partir du fil conducteur proposé. Leur indiquer qu'ils peuvent prendre comme point de départ « Les bons gestes au quotidien », p. 145, pour dire les gestes qu'ils pratiquent habituellement. Effectuer une rapide mise en commun en grand groupe, afin de constater quels sont les gestes écologiques les plus fréquents de la classe.

⋯⋮ OBJECTIF DE L'ACTIVITÉ 9

⋮ **Phonétique : prononciation du subjonctif.**

9 **a)** Cette activité a pour but de sensibiliser les apprenants aux prononciations différentes, et toutefois proches, des formes de certains verbes au subjonctif et à l'indicatif. La première partie de l'activité est une activité de comparaison dirigée, dans laquelle les apprenants doivent reconnaître la forme écrite de la forme entendue. Faire écouter le premier énoncé. Demander de dire quelle forme correspond à celle de l'enregistrement, afin de s'assurer que tout le monde a bien compris l'activité. Procéder à l'écoute des autres énoncés. Pendant l'écoute de l'enregistrement (écoute séquentielle), chaque apprenant note ce qu'il entend. Procéder à la correction en grand groupe après une deuxième écoute (écoute continue).
b) Dans la deuxième partie de l'activité, les apprenants doivent répéter les énoncés proposés. Faire écouter et solliciter les apprenants individuellement pour faire répéter chaque item.

CORRIGÉ

a) 1. Que j'aie – 2. Que tu ailles – 3. Qu'il ait – 4. Que nous allions – 5. Que vous alliez – 6. Qu'ils aient

⋯⋮ OBJECTIF DE L'ACTIVITÉ 10

⋮ **Transférer les acquis en analysant des affiches de sensibilisation à l'écologie et en donnant son avis sur leur**
⋮ **efficacité respective, en imaginant d'autres affiches et slogans et en débattant des propositions différentes.**

10 **1.** Effectuer l'activité en grand groupe, en faisant repérer au préalable le point commun entre les deux affiches : *elles concernent la Journée de la Terre, le 22 avril.*
2. Faire faire l'activité en petits groupes. Proposer aux apprenants de dessiner leurs affiches ou de les effectuer sur un support numérique (si l'on dispose d'un TNI), de façon à pouvoir les montrer au grand groupe après.
3. Proposer aux sous-groupes de montrer à la classe les affiches et d'expliquer leurs propositions. Demander aux autres groupes de réagir, en évaluant leur pertinence et efficacité.

CORRIGÉ

a) *À titre indicatif :* l'affiche verte a une stratégie positive, son message pourrait être : « Prenons soin de la terre et de la nature pour nos enfants ». L'affiche avec le bidon de pétrole qui se répand utilise une stratégie négative pour faire réagir. Son message pourrait être : « Arrêtons d'utiliser des énergies qui polluent et provoquent le réchauffement de la planète, utilisons des énergies renouvelables ».

Corrigés S'exercer • Leçon 1

1. 1. Il est indispensable que nous réagissions… – 2. Il faut que les citoyens aient… – 3. Il est important d'enseigner… – 4. Il est urgent que le gouvernement prenne… – 5. Il est indispensable de lutter…
2. *À titre indicatif :* 1. Il est essentiel que tout le monde fasse le tri de ses déchets. – 2. Il est important que les gens prennent les transports… – 3. Il est indispensable que nous ne surchauffions plus nos logements. – 4. Il faut que nous fassions attention à notre consommation d'eau. – 5. Il est urgent que les produits non respectueux de l'environnement soient interdits à la vente.
3. milieux – menacée – d'espèces animales – préserver – consommer – s'épuisent – d'économiser – développer – pollution – tri sélectif
4. Je suis conscient – je ne crois pas – je suis sûr – si on veut
5. a) 1. Ça m'étonnerait que tout le monde fasse des efforts… – 2. Nous sommes conscients qu'il n'y a plus de temps à perdre. – 3. Moi, je ne trouve pas que ce soit une mission impossible. – 4. Nous ne pensons pas qu'il faille continuer…
b) Il est donc primordial de sensibiliser les enfants à l'écologie. Nous pensons qu'il faut leur enseigner des gestes simples afin de préserver l'environnement. Nous voulons que chaque enfant puisse, de cette façon, devenir un défenseur de l'environnement. Mais je ne pense pas que tous les parents fassent eux-mêmes ces gestes au quotidien. C'est pour cette raison que j'ai décidé de les associer à cette entreprise. Je suis conscient que la tâche sera peut-être difficile, mais, pour réussir, il est indispensable que nous travaillions main dans la main.

→ **Voir aussi le Cahier d'activités** | **p. 107-110**

À vous de lire !

> Livre de l'élève
p. 148-151

Contenus socioculturels • Thématiques

La lecture, les initiatives autour de la lecture

Objectifs sociolangagiers

Objectifs pragmatiques

Comprendre l'historique d'un évènement/ parler de ses lectures	– comprendre la présentation et l'historique d'un évènement culturel – comprendre des statistiques sur des habitudes de lecture – comprendre quelqu'un qui parle de ses habitudes de lecture – donner son avis sur un évènement culturel – s'exprimer sur ses habitudes de lecture – parler d'habitudes culturelles et de lecture
Demander le prêt d'un objet	– comprendre quelqu'un qui demande un service, un prêt d'objet – comprendre quelqu'un qui se plaint, proteste – demander un service, un prêt d'objet – se plaindre, demander de l'aide

Objectifs linguistiques

Grammaticaux	– expression de rapports temporels : *à partir de, dès, dès que, depuis, depuis que, jusqu'à ce que* – les doubles pronoms
Lexicaux	– termes liés au livre et à la lecture – verbes pour parler du prêt, de l'emprunt d'un objet
Phonétiques	– le *e* caduc et les doubles pronoms – phonie-graphie : distinction [ə] / [ɛ] dans la première syllabe des mots

> Lexique thématique : livre de l'élève p. 204

Scénario de la leçon

La leçon se compose de deux parcours :

Dans le premier parcours (p. 148-149), les apprenants écouteront la présentation d'un évènement pour la promotion de la lecture en France et s'informeront sur l'historique de cette initiative. Ils échangeront ensuite sur ce type d'évènement puis prendront connaissance de statistiques. En fin de parcours, ils écouteront une conversation concernant les habitudes de lecture et échangeront sur leur propre comportement dans ce domaine.

Dans le deuxième parcours (p. 150-151), les apprenants écouteront une conversation concernant une demande de prêt. Puis, dans le même contexte, ils liront un mail de plainte et de demande d'aide. En fin de parcours, ils transféreront leurs acquis dans une situation de demande de prêt d'objet à la suite de laquelle ils écriront un mail.

› Comprendre l'historique d'un évènement – Parler de ses lectures

■ **Comprendre Oral** Act. 1	■ **Comprendre Écrit** Act. 2	■ **Aide-mémoire** → S'exercer n° 6	■ **S'exprimer Oral** Act. 3	■ **Comprendre Écrit** ■ **S'exprimer Oral** Act. 4	■ **Comprendre Oral/Écrit** Act. 5 et 6	■ **Point langue** *Depuis que, dès que, jusqu'à ce que* pour exprimer des rapports temporels → S'exercer n° 7 et 8	■ **S'exprimer Oral** Act. 7

Affiche d'un évènement culturel

Historique de l'évènement

Extraits de sondages

⋯⋮ OBJECTIF DE L'ACTIVITÉ 1

⋮ **Comprendre la présentation d'un évènement culturel.**

1 **1.** Tout d'abord, faire observer l'affiche pour identifier l'évènement. Puis, faire écouter l'enregistrement afin de faire le lien avec l'affiche : *il s'agit de la présentation de l'initiative « À vous de lire ! ».*
2. Faire réécouter pour repérer les éléments demandés. Proposer une concertation par deux avant la mise en commun en grand groupe.

CORRIGÉ

1. Le ministère de la Culture et de la Communication et le Centre National du Livre (CNL)
2. Objectif de l'opération : faire partager le plaisir de la lecture, partager le plaisir de lire sous toutes ses formes – Type de manifestations organisées : des lectures publiques dans les gares, sur les terrasses de café, dans les jardins, des spectacles de théâtre, de slam, de poésie – Intervenants : (plus de 1 000) auteurs et professionnels du livre.

⋯⋮ OBJECTIF DE L'ACTIVITÉ 2

⋮ **Comprendre l'historique d'un évènement culturel.**

2 **1.** Tout d'abord, faire identifier le document : *il s'agit d'un « Historique ».* Faire repérer qu'il s'agit de la Fête du livre et de la lecture puis demander aux apprenants de lire l'article. Vérifier la compréhension en demandant aux apprenants quelles informations y sont données : les dates, les noms et les objectifs des différentes formules qui se sont succédé depuis la création de l'évènement. Puis faire faire l'activité par deux, en proposant éventuellement aux apprenants de classer les éléments sous forme de tableau (cf. corrigé). Mettre en commun en grand groupe.
2. Faire faire l'activité individuellement puis mettre en commun en grand groupe.

CORRIGÉ

1.

Dates	Noms	Objectifs
En 1989	*Fureur de lire*	Promouvoir la lecture.
En 1994	*Temps des livres*	Mettre en place des actions durables en milieu scolaire et universitaire.
À partir de 1998	*Lire en fête*	Faire la promotion de la lecture sous toutes ses formes (livre, presse, textes de théâtre, etc.).
En 2010	*À vous de lire*	Accroître l'impact populaire de l'initiative, sur un principe plus participatif.

2. Faux : la Fête du livre et de la lecture existe depuis 1989. – Faux : à partir de 1998, la manifestation prend le nom de *Lire en fête* (mais elle a encore changé de nom en 2010). – Faux : dès sa création en 1989, la Fête du livre a remporté un grand succès auprès d'un large public.

→ **L'aide-mémoire** reprend et permet de fixer trois structures pour indiquer un point de départ : *depuis* + date, *dès* + nom et/ou date et *à partir de* + date.

⋯⋮ OBJECTIF DE L'ACTIVITÉ 3

⋮ **Donner son avis sur un évènement culturel et échanger sur ce type d'évènement.**

3 Tout d'abord, faire découvrir la citation du ministre de la Culture et de la Communication et en vérifier la compréhension. Puis former des petits groupes et proposer d'échanger à partir du fil conducteur proposé. Effectuer une mise en commun en grand groupe.

⋯⋮ OBJECTIF DE L'ACTIVITÉ 4

⋮ **Comprendre des statistiques concernant les habitudes de lecture.**

4 Tout d'abord, faire identifier les documents : *il s'agit d'extraits de résultats de sondages sur la lecture.* Faire faire l'activité individuellement puis comparer les réponses en petits groupes. Mettre en commun en grand groupe.

CORRIGÉ

(À titre indicatif)
1. les Français et la lecture
2. Dans le premier sondage, le nombre de personnes qui lisent entre un et neuf livres par an est en hausse. En revanche, le nombre de personnes qui lisent plus de dix livres par an est en baisse.
Dans le deuxième sondage, on peut remarquer le faible pourcentage de personnes qui choisissent un livre selon les critiques des médias.

⋯⋗ OBJECTIF DES ACTIVITÉS 5 ET 6

: **Comprendre une conversation concernant des habitudes de lecture.**

5 Faire écouter l'enregistrement et en vérifier la compréhension globale : *deux amies échangent sur leur rapport à la lecture*. Proposer d'effectuer l'activité par deux, avant de mettre en commun grand groupe.

CORRIGÉ

le nombre de livres lus – les moments privilégiés pour la lecture – la méthode pour sélectionner un livre

6 **a)** Faire faire l'activité par deux. Lors de la mise en commun en grand groupe, faire justifier les réponses.
b) Faire réécouter pour relever les éléments demandés. Proposer aux apprenants de comparer les réponses, par deux. Lors de la mise en commun en grand groupe, faire justifier les réponses. Pour cela, faire réécouter certains passages, si nécessaire.

CORRIGÉ

a) Nombre de livres lus par an : **Leila** – elle se situe dans la catégorie qu'on pourrait qualifier de « gros lecteur » : elle lit (beaucoup) plus de quinze livres par an → « (je lis) en moyenne deux ou trois livres par mois... je lis tout le temps, n'importe où, n'importe quand... »
Élodie – elle peut être qualifiée de « petit lecteur », puisqu'elle lit trois ou quatre livres par an : « je dois en lire trois ou quatre par an, pas plus. »
Critères de choix d'un livre : **Leila** a plusieurs critères : l'auteur → « soit c'est un auteur que je connais et que j'aime, et je l'achète direct » – le conseil/les critiques et la renommée du livre → « soit j'en ai entendu parler ou bien il a eu un prix» – le sujet du livre → « je regarde et c'est les premières pages qui décident si je vais le lire ou non... »
Élodie – le sujet du livre → « je regarde la première et la dernière page, je lis la 4ᵉ de couverture, je feuillette jusqu'à ce qu'un passage retienne mon attention et si ça me plaît, je l'achète. »
b) Leila → « dès que j'ai su lire, les livres, c'est devenu ma passion. »
Élodie → « j'aime bien lire, mais je n'ai plus beaucoup de temps depuis que j'ai des enfants. »

POINT *Langue*

Depuis que, dès que, jusqu'à ce que, pour exprimer des rapports temporels

Ce Point langue permet de vérifier la compréhension et de conceptualiser l'utilisation des expressions temporelles *depuis que, dès que* et *jusqu'à ce que*.
Faire faire les activités individuellement puis comparer les réponses par deux. Lors de la mise en commun en grand groupe, vérifier la compréhension.

CORRIGÉ

a) Les livres, c'est devenu ma passion dès que j'ai su lire.
Je n'ai plus beaucoup le temps de lire depuis que j'ai des enfants.
Je feuillette le livre jusqu'à ce qu'un passage retienne mon attention.
b) *Dès que* + phrase indique l'évènement qui précède l'action principale.
Depuis que + phrase indique l'origine de l'action principale.
Jusqu'à ce que + phrase indique la limite de l'action principale.
c) *Jusqu'à ce que* est suivi du **subjonctif**.
Depuis que est suivi de **l'indicatif**.
Dès que est suivi de **l'indicatif**.

OBJECTIF DE L'ACTIVITÉ 7

: **Transférer les acquis en échangeant sur ses habitudes de lecture.**

7 Tout d'abord, demander aux apprenants de se lever et de se situer sur une ligne imaginaire qui va du plus (+) vers le moins (–), le « plus » étant pour ceux qui aiment beaucoup lire et le « moins » pour ceux qui n'aiment pas lire. À partir de ce rapide constat, former des petits groupes avec des personnes aimant la lecture à des degrés divers. Proposer d'échanger à partir du fil conducteur proposé. Lors de la mise en commun en grand groupe, effectuer un « sondage » auprès des étudiants comme celui d'IFOP (cf. act. 4) et inviter les « grands lecteurs » de la classe à s'exprimer.

Suggestion : on peut travailler le *Carnet de voyage* intitulé « Livres fondateurs » (p. 156) à la suite de ce parcours.

> Demander le prêt d'un objet

| ■ Comprendre Oral/Écrit Act. 8 et 9 | ■ Comprendre Écrit Act. 10 et 11 | ■ Point langue Usage et place des doubles pronoms → S'exercer n° 9 et 10 | ■ Point langue Parler du prêt d'un objet | ■ Phonétique Act. 12 | ■ S'exprimer Oral Act. 13 | ■ S'exprimer Écrit Act. 14 |

Conversation/
Couvertures de livres   Mail

OBJECTIF DES ACTIVITÉS 8 ET 9

: **Comprendre une conversation concernant une demande de prêt.**

8 Tout d'abord, faire écouter le dialogue puis vérifier si les apprenants ont compris qui parle et leur relation : Kathy et Manu, deux amis. Ensuite, effectuer l'activité en grand groupe. Faire justifier les réponses, en faisant réécouter si nécessaire.

CORRIGÉ

1. 1. Kathy demande à son ami Manu de lui prêter un livre → « c'est le dernier Fred Vargas, je ne l'ai pas encore lu ! Tu peux me le prêter ? »
2. Manu hésite un peu → « je ne peux pas, il est pas à moi, on me l'a prêté. Ça m'ennuie vraiment... Bon, ben d'accord, Kathy... Mais rends-le-moi mercredi sans faute ! »

9 Tout d'abord, faire identifier les documents : *ce sont des fiches de prêt de bibliothèque ; trois informations y figurent : le titre du livre, la date du retour du livre et son genre.* Puis faire réécouter la conversation pour choisir la fiche qui correspond à la situation. Les apprenants se concertent par deux avant la mise en commun en grand groupe.

CORRIGÉ

Fiche 2 → Genre : roman policier ; Titre: *L'armée furieuse* ; Retour : le jeudi 23 octobre.

OBJECTIF DES ACTIVITÉS 10 ET 11

: **Comprendre un mail de plainte et de demande d'aide.**

10 Tout d'abord, faire identifier le document : *il s'agit d'un mail de Manu à Thomas*. Identifier qui est Thomas en lisant la première phrase (« je suis furieux contre ta sœur ! ») : *c'est le frère de Kathy*. Faire remarquer l'objet : *« urgent ! »*. Puis faire lire le mail afin de comprendre pourquoi précisément Manu écrit à Thomas.

CORRIGÉ

Manu écrit à Thomas parce qu'il est le frère de Kathy. Il est contrarié car son amie n'a toujours pas rendu le livre qu'il lui avait prêté. Il demande à Thomas de dire à sa sœur de l'appeler.

Faire relire le mail afin de repérer le passage où Manu explique son problème.

CORRIGÉ

« Je le lui avais prêté pour trois jours et elle ne me l'a toujours pas rendu. »

POINT *Langue*

Usage et place des doubles pronoms

Ce Point langue permet de conceptualiser l'usage et la place des doubles pronoms.

a) Avant d'effectuer l'activité, revenir sur le passage du mail où Manu explique le problème à Thomas : « Je **le lui** avais prêté pour trois jours et elle ne **me l'**a toujours pas rendu ». Attirer l'attention des apprenants sur les pronoms en les soulignant/surlignant et demander au grand groupe ce que les pronoms remplacent à chaque fois : *le* = le livre de Fred Vargas ; *lui* = à Kathy ; *me* = à moi et *l'* = le livre. Faire observer qu'on indique à chaque fois l'objet prêté et la personne à qui l'on prête ou à qui l'on doit rendre l'objet. Ensuite, guider l'observation des apprenants en faisant trouver la nature des pronoms, dans les exemples proposés (pronoms COD et COI).

b) Faire faire l'activité par deux puis mettre en commun en grand groupe.

CORRIGÉ

b)

Sujet	À qui ? Pronoms COI (1ʳᵉ et 2ᵉ pers.) : **me** **te** *nous* *vous*	Quoi ? Pronoms COD (3ᵉ pers.) : *le (l')* **la** *les*	Verbe conjugué ou verbe à l'infinitif
Sujet	Quoi ? pronoms COD (3ᵉ pers.) : *le (l')* **la** *les*	À qui ? Pronoms COI (3ᵉ pers.) : **lui** *leur*	Verbe conjugué ou verbe à l'infinitif
Attention ! Verbe à l'impératif affirmatif	Quoi ? Pronoms COD (3ᵉ pers.) : *le (l')* **la** *les*	À qui ? Pronoms COI : **moi**/ *nous* **lui**/*leur*	

POINT *Langue*

Parler du prêt d'un objet

Ce Point langue permet de vérifier la compréhension de trois termes utilisés pour parler du prêt d'un objet : *prêter/ emprunter* et *rendre*. Faire faire l'activité individuellement puis mettre en commun en grand groupe.

CORRIGÉ

1 a – 2 c – 3 b

⋯⊹ OBJECTIF DE L'ACTIVITÉ 12

⁞ **Phonétique : prononciation ou suppression du *e* caduc avec les doubles pronoms.**

 a) Faire écouter l'enregistrement et faire repérer les *e* non prononcés (deux écoutes seront nécessaires).
b) Après la correction, faire observer les phrases en italique et faire réécouter. Puis, faire trouver la règle.
c) Faire répéter les trois phrases complètes par deux. Cette répétition constitue un échauffement verbal pour l'activité d'expression orale qui suit.

CORRIGÉ

a) Ce CD, tu peux me le prêter ? Je ne l'ai pas encore écouté. Tu me le prêtes ?
Tu me le passes aujourd'hui et je te le rends demain. Je te le promets.
Si tu ne me le rends pas, je serai embêté parce qu'on me l'a prêté.
b) On prononce un *e* sur deux.

⋯⋮ OBJECTIF DE L'ACTIVITÉ 13

⋮ **Transférer les acquis dans une situation de demande de prêt d'objet.**

13 Former des groupes de deux apprenants, pour qu'ils jouent une situation similaire à celle de l'audio (act. 8), où il est question du prêt d'un objet. Faire préparer le jeu de rôle en respectant le canevas proposé. En fonction du groupe-classe, faire jouer la scène à tous les sous-groupes, à tour de rôle (les dialogues sont brefs).

⋯⋮ OBJECTIF DE L'ACTIVITÉ 14

⋮ **Transférer les acquis en rédigeant un mail pour se plaindre et demander de l'aide.**

14 Proposer aux apprenants d'écrire un mail sur le modèle de celui de Manu à Thomas pour protester au sujet d'un objet qui n'a pas été rendu et pour demander de l'aide. Cette production individuelle peut être effectuée en classe ou à la maison.

Corrigés S'exercer • Leçon 2

6. depuis janvier 2011 – dès l'inscription – à partir de mars prochain – depuis la parution

7. a) 1. jusqu'à ce que – 2. depuis que – 3. dès que – 4. jusqu'à ce qu'ils – 5. dès qu'elle

b) *À titre indicatif :* 1. Je ne lis plus de romans depuis que je fais de la peinture. 2. Je lis dès que j'ai un moment de libre. 3. À la librairie, je feuillette les livres jusqu'à ce que mon regard soit attiré par un passage. 4. Je mets des lunettes pour lire, depuis que ma vue a baissé.

8. 1. Depuis que je suis en vacances, c'est super, je lis un livre par jour ! 2. J'ai lu et relu le poème jusqu'à ce que je le sache par cœur. 3. Dès que je vois une librairie, je rentre, et j'en ressors souvent avec un ou deux livres. 4. Je ne lis plus de romans depuis que je dois lire beaucoup d'essais pour mes études. 5. Dès que j'ai un roman policier entre les mains, automatiquement je regarde la fin de l'histoire.

9. 1. Je les ai passées – elle doit me les rendre – je pourrai te les emprunter. 2. Elle voulait les leur offrir – on les lui a volés. 3. Elle ne veut pas me le rendre – demande-le-lui. 4. Je te l'avais donnée et tu me la rends. 5. Quelqu'un le lui avait conseillé – je ne le lui aurais pas pris.

10. 1. Ne me le rendez pas – 2. Prête-la-lui – 3. Rends-les-moi – 4. Redonne-les-leur – 5. Rapportez-le-nous – 6. Ne les lui envoie pas – 7. Réservez-le-moi

→ **Voir aussi le Cahier d'activités** | p. 111-115

Contenus socioculturels • Thématiques	
	L'éducation et la prévention pour la santé

Objectifs sociolangagiers

Objectifs pragmatiques

Comprendre des arguments	– comprendre un article explicatif sur un organisme de prévention et de santé publique – comprendre comment est structuré un texte explicatif – comprendre / donner des arguments (mises en garde et incitations) dans des campagnes de santé publique – préciser les conséquences d'un comportement
Exprimer son indignation, faire un reproche	– comprendre des affiches d'une campagne de sensibilisation contre des incivilités – comprendre un article présentant une campagne de sensibilisation sur les incivilités – comprendre quelqu'un qui réagit et proteste face à une situation d'incivilité – comprendre des reproches exprimés de manière implicite – raconter une situation d'incivilité – réagir face à une incivilité, exprimer un reproche

Objectifs linguistiques

Grammaticaux	– structures pour exprimer la conséquence – l'imparfait ou le conditionnel passé pour le reproche	
Lexicaux	– locutions adverbiales pour structurer un texte explicatif – quelques verbes exprimant la conséquence	> Lexique thématique : livre de l'élève p. 204
Phonétiques	– intonation : reproche ou indignation	

Scénario de la leçon

La leçon se compose de deux parcours :

Dans le premier parcours (p. 152-153), les apprenants liront un article sur un organisme de prévention et de santé publique. Ensuite, ils échangeront à propos des campagnes de prévention pour la santé. Puis, ils liront des messages de prévention présentant des mises en garde et incitations. En fin de parcours, ils rédigeront à leur tour des messages de ce type.

Dans le deuxième parcours (p. 154-155), les apprenants observeront des affiches d'une campagne de sensibilisation contre l'incivilité dans les transports en commun et liront un article sur cette initiative. Ensuite, ils écouteront des situations où des personnes réagissent à des incivilités et protestent. Puis, ils raconteront des expériences de ce type de situation. En fin de parcours, ils rédigeront des messages sur un mode ironique pour dénoncer une incivilité et ils simuleront des situations de ce type, en protestant et en exprimant leur indignation.

> Comprendre des arguments

■ Comprendre Écrit	■ Aide-mémoire	■ S'exprimer Oral	■ Comprendre Écrit	■ Point langue Exprimer une conséquence positive/ négative	■ S'exprimer Écrit
Act. 1	→ S'exercer n° 11	Act. 2	Act. 3 et 4	→ S'exercer n° 12 et 13	Act. 5

Article de presse

Messages de prévention pour la santé

⋯⋗ OBJECTIF DE L'ACTIVITÉ 1

⁝ **Comprendre un article sur un organisme de prévention et de santé publique.**

1 Tout d'abord, faire identifier le document : *il s'agit d'un article de* Santé magazine *de février 2012 ; il s'intitule « L'INPES fête ses 10 ans ! »*. Puis passer à l'affiche qui sert d'illustration à l'article : le logo de l'INPES apparaît en bas à droite ; faire identifier à quoi correspond le sigle (INPES = Institut national de Prévention et d'Éducation pour la santé). Faire repérer le logo « Programme National Nutrition Santé » et le slogan « Bouger 30 minutes par jour, c'est facile ». Faire faire le lien avec les activités citées au centre de l'affiche et l'inscription « Et vous, vous bougez comment aujourd'hui ? ». Vérifier la compréhension du contexte de l'affiche : *elle concerne une campagne de l'INPES stimulant l'activité physique*. Cette entrée en matière effectuée, proposer aux apprenants de lire l'article puis d'effectuer l'activité par deux. Lors de la mise en commun en grand groupe, faire justifier les réponses.

CORRIGÉ

1. Nature et fonction de l'INPES : organisme public du ministère de la Santé qui organise des campagnes autour de la santé – Objectifs généraux du PNNS : informer les consommateurs sur les aliments qu'ils consomment, surveiller l'évolution de la situation nutritionnelle de la population, et engager des mesures de santé publique nécessaires.
2. Le PNNS veut inciter à consommer plus de fruits et légumes (pour prévenir l'apparition de certaines maladies comme le cancer), à réduire la consommation de lipides et d'alcool et à pratiquer une activité physique (pour rééquilibrer les apports et les dépenses d'énergie).
3. « 5 fruits et légumes par jour » – « Bouger 30 minutes par jour, c'est facile »

➔ **L'aide-mémoire** reprend et permet de fixer les expressions utilisées pour structurer un texte explicatif.

⋯⋗ OBJECTIF DE L'ACTIVITÉ 2

⁝ **Échanger sur le thème des campagnes de prévention pour la santé.**

2 Former des petits groupes et proposer aux apprenants d'échanger à partir du fil conducteur proposé. Prévoir une mise en commun en grand groupe avec un rapporteur pour chaque sous-groupe.

⋯⋗ OBJECTIF DES ACTIVITÉS 3 ET 4

⁝ **Comprendre des messages de prévention présentant des mises en garde et incitations.**

3 Tout d'abord, faire lire deux ou trois messages afin d'identifier de quoi il s'agit : *ce sont des messages de prévention de l'INPES, présentant des mises en garde et des incitations*. Puis faire faire l'activité et proposer une mise en commun par deux avant celle en grand groupe.

CORRIGÉ

1. Campagne *manger-bouger* : arguments n° 1, 2, 4, 6, 8, 10.
2. Tabac : arguments n° 5 & 11 – Protection maternelle et infantile : arguments n° 3, 7, 9, 12 – Alcool : argument n° 12 – Maladies infectieuses : argument n° 13.

4 Faire faire l'activité par deux avant de mettre en commun en grand groupe.

CORRIGÉ

Mises en garde : arguments n° 1, 5, 6, 7, 11, 12. – Incitations : arguments n° 2, 3, 4, 8, 9, 10, 13.

POINT *Langue*

Exprimer une conséquence positive/négative

Ce Point langue permet de conceptualiser différentes formulations pour exprimer une conséquence positive ou négative.
a) Faire faire l'activité individuellement puis mettre en commun en grand groupe.
b) Faire observer le tableau et les structures indiquées. Puis faire faire l'activité par deux avant de mettre en commun en grand groupe.

⫸⫸⫸

CORRIGÉ

a)	Sujet/*c'* + *est* + adjectif + *pour* (1)	– La consommation d'alcool chez la femme enceinte **est dangereuse pour** le bébé. – La pratique excessive des jeux vidéo **est mauvaise pour** les enfants.
	Ça/verbe infinitif sujet + *rend* + adjectif (2)	– ça **rend** nerveux – fumer **rend** dépendant

b)

Structure	Conséquence négative	Conséquence positive
Sujet/*ça* + verbe + nom	*Aggraver* *Provoquer* *Entraîner*	*Favoriser* *Améliorer*
Sujet/*ça* + verbe + *de* + verbe infinitif	*Empêcher*	*Permettre*

(1) Le sujet de la phrase peut être un nom ou *c'*.
(2) Le sujet peut être un verbe infinitif, un nom ou *ça*.

⋯⋮ OBJECTIF DE L'ACTIVITÉ 5

⋮ **Rédiger des messages de prévention de santé publique.**

5 Former des petits groupes. Proposer aux apprenants de choisir un thème de campagne de prévention parmi ceux proposés (act. 3. 2.) ou un autre de leur choix, ainsi que le public-cible. Leur demander de rédiger des messages pour cette campagne avec des incitations et des mises en garde. Lors de la mise en commun en grand groupe, proposer à chaque sous-groupe de présenter ses arguments.

❯ Exprimer son indignation – Faire un reproche

■ Comprendre Écrit / S'exprimer Oral
Act. 6 et 7

■ Comprendre Écrit
Act. 8 et 9

■ Comprendre Oral
Act. 10 et 11

■ Point langue
L'imparfait ou le conditionnel pour faire un reproche
→ S'exercer n° 14 et 15

■ S'exprimer Oral
Act. 12

■ Comprendre Écrit
■ S'exprimer Écrit
Act. 13

■ Phonétique
Act. 14

■ S'exprimer Oral
Act. 15

Affiches   Article   Échanges dans les transports   Messages sur Internet

⋯⋮ OBJECTIF DES ACTIVITÉS 6 ET 7

⋮ **Comprendre des affiches d'une campagne de sensibilisation contre l'incivilité.**

6 Tout d'abord, faire identifier les documents : *ce sont des affiches pour une campagne.* Puis guider l'observation des apprenants à partir du fil conducteur proposé.

CORRIGÉ

a) Il s'agit d'une campagne de la RATP (Régie autonome des transports parisiens), basée sur le thème de la civilité : « Restons civils sur toute la ligne ». Les lieux concernés sont les transports publics : bus, métro…
b) *À titre indicatif :* La campagne a été mise en place suite aux incivilités constatées dans les transports en commun. Elle a pour but de lutter contre les incivilités dans les transports.

7 **1.** Vérifier la compréhension du slogan « Restons civils sur toute la ligne ». Attirer l'attention sur l'utilisation du terme « ligne », au sens propre et au sens figuré. Faire le lien à chaque fois avec l'inscription en capitales, concernant la situation illustrée dans l'affiche : « Quand elle est à 86 décibels, une confidence n'a plus rien de confidentiel » et « Qui bouscule 5 personnes en montant ne partira pas plus vite pour autant. » Vérifier la compréhension de ce dernier slogan en faisant observer le visuel : « Ce n'est pas parce qu'il bouscule 5 personnes qu'il partira plus vite ». Faire remarquer que les chiffres 86 et 5 correspondent à des numéros de ligne (de bus dans la première affiche, de métro dans la seconde).
2. Former des petits groupes et proposer aux apprenants d'échanger à partir du fil conducteur proposé.

> **CORRIGÉ**
>
> **1.** Il s'agit d'un jeu de mots puisqu'il est question de civilité sur des lignes de transport et que « sur toute la ligne » veut dire « complètement », « à 100 % ».

⋯⫶ OBJECTIF DES ACTIVITÉS 8 ET 9

⫶ **Comprendre un article présentant une campagne de sensibilisation.**

8 **a)** Tout d'abord, faire identifier le document : *il s'agit d'un article intitulé « Restons civils sur toute la ligne », extrait du site ratp.fr.* Faire lire afin d'effectuer l'activité. Mettre en commun en grand groupe.
b) Cette activité amène à confirmer les hypothèses émises dans l'activité 6b). En grand groupe, vérifier la compréhension du contexte de la campagne : pourquoi la campagne a été mise en place, et dans quel but.

> **CORRIGÉ**
>
> **a)** Il s'agit d'un article présentant la nouvelle campagne de la RATP, dont le slogan est « Restons civils sur toute la ligne ».
> **b)** Cf. réponses activité 6 b).

9 Faire faire l'activité individuellement puis comparer par deux avant la mise en commun en grand groupe.

> **CORRIGÉ**
>
> **a)** le manque de propreté, les nuisances sonores, la bousculade, l'absence de courtoisie, la fraude
> **b)** les nuisances sonores, la bousculade

⋯⫶ OBJECTIF DES ACTIVITÉS 10 ET 11

⫶ **Comprendre des situations où des personnes réagissent à des incivilités et protestent.**

10 **a)** Faire écouter les situations et en vérifier la compréhension globale : *des personnes sont dans les transports ; elles réagissent à des incivilités et protestent.*
b) Faire réécouter afin d'effectuer l'activité. Mettre en commun en grand groupe.

> **CORRIGÉ**
>
> **a)** Les différents échanges ont pour origine un acte d'incivilité.
> **b)** 1. L'absence de courtoisie – 2. Les nuisances sonores – 3. La bousculade – 4. Le manque de propreté – 5. La fraude

11 **1.** Faire réécouter afin d'effectuer l'activité. Proposer aux apprenants de confronter leurs notes par deux. Lors de la mise en commun, revenir sur l'enregistrement si nécessaire. Vérifier la compréhension des expressions repérées.
2. Effectuer l'activité en suivant le fil conducteur indiqué ci-dessus.

> **CORRIGÉ**
>
> **1.** Dialogue 1 : *C'est un comble !* – Dialogue 3 : *mais ça va pas, non ??? ma fille est invisible ou quoi ? / il a failli faire tomber ma fille !!! / il aurait pu la blesser, en la bousculant comme ça !* – Dialogue 4 : *Eh ben elle est gonflée !!! Quand même !*
> **2.** Dialogue 1 : *Vous auriez dû vous lever avant même qu'elle demande !* – Dialogue 2 : *vous auriez pu attendre d'être à la maison, pour raconter tout ça à votre chérie, non ?* – Dialogue 3 : *vous auriez pu lui faire mal !* – Dialogue 4 : *Vous pourriez emporter vos déchets, non ??* – Dialogue 5 : *vous n'auriez pas dû sauter, Monsieur ! Il fallait acheter un ticket, comme tout le monde !*

POINT *Langue*

L'imparfait ou le conditionnel pour faire un reproche

Ce Point langue permet de conceptualiser l'utilisation de l'imparfait ou du conditionnel pour faire un reproche.
a) b) Effectuer les activités en grand groupe, en veillant à vérifier la compréhension.
c) Faire observer en grand groupe les phrases de la première partie afin d'en identifier les temps/ modes des verbes. Puis vérifier la compréhension en faisant proposer, par deux, une autre formulation pour les quatre premiers reproches. Mettre en commun en grand groupe.

> **CORRIGÉ**
>
> **a)** une action présente : 5 – une action passée : 1 ; 2 ; 3 ; 4
> **b)** 1. Faux : la personne n'a pas acheté de ticket. 2. Faux : la personne ne s'est pas levée. 3. Vrai : la personne a sauté. 4. Faux : la personne n'a pas attendu d'être à la maison. 5. Faux : la personne n'emporte pas ses déchets.
> **c)** 1. Il fallait acheter un ticket ! → Vous auriez dû/pu… 2. Vous auriez dû vous lever ! → Vous auriez pu…/ il fallait… 3. Vous n'auriez pas dû sauter ! → Il ne fallait pas sauter… 4. Vous auriez pu attendre d'être à la maison ! → Vous auriez dû… / il fallait…

···⟩ OBJECTIF DE L'ACTIVITÉ 12

⋮ Raconter des expériences de situations d'incivilité.

12 Former des petits groupes afin d'échanger à partir du fil conducteur proposé. Puis, effectuer une brève mise en commun en grand groupe.

···⟩ OBJECTIF DE L'ACTIVITÉ 13

⋮ Rédiger un message sur un mode ironique pour dénoncer une incivilité de manière implicite.

13 **a)** Tout d'abord, revenir sur le dernier paragraphe de l'article p. 144, dans lequel on parle de la possibilité pour les voyageurs de s'exprimer de manière décalée et humoristique sur un site temporaire (www.chervoisindetransport.fr), à propos de situations d'incivilité vécues. Ensuite, faire lire les messages. En grand groupe, vérifier la compréhension puis inviter les apprenants à donner brièvement leur avis sur l'initiative et le ton des messages.
NB : au moment de l'édition, le site www.chervoisindetransport.fr a été remplacé par www.chervoisin2transport.fr. On y souligne le succès d'audience et de participation de l'opération.
Variante : si l'on dispose d'un TNI avec Internet, effectuer une mise en route pour cette activité, directement sur le site de l'opération. Selon le temps dont on dispose, il peut être intéressant d'y lire quelques messages, afin de mieux observer leur ton décalé. Cela facilitera entre autres, l'exécution de l'activité b).
b) Proposer aux apprenants de rédiger à leur tour, par deux, un message évoquant une des incivilités racontées précédemment (act. 12). Mettre en commun en grand groupe, en affichant/en projetant les messages.

···⟩ OBJECTIF DE L'ACTIVITÉ 14

⋮ Phonétique : intonation : reproche ou indignation.

14 **a)** Faire écouter l'enregistrement. Faire identifier l'intonation du reproche (plus lent, montée puis descente de la voix à la fin) et celle de l'indignation (plus rapide, plus énergique avec montée de la voix à la fin).
b) Faire réécouter phrase par phrase et faire répéter par les apprenants à tour de rôle. Dynamiser l'activité en faisant faire cette activité par deux, un apprenant s'adressant à un partenaire pour répéter la phrase.

> **CORRIGÉ**
>
> **a)** Indignation : 1 ; 2 ; 5 ; 7 – Reproche : 3 ; 4 ; 6 ; 8

···⟩ OBJECTIF DE L'ACTIVITÉ 15

⋮ Transférer les acquis dans des situations d'incivilité, en protestant et en exprimant son indignation.

15 Former des petits groupes de deux ou trois apprenants. Leur proposer de choisir une situation d'incivilité parmi celles qui ont été évoquées (act. 13b) et de la mettre en scène. Puis faire jouer les différentes scènes face au grand groupe.

> **Corrigés S'exercer • Leçon 3**

11. 1. d'une part ; d'autre part – 2. avant tout ; plus précisément – 3. d'un côté ; d'un autre côté – 4. avant tout – 5. d'un côté ; d'un autre côté
12. *À titre indicatif :* Le tabac : c'est dangereux pour la santé / ça rend malade et ça rend dépendant. – Les fruits et légumes : c'est bon pour la santé et bon pour la ligne. – Le vin (avec modération), le chocolat : c'est bon pour le moral/ ça rend heureux.
13. 1. favorise – 2. entraîne / provoque – 3. améliorent – 4. permet – 5. aggrave – 6. empêchent
14. 1. Tu n'aurais pas dû / Il ne fallait pas copier sur ton voisin. – 2. Il fallait / Vous auriez pu / dû faire la queue. – 3. Il fallait / Vous auriez pu / dû suivre les conseils. – 4. Tu pourrais faire attention. – 5. Vous n'auriez pas dû oublier / Il ne fallait pas oublier.
15. *À titre indicatif :* 1. Toute la famille a failli être malade ! Toute la famille aurait pu être malade ! – 2. Tu as failli lui faire mal ! Tu aurais pu lui faire mal ! – 3. Il a failli se faire renverser par une voiture ! Il aurait pu se faire renverser ! – 4. Vous avez failli provoquer un incendie ! Vous auriez pu provoquer un incendie !

→ **Voir aussi le Cahier d'activités** | p. 116-118

Carnet de voyage

Le *Carnet de voyage*, intitulé **Livres fondateurs**, propose un parcours à dominante culturelle.
Tout d'abord, les apprenants écouteront une interview de quatre personnalités de la vie culturelle française, témoignant à propos de leur livre préféré. Ensuite, ils découvriront les résultats d'une enquête sur les livres fondateurs des Français. En fin de parcours, ils établiront leur propre liste de livres fondateurs et ils raconteront pourquoi et dans quelle mesure ces ouvrages les ont marqués.

Livres fondateurs

1 **a)** Faire écouter l'enregistrement et en vérifier la compréhension globale : *il s'agit d'un extrait d'interview de quatre personnalités françaises qui parlent de leur livre préféré.*
b) Si nécessaire, faire réécouter pour identifier le livre dont chaque personne parle.

> **CORRIGÉ**
>
> **b)** 1) Chloé Delaume : *L'Écume des jours* de Boris Vian – 2) Enki Bilal : *Les Fleurs du mal* de Charles Baudelaire –
> 3) Bruno Putzulu : *En attendant Godot* de Samuel Beckett – 4) Éric-Emmanuel Schmitt : *Les Trois mousquetaires*
> d'Alexandre Dumas

2 **a) et b)** Faire réécouter pour identifier l'univers professionnel de chaque personnalité et la nature des livres cités. Proposer aux apprenants de se concerter par deux avant de mettre en commun en grand groupe.
c) Faire réécouter afin de repérer l'impact que les livres ont eu sur les personnes. Proposer aux apprenants de se concerter par deux avant de mettre en commun en grand groupe.

> **CORRIGÉ**
>
> **a)** – Chloé Delaume : la littérature → Elle est écrivain (*j'ai changé de nom quand je suis devenue écrivain*).
> – Enki Bilal : la bande dessinée (*j'avais découvert évidemment entre-temps, en arrivant en France, la bande dessinée francophone bien sûr*) → Il est dessinateur / auteur de bande dessinée.
> – Bruno Putzulu : le théâtre → Il est comédien (*parce que je l'ai jouée, c'est un souvenir qui est vraiment bien ancré en moi, j'ai souvent envie de rejouer cette pièce*).
> – Éric-Emmanuel Schmitt : la littérature (*la passion de la vie, pas seulement de la littérature*) → Il est écrivain.
> **b)** *L'Écume des jours* : roman (*l'héroïne de ce livre*) – *Les Fleurs du mal* : recueil de poèmes (*le premier poète que je découvrais en langue française*) – *En attendant Godot* : pièce de théâtre (*je l'ai joué – envie de rejouer cette pièce*) – *Les Trois mousquetaires* → pas d'indice. C'est un roman.
> **c)** – Chloé Delaume : *j'ai compris ce que voulait dire le mot* littérature – *quand j'ai changé de nom quand je suis devenue écrivain, j'ai emprunté directement le prénom à l'héroïne de ce livre*.
> – Enki Bilal : le livre l'a marqué par son style et a éveillé sa curiosité et son imagination (*j'ai eu un choc, vraiment un véritable choc, peut-être l'agencement des mots, peut-être le premier poète que je découvrais en langue française ; il y avait comme ça une interrogation, une envie d'en apprendre plus, le sentiment de quelque chose de très sulfureux et de quelque chose qui provoquait une envie d'images*).
> – Bruno Putzulu : la pièce l'a marqué et il a souvent envie de la rejouer (*je l'ai jouée, c'est un souvenir qui est vraiment bien ancré en moi… j'ai souvent envie de rejouer cette pièce, même à la lecture, ce qui n'est pas toujours le cas chez les auteurs dramatiques*).
> – Éric-Emmanuel Schmitt : le livre lui a donné le goût de la lecture et la passion de la littérature (*je pensais que je n'aimais pas lire, parce que je trouvais ça crétin… et tout d'un coup à 8 ans, j'ai lu* Les Trois mousquetaires *et là, la passion de la vie, pas seulement de la littérature, est passée à travers Dumas*).

3 **1.** Tout d'abord, faire lire le titre et le chapeau du document p. 157, afin de l'identifier : *il s'agit d'un article intitulé « Les livres fondateurs des Français » ; il est basé sur une étude organisée à l'occasion de* Lire en fête *pour la SNCF, dressant la liste des 100 ouvrages qui ont le plus marqué les Français*. Vérifier la compréhension de l'expression « livre fondateur ». Ensuite, faire lire les autres parties du document afin de les identifier : il y a d'une part le *Top 10 des 100 livres les plus cités*, d'autre part un commentaire sur certains éléments de l'enquête.
2. 3. Former des petits groupes afin que les apprenants effectuent les activités. Mettre en commun en grand groupe.

> **CORRIGÉ**
>
> *À titre indicatif :* livre fondateur = livre dont la lecture a eu un impact important sur la personne, qui l'a marquée et peut-être a eu une influence sur sa vie ensuite.
> **3.** *Les Misérables* de Victor Hugo – *Le Petit Prince* d'Antoine de Saint-Exupéry – *Germinal* d'Émile Zola – *Le Seigneur des anneaux* de JRR Tolkien – *Vingt Mille Lieues sous les mers* de Jules Verne.

4 Proposer aux apprenants de répondre au quizz par petits groupes, avant de mettre en commun en grand groupe. Il est possible de proposer cette activité comme un jeu culturel et de mettre les groupes en compétition, en donnant un temps limité éventuellement.

> **CORRIGÉ**
>
> **1.** *Les Misérables* : 1862 – *Le Petit Prince* : 1943 – *Le Seigneur des anneaux* : 1954 – *Le Journal d'Anne Frank* : 1947
> **2.** *Les Misérables* : roman réaliste – *Le Petit Prince* : conte – Le Seigneur des anneaux : récit fantastique – *Le Journal d'Anne Frank* : récit autobiographique

5 Faire faire l'activité en petits groupes. Lors de la mise en commun, constater si certains livres ou auteurs sont cités de manière récurrente ou si, au contraire, la palette des livres cités est large.

Dossier 8 Vers le DELF B1

B1

Cette page permet aux apprenants de continuer à s'entraîner aux épreuves du DELF B1. Elle propose deux activités : l'une pour évaluer les compétences en réception orale et, l'autre, pour évaluer les compétences en production écrite.

Compréhension de l'oral — 7 points

Il s'agit ici d'évaluer la compréhension d'une conversation téléphonique amicale au sujet du Salon des Déplacements Verts, pendant lequel plusieurs moyens de transport écologiques peuvent être testés.
Les exercices 1, 2, 3 et 5 sont notés sur **1 point** et l'**exercice 4** est noté sur **3 points** (un point est attribué par type d'activités cité).

> **CORRIGÉ**
>
> **Exercice 1 :** c.
> **Exercice 2 :** Le thème est : les « déplacements verts » ou les « transports verts ».
> **Exercice 3 :** Le salon est organisé pendant la Semaine du développement durable.
> **Exercice 4 :** Les trois types d'activités ou animations proposées dans le salon sont, au choix :
> – la conduite de véhicules verts : test de deux roues électriques ou Autolib' ;
> – les conférences ;
> – les expositions.
> **Exercice 5 :** « Autolib'» est un système de location de voiture électrique en libre-service.

Production écrite — 13 points

Il s'agit de rédiger un mail à un ami qui a quitté précipitamment son lieu de travail à la suite d'un conflit. Les apprenants sont évalués sur leur capacité à exprimer des reproches puis à conseiller un ami, dans un mail. Ce message devra comporter entre 160 et 180 mots.
Vérifier la compréhension de la consigne : qui écrit (l'apprenant), à qui (à son ami qui a quitté son travail précipitamment à la suite d'un conflit avec un collègue), quoi (un mail qui reprend les faits brièvement et dans lequel l'apprenant exprime sa réaction face aux faits annoncés : il reproche à son ami son comportement et le met en garde en vue de conserver son emploi).
Cette activité est notée sur **13 points**, à répartir selon le barème suivant :
Respect de la consigne : 1 point ; capacité à présenter les faits : 2 points ; capacité à exprimer sa pensée : 2,5 points ; cohérence et cohésion : 1,5 point ; compétence lexicale/orthographe lexicale : 3 points ; compétence grammaticale/orthographe grammaticale : 3 points.

DOSSIER 1 – Leçon 2

Immeubles en fête

La **Fête des voisins** a été lancée dans le VIIe arrondissement de Paris en 1999 par Anatase Périfan, fondateur de l'association *Immeubles en fête*. Le but était de permettre à des personnes vivant dans le même immeuble de se rencontrer de façon conviviale, afin de rompre l'isolement dans les grandes villes. Cette fête a été suivie rapidement dans toute la France, appuyée par les Maires des communes et les organismes de logements sociaux. L'idée est simple : une fois par an (la dernière semaine de mai), les voisins se retrouvent dans le hall ou la cour de leur immeuble, dans la rue… ; chacun apporte quelque chose à boire ou à manger – c'est un moment de convivialité pour se connaître et « mieux vivre » ensemble. En 2007, Anastase Périfan crée **Voisins Solidaires**, dont l'ambition est de mobiliser un million de Français dans les cinq prochaines années. Le but est de favoriser la convivialité et de créer le lien social entre voisins *toute l'année*. Cette nouvelle initiative s'appuie sur des actions d'envergure nationale. Les valeurs essentielles sont convivialité, proximité et bien vivre ensemble.

Le site Internet www.immeublesenfete.com est surtout consacré à la *Fête des voisins*. Sur le site www.voisinssolidaires.fr, on peut s'informer sur les actions menées tout au long de l'année, et télécharger le livret du *Voisin Solidaire*, avec un questionnaire pour découvrir quel Voisin Solidaire sommeille en chacun de nous…

DOSSIER 1 – Leçon 3

http://paris.croisedanslemetro.com est un site où l'on peut déposer une petite annonce pour faire un clin d'œil à quelqu'un ou pour rechercher une personne. Il faut s'inscrire sur le site avant de pouvoir publier une annonce. Plusieurs villes françaises sont concernées (Paris, Lyon, Marseille…) mais aussi d'autres villes dans le monde (Bruxelles, Montréal…). La publication des annonces du jour comprend la date et les lignes de transport où la rencontre a eu lieu ainsi que le message lui-même.

DOSSIER 1 – Carnet de voyage

Delerm, Philippe

Écrivain français, né à Auvers-sur-Oise en 1950. Après des études de lettres, il devient enseignant à la faculté de Nanterre. Il est le père du chanteur Vincent Delerm.
Il envoie ses premiers manuscrits dès 1976 et se heurte à des refus d'éditeurs. En 1983, *La Cinquième saison* suscite l'intérêt, mais c'est son recueil de nouvelles *La Première gorgée de bière et autres plaisirs minuscules* qui le fait connaître du grand public en 1997. L'auteur, qui peint des petits bonheurs et des petits riens de la vie, est le premier surpris de son succès considérable.

Jardin des Tuileries

Le jardin des Tuileries, inscrit en 1991 sur la liste du patrimoine mondial de l'UNESCO, est intégré en 2005 au domaine national du Musée du Louvre. Le plan actuel des Tuileries s'organise autour d'une large allée centrale marquant la perspective du Grand Axe qui s'étend aujourd'hui du Louvre à la grande Arche de la Défense. On y trouve de très beaux arbres (de plus de vingt essences différentes) et une riche statuaire (avec des œuvres de Rodin, Max Ernst, Henry Moore, Giacometti).

DOSSIER 2 – Leçon 1

Erasmus

Vingt-cinq ans après sa création, Erasmus est à la fois le plus connu des programmes européens et le système d'échanges universitaires qui rencontre le plus de succès au monde. Plus de 231 000 étudiants ont obtenu une bourse Erasmus pour étudier ou se former à l'étranger au cours de l'année universitaire 2010-2011, ce qui constitue un nouveau record et une augmentation de 8,5 % par rapport à l'année précédente. 33 pays participent au plus célèbre des programmes européens de mobilité.

Aef Europe

Depuis le Conseil de Lisbonne en mars 2000, les pays de l'Union européenne se sont engagés sur la voie de la réalisation d'un *espace européen de l'éducation et de la formation tout au long de la vie*. Désormais, l'ensemble des actions relevant de ce programme est géré par des agences nationales. Aef Europe a été créée par un arrêté du Gouvernement de la Fédération Wallonie-Bruxelles en 2007 et a pour mission principale de promouvoir, de mettre en œuvre et de gérer les différents programmes *d'éducation et de formation tout au long de la vie*, dans le respect des objectifs européens.

Le stage en entreprise, l'apprentissage en alternance

Dans de nombreuses formations, un **stage professionnel** (ou plusieurs) est (sont) obligatoire(s) et constitue(nt) un complément de formation. Pour certaines licences, par exemple, l'obtention du diplôme dépend à 50 % de ce stage de fin d'études. Le stage est d'une durée de 12 à 14 semaines pendant deux ans dans les filières courtes (équivalant à deux années d'études après le baccalauréat), comme le BTS (brevet de technicien supérieur), ou le DUT (diplôme universitaire de technologie). Il est de plus de trois mois dans les filières longues (cinq ans d'études après le baccalauréat), comme le master professionnel par exemple. L'**apprentissage en alternance** présente la spécificité suivante : l'apprenti alterne la formation dans le cadre d'une école et la pratique sur le terrain. Le rythme d'alternance peut varier : par exemple, deux jours à l'école, trois jours en entreprise ; deux semaines à l'école et trois semaines en entreprise… « Un jeune sur cinq formé en alternance d'ici à 2015 », tel a été l'objectif fixé par Laurent Wauquiez, secrétaire d'État à l'Emploi dans les années 2008-2010.

DOSSIER 2 – Leçon 2

Le salaire

Le salaire **brut**, c'est ce que l'employeur verse pour le salarié. Le salaire **net**, c'est ce que le salarié reçoit vraiment, après déduction des charges sociales (assurances maladie, vieillesse, chômage, etc.), qui représentent en moyenne 22 % (les variations jouent sur 1 à 2 % selon les catégories) du salaire brut environ. Pour obtenir le salaire net approximatif, on multiplie le salaire brut par 0,78.

Le SMIC

Salaire Minimum Interprofessionnel de Croissance. C'est le salaire minimum légal (celui en dessous duquel aucun salarié ne doit être payé). Il est réévalué tous les ans, le 1er juillet de chaque année, au minimum du montant de l'inflation afin d'éviter une baisse du pouvoir d'achat des personnes payées au *smic*. Au 1er juillet 2012, la valeur du SMIC brut est de 9,40 euros par heure, soit 1 425,67 euros bruts par mois pour un salarié qui travaille 35 heures par semaine. Début 2011, il y avait environ 2,5 millions de salariés rémunérés au salaire minimum en France, soit un sur dix.

Jobs d'été

De plus en plus de jeunes recherchent un petit travail l'été pour se payer leurs vacances, leurs études ou pour acquérir une expérience professionnelle. Les principaux pôles d'activité sont : d'une part les métiers de services, de la restauration, de l'assistance et de la vente, d'autre part les métiers de l'animation – l'un des domaines les plus porteurs en termes de jobs d'été, qui requiert d'avoir le BAFA.

Le BAFA

Brevet d'aptitude aux fonctions d'animateur de centre de vacances et de loisirs. Diplôme qui permet d'encadrer des enfants et adolescents en Centres de vacances ou de loisirs. Pour obtenir ce diplôme, le candidat doit avoir 17 ans révolus, suivre une formation et faire des stages.

Sigles et acronymes

La manière de prononcer un sigle (en acronyme ou non) dépend de sa longueur, de la distribution phonologique des phonèmes qui le constituent et aussi de l'usage. Il n'y a pas de règle rigoureuse mais plutôt des tendances. En règle générale, la structure syllabique de base en français est la suivante : *consonne – voyelle*. Le sigle BAFA est logiquement prononcé comme un mot puisque les deux syllabes qui le constituent respectent la structure de base = c'est un acronyme. Le sigle BAFD quant à lui n'a que la première syllabe conforme à cette structure ; ce n'est donc pas un acronyme car on ne peut pas le prononcer comme un mot : on prononce les lettres qui le composent.

BAFA (Brevet d'aptitude aux fonctions d'animateur)
BAFD (Brevet d'aptitude aux fonctions de directeur)
SMIC (Salaire minimum interprofessionnel de croissance)
RATP (Régie autonome des transports parisiens)
SNCF (Société nationale des chemins de fer français)
ESSEC (École supérieure des sciences économiques et commerciales)
IBM (International Business Machines)
UNESCO (United Nations educational scientific and cultural organization)
DUT (Diplôme universitaire technologique)
IUT (Institut universitaire technologique)
CDI (Contrat à durée indéterminée)

CDD (Contrat à durée déterminée)
DOM-TOM (Départements d'Outre-mer et Territoires d'Outre-mer)
JO (le JO – *Journal officiel* – ou les JO – les Jeux olympiques)
BD (Bande dessinée)
CD (Compact disc)
SMS (Short message service)
MSN (MicroSoft Network)
PDF (Portable document format)
PC (Personal computer)
HLM (Habitation à loyer modéré)
ONU (Organisation des Nations unies)

DOSSIER 2 – Leçon 3

Pôle emploi

Pôle emploi est un établissement public à caractère administratif chargé de l'emploi en France. Créé le 19 décembre 2008, il est issu de la fusion entre l'ANPE (Agence Nationale pour l'Emploi) et les Assedic (ASSociation pour l'Emploi Dans l'Industrie et le Commerce, assurant entre autres le paiement des allocations de chômage).
La mission de Pôle emploi est d'accueillir, d'indemniser, d'orienter et d'accompagner les demandeurs d'emploi. Cet organisme accueille également les personnes en activité qui souhaitent évoluer dans leur projet professionnel ou des personnes en activité précaire qui souhaitent trouver un emploi durable. Il propose aussi des services aux entreprises : analyse des besoins, recrutement des candidats...
Afin de figurer sur la liste des demandeurs d'emploi, le chômeur doit s'inscrire au Pôle emploi en remplissant un dossier. Il doit ensuite rechercher activement un travail, et répondre aux propositions et convocations du Pôle emploi. Il bénéficie d'allocations de chômage s'il remplit certaines conditions et s'il effectue chaque mois une déclaration de situation.

DOSSIER 2 – Carnet de voyage

Le baccalauréat

Il y a trois sortes de baccalauréat en France (du latin *bacca laurea*, étymologiquement *baie de lauriers*, en référence à la couronne de feuilles et de baies de lauriers portée par Jules César, qui consacrait les valeureux guerriers pour leur courage et leur force) : le baccalauréat général, le baccalauréat technologique et le baccalauréat professionnel.
Le baccalauréat général a trois filières :
– Le baccalauréat *économique et social* (ES). Il existait trois options pour ce bac jusqu'en 2012 : Langues vivantes ; Mathématiques ; Sciences économiques et sociales renforcées. À partir de 2013, trois nouveaux enseignements de spécialité sont proposés : Sciences sociales et politiques ; Économie approfondie et Mathématiques appliquées.
– Le baccalauréat *littéraire* (L), qui propose un enseignement général.
– Le baccalauréat *scientifique* (S) qui peut avoir deux options : SI (sciences de l'ingénierie) et SVT (sciences et vie de la Terre).
Le baccalauréat technologique a de nombreuses filières :

hôtellerie, santé et social, industrie et développement durable, laboratoire, management et gestion, agronomie du vivant, musique et danse, arts appliqués...

Le baccalauréat professionnel quant à lui compte plus de 80 filières. En deux décennies, ce baccalauréat a pris un essor important : la proportion des bacheliers dans une génération est passée de 2,8 % en 1990 à 14,3 % en 2010.

Le schéma p. 47 du livre élève permet d'observer qu'après le baccalauréat, des « passerelles » sont prévues entre les différentes filières, permettant ainsi par exemple qu'un titulaire de bac professionnel puisse continuer ses études à l'université, ou qu'un titulaire de bac général poursuive ses études dans une filière technologique.

DOSSIER 3 – Leçon 1 et Carnet de voyage

Canada, Québec et langue française

Le Québec est une province de l'est du Canada. Avec 15,5 % de la superficie totale du Canada, c'est la plus vaste des provinces canadiennes. Parmi les dix provinces canadiennes, le Québec se distingue car il est le seul état majoritairement francophone de toute l'Amérique du Nord (plus de 83 % de la population du Québec a pour langue maternelle le français et environ 93 % l'utilisent comme langue usuelle).

Belges et histoires belges

Comme deux amis qui s'aiment beaucoup, les Français et les Belges se moquent les uns des autres par l'intermédiaire de blagues. Les blagues françaises mettent en scène des personnes qui ne comprennent pas rapidement : les Belges apparaissent comme des personnes naïves et simples mais sympathiques. Par exemple, dans la BD proposée activité 12 p. 55 du manuel le passager n'a pas compris le lien entre la question posée et la hauteur du tunnel.

Dans les blagues racontées par les Belges, les Français sont prétentieux et leur manque d'humilité est montré du doigt. C'est le cas dans les blagues de l'enregistrement de l'activité 13 p. 55 : « ils se prennent tous pour des lumières », ils croient avoir une grande valeur et ont un complexe de supériorité.

DOSSIER 3 – Leçon 2

Les expatriés français

Une personne expatriée est une personne qui réside dans un autre pays que le sien, un autre pays que sa *patrie*. Les **Français expatriés** sont donc des citoyens français établis hors de France. Les raisons de s'expatrier sont diverses : études, travail, rapprochement familial, envie de découverte... L'expression **Français de l'étranger** permet de désigner les Français qui vivent hors de France, de façon ponctuelle ou permanente. Les ambassades et consulats assurent le lien entre ces Français et la France. Par ces intermédiaires, les Français expatriés peuvent renouveler leurs papiers d'identité et voter. Le nombre de Français inscrits sur les registres des consulats français était de 1 594 303 le 31 décembre 2011. Ces données ne représentent cependant qu'une partie des Français vivant en dehors du territoire national.

Le savoir-vivre

Le savoir-vivre est un état d'esprit, une manière de se comporter. Ce n'est pas seulement le respect de règles de politesse, de gestes à faire ou à ne pas faire ou de formules à dire dans certaines circonstances, c'est un comportement général envers les autres. Quand on fait preuve de savoir-vivre, on est en situation d'empathie envers les autres, on cherche à être à leur écoute, à comprendre ce qu'ils attendent. On cherche à ne pas froisser (blesser) ni choquer par exemple. Pour plus d'informations, consulter le site suivant qui se présente comme « Guide du savoir-vivre français » : www.bcbg-france.com.

DOSSIER 3 – Leçon 3

France centralisée

La France conserve le plus souvent l'image d'un pays centralisé, où « tout se passe à Paris ». En effet, la France, qui a conservé l'optique d'une « république une et indivisible » apparaît peu décentralisée par rapport à ses pays voisins, qui donnent généralement de plus grandes libertés d'action à leurs régions, ou qui ont une structure clairement fédérale. Il a fallu attendre la fin du XXe siècle pour que la France s'engage franchement dans un mouvement de décentralisation, avec les premières lois de décentralisation promulguées en 1982-1983. La réforme de la décentralisation entre 2002 et 2004 a représenté une 2e étape importante dans ce long processus. Pour plus d'informations, consulter la page : http://www.assemblee-nationale.fr/histoire/decentralisation.asp.

Principales villes de France

La capitale et plus grande ville de France est Paris. Les autres grandes métropoles françaises sont Lyon, Marseille et Lille. Viennent ensuite Bordeaux, Toulouse, Nantes, Nice, Strasbourg, Saint-Étienne, Rennes, Le Havre et Montpellier. En 1999, plus de vingt autres villes françaises avaient une population supérieure à 100 000 habitants (cf. carte dans *Alter Ego 1+*, p. 11).

Départ des Parisiens vers la province

En France, l'expression *en province* signifie *hors de la région parisienne*. Et les Parisiens cherchent de plus en plus à s'évader hors de la région parisienne : au-delà du macadam et du bruit, de la course et du stress, de la pollution, une autre existence est possible dans une campagne redécouverte. De plus, face à des prix immobiliers moins élevés qu'en Île-de-France, des Parisiens recherchent désormais leur résidence principale ou leur résidence secondaire dans certaines régions qui les attirent. Ils n'hésitent plus à faire le trajet quotidiennement pour aller travailler dans la capitale, soit en voiture soit en train, certaines villes comme Le Mans, Vendôme ou encore Arras n'étant grâce au TGV qu'à une heure de Paris.

DOSSIER 3 – Carnet de voyage

Linda Lemay

Lynda Lemay, née le 25 juillet 1966 à Portneuf (Canada), est une auteur-compositeur-interprète québécoise. Elle est connue pour son style de chansons : elle écrit des « chansons à histoires ». Elle a vendu plus de 3 millions d'albums à ce jour. Après des études littéraires, elle montre un réel talent d'écriture. Elle commence à se faire connaître en France en 1995. Elle se moque de tous les travers de la vie quotidienne, avec des sujets « légers » (*Chéri, tu ronfles, Les épouses* et *J'veux pas d'chien*) ou plus graves (*J'ai battu ma fille, Chaque fois que le train passe, Des comme lui*). Sa bonne connaissance des relations franco-québécoises lui a inspiré des titres comme *Les Maudits Français* ou *Gros Colons*. Lauréate des Victoires de la musique 2003, elle est à présent au même niveau de notoriété qu'Isabelle Boulay, autre chanteuse québécoise.

DOSSIER 4 – Leçon 1

Rouen

Cette ville est située au cœur de la Normandie. Elle compte aujourd'hui près de 111 000 habitants. C'est une ville riche d'un patrimoine historique exceptionnel, avec de vieilles rues pavées, de nombreuses églises et une cathédrale, la cathédrale Notre-Dame, peinte par Monet, à l'architecture gothique. Rouen est traversée par la Seine ; la vallée de la Seine était très prisée par les Impressionnistes. C'est pourquoi cette ville possède dans son Musée des Beaux-Arts un ensemble prestigieux de peintures impressionnistes qui regroupe les plus grands maîtres de ce courant artistique : Monet, Pissaro, Sisley… C'est peut-être ce patrimoine *impressionniste* qui a fait choisir le nom de la manifestation artistique : *Rouen Impressionnée*…

La blogosphère en France : résultats d'enquête

Pour connaître les résultats d'une enquête menée auprès de blogueurs français, consulter l'adresse indiquée ci-dessous. Cette enquête permet de connaître le nombre de blogueurs en France, la proportion d'hommes et de femmes, les motivations des blogueurs, leur âge, les thèmes qu'ils abordent… Les résultats présentés ne reflètent pas la totalité des blogueurs mais présentent certaines tendances. L'adresse du site est la suivante :
http://www.nowhereelse.fr/enquete-blogs-france-2010-resultats-41148/

DOSSIER 4 – Leçon 2

Quotidiens français

La presse écrite quotidienne se compose de la presse nationale et de la presse régionale. Au sein de la presse nationale, la presse payante connaît de graves difficultés financières, dues à la baisse du nombre de lecteurs.
Depuis 2002, l'existence d'une presse quotidienne gratuite (*Metro*, premier quotidien d'information gratuit édité en France, *20 minutes*, *Direct Matin* et *Direct Soir*, premier quotidien gratuit du soir, sorti en 2006) concurrence la presse payante et aggrave ses difficultés car elle attire de plus en plus d'annonceurs et de lecteurs. Ces « gratuits » sont distribués dans les grandes villes de France. Leur diffusion dépasse celle des quotidiens nationaux.
La situation est meilleure pour les quotidiens régionaux. C'est le secteur de la presse payante qui se porte le mieux et dont le nombre de lecteurs augmente le plus, à l'exemple de *Ouest France*, premier quotidien de la presse payante et d'*Aujourd'hui/Le Parisien*, quotidien le plus lu en Île-de-France. Dans ce paysage de la presse quotidienne, le journal sportif *L'Équipe* occupe une place importante. La quasi-totalité de ses lecteurs sont des hommes.
La presse en ligne tient aussi une place importante dans le mode d'information en France. Les titres les plus consultés sont : *Le Monde*, *Libération*, *Le Nouvel observateur*, *Le Figaro*, *L'Express*, *Courrier International* et *Paris-Match*, *Le Point*, *La Tribune* et *Challenge* pour les magazines…
Pour aller plus loin à propos de la presse en ligne, consulter le site : http://www.press-directory.com (en particulier le *Guide de la presse en ligne*, qui donne les principaux titres classés par thématiques).

Le Parisien – Aujourd'hui en France

Si l'on additionne l'édition régionale *Le Parisien* et l'édition nationale *Aujourd'hui en France,* ce journal est le premier quotidien d'information générale en France ; il est diffusé actuellement à 500 000 exemplaires. *Le Parisien* accorde également une place à l'information locale : avec dix éditions départementales différentes en Île-de-France, il est le premier quotidien à Paris et dans la région Île-de-France.
Dans ce journal, ce sont les sujets sur la vie quotidienne et les préoccupations des Français qui priment sur les nouvelles internationales.

Les chaînes de télévision françaises

L'offre télévisuelle en France est très large : environ une trentaine de chaînes « généralistes », et des dizaines d'autres, thématiques : cinéma, divertissement & séries, sport, jeunesse, musique, culture/découverte, infos, etc.
Les premières chaînes étaient publiques. L'arrivée de nouveaux canaux pour des chaînes privées, en 1984, a permis le déploiement de la concurrence. La TNT (télévision numérique terrestre) permet la diffusion en qualité numérique de chaînes de télévision accessibles pour l'ensemble des Français. La TNT comprend 25 chaînes gratuites et une dizaine par abonnement.
Les principales chaînes de télévision en France sont :
– TF1, chaîne privée ;
– France 2, chaîne publique faisant partie du groupe France télévisions ;
– France 3, chaîne publique faisant partie du groupe France télévisions ;
– Canal+, chaîne privée à péage ;
– France 5, chaîne publique faisant partie du groupe France télévisions ;
– M6, chaîne privée ;
– ARTE, chaîne publique franco-allemande ;
– Direct 8, chaîne privée ;
– W9, chaîne privée faisant partie du Groupe M6 (le « W » étant le « M » de M6 à l'envers et le « 9 » – étant le « 6 » à l'envers) ;
– RFO (Réseau France Outre-mer).
Télévision internationale :
Depuis 1984, la chaîne internationale francophone TV5 rediffuse dans le monde certains programmes des chaînes publiques partenaires (françaises, suisses, belges et canadiennes). Elle est devenue TV5MONDE en janvier 2006.

Les JT (Journaux télévisés)

Le premier journal télévisé a été présenté en France le 6 novembre 1956.

Le journal de 20 heures est un rituel très suivi des téléspectateurs. Depuis la fin des années 1980, on a assisté à une réduction du temps dévolu au présentateur, au profit de l'image sous forme de reportages.

Le JT de France 2 : la chaîne publique propose trois éditions par jour, toutes à vocation nationale et orientées vers tous les publics. Les journaux de France 2 traitent de sujets généraux en insistant sur l'actualité internationale.

Scènes de ménages

C'est une série télévisée française librement adaptée d'une série espagnole. La troisième saison a débuté en 2011 avec l'apparition des jeunes parents Emma et Fabien, formant le 4e couple de la série. L'audience de la série est équivalente à celle des journaux télévisés de France 2 et la dépasse même de plus en plus souvent. Le plus haut pic d'audience, réalisé le 4 avril 2012, a été de 7,5 millions de téléspectateurs.

La série illustre de manière comique et caricaturale, des scènes de ménages de couples, selon quatre situations différentes : Marion et Cédric sont deux jeunes sans enfant et apprennent la vie à deux, Emma et Fabien viennent d'avoir un bébé et sont des néo-ruraux, Liliane et José se retrouvent à vivre à deux, après le départ de leur fils, et enfin les septuagénaires : Huguette et Raymond, à la retraite, qui s'efforcent de se supporter.

On ne connaît que les prénoms des personnages. Les quatre couples ne se connaissent pas.

DOSSIER 4 – Carnet de voyage

La superstition

La superstition est une croyance irrationnelle à l'influence, au pouvoir de certaines choses, de certains faits, à la valeur heureuse ou funeste de certains signes.

Voici l'explication – supposée – de quelques superstitions :

Le Trèfle à quatre feuilles : selon la légende, chaque feuille du trèfle représenterait une vertu : la Foi, l'Espérance, la Charité et la quatrième feuille serait pour la chance.

Autre version : vers – 200, les druides adorateurs du soleil avaient rendu sacrés les trèfles à quatre feuilles car ils étaient vertueux et très rares.

Le vendredi 13 : la croyance, qui associe le vendredi 13 au malheur, trouve ses origines dans le Nouveau Testament où, lors de la Cène, dernier repas du Christ avant son arrestation et sa mort, les participants auraient été au nombre de 13. Cela porterait donc malheur d'être 13 à table. Et c'est un vendredi que le Christ est mort : l'association du nombre et du jour porterait doublement malheur...

Mais le *vendredi 13* n'est pas considéré comme un jour de malchance par tout le monde : la Française des jeux (organisme d'État qui organise les tirages des jeux de hasard comme le loto) enregistre trois fois plus de joueurs ce jour-là. Le vendredi 13 a généré chez certains une peur irraisonnée du nombre 13. Dans de nombreux pays, il n'y a pas d'habitations portant le n°13. Il arrive aussi qu'on évite de nommer le 13e étage des grands immeubles (qui devient un 12 bis ou un 14a) et certains hôtels n'ont pas de chambre 13 pour éviter d'y loger un client superstitieux.

Présenter le pain à l'envers sur une table : cela attirerait le diable. Cela viendrait du fait que le boulanger gardait le pain du bourreau à l'envers, au Moyen-Âge (ou bien celui des condamnés à mort).

Passer sous une échelle : cette superstition vient du fait qu'une échelle posée contre un mur forme un triangle. Le triangle est le symbole de la Sainte Trinité (Père, Fils et Saint-Esprit). Jadis, quand on passait sous une échelle, on « brisait » la Sainte Trinité, ce qui était un sacrilège.

Croiser ses couverts : Jésus est mort sur la croix, donc ce serait faire une offense à Dieu de représenter cette croix à l'intérieur d'une maison. Mais, sous une fenêtre ou à l'extérieur, des couverts croisés protègeraient la maison contre l'intrusion de mauvais esprit ! C'est pour la même raison qu'on ne doit pas croiser les verres quand on trinque : toute croix formée fortuitement porterait malheur et attirerait la malchance.

Se lever du pied gauche : signifie que la journée commence mal. En latin, *gauche* se dit *sinister*, origine de notre adjectif *sinistre*. Le mot *gauche* est resté dans de nombreuses expressions populaires : *se lever du pied gauche, passer l'arme à gauche* (= mourir)...

Dossier 5 – Leçon 1

Récompenses obtenues par *The Artist*

The Artist a obtenu 53 prix et 48 nominations.
Voici les principales récompenses:

Festival de Cannes 2011 – 7 nominations, 1 récompense : prix d'interprétation masculine.

Oscars 2012 – 10 nominations, 5 oscars : meilleur film (*The Artist* est le premier long métrage non anglo-saxon à décrocher cette récompense), meilleur réalisateur, meilleur acteur, meilleurs costumes, meilleure musique.

César 2012 – 10 nominations, 6 césars : meilleur film français de l'année, meilleur réalisateur, meilleure actrice, meilleure photo, meilleure musique, meilleurs décors.

Golden Globes 2012 – 6 nominations, 3 récompenses : meilleure comédie, meilleur acteur, meilleure musique.

Bafta awards 2012 – 11 nominations, 7 prix : meilleur film, meilleur acteur, meilleur réalisateur, meilleur scénario original, meilleure musique, meilleure photographie, meilleurs costumes.

Pour plus d'informations sur le film :
http://www.the-artist-lefilm.com/files/static-flash/the-artist_pressbook_FR.pdf

Le Festival de Cannes

Le Festival International du Film a été créé à l'initiative de Jean Zay, ministre de l'Instruction Publique et des Beaux-Arts, désireux d'implanter en France un évènement culturel international. D'abord prévue en 1939, c'est finalement plus d'un an après la fin de la guerre, le 20 septembre 1946, que la première édition du Festival s'ouvre à Cannes. Depuis 1952, le Festival a lieu tous les ans au mois de mai, pendant douze jours.

Il est devenu, au fil des ans, le festival de cinéma le plus médiatisé au monde, notamment lors de la cérémonie d'ouverture et la montée des marches : le tapis rouge et ses vingt-quatre « marches de la gloire ». Chaque année, des cinéastes, des vedettes, des professionnels de l'industrie cinématographique (producteurs, distributeurs, vendeurs internationaux…) et des milliers de journalistes se déplacent à Cannes. Les principales projections ont lieu au Palais des Festivals et des Congrès, situé sur le boulevard de la Croisette. Parallèlement à la sélection officielle du Festival (films en compétition et hors compétition), plusieurs sections ont été progressivement créées. Parmi elles, on retrouve la Quinzaine, la Cinéfondation, la Semaine de la critique, Un certain regard, et surtout le Marché du film de Cannes, le premier au monde en importance, avec 11 000 participants. Pour plus d'informations, consulter le site officiel du festival : www.festival-cannes.fr.

Dossier 5 – Leçon 2

Les associations « Loi 1901 » en France

Le fonctionnement des associations en France repose sur la loi 1901, qui garantit aux citoyens le droit de s'associer, sans autorisation préalable. Voilà pourquoi on entend souvent l'expression « Association Loi 1901 ». Cette loi stipule que les associations sont libres de s'organiser comme elles le veulent ; elles n'ont pas de but lucratif. On estime qu'il existe en France plus d'un million d'associations, qui regroupent plus de 16 millions de membres (un tiers des personnes de 16 ans et plus sont membres d'au moins une association). Quatre grandes catégories d'associations prédominent : le sport, la culture, les loisirs, les activités de 3e âge. Enfin, plus de la moitié des adhérents participent bénévolement aux activités de l'association.

Dossier 5 – Leçon 3

Nouvelles formes de tourisme

Le tourisme **solidaire** a pour but de renforcer l'autonomie des populations et la protection de leur environnement par le partage des savoir-faire, la formation ou l'appui technique. Il peut s'agir de missions de formation d'adultes, de soutien éducatif aux plus jeunes ou de renforcement scientifique d'équipes œuvrant à la connaissance et à la protection de la biodiversité.

Le tourisme **équitable et solidaire** regroupe les formes de tourisme « alternatif » qui mettent au centre du voyage l'homme et la rencontre et qui s'inscrivent dans une logique de développement des territoires. L'implication des populations locales dans les différentes phases du projet touristique, le respect de la personne, des cultures et de la nature et une répartition plus **équitable** des ressources générées sont les fondements de ce type de tourisme.

L'expression **tourisme durable** décrit généralement toutes les formes de tourisme alternatif qui respectent, préservent et mettent durablement en valeur les ressources patrimoniales (naturelles, culturelles et sociales) d'un territoire à l'attention des touristes accueillis, de manière à minimiser les impacts négatifs qu'ils pourraient générer.

Le **tourisme vert** ou **écotourisme** est un tourisme écologique qui vise à profiter de la nature, des paysages ou d'espèces particulières. Ce type de tourisme doit comporter une part d'éducation et d'interprétation, et aider à faire prendre conscience de la nécessité de préserver le capital naturel, et culturel. Le tourisme vert doit avoir de faibles conséquences environnementales et doit contribuer au bien-être des populations locales, à l'inverse du tourisme de masse qui dégrade les milieux naturels. Pour plus d'informations, consulter le site : www.gites-de-france.fr.

La randonnée

La randonnée est un loisir de plein air qui consiste à suivre un itinéraire, balisé ou non. Elle s'effectue par différents moyens de locomotion : à pied, à ski, à cheval, à vélo. En France, la randonnée pédestre a de plus en plus de succès. Elle est de difficulté et de durée variables. La Fédération française de randonnée pédestre a créé plusieurs catégories de chemins :
– les GR (Grande Randonnée) traversent sur de longues distances des parcs régionaux, des régions, voire la France entière ;
– les GRP (Grande Randonnée de Pays) forment des boucles de plusieurs jours de marche ;
– les PR (Promenades & Randonnées) sont généralement des sentiers d'une durée de quelques heures à un jour de marche.
En France, on compte 65 000 km de sentiers de Grande Randonnée et 115 000 km d'itinéraires de Promenade et Randonnée, soit, au total, un réseau de 180 000 km.
Enfin, pour être parcourus, les itinéraires ont besoin d'être décrits. La Fédération édite des Topo-guides, un outil fiable, indispensable au randonneur averti comme au simple promeneur.
Pour plus d'informations, consulter le site www.ffrandonnee.fr

Les parcs nationaux et régionaux

La France compte 9 **parcs nationaux,** « monuments de la nature », abritant une faune et une flore exceptionnelles. Les parcs nationaux sont régis par une charte, véritable projet de développement durable, visant à protéger et valoriser leur territoire. Cette charte fédère l'ensemble des acteurs locaux, notamment les communes, qui sont au cœur de ce dispositif. Priorité est donnée à la protection des milieux, des espèces végétales et animales, des paysages et du patrimoine culturel : les communes proches ont la possibilité d'adhérer à la charte du parc et, de fait, fédèrent une véritable solidarité écologique qui œuvre pour la protection de la biodiversité, un meilleur fonctionnement des institutions, la gestion du patrimoine naturel et culturel et l'accueil des publics. Espaces libres ouverts à tous, ces territoires protégés sont soumis à une réglementation. Les règles de conduite sont simples et dictées par le bon sens, le respect des autres et de la nature.
D'après http://fr.franceguide.com.
La France compte 45 **parcs naturels régionaux** ; ils ont été créés pour protéger et mettre en valeur de grands espaces ruraux habités. Peut être classé « parc naturel régional » un territoire à dominante rurale dont les paysages, les milieux naturels et le patrimoine culturel sont de grande qualité, mais dont l'équilibre est fragile. Un parc naturel régional s'organise autour d'un projet concerté de développement durable, fondé sur la protection et la valorisation de son patrimoine naturel et culturel.
D'après www.parcs-naturels-regionaux.fr.

Saisons touristiques

En France, les saisons touristiques (haute/ moyenne/ basse) sont liées en grande partie aux vacances scolaires : Toussaint

(1 semaine en novembre), Noël (2 semaines), hiver (2 semaines en février : de nombreuses personnes partent dans des stations de sports d'hiver), Pâques (2 semaines en avril), puis les « grandes vacances » ou vacances d'été (juillet et août ; ceux qui partent en vacances en juillet sont appelés les « juillettistes » et ceux qui partent en août les « aoûtiens »).

DOSSIER 6 – Leçon 2

ONG

Formulé pour la première fois en 1945 par le Conseil économique et social (Ecosoc) de l'ONU, le terme d'ONG visait initialement à distinguer les organisations gouvernementales des organisations non gouvernementales, qu'il était alors convenu d'associer aux discussions sur quelques questions internationales. Encore aujourd'hui, il n'existe aucune base juridique (et *a fortiori* aucun organisme d'enregistrement des ONG) qui permette de dire si telle organisation est, ou non, une ONG.

En France, la perception la plus répandue des ONG reste cependant celle de structures non lucratives, issues d'une mobilisation militante et citoyenne à caractère privé, agissant pour des causes sociales (généralement dans trois principaux domaines : solidarité internationale, droits de l'Homme et environnement), avec une dimension internationale. Sur le plan juridique, l'essentiel de ces organisations sont des associations loi 1901 (quelques rares organisations ont le statut de fondation, comme la fondation France Libertés par exemple).

D'après www.coordinationsud.org.
Sites qui répertorient les ONG : www.toile.org/psi/ong.html ; www.hcci.gouv.fr ; www.collectif-asah.org/annuaireONG.php.

DOSSIER 6 – Leçon 3

L'Usage du monde

Ce livre de Nicolas Bouvier, avec des illustrations de Thierry Vernet, paru en 1963, est devenu un livre culte mais a connu des débuts éditoriaux difficiles. Lire à ce propos l'article de la revue *Lire* pour connaître le parcours du livre qui rejoint une partie de la vie de N. Bouvier lui-même, à l'adresse suivante : http://www.lexpress.fr/culture/livre/comment-italique-l-usage-du-monde-italique-est-devenu-un-livre-culte_809125.html

Le mot *usage* désigne le fait de se servir de quelque chose. Mais il signifie également la tradition, la coutume, les mœurs, *la façon dont doit être utilisée une chose*. On comprend bien pourquoi N. Bouvier a choisi ce terme pour le titre de son livre : c'est en effet le récit d'un voyage sans exploit mais avec un regard aigu sur le monde. Le voyageur se laisse porter par ses rencontres et les petits évènements de la vie quotidienne dans les différents pays qu'il traverse, il « utilise » donc le monde selon la définition : comme il doit être utilisé, de la façon la plus humaine qui soit.

DOSSIER 6 – Carnet de voyage

Montagnes Rocheuses

C'est une grande chaîne de montagnes situées à l'ouest de l'Amérique du Nord (Canada et États-Unis). Elles s'étendent du Nord au Sud sur 4 800 km. Leur altitude varie entre 1 500 et 4 100 mètres.

Le Vercors

C'est un massif montagneux des Préalpes dans le Sud-Est de la France, dans la région Rhône-Alpes, long de 60 km et large de 40 km, avec un point culminant de 2 341 mètres.

Le chêne

C'est l'arbre le plus répandu de la forêt française. C'est un arbre à feuilles (feuillu) ; deux espèces de chênes se partagent 30 % du territoire boisé de la France.

La potée lorraine

C'est un plat de l'Est de la France, complet et traditionnel, composé de viande de porc (palette demi-sel, lard fumé et saucisses fumées), de pommes de terre, de chou vert frisé, de navets, de haricots blancs, de carottes et d'aromates (oignon, thym et laurier, poivre en grains).

Maghreb

Le Maghreb regroupe les pays du Nord-Ouest de l'Afrique : le Maroc, l'Algérie, la Tunisie. En 1989, par la signature d'un traité créant l'Union du Maghreb arabe, la Libye et la Mauritanie sont intégrées à cet ensemble.

Les flux migratoires sont importants entre le Maghreb et l'Europe. Après la fin de la Seconde Guerre mondiale, un certain nombre de Maghrébins ont quitté leur pays pour travailler en Europe. La France, en raison des liens historiques et culturels qu'elle entretient avec le Maghreb (les pays du Maghreb sont intégrés au XIXe siècle à l'empire colonial français et ne retrouvent leur indépendance qu'entre 1951 et 1962), reste la première destination des migrations économiques.

Dossier 7 – Leçon 1

Roland-Garros, Coupe Davis

– Le tournoi de Roland-Garros (créé en 1891), ou Internationaux de France, est un championnat de tennis sur terre battue qui a lieu à Paris. C'est l'un des quatre tournois du Grand Chelem avec Wimbledon, l'US Open et l'Open d'Australie (site officiel : www.rolandgarros.com).

– La Coupe Davis (créée en 1900) est une compétition internationale annuelle de tennis masculin par équipe. Son équivalent féminin est la Fed Cup. Les rencontres se déroulent sur trois jours au cours desquels quatre simples sont entrecoupés d'un double (site officiel : www.daviscup.com).

Sport-études

Les sections sportives scolaires permettent de concilier études et pratique sportive renforcée. L'emploi du temps est aménagé pour permettre aux élèves d'assister à leur entraînement au sein d'un club, sans négliger le programme scolaire. Selon la section, certains accéderont à des performances de niveau départemental, régional, voire national.

D'après www.onisep.fr.

Dossier 7 – Leçon 2

Femmes pompiers en France

Devenir sapeur pompier volontaire ou professionnel est le rêve de nombreux jeunes garçons mais aussi de certaines jeunes filles. En France et ailleurs, les femmes se sont long-temps battues pour avoir les mêmes droits que les hommes et, aujourd'hui, les femmes pompiers représentent 8 % de l'effectif global, soit près de 14 000 femmes pompiers. Depuis une dizaine d'années, tous les postes leur sont accessibles pour qu'elles puissent exercer leur métier de la même manière que les hommes.

D'après www.comment-devenir-pompier.fr/les-femmes-pompiers#more-265.

Dossier 7 – Carnet de voyage

Quelques expressions imagées françaises

Voici quelques expressions imagées liées aux animaux :

Donner sa langue au chat = demander la solution d'une devinette.

Faire un froid de canard = faire très froid.

Verser des larmes de crocodile = pleurer sans raison ou faire semblant de pleurer.

Avoir d'autres chats à fouetter = avoir d'autres affaires à régler.

Avoir une fièvre de cheval = avoir une forte fièvre.

Faire un temps à ne pas mettre un chien dehors = faire mauvais temps.

Être comme un éléphant dans un magasin de porcelaine = ne pas faire attention aux objets fragiles qui nous entourent.

Poser un lapin à quelqu'un = ne pas venir à un rendez-vous.

Manger comme un oiseau = manger très peu.

Se conduire comme un ours = se conduire de manière asso-ciable et désagréable.

Être serrés comme des sardines = être trop serrés dans un espace restreint, comme le métro par exemple.

D'après *Donner sa langue au chat… et autres expressions animalières*, de S. Baussier, éd. Mango jeunesse, 2006.

Autres expressions imagées :

Raconter des salades = raconter des histoires, des mensonges.

Être lessivé = être très fatigué, épuisé.

Avoir la pêche = être en forme.

Avoir la main verte = avoir une « bonne main » pour cultiver des plantes.

En faire un fromage = grossir démesurément l'importance d'un fait.

Broyer du noir = être déprimé, triste.

Avoir la tête dans les nuages = être distrait.

Ces expressions (et d'autres) sont expliquées et illustrées sur le site suivant :

http://www.tv5.org/TV5Site/publication/galerie-236-1-Donner_sa_langue_au_chat_renoncer_a_deviner_a_trouver_la_solution.htm

Consulter aussi : http://www.expressio.fr/toutes.php.

DOSSIER 8 – Leçon 2

Fred Vargas

Fred Vargas est née en 1957, sous le nom de Frédérique Audoin-Rouzeau. Vargas est un pseudonyme, c'est son nom d'écrivain. Il fait référence à un personnage de film avec Ava Gardner. Elle a d'abord étudié l'histoire, s'est pas-sionnée pour l'archéologie, la préhistoire et le Moyen Âge. Elle est devenue écrivain et a publié son premier roman en 1986. Depuis, elle a écrit d'autres romans qui ont remporté beaucoup de succès en France et à l'étranger, où ses livres sont traduits dans près de quarante pays. Elle fait partie des auteurs dont les romans sont les plus vendus en France : en 2008, elle était classée 3e ; en 2009, 5e et, en 2010, 8e. Ses livres ont reçu plusieurs récompenses littéraires et ont été quelquefois adaptés au cinéma : *Pars vite et reviens tard*, *L'homme à l'envers*, *L'homme aux cercles bleus* et *Un lieu incertain*. Ses personnages, notamment le commissaire Jean-Baptiste Adamsberg et son collègue Adrien Danglard, sont attachants ; les lecteurs ont plaisir à les retrouver au fur et à mesure des titres.

DOSSIER 8 – Carnet de voyage

– **Chloé Delaume**, de son vrai nom Nathalie Dalain, est née à Versailles en 1973 et a passé son enfance à Beyrouth. Elle est devenue écrivain et éditrice. Elle est aussi chanteuse et musicienne. Elle a commencé des études de lettres mais a quitté l'université pendant sa maîtrise sur Boris Vian ; c'est l'auteur de son livre préféré, *L'Écume des jours*, mettant en scène le personnage de Chloé dont elle a emprunté le prénom. Son œuvre est expérimentale et est centrée sur l'autofiction.

– **Enki Bilal** est un réalisateur, dessinateur et scénariste de bandes dessinées français. Il est né en 1951 à Belgrade. Après une enfance en Yougoslavie jusqu'à neuf ans, il arrive en France en 1960 et sa famille est naturalisée en 1967. Il a gagné son premier concours de bande dessinée en 1967. Vingt ans après, il obtient le Grand Prix du 14e festival de bande dessinée d'Angoulême.

– **Bruno Putzulu** est un chanteur et acteur français, amateur de football. Il est né en 1967 à Toutainville et est d'origine Sarde par son père. Il étudie au Conservatoire National Supérieur d'Art dramatique de Paris et rejoint la Comédie française. En 1994, il commence une carrière dans le cinéma. En 1993, il a joué *En attendant Godot,* de Samuel Beckett, à la Comédie française.

– **Éric-Emmanuel Schmitt** est né en 1960, près de Lyon. Il est dramaturge, nouvelliste et romancier. Quand il était enfant, il a vu *Cyrano de Bergerac* et en a été profondément ému ; le théâtre est devenu ainsi sa passion. Quand il avait 16 ans, il a écrit ses premières pièces de théâtre. Il a étudié ensuite la philosophie et l'a enseignée. En 1990, ses pièces connaissent le succès. Il poursuit sa carrière en écrivant aussi des romans et se consacre à l'écriture cinématographique. Il vit actuellement en Belgique et a été élu, en 2012, membre de l'Académie royale de langue et de littérature françaises de Belgique.

Corrigés – Activités de phonie-graphie

DOSSIER 1

Leçon 1

1 a) Mon ami de Nancy est un type formidable ! Il s'appelle Loïc. C'est quelqu'un à qui je peux dire toutes mes idées et qui n'est pas du tout égoïste.
   b) Le son [i] s'écrit : *i, ï* ou *y*.

2 a) [i] : 2 ; 4 ; 6 – [wa] : 1 ; 3 ; 5 – [ɛ] : 7
   b) o + *ï* se prononce [o] + [i] – o + *i* se prononce [wa] – a + *ï* se prononce [a] + [i] – a + *i* se prononce [ɛ].
   c) 1. Loïc ; Leroi ; Éloïse ; Antoine ; suédois ; Caraïbes – 2. maïs – 3. crois ; témoignage ; naïf ; toi ; connais – 4. quoi ; choix – 5. dois ; moi ; Pontoise ; reçois ; hautbois ; hautboïste ; Au revoir ; soir

3 1. qu'elle – 2. quels – 3. quel – 4. Quelle – 5. qu'elles – 6. quelles

Leçon 3

4 a) 1. Tu ne crains pas de déranger les voisins avec cette soirée ? – 2. J'ai éteint mon ordinateur. – 3. J'aime beaucoup peindre des objets simples.
   Le son [ɛ̃] s'écrit *ain, in, im, ein*.
   b) [ɛ̃] : 1 ; 3 ; 6 – [ɑ̃] : 2 ; 4 ; 5
   en + lettre muette ou en milieu de mot = [ɑ̃]
   en à la fin d'un mot = [ɛ̃]
   c) 1. magasin – 2. matins – 3. rejoint – 4. cent – 5. ensemble ; cinq – 6. senti ; entre ; compréhension – 7. commence ; quinze – 8. rendez-vous ; impossible

DOSSIER 2

Leçon 1

1 a) 1. fonctionnent → 2 ; fonctionnement → 1 – 2. différent → 2 ; diffèrent → 1 – 3. ne se dément pas → 1 ; ne se démènent pas → 2 ; 4. existent → 1 ; existence → 2
   b) 1. Les fonctionnements de ces programmes présentent des avantages. – 2. Les parents parent aux difficultés des étudiants qui se contentent de peu. – 3. Les enseignements de cet établissement, dont les professeurs très compétents enseignent en deux langues, complètent les études des jeunes. – 4. Ils se perfectionnent dans les deux langues. – 5. Cela donne des références qui constituent un bon complément. – 6. Des tuteurs référents sont présents et aident au perfectionnement. – 7. Les informaticiens s'équipent avec ces équipements ultramodernes. – 8. Ils expérimentent un nouveau système. – 9. Ils jugent le déroulement de leur expérience positivement. – 10. Ils commencent très tôt mais ce n'est que le commencement et ils positivent énormément.

Leçon 2

2 Cet été j'ai passé mon BAFA. – J'ai trouvé un job d'été ! C'est un CDD assez bien payé. – C'est super ! – J'ai acheté un vélo pour me déplacer. – Est-ce que tu sais que j'ai eu mon bac S ? – Je vais aller au DUT d'Angers. – OK ! Est-ce que tu déjeunes au resto demain ?

Leçon 3

3 a) [ɛ] : 2 ; 4 – [wa] : 1 ; 6 – [ɛj] : 5 – [waj] : 3 ; 7
   b) *ai* + lettre muette = [ɛ] – *oi* + lettre muette = [wa] – *ay* + voyelle prononcée = [ɛj] – *oy* + voyelle prononcée = [waj]

4 a) 1. J'ai travaillé en Égypte pour une mission. – 2. Cette expérience m'a aidée à perfectionner mon style. – 3. J'ai trouvé un travail incroyable pour le mois de juillet : il faut que je surveille des animaux dans un parc animalier. – 4. Je te conseille d'être plus dynamique face à cet employeur. – 5. Ma famille m'a donné un million de conseils sur la manière de m'habiller ! – 6. Il faut que j'aille voir une conseillère pour les détails sur le physique. – 7. J'ai sillonné toute l'Europe pendant mon voyage.
   b) *ill* : travaillé ; juillet ; surveille ; conseille ; famille ; m'habiller ; Que j'aille ; conseillère ; sillonné
   i + voyelle prononcée : mission ; expérience ; perfectionner ; animalier ; million ; manière
   il : travail ; conseil ; détails
   y entre deux voyelles : incroyable ; employeur ; voyage
   Exceptions : *mille, million, tranquille* et *ville* se prononcent [mil], [miljɔ̃], [trɑ̃kil] et [vil] et quand *il* est un préfixe qui signifie le contraire, par exemple : *légal* → *il*légal, *limité* → *il*limité.

DOSSIER 3

Leçon 1

1 a) [o] : 3 ; 4 ; 9 ; 10 ; 15 – Graphies : *eau* ; *au*
   [ø] [œ] : 1 ; 6 ; 8 ; 12 ; 14 – Graphies : *eu* ; *oeu* ; *ue*
   [u] : 2 ; 5 ; 7 ; 11 ; 13 – Graphies : *ou* ; *où* ; *oû*
   NB : après la lettre *c*, le son [œ] s'écrit *ue*.
   b) 1. Beaucoup ; nouveaux chevaux ; peur ; nerveux ; coups ; queue ; d'eux – 2. Ceux ; gauche ; chevaux ; vous – 3. heureux ; faux cheveux couleur de feu ; fou – 4. recueil ; seulement ; accueil ; jeunes lecteurs – 5. humour ; humeur ; auteur peuvent ; défauts ; écueils* – 6. pauses-déjeuner ; épouse – 7. journaux ; prouve, ceux ; preuve sérieuse – 8. beau aujourd'hui ; cueillir ; fleurs
   * écueils = manques, défauts.

Leçon 2

2 a) Verbe terminé par -*e* non prononcé : Verbe + -*t*- + pronom sujet *il/s, elle/s, on*.
   Verbe terminé par -*t*, -*d* ou -*ent* non prononcé : Verbe + – + pronom sujet *il/s, elle/s, on*.
   b) 1. Est-elle – 2. Gagne-t-on – 3. reviennent-elles – 4. Qu'attend-on – 5. Comprend-elle – 6. Aime-t-elle – 7. Entendent-elles – 8. Se sont-ils – 9. s'excuse-t-il – 10. s'est-elle – 11. convient-elle – 12. fait-il – 13. visite-t-on – 14. disent-elles – 15. cherche-t-il – 16. cherchent-ils

Leçon 3

3 a) 1. de familles et de personnes ; de femmes ; de niveaux de vie ; le couple ; le moins d'argent – 2. ce qui ; ce que ; ce lieu ; finalement ; ce qui
   b) 1. le temps (ou que le) de transport ; le plus long ; le plus lourd – 2. Ce que j'aime – 3. Ce que je ne peux pas faire – 4. Ce que j'apprécie particulièrement – 5. Ce qui est insupportable – 6. Ce qui me manque

DOSSIER 4

Leçon 1

1 a) [jɛ̃] : 1 ; 3 – [jɛn] : 2 ; 4
   b) [jɛ̃] : *i* + *en* – [jɛn] : *i* + *enne* – [wa] + [jɛ̃] : *o* + *y* + *en* – [wa] + [jɛn] : *o* + *y* + *enne*
   c) 1. chien ; Damien ; rien ; chienne – 2. ancienne ; contient ; tient ; ancien – 3. moyen – 4. lien ; mien ; sien – 5. citoyens deviennent – 6. doyenne

Leçon 2

2 a) [ɔ̃] : 1 ; 5 ; 6* ; 8 – [ɔn] ou [ɔm] : 2 ; 3 ; 4 ; 7
   * [ɔ̃] s'écrit *om* devant *p* et *b*.
   b) [ɔm] : commune ; domicile

[ɔ̃] : don ; monde ; complexe ; plomb ; blond
[ɔn] : donne ; étonne ; téléphone
c) 1. sonne ; mon oncle ; personne ; répond – 2. passion ; passionnée – 3. citron ; bonne ; saumon – 4. Mon poissonnier ; piétonnière – 5. compare ; sommaires ; nombre – 6. commentaire ; montage ; informations ; région ; traditionnel ; donner ; opinion – 7. sommes ; million ; monde ; nombre ; étonne

Leçon 3

3 1. (ce texte) Je l'ai dit et répété – 2. (cette veste) Je l'avais choisie et je l'avais mise – 3. (ce prospectus) Je l'ai trouvé et je l'ai mis – 4. (cette carte) Il l'a écrite – 5. (ma valise) Je l'ai faite – 6. (ces dossiers) Je les ai repris et complétés – 7. (ce camping-car) Je l'ai conduit et garé – 8. (l'enveloppe) Tu l'as ouverte – 9. (la nouvelle) Nous l'avons apprise

DOSSIER 5

Leçon 1

1 1. bel ; belle ; beau ; vielle ; nouvel – 2. nouvel ; nouvel ; nouvelle ; vieille – 3. nouvel ; vieil ; vieil ; nouveau – 4. vieil ; belle ; vieil ; bel – 5. nouvelle ; nouvel – 6. belle ; belle

Leçon 3

2 a) Le soleil, en se levant / Fait la roue sur l'océan. / Le paon en fait tout autant, / Soleil bleu au bout du champ.
b) Le son [ɑ̃] s'écrit an, am, en et aon*.
* Cette graphie est rare.

3 a) flocons – blanc – maison – danse – tourbillons – danse – blancs papillons – chance – garçons – dimanche – rond
b) Le mot bonhomme. Les lettres on de bonhomme sont suivies d'un h muet (qui n'est pas prononcé) et d'une voyelle prononcée, o → il y a donc dénasalisation de on.

4 b) un cordon (bleu) – une montre – un marron – un savon – un mont – un avion

5 a) [ɑ̃] : 4 – [a+n] : 2 – [ɛ̃] : 3 – [i+n] : 6 – [ɔ̃] : 5 – [ɔ+n] : 1
b) 1. passion ; passionne ; cinéma – 2. économique ; personnelle – 3. randonnée ; matinale – 4. bonne ambiance ; cabane – 5. matin ; indices ; banal – 6. fin ; finit ; personnages – 7. incompréhensible ; intéressé ; inspiré – 8. ans ; Cannes ; sont ; inoubliables

DOSSIER 6

Leçon 1

1 a) 1. Ce concert était extraordinaire. – 2. On rêvait de faire la fête. – 3. Nous avons commencé notre carrière avec ces thèmes-là. – 4. Elle enseigne ce couplet en maternelle.
b) è + cons. + e caduc : carrière ; thèmes – e + cons. prononcée(s) : concert ; avec ; elle ; maternelle – ai + cons. prononcée : extraordinaire ; faire – -ai, -aî ou -ai + lettre muette : était ; rêvait – ê (souvent devant « t » à la place de « s ») : rêvait ; fête – e + x : extraordinaire -ei : enseigne – -et/-ect (en fin de mot) : couplet
c) 1. certitude – 2. lumière ; cette expérience – 3. espère ; premières ; soleil ; commerce – 4. sixième message – 5. être fier ; projet – 6. Hier ; avec respect et intérêt ; enquête

Leçon 2

2 a) 1. Il montrait – 2. Il monterait – 3. Je protégerais – 4. Tu préservais – 5. Elle donnerait – 6. Ils rencontreraient – 7. Je mangerais – 8. Elles voyageaient
b) 1. Je courrais ; Je courais – 2. Il mourrait ; Il mourait – 3. Tu préférais ; Tu préférerais

3 1. pourrais ; demanderais – 2. participerais ; méfierait ; courrait – 3. préférait ; mourrait – 4. prendraient ; vendraient ; rapporteraient –

5. mettrait ; créerait ; montrerait – 6. Tu monterais ; préférerais – 7. montrait ; préférait

Leçon 3

4 1. traçaient – 2. mangeais – 3. changeant – 4. annonçaient – 5. commençait – 6. ravageaient – 7. privilégiant – 8. annonciez – 9. annonçant ; recevrons – 10. commencions

DOSSIER 7

Leçon 1

1 a) 1. On va essayer. 2. J'ai fait des études. 3. On a tous eu ça. 4. Le jour où j'ai compris. 5. J'ai eu envie. 6. J'ai senti un électrochoc. 7. Ma vie au quotidien. 8. Dans une ville comme Avignon. 9. Une fois par an. 10. Un one man show. 11. Un ordinateur.
b) 1. Apprendre – 2. remontent – 3. veux – 4. cents – 5. premières – 6. rentrent – 7. films – 8. personnes – 9. ressemble – 10. boulots – 11. Plusieurs – 12. plusieurs
c) Liaison : 1 ; 3 ; 4 ; 5 ; 7 ; 9
Pas de liaison : 2 ; 6 ; 8

Leçon 2

2 1. avez rendez-vous ; musée – 2. N'hésitez ; déplacer ; aller ; renseigner – 3. Choisissez – 4. rencontrées – 5. pompier – 6. réalisé ; remporté un trophée – 7. allez commencer ; premier janvier – 8. noté – 9. rappelé ; premier ; chronométrées – 10. venez ; noter ; dossiers – 11. hésité ; accepter – 12. continué ; collectionner ; poupées – 13. tournée ; l'armée – 14. mentalité ; idée

Leçon 3

3 a) et b) [e] : 4 ; 5 ; 9 ; 11 – Graphies : é ; ai (en terminaison d'un verbe)* ; ez ; er
[ɛ] : 1 ; 2 ; 3 ; 6 ; 7 ; 8 ; 10 – Graphies : ai + lettre muette ; e + 2 cons. ; aî ; ê ; è ; ei ; ai + re
* j'ai + la terminaison de la 1re personne du futur simple, par exemple : j'irai, et la 1re personne du passé simple, par exemple : j'aimai. Cette prononciation est de moins en moins respectée en France, sauf pour j'ai + deux autres mots, un nom et un adjectif : les mots quai et gai.
c) 1. aurais jamais ; pensé rencontrer ; fiancé ; quai – 2. regrette ; être ; célèbre – 3. Figurez-vous ; Marseille ; marché spectaculaire – 4. manière ; parler m'énerve ; fait – 5. fait ; numéro ; fête ; remporté ; succès – 6. découvert ; côté ; chez ; belle ; forêt – 7. faites ; très belles – 8. nécessaire ; chercher ; tromper ; faire ; mauvaises études

DOSSIER 8

Leçon 1

1 1. qu'on est – 2. qu'on ait – 3. que j'ai – 4. que j'aie – 5. qu'on aille – 6. que j'aille – 7. que vous alliez – 8. que vous ayez – 9. que nous ayons – 10. que nous allions – 11. qu'il veuille – 12. que les enfants (ils) veuillent – 13. que vous vouliez – 14. qu'ils veulent

Leçon 2

2 [ə] : 2 ; 4 ; 9 – [ɛ] : 1 ; 3 ; 5 ; 6 ; 7 ; 8 ; 10 ; 11

3 a) [ə] : 3 ; 4 ; 7 ; 9 ; 10 ; 11 – [ɛ] : 1 ; 2 ; 5 ; 6 ; 8 ; 12
b) 1re colonne : descendre ; desservir ; destiner ; dessin ; dernier ; dessert → de + ss ou 2 cons. = [ɛ]
2e colonne : devenir ; dedans ; dehors ; depuis → de + 1 cons. + 1 voyelle prononcée = [ə]
3e colonne : dessous ; dessus → de + ss (2 exceptions) = [ə]

4 a) [ə] : 2 ; 4 ; 6 ; 7 ; 9 ; 10 ; 11 ; 12 ; 13 ; 14 ; 15 – [ɛ] : 1 ; 3 ; 5 ; 8
c) re + 2 cons. (autre que ss) = [ɛ]
re + 1 cons. (ou 1 cons. + r) + 1 voyelle prononcée OU re + ss (préfixe re + s + verbe qui commence par s) = [ə]

L'ÉVALUATION DANS *ALTER EGO +*

1. L'évaluation en classe de FLE

Quels sont les besoins en évaluation en cours de FLE : évaluation formative ou sommative ?
Avant d'entrer de façon plus détaillée dans le projet d'*Alter Ego +,* voici quelques rappels sur ces concepts.

Quand ?	**Pendant l'apprentissage :** – au cours d'une session – à la fin de chaque unité d'apprentissage	**En fin d'un moment d'apprentissage :** à la fin d'une session de plusieurs unités d'apprentissage
Pour quoi faire ?	**Partager une information sur les acquis :** pour l' / enseignant → apprenant → faire le point sur les acquis des apprenants : pour réviser éventuellement sa façon d'enseigner / faire le point sur ses savoir-faire ; prendre conscience de ses mécanismes d'apprentissage pour une plus grande autonomie **Motiver pour progresser**	**Valider des compétences de communication** **Changer de niveau**
	Évaluation formative	**Évaluation sommative**
Quoi ?	Évaluer des objectifs d'apprentissage vus récemment → **Évaluation « convergente »**	Évaluer des objectifs d'apprentissage divers et de plus en en plus complexes → **Évaluation « divergente »**
Quels outils ?	Les compétences réceptives et productives des apprenants sont évaluées : compréhension orale et écrite ; expression orale et écrite	
	Évaluation formative : les tests Des activités (tâches authentiques ou semi-authentiques) en lien direct avec les acquis de chaque séance d'apprentissage afin de valider des savoir-faire ciblés.	**Évaluation sommative : examens / certifications** Une ou plusieurs activités (tâches authentiques ou semi-authentiques) faisant intervenir différents acquis des séances d'apprentissage précédentes afin de valider des savoir-faire multiples.
	• Des questions fermées ou ouvertes de type QCM (questions à choix multiple), questions à réponses ouvertes courtes, appariements, classements… • Des supports/documents oraux ou écrits, authentiques ou semi-authentiques : dialogues, annonces publiques, messages personnels, interviews, micro-trottoir… affiches d'informations administratives, publicités, extraits d'articles de presse, extraits de lettres… • Des sujets d'expression écrite ou orale portant sur la capacité à s'informer, (se) présenter, décrire, raconter, exprimer son opinion de façon simple : capacités référencées dans le Cadre commun européen de référence pour les niveaux A2-B1.	

2. L'évaluation dans *Alter Ego +* : un projet d'abord formateur

On parle souvent d'auto-apprentissage, mais comment apprendre en autonomie si l'apprenant n'a pas conscience de ses propres mécanismes d'apprentissage ? L'auto-apprentissage n'est pas inné, il est **le fruit d'une formation à l'autonomie**. Ainsi, l'apprenant doit être guidé non seulement dans ses choix d'outils de travail, mais aussi sur le comment et le pourquoi de ses progrès et de ses échecs, c'est-à-dire le fonctionnement de son apprentissage.

L'enseignant, dont la première fonction est d'apprendre à apprendre, se doit de mettre en place cette réflexion particulièrement en évaluation, puisque celle-ci permet à l'apprenant de comprendre ses propres mécanismes, de prendre conscience de ses progrès, donc d'être motivé et de devenir réellement autonome.

Aujourd'hui, tous les manuels fournissent des fiches d'auto-évaluation et des « portfolios ». Plus spécialement d'ailleurs depuis la parution des travaux du Conseil de l'Europe en 2000 : *Le Cadre Européen Commun de Référence pour les Langues (Apprendre, Enseigner, Évaluer)* et les portfolios européens officiels : *Mon premier portfolio* destiné au primaire, *Le portfolio européen des langues* destiné aux adolescents et adultes ; le *Portfolio de ALTE** (Association des centres d'évaluation des langues en Europe / audit en évaluation des langues au Conseil de l'Europe)…

Ces documents ont redonné un rôle important à l'évaluation dans l'apprentissage, en parallèle avec la formation à l'autonomie dans l'objectif de « l'apprentissage tout au long de sa vie ».

---

* ALTE (Association des centres d'évaluation en langues en Europe) est une association dont les membres produisent et assurent la diffusion des examens de langue européens. Elle comprend certains des plus importants professionnels internationaux dans le domaine des tests linguistiques : l'Université de Cambridge ESOL, l'Université de Salamanca et l'Institut Cervantes, l'Institut Goethe, l'Alliance Française et le CIEP, l'Université de Perugia, l'Université de Lisbonne, l'Université d'Athènes… L'association a été fondée en 1990 et accueille régulièrement de nouveaux membres. Tous travaillent en étroite collaboration pour classer, décrire et mettre au point des examens standards et des tests d'aptitude linguistique. www.alte.org.

• L'évaluation formative

Alter Ego + souhaite guider l'enseignant dans sa démarche de formateur à l'auto-évaluation, l'aider à mettre en place l'évaluation formative (car formatrice) par opposition à l'évaluation sommative (examen / certification). Le manuel propose d'aider l'apprenant à réfléchir à ses processus d'apprentissage grâce à **des fiches de réflexion intitulées *Vers le portfolio, comprendre pour agir*** (une par dossier) découpées en quatre étapes :

Votre travail dans le dossier :
→ Cette étape permet à l'apprenant de prendre conscience des savoir-faire qu'il a travaillés dans le dossier en s'interrogeant et en retrouvant dans le dossier qu'il vient de finir quelles activités lui ont permis d'acquérir de nouvelles compétences communicatives.

Votre auto-évaluation :
→ **1** Grâce à l'activité menée précédemment, l'apprenant peut remplir sa fiche de façon non aléatoire : il a réfléchi à ce qu'il vient d'apprendre et la grille proposée lui permet maintenant de s'interroger sur ce qu'il est capable de réaliser.
→ **2** Cette partie de la fiche oriente l'apprenant vers le test de fin de dossier qui correspond (tests disponibles dans le guide pédagogique). Elle propose ensuite de comparer le résultat du test avec celui de l'auto-estimation précédente. Ce moment permet à chaque apprenant d'ajuster la perception de ses compétences et de réfléchir à ce qu'il reste à accomplir.
→ **3** Cette dernière partie de la fiche favorise le dialogue entre l'enseignant et l'apprenant. Les moyens pour progresser sont cochés et discutés : cette étape renforce l'enseignant dans son rôle de guide qui indique des pistes et moyens pour progresser.

• Vers l'évaluation sommative

L'évaluation sommative n'est pas pour autant oubliée. Tout enseignant souhaite répondre à cet autre besoin qu'est la validation des compétences de l'apprenant par une institution officielle : véritable passeport dans la société dont l'impact n'est plus à démontrer. L'enseignant se doit donc d'**entraîner ses apprenants aux Certifications de niveaux officiels,** particulièrement ceux reconnus actuellement au niveau international.

Le Conseil de l'Europe a défini six niveaux sur l'échelle des compétences en communication, et l'association ALTE a décrit les niveaux d'évaluation de ces mêmes compétences. Ces descripteurs nous permettent de voir plus clair dans ce qui est attendu à un niveau donné à la fois en contenu d'apprentissage et en contenu d'évaluation.

L'influence de ALTE au sein des travaux du Conseil de l'Europe a apporté une reconnaissance européenne à certaines Certifications ou Tests de niveau, en les positionnant sur son *Cadre de Référence*. En ce qui concerne le FLE, pour les niveaux A2-B1 européens dont il est question dans ce manuel, il s'agit notamment des diplômes DELF A2 et DELF B1 (ministère de l'Éducation nationale).

Positionnement des certifications et tests sur le Cadre européen commun de référence pour les langues :

A1	A2	B1	B2	C1	C2
DELF A1	DELF A2	DELF B1	DELF B2	DALF C1	DALF C2
Tests couvrant tous les niveaux : TCF / TEF / BULATS informatisé					

• Les pages DELF

Les pages DELF complètent les autres outils d'évaluation proposés. Ces pages permettent aux apprenants de se préparer à faire valider leurs compétences par des certifications officielles du ministère de l'Éducation nationale positionnées sur le CECR. Elles leur permettent de faire la synthèse sur ce qu'ils ont acquis en découvrant le format des activités de ces diplômes sans préparation de type bachotage. À la fin de chaque dossier, les pages DELF proposent des entraînements à la certification du niveau visé. L'apprenant peut ainsi valider ses compétences en se familiarisant aux activités de type DELF. Il peut aussi s'entraîner au format d'un examen complet : un sujet complet de type DELF A2 est proposé, réparti à la fin des dossiers 5 et 6. Dès le dossier 7, chaque apprenant pourra vérifier ses acquis et découvrir les activités du DELF B1.

• DELF A2

Nature des épreuves	Durée	Note sur
Compréhension de l'oral Réponse à des questionnaires de compréhension portant sur trois ou quatre courts documents enregistrés ayant trait à des situations de la vie quotidienne (2 écoutes). Durée maximale des documents : 5 minutes	25 min environ	25
Compréhension des écrits Réponse à des questionnaires de compréhension portant sur quatre ou cinq documents écrits ayant trait à des situations de la vie quotidienne.	30 min	25
Production écrite Rédaction de deux brèves productions écrites (lettre amicale ou message) : – Décrire un évènement ou des expériences personnelles. – Écrire pour inviter, remercier, s'excuser, demander, informer, féliciter…	45 min	25
Production orale Épreuve en trois parties : – Entretien dirigé. – Monologue suivi. – Exercice en interaction.	6 à 8 min Préparation : 10 min	25
	Note totale :	100

Seuil de réussite pour obtenir le diplôme : 50/100
Note minimale requise par épreuve : 5/25
Durée totale des épreuves collectives : 1 heure 40 minutes

• DELF B1

Nature des épreuves	Durée	Note sur
Compréhension de l'oral Réponse à des questionnaires de compréhension portant sur trois documents enregistrés (2 écoutes). Durée maximale des documents : 6 minutes	25 min environ	25
Compréhension des écrits Réponse à des questionnaires de compréhension portant sur deux documents écrits : – Dégager des informations utiles par rapport à une tâche donnée. – Analyser le contenu d'un document d'intérêt général.	35 min	25
Production écrite Expression d'une attitude personnelle sur un thème général (essai, courrier, article...).	45 min	25
Production orale Épreuve en trois parties : – Entretien dirigé. – Exercice en intercation. – Expression d'un point de vue à partir d'un document déclencheur.	15 min environ Préparation : 10 min (ne concerne que la 3e partie de l'épreuve)	25
	Note totale :	100

Seuil de réussite pour obtenir le diplôme : 50/100
Note minimale requise par épreuve : 5/25
Durée totale des épreuves collectives : 1 heure 45 minutes

Pour plus d'exemples de sujets DELF et autres informations concernant ces diplômes : www.ciep.fr.

3. Synthèse des outils d'évaluation dans *Alter Ego +* et conseils pratiques pour leur utilisation

···⟩ Dans le guide pédagogique, l'enseignant dispose :
• **d'un test par dossier** : en tout, 8 tests, permettant d'évaluer les acquis de chaque dossier. Les compétences réceptives et productives sont à chaque fois évaluées à travers la réalisation de tâches correspondant aux quatre activités langagières. Chacun donne une information ponctuelle sur les acquis et les progrès, véritable apprentissage à l'auto-évaluation et donc à l'auto-apprentissage. Les fiches d'accompagnement sont disponibles et téléchargeables sur le site www.hachettefle.fr :
http://hachettefle.fr/adultes_AlterEgo+/pages/catalogue/fiche-livre/alter-ego-2-guide-pedagogique-1558170.html.
Elles sont à fournir aux apprenants avec les tests et vous seront utiles également pour corriger les productions.
• **des corrigés des tests et des fiches**.
• des transcriptions des enregistrements des tests.

···⟩ Dans le CD encarté dans le livre de l'élève, l'enseignant et l'apprenant disposent :
• de **8 fiches de réflexion formative** : chaque test est accompagné d'une fiche de réflexion formative proposée dans le CD intégré, sous forme de feuilles imprimables : ***Vers le portfolio, comprendre pour agir***. Il est souhaitable que ces fiches de réflexion fassent l'objet d'un partage (contrat d'apprentissage) **entre l'enseignant et l'apprenant** :
1. **L'enseignant** participe à la phase au cours de laquelle l'apprenant remplit sa fiche. Il **guide l'apprenant pour la partie 1** : *Votre travail dans le dossier* (ce qu'il a appris, quelles activités lui ont permis d'apprendre).
2. L'apprenant remplit sa fiche d'auto-évaluation dans la partie *Votre autoévaluation*.
3. L'enseignant propose **le test de fin de dossier** aux apprenants.
4. L'enseignant **corrige le test avec l'apprenant** : l'enseignant guide l'apprenant dans une correction collective pour une formation à l'auto-évaluation (ce qui n'empêche en aucun cas l'enseignant de ramasser les tests pour une correction notée pour ses propres besoins, personnels ou institutionnels). Il laisse le temps nécessaire à l'apprenant pour réviser/confirmer ses réponses à l'auto-évaluation.
5. L'enseignant répond aux interrogations de l'apprenant en ce qui concerne les moyens de progresser.

···⟩ Dans le livre de l'élève, l'apprenant dispose d'activités de type DELF pour découvrir les activités de cet examen et s'y entraîner, au fur et à mesure de son apprentissage.

	Niveau visé – livre de l'élève	Pages DELF
Dossier 1	A2	**Vers le DELF A2** : préparation aux épreuves de compréhension écrite et de production orale
Dossier 2	A2	**Vers le DELF A2** : préparation aux épreuves de compréhension orale et de production écrite
Dossier 3	A2	**Vers le DELF A2** : préparation aux épreuves de compréhension écrite et de production orale
Dossier 4	A2	**Vers le DELF A2** : préparation aux épreuves de compréhension orale et de production écrite
Dossier 5	A2	**DELF A2** : entraînement aux épreuves de compréhension écrite et de production orale
Dossier 6	A2	**DELF A2** : entraînement aux épreuves de compréhension orale et de production écrite
Dossier 7	B1.1	**Vers le DELF B1** : préparation aux épreuves de compréhension écrite et de production orale
Dossier 8	B1.1	**Vers le DELF B1** : préparation aux épreuves de compréhension orale et de production écrite

Les corrigés et des pistes pour la réalisation de ces activités sont proposés dans le guidage des dossiers. Pour ce qui concerne les activités productives (production écrite et production orale), voici les barèmes définis par le CIEP (Centre International d'Etudes Pédagogiques), concepteur des diplômes DELF.

• DELF A2

Grille d'évaluation de production écrite, exercice 1

Respect de la consigne Peut mettre en adéquation sa production avec la situation proposée. Peut respecter la consigne de longueur minimale indiquée.	0	0,5	1						
Capacité à raconter et à décrire Peut décrire de manière simple des aspects quotidiens de son environnement (gens, choses, lieux) et des événements, des activités passées, des expériences personnelles.	0	0,5	1	1,5	2	2,5	3	3,5	4
Capacité à donner ses impressions Peut communiquer sommairement ses impressions, expliquer pourquoi une chose plaît ou déplaît.	0	0,5	1	1,5	2				
Lexique/orthographe lexicale Peut utiliser un répertoire élémentaire de mots et d'expressions relatifs à la situation proposée. Peut écrire avec une relative exactitude phonétique mais pas forcément orthographique.	0	0,5	1	1,5	2				
Morphosyntaxe/orthographe grammaticale Peut utiliser des structures et des formes grammaticales simples relatives à la situation donnée mais commet encore systématiquement des erreurs élémentaires.	0	0,5	1	1,5	2	2,5			
Cohérence et cohésion Peut produire un texte simple et cohérent. Peut relier des énoncés avec les articulations les plus fréquentes.	0	0,5	1	1,5					

Grille d'évaluation de production écrite, exercice 2

Respect de la consigne Peut mettre en adéquation sa production avec la situation proposée. Peut respecter la consigne de longueur minimale indiquée.	0	0,5	1						
Correction sociolinguistique Peut utiliser les registres de langue en adéquation avec le destinataire et le contexte. Peut utiliser les formes courantes de l'accueil et de la prise de congé.	0	0,5	1						
Capacité à interagir Peut écrire une lettre personnelle simple pour exprimer remerciements, excuses, propositions, etc.	0	0,5	1	1,5	2	2,5	3	3,5	4
Lexique/orthographe lexicale Peut utiliser un répertoire élémentaire de mots et d'expressions relatifs à la situation proposée. Peut écrire avec une relative exactitude phonétique mais pas forcément orthographique.	0	0,5	1	1,5	2				
Morphosyntaxe/orthographe grammaticale Peut utiliser des structures et des formes grammaticales simples relatives à la situation donnée mais commet encore systématiquement des erreurs élémentaires.	0	0,5	1	1,5	2	2,5			
Cohérence et cohésion Peut produire un texte simple et cohérent. Peut relier des énoncés avec les articulations les plus fréquentes.	0	0,5	1	1,5					

Grille d'évaluation de production orale

1re partie – Entretien dirigé

Peut établir un contact social, se présenter et décrire son environnement familier.	0	0,5	1	1,5	2	2,5	3
Peut répondre et réagir à des questions simples. Peut gérer une interaction simple.	0	0,5	1				

2e partie – Monologue suivi

Peut présenter de manière simple un événement, une activité, un projet, un lieu, etc. liés à un contact familier.	0	0,5	1	1,5	2	2,5	3
Peut relier entre elles les informations apportées de manière simple et claire.	0	0,5	1	1,5	2		

3ᵉ partie – Jeu de rôle

Peut demander et donner des informations dans des transactions simples de la vie quotidienne. Peut faire, accepter ou refuser des propositions.	0	0,5	1	1,5	2	2,5	3	3,5	4
Peut entrer dans des relations sociales simplement mais efficacement, en utilisant les expressions courantes et en suivant les usages de base.	0	0,5	1	1,5	2				

Pour l'ensemble des trois parties de l'épreuve

Lexique (étendue et maîtrise) Peut utiliser un répertoire limité mais adéquat pour gérer des situations courantes de la vie quotidienne.	0	0,5	1	1,5	2	2,5	3		
Morphosyntaxe Peut utiliser des structures et des formes grammaticales simples. Le sens général reste clair malgré la présence systématique d'erreurs élémentaires.	0	0,5	1	1,5	2	2,5	3	3,5	4
Maîtrise du système phonologique Peut s'exprimer de façon suffisamment claire. L'interlocuteur devra parfois faire répéter.	0	0,5	1	1,5	2	2,5	3		

• DELF B1

Grille d'évaluation de production écrite

Respect de la consigne Peut mettre en adéquation sa production avec le sujet proposé. Respecte la consigne de longueur minimale indiquée..	0	0,5	1	1,5	2				
Capacité à présenter des faits Peut décrire des faits, des évènements ou des expériences.	0	0,5	1	1,5	2	2,5	3	3,5	4
Capacité à exprimer sa pensée Peut présenter ses idées, ses sentiments et ou ses réactions et donner son opinion.	0	0,5	1	1,5	2	2,5	3	3,5	4
Cohérence et cohésion Peut relier une série d'éléments courts, simples et distincts en un discours qui s'enchaîne.	0	0,5	1	1,5	2	2,5	3		

Compétence lexicale / orthographe lexicale

Étendue du vocabulaire Possède un vocabulaire suffisant pour s'exprimer sur des sujets courants, si nécessaire à l'aide de périphrases.	0	0,5	1	1,5	2
Maîtrise du vocabulaire Montre une bonne maîtrise du vocabulaire élémentaire mais des erreurs sérieuses se produisent encore quand il s'agit d'exprimer une pensée plus complexe.	0	0,5	1	1,5	2
Maîtrise de l'orthographe lexicale L'orthographe lexicale, la ponctuation et la mise en page sont assez justes pour être suivies facilement le plus souvent.	0	0,5	1	1,5	2

Compétence grammaticale / orthographe grammaticale

Degré d'élaboration des phrases Maîtrise bien la structure de la phrase simple et les phrases complexes les plus courantes.	0	0,5	1	1,5	2
Choix des temps et des modes Fait preuve d'un bon contrôle malgré de nettes influences de la langue maternelle.	0	0,5	1	1,5	2
Morphosyntaxe - orthographe grammaticale Accord en genre et en nombre, pronoms, marques verbales, etc.	0	0,5	1	1,5	2

Grille d'évaluation de production orale
1ʳᵉ partie – Entretien dirigé

Peut parler de soi avec une certaine assurance en donnant informations, raisons et explications relatives à ses centres d'intérêt, projets et actions.	0	0,5	1	1,5	2
Peut aborder sans préparation un échange sur un sujet familier avec une certaine assurance.	0	0,5	1		

2ᵉ partie – Exercice en interaction

Peut faire face sans préparation à des situations même un peu inhabituelles de la vie courante (respect de la situation et des codes sociolinguistiques).	0	0,5	1		
Peut adapter les actes de parole à la situation.	0	0,5	1	1,5	2
Peut répondre aux sollicitations de l'interlocuteur (vérifier et confirmer des informations, commenter le point de vue d'autrui, etc.).	0	0,5	1	1,5	2

3ᵉ partie – Expression d'un point de vue

Peut présenter d'une manière simple et directe le sujet à développer.	0	0,5	1			
Peut présenter et expliquer avec assez de précision les points principaux d'une réflexion personnelle.	0	0,5	1	1,5	2	2,5
Peut relier une série d'éléments en un discours assez clair pour être suivi sans difficulté la plupart du temps.	0	0,5	1	1,5		

Pour l'ensemble des trois parties de l'épreuve

Lexique (étendue et maîtrise) Possède un vocabulaire suffisant pour s'exprimer sur des sujets courants, si nécessaire à l'aide de périphrases ; des erreurs sérieuses se produisent encore quand il s'agit d'exprimer une pensée plus complexe.	0	0,5	1	1,5	2	2,5	3	3,5	4		
Morphosyntaxe Maîtrise bien la structure de la phrase simple et les phrases complexes les plus courantes. Fait preuve d'un bon contrôle malgré de nettes influences de la langue maternelle.	0	0,5	1	1,5	2	2,5	3	3,5	4	4,5	5
Maîtrise du système phonologique Peut s'exprimer sans aide malgré quelques problèmes de formulation et des pauses occasionnelles. La prononciation est claire et intelligible malgré des erreurs ponctuelles	0	0,5	1	1,5	2	2,5	3				

┈┈┈▷ Dans le cahier d'activités (et dans le CD encarté) :

L'apprenant dispose d'un **portfolio** très détaillé d'une douzaine de pages qu'il peut compléter en toute autonomie, grâce à la mise en place à la fin de chaque dossier de sa réflexion partagée et vérifiée avec l'enseignant. On peut alors vraiment parler d'une autoévaluation plus que d'une auto-estimation.

4. Pour mieux appréhender les niveaux A2 et B1 concernés par les Évaluations/bilans, voici :

┈┈┈▷ Les descripteurs des niveaux A2 et B1 décrits du Cadre européen commun de référence (échelle globale).

┈┈┈▷ Le Portfolio Européen des Langues du Conseil de l'Europe (Eaquals/ ALTE).

┈┈┈▷ Les thèmes, les situations et les savoir-faire développés, extraits du Cadre de ALTE pour les niveaux A2/B1.

Cadre européen commun de référence (échelle globale)

A2 : Peut comprendre des phrases isolées et des expressions fréquemment utilisées en relation avec des domaines immédiats de priorité (par exemple, informations personnelles et familiales simples, achats, environnement proche, travail). Peut communiquer lors de tâches simples et habituelles ne demandant qu'un échange d'informations simple et direct sur des sujets familiers et habituels. Peut décrire avec des moyens simples sa formation, son environnement immédiat et évoquer des sujets qui correspondent à des besoins immédiats.

B1 : Peut comprendre les points essentiels quand un langage clair et standard est utilisé et s'il s'agit de choses familières dans le travail, à l'école, dans les loisirs, etc. Peut se débrouiller dans la plupart des situations rencontrées en voyage dans une région où la langue cible est parlée. Peut produire un discours simple et cohérent sur des sujets familiers et dans ses domaines d'intérêt. Peut raconter un événement, une expérience ou un rêve, décrire un espoir ou un but et exposer brièvement des raisons ou explications pour un projet ou une idée.

Pour le niveau A2

■ Écouter

Je peux comprendre ce qu'on me dit, dans une conversation simple et quotidienne, si le débit est clair et lent ; il est possible, lorsqu'on s'en donne la peine, de se faire comprendre par moi.

Je peux comprendre, en règle générale, le sujet de la conversation qui se déroule en ma présence si le débit est clair et lent.

Je peux comprendre des phrases, expressions et mots relatifs à ce qui me concerne de très près (par exemple des informations élémentaires sur moi-même, ma famille, les achats, l'environnement proche, le travail).

Je peux saisir l'essentiel d'annonces et de messages brefs, simples et clairs.

Je peux capter les informations essentielles de courts passages enregistrés ayant trait à un sujet courant et prévisible, si l'on parle d'une façon lente et distincte.

Je peux saisir l'information essentielle de nouvelles télévisées sur un événement, un accident, etc. si le commentaire est accompagné d'images éclairantes.

■ Lire

Je peux saisir les informations importantes de nouvelles ou d'articles de journaux simples qui sont bien structurés et illustrés et dans lesquelles les noms et les chiffres jouent un grand rôle.

Je peux comprendre une lettre personnelle simple dans laquelle on me raconte des faits de la vie quotidienne ou me pose des questions à ce sujet.

Je peux comprendre les communications écrites simples, laissées par mes connaissances ou collaborateurs (par exemple m'indiquant à quelle heure se retrouver pour aller au match ou me demander d'aller au travail plus tôt).

Je peux trouver les informations les plus importantes de dépliants sur des activités de loisirs, des expositions, etc.

Je peux parcourir les petites annonces dans les journaux, trouver la rubrique qui m'intéresse et identifier les informations les plus importantes, par exemple dimensions et prix d'un appartement, d'une voiture, d'un ordinateur, etc.

Je peux comprendre les modes d'emploi simples pour un équipement (par exemple pour le téléphone public).

Je peux comprendre les messages et les aides simples de programmes informatiques.

Je peux comprendre de brefs récits qui parlent de choses quotidiennes et de thèmes familiers, s'ils sont écrits de manière simple.

■ Prendre part à une conversation

Je peux effectuer des opérations simples dans un magasin, un bureau de poste ou une banque.

Je peux utiliser les transports publics (bus, train, taxi) demander un renseignement sommaire ou acheter un billet.

Je peux obtenir des renseignements simples pour un voyage.

Je peux commander quelque chose à boire ou à manger.

Je peux faire des achats simples, dire ce que je chercher et en demander le prix.

Je peux demander le chemin ou l'indiquer avec une carte ou un plan.

Je peux saluer quelqu'un, lui demander de ses nouvelles et réagir si j'apprends quelque chose de nouveau.

Je peux inviter quelqu'un et réagir si on m'invite.

Je peux m'excuser ou accepter des excuses.

Je peux dire ce que j'aime ou non.

Je peux discuter avec quelqu'un de ce qu'on va faire et où on va aller et je peux convenir de l'heure et du lieu du rendez-vous.

Je peux poser des questions à quelqu'un sur son travail et ses loisirs ; je peux répondre au même type de questions.

■ S'exprimer oralement en continu

Je peux me décrire ainsi que ma famille ou d'autres personnes.

Je peux décrire où j'habite.

Je peux rapporter brièvement et simplement un événement.

Je peux décrire ma formation et mon activité professionnelle actuelle ou récente.

Je peux parler de manière simple de mes loisirs et de mes intérêts.

Je peux parler d'activités et d'expériences personnelles, par exemple mon dernier week-end, mes vacances.

■ Stratégies

Je peux m'adresser à quelqu'un.

Je peux indiquer quand je comprends.

Je peux demander, de manière simple, à quelqu'un de répéter quelque chose.

■ Qualité/Moyens linguistiques

Je peux communiquer à l'aide de phrases mémorisées et de quelques expressions simples.

Je peux relier des groupes de mots avec des mots simples tels que « et », « mais » ou « parce que ».

Je peux utiliser correctement quelques modèles de phrases simples.

Mon vocabulaire me suffit pour me débrouiller dans des situations quotidiennes simples.

■ Écrire

Je peux écrire une note brève ou un message simple.

Je peux décrire avec des phrases simples un événement et dire ce qui s'est passé (où, quand, quoi), par exemple une fête ou un accident.

Je peux écrire avec des phrases et des expressions simples sur des aspects de la vie quotidienne (les gens, les lieux, le travail, l'école, la famille, les hobbys).

Je peux donner, dans un questionnaire, des informations sur ma formation, mon travail, mes intérêts et mes domaines de spécialité.

Je peux me présenter dans une lettre avec des phrases et des expressions simples (famille, école, travail, hobbys).

Je peux écrire une brève lettre utilisant des formules d'adresse, de salutations, de remerciements et pour demander quelque chose.

Je peux écrire des phrases simples et les relier par des mots tels que « et », « mais », « parce que ».

Je peux utiliser les mots nécessaires pour exprimer la chronologie des événements (« d'abord », « ensuite », « plus tard », « après »).

Pour le niveau B1

■ Écouter

Je peux suivre une conversation quotidienne si le /la partenaire s'exprime clairement, mais je dois parfois lui demander de répéter certains mots ou expressions.

Je peux généralement suivre les points principaux d'une discussion d'une certaine longueur se déroulant en ma présence à condition que l'on parle distinctement et dans un langage standard.

Je peux écouter une brève narration et formuler des hypothèses sur ce qui va se passer.

Je peux comprendre les points principaux d'un journal radio ou d'un enregistrement audio simple sur des sujets familiers si le débit est relativement lent et clair.

Je peux saisir les points principaux d'une émission de télévision sur des sujets familiers si le débit est relativement lent et clair.

Je peux comprendre de simples directives techniques (utilisation d'un appareil d'usage quotidien).

■ Lire

Je comprends les points essentiels d'articles courts sur des sujets d'actualité ou familiers.

Je peux comprendre les prises de position et les interviews d'un journal ou d'un magazine sur des thèmes ou des événements d'actualité et en saisir les arguments essentiels.

Je peux deviner le sens de certains mots inconnus grâce au contexte, ce qui me permet de déduire le sens des énoncés à condition que le sujet me soit familier.

Je peux parcourir rapidement des textes brefs (des nouvelles en bref) et trouver des faits ou des informations importantes (qui a fait quoi et où).

Je peux comprendre les informations les plus importantes dans des brochures d'information brèves et simples de la vie quotidienne.

Je peux comprendre les communications simples et les lettres standard, provenant par ex . du commerce, d'associations ou de services publics.

Je peux comprendre suffisamment, dans la correspondance privée, ce qui est écrit sur les événements, les sentiments ou les désirs pour pouvoir entretenir une correspondance régulière avec un(e) correspondant(e).

Je peux suivre l'intrigue d'une histoire si elle est bien structurée, reconnaître les épisodes et les événements les plus importants et comprendre pourquoi ils sont significatifs.

■ Prendre part à une conversation.

Je peux commencer, soutenir et terminer une simple conversation en tête-à-tête sur un sujet familier ou d'intérêt personnel.

Je peux prendre part à une conversation ou une discussion, mais il est possible qu'on ne me comprenne pas toujours quand j'essaie de dire ce que j'aimerais dire.

Je peux me débrouiller dans la plupart des situations pouvant se produire en réservant un voyage auprès d'une agence ou lors d'un voyage

Je peux demander mon chemin et suivre les indications détaillées que l'on donne

Je peux exprimer des sentiments tels que la surprise, la joie, la tristesse, la curiosité et l'indifférence et réagir aux mêmes types de sentiments exprimés par d'autres.

Je peux échanger un point de vue ou une opinion personnelle dans une discussion avec des connaissances ou des amis.

Je peux exprimer poliment mon accord ou mon désaccord.

■ S'exprimer oralement en continu.

Je peux raconter une histoire.

Je peux relater en détails une expérience et décrire mes sentiments et réactions.

Je peux décrire un rêve, un espoir, un but.

Je peux justifier ou expliquer brièvement mes intentions, plans ou actes.

Je peux raconter l'intrigue d'un livre ou d'un film et décrire mes réactions.

Je peux rapporter oralement et de façon simple de courts passages d'un texte écrit en utilisant les mots et l'ordre du texte original.

■ Stratégies

Je peux répéter en partie ce que quelqu'un a dit afin de m'assurer que nous nous comprenons.

Je peux demander à une personne d'expliquer de manière plus précise ou plus claire ce qu'elle vient de dire.

Je peux utiliser un mot simple de signification semblable, si un mot m'échappe, et demander ainsi une « correction ».

■ Qualité / Moyens linguistiques

Je peux discourir de manière compréhensible sans trop d'hésitation, mais je fais des pauses pour planifier ou corriger ce que je dis, particulièrement lorsque je parle longuement et librement.

Je peux transmettre une information simple, d'intérêt immédiat, et souligner le point qui me semble le plus important.

Je possède un vocabulaire suffisant pour m'exprimer – parfois avec des périphrases – sur la plupart des sujets relatifs à ma vie quotidienne (la famille, les loisirs et centres d'intérêt, le travail, les voyages et les événements quotidiens).

Je peux m'exprimer assez correctement dans des situations quotidiennes familières et prévisibles.

■ Écrire

Je peux écrire un texte simple et cohérent sur des thèmes différents dans mon domaine d'intérêt et exprimer des opinions et des idées personnelles.

Je peux rédiger des textes simples sur des expériences ou des événements pour le journal de l'école ou d'une société.

Je peux rédiger des lettres personnelles à des connaissances ou à de amis, demander ou donner des nouvelles ou raconter des événements.

Je peux raconter, dans une lettre personnelle, l'intrigue d'un livre ou d'un film ou parler d'un concert.

Je peux exprimer dans une lettre des sentiments comme la tristesse, la joie, l'intérêt, la sympathie ou le regret.

Je peux réagir par écrit à une annonce et demander des renseignements complémentaires ou plus précis sur un produit (sur une voiture, un cours...).

Je peux rédiger un fax, un courriel ou un message pour transmettre des informations spécifiques, simples et brèves à des amis ou à des collaborateurs.

Je peux rédiger un curriculum vitae simple.

Cadre de ALTE pour le niveau A2

A2 : « Locuteur élémentaire niveau de survie ».
Les examens offerts par les membres de ALTE à ce niveau s'appuient sur les recommandations du Waystage 90 du Conseil de l'Europe. À ce niveau, les utilisateurs acquièrent une capacité générale de base qui leur permet de communiquer dans un nombre limité de situations les plus courantes de la vie quotidienne où la langue intervient. Ils doivent être capables de comprendre les points principaux de discours simples dont la plupart sont ceux dont on a besoin pour survivre lorsqu'on voyage ou que l'on se déplace dans un pays étranger. À ce niveau, la langue est utilisée dans des situations de survie et pour obtenir des éléments essentiels d'information.

···⟫ **Compétence réceptive**
Compréhension orale
En voyage et dans les relations sociales courantes, les utilisateurs à ce niveau peuvent comprendre des choses simples relatives, par exemple, à la vie de famille telles que l'heure des repas, l'emplacement des pièces ; ils peuvent comprendre aussi les prix dans les magasins, des questions simples et les conseils d'un médecin, les conditions et le prix d'un loyer, des directions simples et répondre aux questions courantes.
Au travail, ils peuvent comprendre des consignes simples et recevoir un message téléphonique simple à condition que ce soit en contexte familier et prévisible.
En situation scolaire, ils sont capables de suivre un exposé ou une démonstration très simples pour autant qu'ils soient illustrés de schémas et d'exemples et appartiennent à un domaine connu. Ils peuvent comprendre les consignes de base relatives à l'emploi du temps, aux dates, ainsi que les précisions quant aux tâches à exécuter.

Compréhension écrite
En voyage et dans les relations sociales courantes, les utilisateurs de niveau de survie (Waystage) peuvent lire des panneaux routiers, un guide des rayons dans un grand magasin et des instructions simples, des étiquettes de prix, les noms sur les étiquettes de produits, le nom courant de plats sur un menu standard, les factures, les panneaux dans un hôtel, l'information de base sur la publicité pour des logements, les instructions dans les banques, les bureaux de poste et sur les distributeurs de billets et les affiches relatives aux mesures d'urgence.
Au travail, ils sont capables d'identifier le courrier courant comme les commandes et les demandes d'information et d'extraire l'information de base de textes factuels dans leur propre domaine de compétence. Ils peuvent comprendre des affiches simples et brèves.
En situation scolaire, ils sont capables de retrouver les informations de base, comme l'emploi du temps, des messages sur des affiches, et de faire un usage limité de sources d'information telles que des ordinateurs et des dictionnaires bilingues. À ce niveau, il est peu probable que les utilisateurs soient capables d'étudier en langue étrangère, ils étudient la langue elle-même.

···⟫ **Compétence productive :**
Expression orale
En voyage et dans les relations sociales courantes, les utilisateurs à ce niveau peuvent demander de la marchandise dans les magasins où elle est visible et commander un repas dans un restaurant si les plats sont présentés ou illustrés sur le menu. Ils peuvent réserver une chambre dans un hôtel (en face-à-face) et poser des questions simples à leurs hôtes. Dans une banque ou un bureau de poste, ils peuvent demander les services les plus courants et ils peuvent indiquer à un médecin la nature d'un problème de santé, encore qu'ils soient sans doute obligés de préciser par gestes. Lors d'une visite guidée, ils peuvent comprendre des informations simples données dans des situations prévisibles, mais leur capacité à poser des questions et à demander des informations complémentaires est très limitée.
Au travail, ils peuvent faire des demandes simples, par exemple pour vérifier des consignes ou demander des informations mais ils ne sauraient comprendre qu'une très brève réponse.
En situation scolaire, ils peuvent poser des questions simples, par exemple vérifier des consignes ou demander des informations mais ils ne sauraient comprendre qu'une très brève réponse.

Expression écrite
En voyage et dans les relations sociales courantes, les utilisateurs à ce niveau peuvent rédiger une lettre ou une télécopie simples pour, par exemple, réserver une chambre d'hôtel et ils peuvent remplir un formulaire dans un hôtel ou dans une banque. Ils peuvent écrire un message factuel ou une carte de remerciements.
Au travail, ils peuvent également écrire un message ou faire une requête auprès d'un collègue sur une question très courante. Ils sont capables de noter des consignes et des demandes de clients telles que des commandes et des dates de livraison.
En situation scolaire, ils peuvent recopier des horaires, des dates et des lieux sur les différents tableaux de classe ou d'affichage.

Cadre de ALTE pour le niveau B1

B1 : « Locuteur indépendant, Niveau Seuil »
Les examens offerts par les membres de ALTE au Niveau 2 s'appuient sur les recommandations du Treshold 90 du Conseil de l'Europe. À ce niveau, les utilisateurs doivent être capables de se débrouiller dans un certain nombre de situations quotidiennes où l'usage de la langue est largement prévisible. Une grande partie de ce que les apprenants à ce niveau peuvent faire implique une meilleure compréhension des types de textes dont les utilisateurs de Waystage ne peuvent tirer que l'information de base. La compréhension au Niveau 2 est différente en ce sens qu'elle va au-delà de la simple capacité à relever quelques faits et peut recouvrir des opinions, des attitudes, des humeurs, des souhaits.

⋯⋗ Compétence réceptive
Compréhension écrite
En voyage et dans les relations sociales courantes, les utilisateurs au Niveau Seuil peuvent comprendre l'essentiel d'un menu banal, des formulaires et du courrier courant, des publicités et des dépliants hôteliers ou relatifs à d'autres types de logement. Ils peuvent comprendre la plupart des étiquettes alimentaires et médicales et suivre des instructions simples pour l'usage de médicaments ou les recettes données sur les emballages.
En règle générale, ils peuvent reconnaître le courrier personnel du courrier publicitaire ou promotionnel (bancaire par exemple) et dégager le sens d'articles de journaux simples ou de dépliants postaux ou bancaires.
Au travail, ils peuvent lire et donner suite à des lettres courantes qui relèvent de leur secteur. À condition d'avoir assez de temps, ils peuvent comprendre un compte rendu sur un sujet familier. De même, à ce niveau, ils peuvent comprendre le nom des ingrédients des produits et les modes d'emploi à condition que la langue soit simple et le sujet prévisible.
En situation scolaire, il est probable que leur vitesse de lecture sur des textes longs sera réduite. Ils peuvent comprendre une présentation graphique sur un sujet connu à condition qu'il y ait peu de texte d'accompagnement. Ils peuvent dégager des informations dans un manuel ou un article présenté simplement ou s'ils ont beaucoup de temps et la possibilité de recourir à des aides comme des dictionnaires par exemple.

Compréhension orale
En voyage et dans les relations sociales courantes, les utilisateurs à ce niveau sont capables de se débrouiller dans une conversation courante sur des sujets connus ainsi que dans la plupart des situations qui peuvent surgir lors d'un séjour à l'hôtel. Ils peuvent comprendre les grandes lignes d'une visite guidée, le sens général d'une émission de télévision et un message téléphonique simple à condition que le sujet soit connu et prévisible.
Au travail, les utilisateurs peuvent exécuter un ordre simple et répondre à une demande prévisible d'un visiteur comme, par exemple, appeler un taxi. Ils peuvent participer à un échange d'avis sur des sujets courants et attendus.
En situation scolaire, les utilisateurs à ce niveau sont capables de comprendre en partie une conférence et de participer au moins partiellement à un séminaire ou un tutorat, à condition qu'on y tienne compte de la présence de locuteurs étrangers. Ils peuvent comprendre les consignes relatives aux cours et aux travaux à rendre que donne un professeur ou un chargé de cours.

⋯⋗ Compétence productive
Production orale
En voyage et dans les relations sociales courantes, les utilisateurs à ce niveau peuvent faire des achats dans une boutique et commander un repas dans un restaurant en posant des questions sur les plats et le service (acceptation d'une carte bancaire, par exemple). Ils sont capables de réserver une chambre d'hôtel au téléphone et de traiter l'essentiel de ce qui peut arriver lors d'un séjour à l'hôtel. Ils peuvent traiter un petit nombre de situations courantes dans une banque et poser des questions sur les services dans un bureau de poste. Ils peuvent prendre un rendez-vous dans un cabinet médical et expliquer simplement un problème à un médecin, un dentiste ou un pharmacien. En tant que touristes, ils peuvent obtenir des informations courantes dans un syndicat d'initiative, comprendre les données les plus importantes d'une visite guidée et poser des questions pour information complémentaire.
Au travail, ils peuvent échanger leurs opinions avec leurs collègues tant qu'il s'agit d'un sujet connu, transmettre des messages et donner des conseils aux clients dans leur propre domaine de compétence.
En situation scolaire, ils sont capables de poser des questions simples, pour clarifier par exemple, et de participer modestement à un séminaire ou un tutorat.

Production écrite
En voyage et dans les relations sociales courantes, les utilisateurs à ce niveau peuvent écrire des notes et des messages courts ainsi que des lettres personnelles simples, de type narratif ou descriptif, comme des cartes de remerciements ou des cartes postales.
Au travail, ils sont capables d'écrire une brève demande et d'enregistrer un ordre courant. Pendant une réunion, ils peuvent prendre des notes à leur propre usage et ils peuvent écrire une lettre courante directe même s'il est préférable qu'un collègue la vérifie.
En situation scolaire, ils peuvent prendre quelques notes lors d'une conférence à condition d'avoir un peu de temps. Ils peuvent prendre des notes à partir de documents écrits au risque de commettre des erreurs. Ils peuvent écrire un récit simple mais pas une dissertation.

⚠ La fiche d'accompagnement destinée à l'étudiant est à télécharger sur le site et à fournir avec le test. Cette fiche servira également à évaluer les productions.

Compréhension de l'oral   10 points

🦻 **Écoutez le document une première fois. Lisez les questions. Écoutez le document une deuxième fois et répondez aux questions. Entourez la réponse correcte ou notez la réponse.**

1. Quel est le thème de l'émission ?   1 point

....

2. Qui pense quoi ? Associez chaque personne à ce qu'elle pense de cette pratique.   3 points

Pour	... c'est
Mathieu ●	● efficace
Laurence ●	● moderne
Raphaël ●	● risqué

3. Qui dit quoi ? Notez le prénom de la personne à côté de ce qu'elle dit. Attention il y a cinq phrases et seulement quatre personnes : vous noterez le prénom d'une personne deux fois.   5 points

　　a. Je connais des personnes qui en ont fait l'expérience :   ....

　　b. On peut choisir des personnes qui ont les mêmes goûts :   ....

　　c. Il vaut mieux passer assez vite du virtuel au réel :   ....

　　d. C'est un moyen adapté à notre époque :   ....

　　e. Le correspondant peut mentir et réserver de mauvaises surprises :   ....

4. Pour Raphaël, qu'est-ce qui pousse certaines personnes à utiliser ces services ?   1 point

　　a. ☐ La curiosité.
　　b. ☐ L'ennui.
　　c. ☐ La solitude.

Compréhension des écrits   10 points

Lisez les documents et répondez aux questions.

1. Lisez l'annonce du téléfilm. Écrivez ou cochez votre réponse.   5 points

 **TF1**   Jeudi 25 mai

20 h 50
Jennifer et Vincent
Téléfilm

　　Jennifer est une jeune femme dynamique qui travaille dans une galerie d'art à Bruxelles.
Elle vit avec Vincent, la trentaine qui, lui, travaille dans une agence de tourisme.

C'est presque le bonheur pour Jennifer... mais elle se sent chaque jour un peu plus seule, délaissée par son petit ami qu'elle trouve macho, immature et souvent absent.
　　Un soir, une simple discussion autour de la vaisselle sale... et c'est la dispute de trop !
Jennifer décide alors de rompre pour essayer de faire comprendre à Vincent combien il a besoin d'elle, combien il l'aime. Elle espère que cette décision provoquera des changements dans leur couple !
Mais Vincent ne comprend pas les intentions de sa belle, il croit que leur histoire est vraiment finie...
Tous les deux commencent alors à suivre les conseils de leurs amis ! Malheureusement ces derniers les lancent dans une guerre infernale...

a. Quel titre pouvez-vous donner à cette histoire ?   2 points

....

b. Quels défauts Jennifer trouve-t-elle à Vincent ?   1 point (2 réponses)
- ❏ impatient
- ❏ menteur
- ❏ égoïste
- ❏ superficiel
- ❏ peu disponible
- ❏ coléreux

c. Elle a décidé de se séparer de Vincent, pourquoi ?   1 point
- ❏ Elle ne veut plus vivre avec lui.
- ❏ Elle a découvert qu'il aimait une de ses amies.
- ❏ Elle espère qu'il va changer.

d. Leurs amis vont   1 point
- ❏ les aider à sauver leur couple.
- ❏ aggraver la situation.
- ❏ se montrer indifférents.

2. **Ils vivent ensemble, ils témoignent !**   5 points

Capucine

J'aime bien que ça bouge ! Comme je déménage souvent pour raisons professionnelles, je change très souvent de meubles. Avec mon mari, on court les marchés aux puces. J'aime bien aussi changer la couleur des murs...

Youssef

Elle me surprend. Et tant qu'elle ne touche pas à mon bureau tout va bien ! Sa manie de tout changer m'amuse, ça casse la routine et j'aime ça !

Karine

Ça m'occupe ! Ma spécialité : transformer les pièces : En ce moment, je transforme ma salle à manger en cuisine... Je sais qu'il n'apprécie pas toujours car nos goûts sont différents, mais tant pis !

Pascal

Avant ça me perturbait beaucoup de ne pas retrouver mes affaires à la même place. Petit à petit, je m'y suis habitué. Et puis j'adore faire les brocantes...

Sarah

Moi, ça me fait voyager ! Je ne veux surtout pas d'avis et de conseils. Et je sais qu'il adore ça. C'est « notre petit voyage immobile ».

Evan

J'aime le style moderne ; elle est plus traditionnelle. Du coup, on n'est pas toujours d'accord sur les changements à faire dans la maison. J'ai du mal à la laisser faire : j'ai toujours peur que cela ne me plaise pas !

a. Notez en face de chaque femme le prénom de l'homme avec qui elle vit.   3 points

Capucine   avec   ....

Karine   avec   ....

Sarah   avec   ....

b. Quelles sont les motivations de Karine et Sarah ? Notez les prénoms qui correspondent.   1 point

– avoir l'impression de partir : ....

– trouver une solution à l'ennui : ....

c. Quelle est la réaction de leur compagnon ? Notez les prénoms qui correspondent.   1 point
(2 prénoms seulement)

– Il est stressé : ....

– Il est impressionné : ....

Production écrite

10 points

Vous avez rencontré une de ces personnes. Écrivez un mail à votre meilleur(e) ami(e) pour raconter la rencontre : où vous êtes allé(e)s, vos activités, vos échanges. Dites ce que vous avez aimé ou détesté chez cette personne, son physique, ses qualités, ses défauts. (100 mots environ)

Production orale

10 points

Deux activités au choix :

1. Expression orale en continu : présentation suivie d'un court échange

Nouveau moyen de se faire des amis : les Pastas Party !

Après les sites de rencontre sur Internet, les speed-dating… voici un nouveau concept qui a de plus en plus de succès. Ainsi la plupart des grandes villes de France possèdent aujourd'hui leur relais : il s'agit des Pastas Party.

Les Pastas Party sont des soirées organisées le dimanche pour permettre à des célibataires de se rencontrer autour d'un bon plat de pâtes. L'aspect convivial et simple de ces dîners est un moyen de découvrir de nouvelles têtes hors du cercle souvent limité de ses amis et de sa famille. Le but est de trouver de nouveaux amis, et mêmes des contacts professionnels. De plus, ces soirées ont l'avantage de s'appuyer sur des rencontres réelles et non virtuelles.

Se faire des amis, des relations au travail, en vacances… facile ou difficile ?
Racontez votre expérience. Que pensez-vous de ce type de rencontres organisées ?
Puis répondez aux questions de votre enseignant et/ou des personnes du groupe.

2. Expression orale en interaction : conversation, échange d'opinion dans une discussion simple
Exprimez votre réaction à cette annonce.

Vous avez choisi le job de vos rêves, vous occupez un poste passionnant, malheureusement votre environnement de travail en open space* est un vrai cauchemar : stress, atmosphère bruyante… collègues difficiles à vivre !

Cette organisation de l'espace de travail de plus en plus adoptée par les entreprises demande beaucoup de savoir-vivre pour que la cohabitation entre les salariés se passe bien !

* open space : organisation de bureaux sans cloisons ni portes séparant les employés.

Pour ou contre ces conditions de travail ? Quelle est la situation dans votre pays concernant l'organisation en open space ? À votre avis quelles sont les qualités nécessaires pour vivre ensemble au travail ? Comment faire face à des comportements impolis ? Donnez des exemples personnels.
Échangez avec votre enseignant et/ou des personnes du groupe.

La fiche d'accompagnement destinée à l'étudiant est à télécharger sur le site et à fournir avec le test. Cette fiche servira également à évaluer les productions.

Compréhension de l'oral

10 points

Écoutez le document une première fois. Lisez les questions. Écoutez le document une deuxième fois et répondez aux questions. Entourez la réponse correcte ou notez la réponse.

1. Lisez les trois annonces. À quelle annonce Tim répond-il ?   Annonce ....   1 point

Stagiaires pour assurer
Cours de français
2 heures
2 à 3 jours par semaine
le soir

qualités requises :
• **dynamisme**
• **patience**

P. Mansard : 81 38 24 59 18

A.

Centre de loisirs
10 – 13 ans
poste animateurs/animatrices

3 fois par semaine

expérience en centre de loisirs

**attestations professionnelles
exigées**

Loisirs + 96 37 11 00 28

B.

Recherche

personne de confiance
pour s'occuper d'un enfant

après la classe
jusqu'à mon retour
à la maison

Contacter le 01 57 69 35 22

C.

2. Cinq erreurs se sont glissées dans le CV de Tim. Corrigez-les.   5 points

3. Complétez les notes prises par Tim pour le rendez-vous.   4 points

Tim SMITH
18 rue Pasteur
Paris 6ᵉ
portable : 06 12 76 16 98
email : cedsmith@free.fr

18 ans
Nationalité
hollandaise

1. Formation

2012 : 2ᵉ année en Faculté de lettres à Marseille
2010 : équivalent du BAFA centre de vacances
           et de loisirs à Glasgow

2. Expérience

2011 : animation en centre de loisirs

3. Langues

Français couramment
Anglais parlé seulement

4. Qualités

sens de l'organisation – rigueur – impatience
sens du contact – créativité – attention

Jour : ....

Heure : ....

Adresse : .... rue des lilas

               PARIS ....

Compréhension des écrits

10 points

Lisez les sept annonces d'offre d'emploi et les bulles des quatre personnes.

A.

Parc des Expositions
Bordeaux
recherche toute l'année
jeunes plus de 18 ans
avec expérience
pour animer
le centre d'accueil
qui garde les enfants des visiteurs
pendant les salons

Candidature et conditions sur notre site :
www.bordeauxexpositions.com

B.

Marco Polo
restaurant italien, centre de Lyon
recrute
aide cuisinier
soir et week-end
même sans expérience
logement et restauration possible sur place
rémunération SMIC

Marco Polo : 04 20 85 64 58

C. **Animer les anniversaires des enfants !**
Vous êtes disponible
les mercredi, samedi, dimanche...
chaleureux, patient,
vous avez le sens de l'animation
« Enfants en fête ! »
vous met en contact avec des familles.
BAFA exigé
Comptez 10 euros de l'heure

Envoyez votre candidature à
EnfantsenfêteLille@free.fr

D.

La municipalité de
Trouville-sur-Mer
recherche
pour surveiller les plages cet été
jeunes saisonniers
20 ans minimum
diplôme de secourisme
français ou étranger exigé
SMIC + indemnités en fonction
des services demandés

Mairie de Trouville-sur-Mer : 02 54 11 66 30

E. Vous êtes DJ, vous aimez l'organisation
des soirées entre amis...
cette annonce est pour vous !!
SOS Soirées
recherche
amateurs ou professionnels
autonomes, sociables
vous possédez un bon répertoire de jeux et
sketches !
matériel sono et éclairage fourni

24h/24 et 7j/7 sur www.anim-dj.com

F. Direction Régionale
Provence– Côte d'Azur
recrute
guides– accompagnateur (H/F)
pour la saison touristique avril – septembre
Vos missions principales : accueillir les
visiteurs, assurer les visites en français et en
langues étrangères...
Disponibilité : certains jours de la semaine,
week-ends et jours fériés.

Le poste vous intéresse, nous vous remercions de
postuler en ligne : www.DRProAzur.com

G. Gardiennage villa isolée
Nouméa, Nouvelle Calédonie
goût des grands espaces essentiel !
Fonctions :
assurer la sécurité, s'occuper du
jardinage et des animaux : chien, chats,
chevaux...
Disponibilité : juillet, août, septembre

Pour proposer votre candidature, nous écrire :
contact@villadom.fr

Je suis étudiant en langues à Marseille
et je n'ai pas peur de bouger ! J'adore
voyager. Je suis sportif, dynamique, très sociable !
Avec mes amis, nous nous réunissons le plus
souvent possible pour faire la fête, danser,
jouer de la musique, mais aussi pour visiter
notre région et organiser des week-ends
à l'étranger ensemble !

**David,
22 ans**

Mes qualités : patiente, souriante,
sociable. Je suis actuellement
étudiante aux Beaux-arts. J'aime
l'histoire et l'architecture. Pendant
les vacances, j'ai aussi participé
à des ateliers culinaires, ma deuxième
passion... Le babysitting, très
peu pour moi !

**Elena,
20 ans**

Je suis une jeune fille sérieuse, responsable,
discrète et chaleureuse. Dans mon pays,
j'ai passé un diplôme validant mes
compétences d'animatrice et j'ai également
fait un stage de surveillante dans une école.
Ce type de job est mon préféré. J'aime aussi
organiser les fêtes familiales, m'occuper
de la décoration et surtout de la préparation
des repas ! En général on m'apprécie
pour ça...

Lisa, 19 ans

Moi, ce que j'aime dans la vie, c'est observer la nature.
J'aime la solitude, la foule me stresse !
J'ai terminé mes études de vétérinaire et je voudrais
voyager. Ah oui, j'oubliais, j'ai déjà fait un stage de
6 mois dans la restauration, ça m'a plu et je suis prêt
à retenter l'expérience.

**Dimitri,
21 ans**

Certaines annonces conviennent à certaines personnes. Associez. Écrivez votre réponse dans le tableau ci-dessous. Attention une annonce peut convenir à plusieurs personnes !

David	Elena	Lisa	Dimitri
Annonce	Annonce	Annonce	Annonce ....
Annonce	Annonce	Annonce	Annonce ....
Annonce		Annonce	

Production écrite

10 points

Lisez le message de Diana. Répondez-lui en présentant les avantages et les inconvénients de ce type de job. Racontez-lui votre expérience des petits boulots. Enfin, donnez-lui des conseils pour bien présenter sa candidature. (100 mots environ)

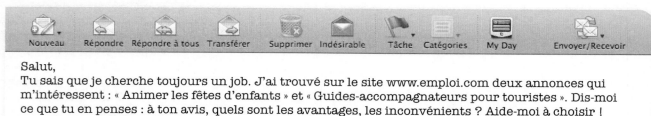

Salut,
Tu sais que je cherche toujours un job. J'ai trouvé sur le site www.emploi.com deux annonces qui m'intéressent : « Animer les fêtes d'enfants » et « Guides-accompagnateurs pour touristes ». Dis-moi ce que tu en penses : à ton avis, quels sont les avantages, les inconvénients ? Aide-moi à choisir ! Peux-tu me donner aussi quelques conseils pour prendre contact, me présenter...
À bientôt, je t'embrasse.
Diana

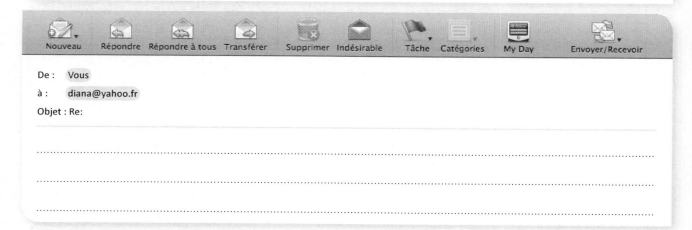

De : Vous
à : diana@yahoo.fr
Objet : Re:

....
....
....

Production orale

10 points

Deux activités au choix :

1. Expression orale en continu : présentation suivie d'un court échange

Lors d'une formation ou d'un emploi, vous avez rencontré une personne qui vous a aidé(e).
Vous racontez cette expérience : précisez où, dans quelles circonstances. Vous présentez cette personne, sa fonction. Vous racontez en quoi elle vous a aidé(e) et pourquoi. Dites aussi quelle est votre relation avec elle aujourd'hui. Puis répondez aux questions de votre enseignant et/ou des personnes du groupe.

2. Expression orale en interaction : conversation, échange d'opinion dans une discussion simple

> ### Moi, je fais mes études avec le wifi !
> #### La formation en toute autonomie sur Internet, c'est aujourd'hui possible...
>
> Accès à distance au contenu des cours et développement des services en ligne, numérisation des documents de cours et de bibliothèque... plus besoin de se déplacer !

Exprimez votre réaction à cette annonce. Justifiez votre réaction par des exemples.
Échangez avec votre enseignant et/ou avec les personnes du groupe.

⚠ La fiche d'accompagnement destinée à l'étudiant est à télécharger sur le site et à fournir avec le test. Cette fiche servira également à évaluer les productions.

Compréhension de l'oral   10 points

👂 **Écoutez le document une première fois. Lisez les questions. Écoutez le document une deuxième fois et répondez aux questions. Entourez la réponse correcte ou notez la réponse.**

1. Quelle est la profession d'Elena ?   1 point
   a. ❑ infirmière à domicile
   b. ❑ chauffeur de transport scolaire
   c. ❑ employée de bureau

2. Que lui demande son employeur ?   2 points

   ....

3. Si Elena accepte la proposition,   3 points (3 réponses)
   a. ❑ elle mettra plus de temps en trajet.
   b. ❑ elle aura un meilleur salaire.
   c. ❑ elle sera mieux logée.
   d. ❑ elle devra embaucher quelqu'un.
   e. ❑ elle aura plus de jours de congés pour être avec ses enfants.
   f. ❑ elle aura plus de frais de transport.

4. Si elle déménage,   1 point
   a. ❑ son mari sera content.
   b. ❑ elle devra payer plus pour se loger.
   c. ❑ ses enfants pourront faire du ski l'hiver.

5. Si Elena refuse la proposition,   1 point
   a. ❑ elle cherchera un autre emploi.
   b. ❑ elle prendra un autre poste dans la même entreprise.
   c. ❑ elle restera à la maison pour s'occuper de ses enfants.

6. Comment Elena vit-elle la situation ?   2 points (2 réponses)
   Elle est
   a. ❑ inquiète.   c. ❑ impatiente.   e. ❑ indignée.
   b. ❑ enthousiaste.   d. ❑ hésitante.

Compréhension des écrits   10 points

Lisez l'article et répondez aux questions. Écrivez ou cochez votre réponse.

1. Donnez un titre à cet article. ....   2 points

> *La courtoisie est rare dans les transports en commun. Et lorsque quelqu'un se montre attentionné, cela semble vraiment bizarre !*

Ce jour-là, une jeune femme veut sortir du bus, mais voilà que la porte se referme trop tôt. Dans le but de l'aider, un groupe de jeunes de banlieue crie au chauffeur : « La porte! » L'ordre et le ton ne plaisent pas. Le conducteur réagit en criant lui-aussi sur les jeunes.

Il est près de 21 heures. La journée de travail a été difficile pour le chauffeur : la circulation dense, trop de monde dans le bus, des automobilistes agressifs... pour finir, des jeunes de banlieue maladroits... Et c'est le clash !

Autour de la cabine du conducteur, c'est la folie : des voyageurs lancent des injures et d'autres se battent. La dispute est générale ! Les enfants pleurent, les passagers crient pour qu'on leur ouvre la porte, puis sortent du bus en courant...

D'après *Le Parisien*, 10/03/2012.

2. Quelle est l'origine de l'évènement évoqué dans l'article ?   1 point
   a. ❐ Un geste de savoir-vivre mal compris.
   b. ❐ Une porte de bus bloquée par la foule.
   c. ❐ L'inquiétude d'une bande de jeunes.

3. Quelle a été la réaction du conducteur ?   1 point
   a. ❐ Il a refusé de continuer sa route.
   b. ❐ Il a réclamé le calme.
   c. ❐ Il s'est énervé.

4. Pourquoi ?   1 point
   a. ❐ Il était fatigué.
   b. ❐ Il avait reçu des coups.
   c. ❐ Il avait peur pour les enfants.

5. Qu'ont fait les passagers ?   1 point
   a. ❐ Ils ont menacé le conducteur.
   b. ❐ Ils ont appelé la police.
   c. ❐ Ils sont partis rapidement.

6. D'après l'article, cet évènement a eu lieu parce que   3 points (3 réponses)
   a. ❐ la police contrôle mal la circulation.
   b. ❐ les gens ont généralement une mauvaise opinion des jeunes.
   c. ❐ les conducteurs de bus ne sont pas assez chaleureux.
   d. ❐ on ne s'adresse pas assez poliment aux conducteurs.
   e. ❐ l'attitude au travail est trop rigide.
   f. ❐ les conditions de vie en ville sont trop stressantes.
   g. ❐ il n'y a pas assez de transports en commun en banlieue.

7. Que signifie cette phrase : « La courtoisie est rare dans les transports en commun. Et lorsque quelqu'un se montre attentionné, cela semble vraiment bizarre ! » ?   1 point

Production écrite

10 points

Concours • témoignage

Suite de notre grand concours : Partagez vos souvenirs !

Aujourd'hui, voici le témoignage de Lidia.
Continuez à nous écrire, nous vous publierons !

Souvenirs, souvenirs...
Moi, quand je me tourne vers mes souvenirs, je revois la maison de mon enfance. Je vois des fleurs dans un jardin. J'entends des rires au loin... Je me souviens de jeux et d'évènements qui ont marqué ma vie à tout jamais...
Lidia, Bordeaux

Un autre regard, août 2012.

Vous aussi écrivez un court texte envoyé au magazine *Un autre regard*, pour évoquer un lieu (une ville, un pays, un bâtiment...) qui vous a marqué. Décrivez-le, racontez vos meilleurs souvenirs dans ce lieu. Dites pourquoi ce lieu a été important pour vous. (100 mots environ)

....

....

....

....

Production orale

10 points

Deux activités au choix :

1. Expression orale en continu : présentation suivie d'un court échange

Gastronomie

La plus ancienne chocolaterie de Paris continue de régaler les amateurs de confiseries d'autrefois. Elle existe depuis 1761. La boutique, avec sa façade verte classée monument historique, est une véritable caverne aux merveilles qui régale les yeux et les gourmands. Les étagères sont couvertes de bocaux multicolores qui donnent envie de tout goûter...

Connaissez-vous ici ou ailleurs un lieu qui témoigne d'un mode de vie national comme la gourmandise pour les Français ? Présentez-le et dites en quoi il correspond à ce mode de vie.
Puis répondez aux questions de votre enseignant et/ou des personnes du groupe.

2. Expression orale en interaction : conversation, échange d'opinion dans une discussion simple

Exprimez votre réaction à cette annonce. Justifiez votre réaction par des exemples.
Échangez avec votre enseignant et/ou avec les personnes du groupe.

Lutte contre les stéréotypes :

Profession : papa au foyer (PAF)
Devenir PAF correspond le plus souvent à un choix personnel !

L'augmentation de l'activité des femmes sur le marché du travail et, plus récemment, la participation croissante des hommes aux soins des enfants rendent les rôles des parents moins traditionnels ! Qu'en pensez-vous ? Quelle est la situation dans votre pays ?

Réagissez !

⚠ La fiche d'accompagnement destinée à l'étudiant est à télécharger sur le site et à fournir avec le test. Cette fiche servira également à évaluer les productions.

Compréhension de l'oral   **10 points**

🔊 **Écoutez le document une première fois. Lisez les questions. Écoutez le document une deuxième fois et répondez aux questions.**
Entourez la réponse correcte ou notez la réponse.

1. Cette info porte sur   1 point
   a. ☐ un exploit sportif.
   b. ☐ un fait divers insolite.
   c. ☐ un accident entre deux bateaux.

2. Quel titre pouvez-vous donner à cet évènement ?   2 points

....

3. Quelles informations a-t-on sur Yann ?   4 points

   a. Âge : ....

   b. Nationalité : ....

   c. Profession : ....

   d. Motif de son séjour à New York : ....

....

4. Que faisait la fillette au moment de l'évènement ?   1 point
   a. ☐ Elle se promenait sur les quais.
   b. ☐ Elle était sur un bateau.
   c. ☐ Elle nageait avec son père dans la rivière.

5. À la fin, que s'est-il passé pour Yann ?   1 point
   a. ☐ Le père de la petite fille lui a offert une récompense.
   b. ☐ La police américaine l'a interrogé.
   c. ☐ Un grand quotidien a rédigé un article sur lui.

6. Quel sentiment Yann éprouve-t-il aujourd'hui ?   1 point
   Il est
   a. ☐ triste pour la fillette.
   b. ☐ inquiet parce que le père le recherche.
   c. ☐ heureux de son geste.

Compréhension des écrits   **10 points**

Lisez les documents et répondez aux questions.

1. Associez chaque titre à son article. Notez vos réponses dans le tableau ci-dessous.   7 points

1	2	3	4	5	6	7
....	....	....	....	....	....	....

1. **Vestiaire d'hiver**

2. **Des notes pour une clientèle sur mesure**

3. **Des dépenses qui pèsent lourd au quotidien**

4. **Des idées vitaminées**

5. **Des contrefaçons qui coûtent cher...**

6. **La nature rend la ville plus humaine...**

7. **Il survit deux jours en milieu hostile**

A. Jan tentait il y a quelques jours de traverser la mer rouge en kitesurf : 200 km. Mais alors que le sportif s'apprêtait à réussir, le vent est tombé. Bloqué sur sa planche, Jan a dû faire face à des requins longs de six mètres. Après plus de 40 heures, il a été repêché sain et sauf !

B. Humour, fantaisie et couleur sont les trois bases de la déco pour Cendy, graphiste. Elle a mis en pratique ses idées dans son appartement en plein cœur de Copenhague, avec vue sur les toits.

C. L'écrivain Éric Orsenna lutte pour de meilleures conditions de vie : « La croissance verte est l'avenir de notre pays. Les jardins jouent un rôle important dans notre quotidien. Dans ce monde où règnent l'argent et la finance... les bénéfices de la nature sont incontestables pour notre santé et notre vie sociale. »

D. Une femme a été condamnée à une amende de 2 000 euros, lundi, parce qu'elle avait acheté des copies de sacs Louis Vuitton, de parfums Yves St Laurent, de chaussures de sport Nike... Elle avait acheté pendant un voyage à l'étranger des copies d'articles de différentes marques, pour 1 150 euros. Elle devra verser 2 500 euros de dommages et intérêts aux marques concernées.

E. La musique est utilisée pour attirer ou repousser certains clients. Ainsi la musique classique semble décourager les adolescents. À l'inverse, les clients plus âgés apprécient peu une musique très rythmée. Bref, plus la musique est adaptée à la population cible plus on remplit les caisses !

F. La cape est le manteau de toutes les époques : à la base créée pour être un moyen simple de se protéger du froid et de la pluie, elle est devenue un vêtement de ville, chic et élégant que toutes les grandes marques de haute couture n'ont cessé de revisiter.

G. Près d'un ménage sur deux avait un crédit en 2012 : 30,5 % un crédit immobilier et 30 % un crédit à la consommation pour l'achat d'un véhicule, d'un équipement ou pour la réalisation de travaux.

2. Classez les sept articles dans les rubriques ci-dessous.   3 points (1 pt/rubrique)

Société	Mode et déco	Faits divers
....	....	....

Production écrite

10 points

Vous travaillez comme stagiaire à la Brigade de la police fluviale d'Angers.
Une jeune femme a été convoquée comme témoin d'un accident dans le fleuve.
Vous devez rédiger un bref rapport à partir des notes prises pendant sa déposition. (100 mots environ)

Notes prises pendant la déposition

23 mars

11 h 10 promenade avec chien / bord de la Loire
cris venant de la rivière !
un homme + une petite fille dans l'eau : accident ??
appel police fluviale avec portable

11 h 15 arrivée police fluviale, canot de sauvetage
récupération de la petite fille
homme nage jusqu'au quai

11 h 30 arrivée d'un médecin
fillette : transport à l'hôpital
interrogatoire police : homme et témoins

Rédigez la suite du rapport ci-dessous.

BRIGADE DE POLICE FLUVIALE D'ANGERS – PAYS DE LA LOIRE

Déposition faite par : Mme Laura Vogt *Date :* 23 mars
Affaire : sauvetage d'un homme et d'un enfant

Inspecteur-stagiaire : ....

Le 23 mars, Mme Laura Vogt s'est présentée à 16 h 00 pour témoigner dans le cadre de l'affaire décrite ci-dessus.

Ce matin, à 11 h 00, Laura Vogt ....

....

....

....

....

Production orale

10 points

Deux activités au choix :
1. Expression orale en continu : présentation suivie d'un court échange

*La **télévision** est le média préféré des Français, selon une étude publiée récemment : nous la regardons **plus de 3 h 30 par jour**. La place de la télé est extrêmement importante dans notre vie, et quand nous ne pouvons plus la regarder, cela nous manque.*

Aujourd'hui, Internet permet aussi de regarder de nombreuses chaînes de télévision à tout moment et d'avoir ainsi accès à l'information toute la journée !

Mais trop d'info tue l'info, non ?

Partagez-vous cette passion pour la télévision ? Oui ? Non ? Dites pourquoi. Qu'est-ce qui vous intéresse le plus dans les médias en général ? Quelle est la situation dans votre pays, quelles sont les émissions les plus regardées par vos compatriotes ?
Que pensez-vous de la dernière phrase : « Trop d'info tue l'info ? »
Puis répondez aux questions de votre enseignant et/ou des personnes du groupe.

2. Expression orale en interaction : conversation, échange d'opinion dans une discussion simple

Contre les blogs !

– Moi, je trouve que les blogs sont déprimants et sans intérêt, je n'aimerais pas raconter ma vie dans un blog !

– Moi, je déteste les blogs dont les propriétaires écrivent en abrégé, s'énervent après tout le monde et mettent des images sans commentaire.

Et vous ? Donnez votre avis !!!

Exprimez votre réaction à cette annonce. Justifiez votre réaction par des exemples.
Échangez avec votre enseignant et/ou avec les personnes du groupe.

⚠ La fiche d'accompagnement destinée à l'étudiant est à télécharger sur le site et à fournir avec le test. Cette fiche servira également à évaluer les productions.

Compréhension de l'oral   **10 points**

 Écoutez le document une première fois. Lisez les questions. Écoutez le document une deuxième fois et répondez aux questions. Entourez la réponse correcte ou notez la réponse.

1. Parmi les cinq spectateurs interrogés, qui exprime un avis positif, négatif ou mitigé ?   5 points

	Positif	Mitigé	Négatif
Sophia			
Hugo			
Audrey			
Sergio			
Mathilda			

2. Qui dit quoi ? Notez le prénom de la personne à côté de ce qu'elle dit.   5 points

a. Trop lent, des acteurs nuls : succès vraiment peu mérité !   ....

b. Bien, mais avec réserve tout de même.   ....

c. Très beau, particulièrement le rythme soutenu.   ....

d. Vraiment rien à reprocher, j'ai hâte de voir le prochain !   ....

e. J'attendais plus après avoir lu le roman.   ....

Compréhension des écrits   **10 points**

Lisez les documents et répondez aux questions, écrivez ou cochez votre réponse.

Sorties

Viens voir les étudiants !

Les étudiants sont des artistes comme les autres, voilà la devise du festival Ici et Demain.

Depuis 2004, ce festival met en avant la jeune création sous toutes ses formes. Il attire en moyenne 10 000 visiteurs chaque année. Le principe est simple : plusieurs salles parisiennes accueillent pendant deux semaines les prestations d'étudiants venant de tous les horizons, même les plus éloignés de l'univers artistique, comme les sciences politiques, la chimie ou l'histoire.

Atout de taille pour cet évènement : l'entrée aux spectacles est libre ! Ainsi tout le monde peut y assister.

La nouvelle édition démarre ce soir avec le lauréat du prix spécial du jury de l'an passé : Florian Machefert, 27 ans, étudiant à La Rochelle. Sa représentation entre concert et pièce de théâtre, *My Home is Anywhere*, avait été particulièrement appréciée. Ce spectacle faisait d'ailleurs partie de son projet de fin d'études pour son école d'arts appliqués.

« J'ai vraiment apprécié que l'on donne des moyens de qualité à mon projet, avoue Florian, également musicien au sein du groupe *Les Petites Choses*. Les étudiants sont traités comme des artistes à part entière dans ce festival, cela permet à chacun de prendre conscience de son potentiel créatif. Ça encourage vraiment à continuer dans cette voie. »

Depuis sa participation au festival, Florian a poursuivi son chemin artistique, il a créé notamment des vidéos.

D'après *Métro*, 8/03/2012.

1. Complétez la fiche de l'évènement. 4 points

FICHE DE PRÉSENTATION

Nom de l'évènement : ....

Type d'évènement : ....

Date de création : *2004*

Durée de l'évènement : *2 semaines par an* ....

Type de participants : ....

Lieu : *Plusieurs salles à Paris* ....

Prix visiteur : ....

Nombre de visiteurs/an : *10 000*

2. Remplissez la fiche de Florian. 5 points

FICHE DE PRÉSENTATION

Nom du lauréat : *Florian Machefert*

Âge : *27 ans*

Domicile : ....

Domaine d'études : ....

Activités artistiques : — ....

— ....

— ....

3. Quelle est l'opinion de Florian sur cet évènement ? 1 point
   a. ❏ Ça permet souvent d'obtenir un job.
   b. ❏ Ça oblige à faire carrière dans l'artistique.
   c. ❏ Ça encourage les ambitions artistiques des jeunes.

Production écrite

Vous avez participé, comme artiste ou comme spectateur, au festival *Ici et Demain*. Vous écrivez une lettre à un(e) ami(e) pour lui raconter l'évènement en détail.
Vous l'invitez à vous y accompagner l'an prochain. (100 à 120 mots)

....

....

....

....

....

....

....

....

....

....

....

....

....

....

....

....

....

....

Production orale

10 points

Deux activités au choix :

1. Expression orale en continu : présentation suivie d'un court échange

	Allemagne	France	Royaume-Uni	Espagne	Pologne	Suisse	Japon*	États-Unis**
Nombre de jours de congés (nombre de jours attribués au titre de congés payés selon les législations nationales)	30	25	25	22	20	20	20	0

* Au bout de dix ans dans la même entreprise.
** Pas de congés légaux.

Source : Eurofound 2011, d'après *Le Parisien* 12/03/2012.

Ce tableau représente la durée des congés dans quelques pays du monde. Qu'en pensez-vous ? Comparez avec votre pays. Dites aussi quel type de vacances les gens prennent, quelles sont leurs activités. Et vous ?
Puis répondez aux questions de votre enseignant et/ou des personnes du groupe.

2. Expression orale en interaction : conversation, échange d'opinion dans une discussion simple

Vous avez dit :
« vacances insolites » ?

- ◆ jouer au cow-boy pendant une semaine dans le Grand Canyon aux USA
- ◆ vivre l'aventure des trains de l'extrême au sommet des Andes en Argentine
- ◆ survivre à une nuit en toute autonomie dans un parc animalier sauvage au Québec
- ◆ attaquer un château médiéval en Belgique pendant un week-end

Exprimez votre réaction à cette annonce. Justifiez votre réaction par des exemples.
Échangez avec votre enseignant et/ou avec les personnes du groupe.

La fiche d'accompagnement destinée à l'étudiant est à télécharger sur le site et à fournir avec le test. Cette fiche servira également à évaluer les productions.

Compréhension de l'oral

10 points

 Écoutez le document une première fois. Lisez les questions. Écoutez le document une deuxième fois et répondez aux questions. Entourez la réponse correcte ou notez la réponse.

Complétez la fiche de présentation de l'Association Môm'artre.

10 points

Assocation MÔM'ARTRE

Année de création : ....

Missions auprès
– des parents : ....
– des enfants : ....
    et ....

– des artistes : ....

Tarifs : ....

Villes des lieux d'accueil : Paris, Nantes, Arles

Nombre d'adhérents à Paris : .... familles

Financements : ....

Participants au fonctionnement : ....
    et ....

Compréhension des écrits   10 points

Lisez les documents et répondez aux questions. Écrivez ou cochez votre réponse.

Zoom sur...

Ils s'engagent pour l'AVENIR !

Course de fonds !

Parcourir 40 000 km sur un vélo en 24 heures, c'est le défi qu'ont tenté de relever des habitants et touristes de passage à Paris les 23 et 24 juin dernier lors de la première édition des « 24 h du Vélib' ». Les participants se sont relayés en parcourant des boucles de 1,5 km depuis les Champs-Élysées. Chaque tour de roue a permis de récolter des fonds pour trois associations : la *Fondation du patrimoine*, le *Mécénat chirurgie cardiaque*, et *GoodPlanet protection de la nature*. La course visait à promouvoir l'écologie et la santé !

Une autre forme d'engagement...

Comme chaque année, 200 coureurs forment l'équipe des bénévoles de l'association *Aide et Action* qui s'élancera sur la ligne de départ du semi-marathon le 4 mars prochain à Lille. Dans les 22 pays où elle intervient, l'association internationale s'appuie sur des équipes bénévoles qui ont choisi de se mobiliser pour l'accès de tous à l'éducation.

Ingrid

J'y participe régulièrement parce que je suis convaincue que l'enseignement change réellement le monde : cela ouvre des portes et des opportunités, et chaque enfant, ici et ailleurs, devrait avoir le droit à un enseignement de qualité ! Un peu d'activité physique, ce n'est que du plaisir, et si, en plus, ça peut aider...

Karim

Je suis fier de participer parce que c'est un évènement qui soutient différentes actions par lesquelles je me sens particulièrement concerné.
Je trouve que la protection de notre propre vie par exemple, c'est un sujet dont on n'entend pas assez parler. Donc, je trouve que c'est une bonne idée de faire un peu de bruit autour de ça à l'occasion d'un évènement sportif. En plus, cela permet de rencontrer des gens motivés et dynamiques !

Nadja

Je participe parce que sans tout ce que j'ai appris, partagé avec mes parents, ma famille, mes amis, l'école et l'université, mais aussi les rencontres et les collègues de travail, je ne serais pas celle que je suis aujourd'hui. Parce que, apprendre, c'est tout dans la vie, parce que chaque voyage m'enrichit de découvertes et de connaissances. Parce que je suis persuadée que seule l'éducation peut amener un monde meilleur, en paix, plus juste et plus solidaire avec un vrai développement durable.

1. Quel est le point commun à ces deux évènements ? 1,5 point

....

2. Complétez la fiche qui correspond à chaque évènement. 2 points

	La course de fonds	Une autre forme d'engagement...
Lieu	Paris	Lille
Date	23/24 Juin dernier	4 mars prochain
Type d'action	....	....
Type de participants		

3. Quel est l'objectif visé par ces évènements ? Pour chacun, cochez une réponse. 2 points

La course de fonds	Une autre forme d'engagement...
a. ❑ promouvoir la recherche médicale en général	**a.** ❑ donner du sens à l'effort
b. ❑ sauvegarder le patrimoine parisien	**b.** ❑ mobiliser grâce à la présence de grands sportifs
c. ❑ trouver des aides financières	**c.** ❑ rencontrer les responsables de l'association

4. À quel évènement Ingrid, Karim et Nadja participent-ils ? 1,5 point
Notez les prénoms en face des évènements.

a. La course de fonds : ....

b. Une autre forme d'engagement : ....

5. Quelle est leur motivation ? Notez les prénoms. 3 points
Attention, il y a une motivation qui ne correspond à personne.

Ils participent pour

a. offrir plus de chances aux jeunes. ....

b. promouvoir le sport comme objectif santé. ....

c. faire de l'éducation un enjeu international. ....

d. aider des causes peu médiatisées. ....

Production écrite 10 points

Vous avez participé à un de ces évènements. Sur un forum, vous témoignez de votre action. Vous racontez votre expérience en détail : épreuve sportive, personnes rencontrées... Vous expliquez ce qui vous a motivé et vous donnez un ou deux arguments simples pour inciter les autres à participer. (120 à 150 mots)

http://www.mon-engagement.fr

Mon nuage de pensées
engagement   **Action**
Agir
Générosité
Autrui   **Écologie**

Articles récents
1er janvier
1er février
1er mars
1er avril...

Archives
Méta

Production orale

10 points

Deux activités au choix :

1. Expression orale en continu : présentation suivie d'un court échange

Et vous, qu'en pensez-vous ? Dans votre pays les gens se sentent-ils plutôt optimistes ou pessimistes, pourquoi ? Quelle est votre propre définition du bonheur ? Conditions de vie, engagement pour les autres, voyages... Donnez des exemples concrets de vos propres moments de bonheur. Puis répondez aux questions de votre enseignant et/ou des personnes du groupe.

>>> Bonheur <<<

69 % des habitants de Bretagne se sentent bien là où ils vivent, contre 60 % des Français en général !
Deux sur trois estiment que les conditions de vie locales sont meilleures qu'ailleurs.

Faciles à vivre, les Bretons ?
En tout cas, ils se satisfont de plaisirs simples : 90 % considèrent qu'**une journée réussie, c'est quand on passe des moments en famille ou entre amis.**

2. Expression orale en interaction : conversation, échange d'opinion dans une discussion simple

Liberté • Égalité • Fraternité
RÉPUBLIQUE FRANÇAISE

Vous avez envie d'être utile aux autres ?
Vous aimeriez vous engager pour la solidarité tout en vivant une expérience personnelle enrichissante ?
Le Service Civique
est une occasion unique pour vous, **pendant 6 ou 9 mois**
• d'aider ceux qui en ont besoin
• de bénéficier d'une formation citoyenne et d'un accompagnement dans votre projet professionnel !

En France, le gouvernement a mis en place le Service Civique qui permet aux jeunes de s'engager. Est-ce qu'il existe quelque chose de semblable dans votre pays ? Pensez-vous qu'une telle démarche est souhaitable ? Exprimez votre opinion : d'accord, pas d'accord ?

La fiche d'accompagnement destinée à l'étudiant est à télécharger sur le site et à fournir avec le test. Cette fiche servira également à évaluer les productions.

Compréhension de l'oral   10 points

🎧 **Écoutez le document une première fois. Lisez les questions. Écoutez le document une deuxième fois et répondez aux questions.**
Entourez la réponse correcte ou notez la réponse.

1. Patrick a réalisé un exploit sportif. Complétez la fiche descriptive de cet exploit.   4 points

> Sport concerné : ....
>
> Lieu : Everest
>
> Date : ....
>
> Exploit : ....
>
> Durée : ....

2. Patrick et ses amis avaient déjà fait une tentative qui avait échoué, pourquoi ?   1 point
   a. ☐ À cause du matériel trop lourd.
   b. ☐ À cause du manque d'expérience de l'équipe.
   c. ☐ À cause du mauvais temps.

3. Pour Patrick, quel est le secret de la réussite ?   1 point
   a. ☐ l'expérience
   b. ☐ la passion
   c. ☐ les moyens

4. Pour lui, le danger provoque souvent   1 point
   a. ☐ des blocages.
   b. ☐ de l'angoisse.
   c. ☐ du plaisir.

5. Quel sentiment exprime-t-il vis-à-vis des expéditions actuelles ?   1 point
   a. ☐ du regret
   b. ☐ de l'envie
   c. ☐ de l'indifférence

6. Pour lui, quelles sont les deux caractéristiques des expéditions d'aujourd'hui ?   2 points
   a. ....
   b. ....

Compréhension des écrits

10 points

Lisez le texte et répondez aux questions. Écrivez ou cochez votre réponse.

UNE FEMME D'EXCEPTION

On entend très souvent parler des grandes découvertes au masculin : Christophe Colomb, Vasco de Gama... Bon, d'accord, Alexandra David-Neel n'a peut-être pas découvert le Nouveau Monde mais c'est tout de même une grande exploratrice !

Alexandra semble avoir vécu dix vies : grande voyageuse, exploratrice, journaliste, chanteuse d'opéra, penseuse, féministe... Elle a tout fait, et elle semble avoir tout vécu.

Alexandra est née dans la région parisienne en 1868. Dès son plus jeune âge, Alexandra fuguait constamment pour s'éloigner de son éducation stricte, de ce milieu bourgeois où elle était élevée, de l'ennui constant qu'elle avait l'impression de vivre. Sa soif de liberté était telle qu'à l'âge de 17 ans, nourrie des lectures philosophiques antiques, elle s'est enfuie sans argent jusqu'au bord du Lac Majeur en Italie. Sa mère est venue la récupérer quelques jours plus tard. Mais... cela ne l'a pas calmée pour autant.

Elle voulait vivre le voyage en tant que tel, et non pas seulement se déplacer d'un point à un autre ; cette philosophie ne l'a jamais quittée.

Dans les années 1890, Alexandra est tombée amoureuse, et pour toujours, de la magie de l'Inde, de la musique tibétaine, des couleurs et des senteurs de l'Himalaya... Entre deux voyages, elle s'est mariée avec Philippe Neel, autre grand voyageur, puis elle l'a quitté : Alexandra ne voulait pas devenir femme au foyer... Ils sont cependant restés meilleurs amis, comme le montre leur très abondante correspondance.

Alexandra est la première européenne qui a séjourné à Lhassa. Pendant 14 ans, elle a parcouru aussi le Japon, elle a traversé la Chine, la Mongolie, le désert de Gobi... C'est cependant en France qu'elle s'est établie, à Digne où elle a écrit, médité. Elle a donné des centaines de conférences à travers l'Europe. Elle est repartie en voyage à l'âge de 62 ans : pendant 10 ans, elle a erré en Chine. Elle est enfin rentrée à Digne pour continuer à écrire, à explorer la nature et... à camper dans les montagnes, alors qu'elle avait 82 ans. Elle a même demandé le renouvellement de son passeport à la préfecture, à l'âge de 101 ans... peu avant sa mort en 1969.

http://www.femmescelebres.com/alexandra-david-neel-la-grande-exploratrice/

1. Quel titre conviendrait aussi à ce texte ?   1 point
   a. ❑ Autobiographie d'une grande voyageuse
   b. ❑ Les pays explorés par Alexandra David-Neel
   c. ❑ Une vie spectaculaire pour son temps

2. Cette femme est surtout célèbre   1 point
   a. ❑ pour ses déclarations féministes.
   b. ❑ pour ses expéditions non-conformistes.
   c. ❑ pour ses articles et ses conférences.

3. L'Inde a beaucoup compté pour elle   1 point
   a. ❑ parce que c'est le pays de son enfance.
   b. ❑ parce qu'elle y a rencontré son mari.
   c. ❑ parce qu'elle était fascinée par ce pays.

4. Dans son enfance, elle fuyait sa famille   1 point
    a. ❐ parce qu'elle détestait sa mère.
    b. ❐ parce qu'elle ne supportait pas son contexte familial.
    c. ❐ parce qu'elle voulait vivre en Asie.

5. Relevez la phrase du texte qui définit sa conception du voyage.   2 points

....

6. Philippe Neel, son mari   1 point
    a. ❐ a toujours compté pour elle.
    b. ❐ l'a accompagnée dans toutes ses aventures.
    c. ❐ a écrit beaucoup de livres sur elle.

7. À quel âge Alexandra D.N. a-t-elle terminé sa dernière grande expédition ?   1 point

....

8. Quels adjectifs caractérisent le mieux la personnalité d'Alexandra D.N. ?   2 points (2 réponses)
    a. ❐ généreuse
    b. ❐ indépendante
    c. ❐ honnête
    d. ❐ émouvante
    e. ❐ modeste
    f. ❐ audacieuse

Production écrite

10 points

Sur votre blog vous avez décidé de parler d'une personne célèbre (homme, femme) qui n'est plus vivant(e) et que vous admirez particulièrement. Parlez de sa vie, de son époque, de son pays, de son domaine professionnel, de son action.
Dites pourquoi vous auriez aimé le/la rencontrer et ce que vous auriez voulu faire ensemble. (120 à 150 mots)

@   http://www.mon-blog.fr

Production orale

10 points

Deux activités au choix :

1. Expression orale en continu : présentation suivie d'un court échange

Le tourisme musical, les vacances en musique !

Pour un week-end, des vacances, pourquoi ne pas choisir une petite balade en musique à travers le monde ? Vous découvrirez les différents trésors artistiques qui font la richesse de chaque pays

Festivals musicaux : opéras, comédies musicales, concerts rock... tant de destinations s'offrent à vous !

L'opéra Garnier, Paris.

National Music Hall, Taïwan.

Arènes de Vérone, Italie.

**Passionné(e) de musique, vous avez déjà participé à un évènement musical ou vous rêvez d'y participer...
Racontez ! Décrivez l'endroit, les participants. Que pensez-vous de ce type de proposition : l'union du tourisme et de la musique ?** Puis répondez aux questions de votre enseignant et/ou des personnes du groupe.

2. Expression orale en interaction : conversation, échange d'opinion dans une discussion simple

DES IDÉES POUR L'ÉGALITÉ FEMME-HOMME

- **le partage des tâches domestiques :** faciliter la reprise du travail des mères.
- **la mixité des métiers :** proposer systématiquement aux filles une orientation vers les métiers techniques et scientifiques.
- **l'égalité salariale :** sanctionner sévèrement les entreprises qui ne respectent pas l'égalité salariale.
- **la représentation des femmes dans les médias.**

Qu'en pensez-vous ? Quelle est la situation dans votre pays ? Illustrez vos propos d'exemples concrets.

⚠ La fiche d'accompagnement destinée à l'étudiant est à télécharger sur le site et à fournir avec le test. Cette fiche servira également à évaluer les productions.

Compréhension de l'oral

10 points

🔊 **Écoutez le document une première fois. Lisez les questions. Écoutez le document une deuxième fois et répondez aux questions.**
Entourez la réponse correcte ou notez la réponse.

1. Complétez la fiche de parution de l'ouvrage présenté.

2 points

Titre : ....

Année d'édition : ....

Auteur : *Collectif*

Éditeur : *Les éditions du Monde*

2. Pour l'éditrice, l'homme d'aujourd'hui doit

2 points (2 réponses)

- **a.** ☐ être respectueux des populations.
- **b.** ☐ faire attention à son impact sur la nature.
- **c.** ☐ être prêt à abandonner son confort.
- **d.** ☐ avoir conscience de ses actes.
- **e.** ☐ participer à des manifestations pour l'environnement.
- **f.** ☐ contrôler sa consommation d'énergie quand il se déplace.

3. Comment les trois lecteurs interrogés trouvent-ils cette nouvelle édition ?

3 points

	Convaincante	Moralisatrice	Classique
Denis			
Fatima			
Adriano			

4. Quelle est la critique commune à Denis, Fatima, Adriano ?

1 point

- **a.** ☐ Certaines notions sont traitées en partie seulement.
- **b.** ☐ Il y a trop d'explications sur l'éco-mobilité.
- **c.** ☐ L'ouvrage est lisible et bien documenté.

5. Une des personnes recommande l'achat : laquelle ? ....

1 point

6. Adriano, à la fin de sa critique, exprime un sentiment : lequel ?

1 point

....

Compréhension des écrits

Lisez le texte et répondez aux questions. Écrivez ou cochez votre réponse.

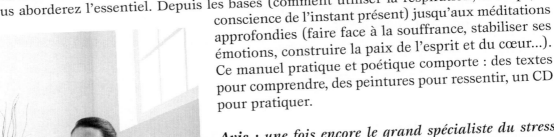

Méditer jour après jour

de Christophe André

Christophe André, médecin psychothérapeute, pratique la méditation depuis des années. Mais il l'utilise aussi pour soigner : il anime, à l'hôpital Sainte-Anne à Paris, des groupes de méditation pour aider ses malades à se libérer de la souffrance et à savourer leur existence. Après plusieurs best-sellers (*Imparfaits, libres et heureux, Les États d'âme*), il signe ici son ouvrage le plus original et le plus personnel.

Méditer, ce n'est pas se couper du monde, mais au contraire se rapprocher de lui pour le comprendre et l'aimer. C'est aussi un moyen, accessible à tous, de cultiver la sérénité et le goût du bonheur. Cet ouvrage est conçu comme un manuel d'initiation à la pleine conscience, la plus fascinante des méthodes de méditation, étudiée et validée par la recherche scientifique. Au travers de vingt-cinq leçons, vous aborderez l'essentiel. Depuis les bases (comment utiliser la respiration, le corps, la conscience de l'instant présent) jusqu'aux méditations approfondies (faire face à la souffrance, stabiliser ses émotions, construire la paix de l'esprit et du cœur...). Ce manuel pratique et poétique comporte : des textes pour comprendre, des peintures pour ressentir, un CD pour pratiquer.

Avis : une fois encore le grand spécialiste du stress Christophe André nous offre un ouvrage ludique, passionnant, poétique, très accessible, sur les bienfaits de la méditation. Ce livre convient très bien aux débutants et offre une bonne entrée en matière. C'est un très beau livre, remarquablement bien écrit, avec en plus de magnifiques illustrations.
Le CD qui l'accompagne comprend dix méditations guidées qui sont d'une grande justesse, sans parler de la voix apaisante de l'auteur ! La bibliographie quant à elle est assez exceptionnelle...
À posséder d'urgence !

1. Que sait-on sur l'auteur de ce livre ? Complétez cette fiche.   1 point

> Titre de l'ouvrage : <u>Méditer jour après jour</u>
>
> Nom de l'auteur : Christophe André
>
> Profession : ....
>
> Catégorie d'ouvrage : ....

2. Les ouvrages de Christophe André   1 point

- **a.** ❑ sont exclusivement destinés aux professionnels.
- **b.** ❑ se vendent par milliers.
- **c.** ❑ peuvent être consultés à l'hôpital Sainte-Anne de Paris.

3. Pour lui, *méditer* permet essentiellement   1 point

- **a.** ❑ de s'adapter plus facilement à son environnement.
- **b.** ❑ de se couper du monde en pleine conscience.
- **c.** ❑ d'apprendre à se connaître pour mieux agir.

4. D'après le document, les méthodes décrites   1 point

- **a.** ❑ sont contestées par de nombreux scientifiques.
- **b.** ❑ ont du succès surtout auprès des jeunes.
- **c.** ❑ sont reconnues dans le domaine médical.

5. Retrouvez cinq qualificatifs qui caractérisent l'ouvrage.   5 points

....

....

6. Quel est l'avis sur le CD ?   1 point

- **a.** ❑ Les méthodes sont ludiques.
- **b.** ❑ Le son est particulièrement déstressant.
- **c.** ❑ Les méditations guidées sont faciles à pratiquer.

Production écrite   **10 points**

L'ESSOR DES TECHNOLOGIES DE L'INFORMATION ET DE LA COMMUNICATION !

– La télévision domine le secteur audiovisuel.
– Le téléphone portable et Internet ont révolutionné le secteur des télécommunications.
– L'Internet mobile prend son essor : si les Français disposent très largement chez eux d'un ordinateur, ils sont aussi de plus en plus nombreux à se connecter à l'Internet mobile depuis un smartphone ou une tablette tactile, *via* le wifi.

PARTICIPEZ AU FORUM, RÉAGISSEZ !

Vous décidez vous aussi de participer au forum sur les nouvelles technologies de communication, vous écrivez un court article. Exprimez votre position face à ces nouveaux modes de communication. Expliquez quels en sont pour vous les avantages et inconvénients, en illustrant vos propos d'exemples concrets et personnels. Dites quelles sont les conséquences de cette révolution dans l'information au niveau mondial. (150 mots environ)

....

....

....

....

....

....

Production orale
10 points

Deux activités au choix :
1. Expression orale en continu : présentation suivie d'un court échange

Et vous, pensez-vous que le troc est un geste éthique et solidaire ? Avez-vous déjà personnellement échangé quelque chose : vêtements, objets, services... ? Si oui en avez-vous été satisfait ? Racontez votre expérience. Dans votre pays le troc est-il fréquemment utilisé, et si oui dans quel domaine ? Souhaiteriez-vous que cette pratique soit plus importante ?
Puis répondez aux questions de votre enseignant et/ou des personnes du groupe.

Changeons nos comportements avec le troc !

Tous ceux qui souhaitent se débarrasser d'un objet encore en bon état ont quasiment tous le même réflexe : déposer une petite annonce sur un site de vente ou sur Internet.
La Semaine du développement durable 2012 est l'occasion d'adopter ce geste éthique et solidaire fondé sur l'échange, et non plus sur la transaction financière !
Prêt(e) à tenter l'expérience ?

2. Expression orale en interaction : conversation, échange d'opinion dans une discussion simple

Société   ## *MANNEQUINS EN HERBE !*

*L*es enfants envahissent les médias : magazines, catalogues, publicités dès l'âge de trois mois !
Les concours de beauté poussent les enfants à devenir de petits adultes : régimes alimentaires, maquillage... pour leur plus grand plaisir ou... celui de leurs parents !

Qu'en pensez-vous ? Quels critiques et souhaits pourriez-vous formuler face à cette situation ? Pour ou contre, illustrez vos propos d'exemples concrets.

Corrigés – Tests

DOSSIER 1

Compréhension de l'oral

1. Les rencontres amoureuses sur Internet – 2. Mathieu → moderne ; Laurence → risqué ; Raphaël → efficace – 3. a. Annabelle ; b. Raphaël ; c. Annabelle ; d. Mathieu ; e. Laurence – 4. c

Transcription
– Et maintenant pour finir notre émission, écoutons le témoignage de quatre personnes.
– Je m'appelle Mathieu. Moi, je me dis : pourquoi pas !? On communique de plus en plus sur Internet, alors pour rencontrer quelqu'un c'est la même chose que pour le reste... Il faut vivre avec son temps et utiliser la technologie, même pour ça !
– Moi c'est Laurence. Je trouve que communiquer avec un inconnu, lui dire des choses personnelles... c'est très dangereux ! On ne sait jamais qui est vraiment la personne derrière l'écran...
– Moi c'est Raphaël. Je pense que ça permet de sélectionner des personnes qui ont les mêmes centres d'intérêts, les mêmes buts dans la vie. Il y a de plus en plus de personnes qui utilisent ce moyen pour ne plus rester seuls... et souvent ça marche !
– Je m'appelle Annabelle. J'ai des amis qui se sont rencontrés comme ça, et ils vont se marier cet été ! L'important je crois c'est de passer rapidement à une vraie rencontre, de ne pas échanger trop longtemps sur Internet mais de prévoir un rendez-vous...

Compréhension des écrits

1 a. *À titre indicatif :* « Couple en crise » – b. égoïste, peu disponible – c. elle espère qu'il va changer – d. aggraver la situation.
2 a. Capucine avec Pascal ; Karine avec Evan ; Sarah avec Youssef – b. avoir l'impression de partir : Sarah ; trouver une solution à l'ennui : Karine – c. stressé : Evan ; impressionné : Youssef.

DOSSIER 2

Compréhension de l'oral

1. Annonce C – 2. les 5 erreurs : 19 ans ; nationalité britannique /écossaise ; faculté de Paris / Sorbonne ; anglais français bilingue ; patience – 3. jeudi / 18 h15 / 275 / 16ᵉ

Transcription
– Bonjour Madame, je m'appelle Tim et je vous appelle car j'ai lu votre annonce d'offre d'emploi.
– Ah oui, bonjour. En effet, je cherche quelqu'un pour garder Katia deux à trois soirs par semaine après l'école. Pouvez-vous me parler de vous et de votre expérience de ce type de job ?
– Bien sûr ! Ben... voilà : j'ai 19 ans... Je suis écossais mais j'habite en France actuellement. Je suis étudiant en 2ᵉ année à la faculté de Paris Sorbonne :
.../...

.../...
je voudrais devenir professeur de français dans mon pays. En fait, le travail que vous proposez m'intéresse car j'ai l'habitude des enfants. D'abord, j'ai quatre frères et sœurs plus jeunes, et dans mon pays, j'ai déjà travaillé dans un centre de loisirs, avec des jeunes de 10 à 13 ans. Voilà ! Euh... pour parler un peu de mon caractère... je suis dynamique, patient, attentionné. Les enfants m'aiment bien, en général. Si vous voulez, je peux vous apporter les attestations professionnelles que j'ai reçues lors de mes précédents emplois.
– Bien ! Ça me semble pas mal... Et... pourriez-vous aussi parler anglais à ma fille de temps en temps ?
– Sans problème !
– Alors je pense qu'une rencontre s'impose pour mieux faire connaissance. Disons... jeudi à 18 h 15 ? Je vous donne mon adresse : 275 rue des lilas, Paris 16ᵉ.
– Parfait ! C'est d'accord ! Je vous laisse mon numéro de portable au cas où : c'est le 06 12 76 16 98, au revoir !

Compréhension des écrits

David : annonces D, E et F – Elena : annonces B et F – Lisa : annonces A, B et C – Dimitri : annonces B et G

DOSSIER 3

Compréhension de l'oral

1. c – 2. Il lui demande de changer de lieu de travail. – 3. a, d, f – 4. b – 5. a – 6. a, d

Transcription
– Bienvenus dans notre émission quotidienne *La parole est aux auditeurs !* Aujourd'hui, nous parlerons des changements de lieux de vie. Elena a décidé de témoigner. Bonjour Elena, nous vous écoutons.
– Bonjour, je m'appelle Elena et je suis secrétaire. J'aime mon travail, il est très intéressant mais j'ai appris la semaine dernière que je devrai bientôt, en fait juste après les vacances, aller travailler à 100 km de chez moi...
– Et comment vivez-vous cette nouvelle ?
– Je suis très inquiète... Je réfléchis à toutes les solutions possibles.
– Ah oui et lesquelles ?
– Premièrement, si j'accepte de faire 200 km aller-retour tous les jours, dans une région où il neige souvent en hiver, il faut penser aux dépenses de carburant ! Ça va diminuer mes revenus actuels, sans compter que je serai très fatiguée : 1 h de trajet le matin et 1 h le soir... Et puis euh... et puis il y a aussi les heures de baby-sitter à domicile pour mes enfants !
– Et vous pensez à une autre solution ?
– Oui, bien sûr, la famille entière peut déménager. Mais, après des années
.../...

.../...
difficiles, mon mari et moi sommes ENFIN réunis, dans la même ville. Avant, c'est lui qui faisait de longs trajets. D'abord pour son boulot, et puis pour ses cours d'école d'infirmier. Je ne peux pas lui redemander de partir. De plus, là-bas, le prix des locations est bien plus élevé.
– Évidemment, ce n'est pas facile de prendre une décision.
– Oui, c'est vrai. Mais il y a une dernière solution possible : je quitte mon emploi, et je cherche ici un autre travail. Même avec un mi-temps, je serai gagnante ! Mais j'habite une petite ville où le travail est très rare... Je ne sais pas quoi décider...
– Merci Elena ! Et vous, à votre avis, quelle est la meilleure solution ? Avez-vous déjà été confrontés à cette situation ? Appelez-nous, pour témoigner vous aussi !

Compréhension des écrits

1. *À titre indicatif :* « Triste malentendu dans le bus » / « Pour un simple geste de courtoisie ! » – 2. A – 3. C – 4. A – 5. C – 6. B, D, F – 7. *À titre indicatif :* La politesse n'est pas toujours appréciée par manque d'habitude.

DOSSIER 4

Compréhension de l'oral

1. b – 2. *À titre indicatif :* « Sauvetage d'une fillette » / « Un courageux Français » – 3. a. 29 ans ; b. française ; c. ingénieur ; d. vacances / tourisme – 4. b – 5. c – 6. c

Transcription
– Un Français a sauvé une fillette de la noyade à New York. Yann, un jeune touriste français de 29 ans, se baladait dimanche dernier, avec sa petite amie, sur les quais du port de New York quand il a vu une fillette tomber accidentellement d'un bateau dans la rivière. Il a immédiatement retiré son manteau pour plonger et secourir la fillette, âgée de seulement deux ans. Le père de l'enfant l'a rejoint quelques instants plus tard. La petite fille était inanimée mais heureusement a rapidement rouvert les yeux. Une fois sorti de la rivière, Yann a disparu en taxi. Il a repris l'avion le lendemain matin pour la France. Depuis, le père de la fillette était à sa recherche et avait même lancé un appel à témoin sur une chaîne de télévision. Le journal américain *Daily News* a retrouvé cette semaine Yann. Il lui a consacré sa « Une » hier matin en titrant : « Un courageux Français ! » Nous aussi nous avons retrouvé Yann et nous l'avons interviewé
– En fait, je suis ingénieur à Lyon, et j'étais en vacances pour quelques jours à New York. D'abord, j'ai pensé que c'était une poupée qui flottait. Je ne pense pas vraiment être un héros. Tout le monde aurait fait la même chose ! J'étais simplement heureux de pouvoir aider cette petite fille. Je n'ai pas réfléchi, c'est allé très vite. J'ai réagi très vite. Je n'avais jamais fait ça auparavant !

Compréhension des écrits

1

1	2	3	4	5	6	7
F	E	G	B	D	C	A

2 Société : 2E, 3G, 6C – Mode et déco : 1F, 4B – Faits divers : 7A, 5D

DOSSIER 5

Compréhension de l'oral

1

	Positif	Mitigé	Négatif
Sophia			✗
Hugo	✗		
Audrey		✗	
Sergio	✗		
Mathilda			✗

2 a. Mathilda – b. Audrey – c. Hugo – d. Sergio – e. Sophia

Transcription

– Aujourd'hui, nous revenons sur les grands succès de l'année. Le film *Millénium* en fait partie ; il est toujours à l'affiche. Nous sommes allés à la sortie du cinéma pour recueillir les impressions de quelques spectateurs. Bonjour Mademoiselle, vous vous appelez ?
– Je m'appelle Sophia.
– Dites-nous, vous venez de voir *Millénium*, quelle est votre opinion ?
– Écoutez... le scénario est bancal, pour moi il manque la moitié de l'histoire par rapport au livre. Finalement, c'est incohérent. Vraiment décevant ! Le film n'est pas captivant ; il est profondément ennuyeux.
– Merci Sophia. Et vous Monsieur ?
– Moi, c'est Hugo. Voilà : le film a un peu de mal à démarrer, mais une fois que ça commence, ça ne s'arrête plus. Et croyez-moi j'étais scotché ! Voilà enfin un thriller noir et haletant ! On est vraiment pris dans le film, on ne voit vraiment pas le temps passer. Les musiques et le générique sont tout simplement grandioses.
– Merci Hugo. Maintenant je passe le micro à une jeune femme. Avez-vous aimé le film, avez-vous lu les livres ?
– Bonjour. Je m'appelle Audrey. Non, je n'avais pas lu les livres, mais cette adaptation est très puissante. Le personnage de Lisbeth est un rôle de composition difficile, je trouve qu'il est vraiment réussi. Le seul reproche que j'aurais à faire à ce film, c'est le manque de détails concernant la psychologie du serial killer, dommage ! C'est peut-être aussi un peu trop long...
– Moi, c'est Sergio, je ne suis pas d'accord ! Pour moi, ce film est une très bonne adaptation du roman. Les acteurs sont parfaits, la réalisation impeccable, le scénario intelligent, les acteurs très performants... J'ai adoré la musique. Je recommande vraiment ce film. Magnifique, génial ! J'attends la suite avec impatience !
– Merci Sergio ! Et vous Madame ?
– Ce que je pense de ce film ? Quelle déception ! Un film qui ne vaut vraiment pas l'original de 2009, et l'actrice n'est pas du tout au niveau de Noomi Rapace ! Je trouve ce remake très en dessous de l'original, sans parler du manque de rythme ! Au fait, je m'appelle Mathilda !

Compréhension des écrits

1 Festival *Ici et Demain* / spectacles – festival de création artistique / des étudiants (de tous horizons) / gratuit
2 ville de La Rochelle / arts appliqués / musique + vidéos + théâtre
3 c

DOSSIER 6

Compréhension de l'oral

Association MÔM'ARTRE
Année de création : 2001
Missions auprès
– des parents : garder les enfants
– des enfants : aider aux devoirs et offrir un éveil artistique
– des artistes : proposer une activité rémunérée
Tarifs : de 10 centimes à 8 euros/ heure
Villes de lieux d'accueil : *Paris, Nantes, Arles*
Nombre d'adhérents à Paris : 380 familles
Financements : publics / État
Participants au fonctionnement : des artistes salariés et des bénévoles du quartier

Transcription

– Aujourd'hui, zoom sur les entreprises sociales : dans le cadre de notre émission nous recevons Chantal Mainguené, fondatrice de l'association Môm'artre. Bonjour Chantal Mainguené. Alors, dites-nous : comment vous est venue l'idée de créer votre association ?
– Bonjour, et merci de me donner la parole. Voilà, il y a dix ans, j'étais une maman parisienne comme beaucoup d'autres. Quand je me suis séparée de mon compagnon, j'ai dû élever mes filles, toute seule, et bien sûr tout en continuant à travailler. Alors, j'ai décidé de créer un mode de garde « idéal », celui dont je rêvais pour moi et mes filles, et qui serait aussi adapté aux besoins d'autres familles. Ainsi, est né Môm'Artre à la rentrée 2001...
– Mais quelle est la particularité de votre association ?
– Môm'artre propose aux parents qui travaillent de prendre en charge leurs enfants après l'école, et à moindres frais. Tout d'abord, les enfants sont encadrés par nos salariés et nos bénévoles, ils prennent leur goûter et ils font leurs devoirs. Puis, et surtout, ils participent à des ateliers artistiques. Cela permet aux parents de respirer un peu ! De plus, les enfants peuvent s'initier à l'art avec de vrais artistes. Nous mélangeons des enfants de tous milieux sociaux car je voulais que ce soit un lieu d'échange et d'ouverture d'esprit.
– Et en quoi est-ce une entreprise sociale ?
– Avant tout notre objectif est social ! Nous apportons des solutions quotidiennes aux familles. Nos tarifs sont calculés en fonction des revenus des parents, et varient donc de dix centimes à huit euros de l'heure. Mais c'est aussi un moyen pour les artistes de trouver une activité rémunérée. Ils sont toujours accompagnés de bénévoles, qui encadrent les enfants, comme pour l'aide aux devoirs. En dix ans, nous avons réussi à ouvrir cinq lieux à Paris qui accueillent
.../...

.../...
380 inscrits, mais aussi d'autres en province, à Nantes, Arles...
– Donc, si je résume, Môm'artre est un service adapté au quartier, un vrai lien social. Que diriez-vous à ceux qui voudraient vous rejoindre, vous aider ?
– Eh bien, je lance un appel à tous ceux qui veulent tenter l'aventure : c'est avec vous que nous pourrons continuer à poursuivre notre mission. L'État nous aide financièrement bien sûr, mais votre aide reste indispensable ! Vous êtes peintre, photographe, danseur, comédien, musicien, étudiant en art... vous voulez faire découvrir aux enfants vos techniques, votre passion. Môm'artre est l'atelier qu'il vous faut ! Mais nous avons besoin aussi de bénévoles du quartier pour participer au goûter et partager ce moment convivial avec les enfants, encadrer et aider les enfants à faire leurs devoirs.
– Merci Chantal Mainguené. Nous vous remercions pour votre action et nous espérons que votre appel sera entendu !

Compréhension des écrits

1 *À titre indicatif :* L'engagement par le sport, une action sportive au service d'un engagement, le sport pour une action caritative
2 Course de fonds : 40 000 km /24 heures en vélo (action) / habitants et touristes de passage à Paris (participants) – Autre forme d'engagement : semi-marathon (action) / bénévoles de l'association (participants).
3 La course de fonds : c – Une autre forme d'engagement : a
4 a. Karim – b. Ingrid et Nadja
5 a. Ingrid – c. Nadja – d. Karim

DOSSIER 7

Compréhension de l'oral

1 Sport concerné : montagne / escalade / alpinisme.
Lieu : *Everest*
Date : 15/10/1978
Exploit : 1re expédition française
Durée : 3 mois
2 c
3 b
4 c
5 a
6 a. plus facile / moins de difficultés / plus d'équipements techniques
b. enjeu marketing, intérêt commercial

Transcription

– À la suite de la projection de notre documentaire sur les expéditions dans l'Himalaya, ce soir nous vous proposons de rencontrer Patrick qui a participé à la première expédition française au sommet de l'Everest le 15 octobre 1978. Bonsoir Patrick, nous sommes heureux de vous accueillir. Il y a déjà 35 ans que vous avez conquis l'Everest. Dans le livre que vous venez de publier *Au sommet du rêve*, vous racontez les grandes étapes d'une aventure qui a duré trois mois. Dites-nous, quelle était la spécificité de cette expédition ?
.../...

.../...

– Eh bien... nous sommes partis trois mois, nous voulions vivre cette aventure avec des gens que nous connaissions bien, des gens de toute confiance. L'équipe était constituée d'amis alpinistes, de sherpas et de porteurs, avec beaucoup de matériel ! Dès le départ, nous marchions lentement, nous voulions que l'acclimatation à l'altitude soit progressive pour tout le monde. Je dois dire que c'était d'abord une aventure humaine !

– Quelles étaient vos motivations ?

– J'ai toujours fait de la montagne. L'Everest faisait partie de mes rêves. D'autant plus que nous avions fait une première tentative qui avait échoué à cause des mauvaises conditions climatiques. Avec mes amis, nous avions juré de revenir !

– Est-ce que cette expérience a changé votre vision de la vie ?

– Non. J'ai toujours essayé de vivre chaque expérience avec passion. Pour réussir en montagne, il faut être passionné. C'est la même chose dans la vie. Se donner les moyens d'atteindre le but qu'on s'est fixé : voilà le secret pour ne pas s'ennuyer.

– Quel est votre meilleur souvenir de cette expédition ? Et votre pire moment ?

– Il y a eu bien sûr des moments d'angoisse, mais vous savez, il n'y a pas de vrai plaisir sans prise de risque. Le meilleur moment, c'est l'arrivée au sommet, à 8 850 m !

– Aujourd'hui, que pensez-vous de cet intérêt croissant pour l'Everest ? Pensez-vous que cela a évolué ?

– La course aux 8 000 mètres a débuté avant 1940. D'abord, chaque pays a cherché à se distinguer : Allemands, Anglais, Suisses, Italiens... En 1950, la compétition s'est intensifiée mais jusque dans les années 80, les expéditions restaient relativement rares. C'est après que l'intérêt s'est développé, devenant de plus en plus commercial malheureusement. Aujourd'hui, il y a tellement d'expéditions en même temps qu'on se croirait sur l'autoroute !!

– L'ascension de l'Everest vous paraît-elle plus facile qu'avant ?

– Oui, beaucoup plus facile. Les voies d'accès ont été équipées. Le mauvais temps, les avalanches restent les mêmes, mais il y a moins de difficultés techniques. J'y suis retourné dernièrement et je vous assure que j'ai pu constater les changements... Mais bon, du coup, la montagne est devenue un réel enjeu marketing !

.../...

– Merci Patrick, votre témoignage nous permet de faire le point sur cet exploit qui suscite, comme vous le dites vous-même, toujours beaucoup de fascination !!

.../...

Compréhension des écrits

1 c
2 b
3 c
4 b
5 *Vivre le voyage en tant que tel et non pas seulement se déplacer d'un point à un autre*
6 a
7 72 ans
8 b, f

DOSSIER 8

Compréhension de l'oral

1 Titre : Guide du comportement responsable
   Année d'édition : 2012
2 b et d
3 Convaincante pour Denis et Fatima, classique pour Adriano.
4 c
5 Fatima
6 reproche / regret

Transcription

– À l'occasion de la parution de la nouvelle édition 2012 du Guide pour un comportement responsable, nous avons demandé à la responsable d'édition de nous le présenter.

– Merci de me recevoir pour vous présenter cette nouvelle édition. Dans ce nouveau Guide pour un comportement responsable, nous avons réactualisé l'inventaire des comportements à adopter au quotidien. Comme nous le savons tous, notre façon de vivre a des conséquences sur l'environnement. Et à l'heure où on se préoccupe du réchauffement de la planète, de la surconsommation d'énergie... il est important de réfléchir à de nouvelles façons d'agir. Il est essentiel de mieux contrôler notre influence sur l'environnement naturel. Il faut faire en sorte que nous soyons des acteurs prêts à adopter des comportements

.../...

.../...

définitivement responsables ! Dans cette édition, vous trouverez donc une sélection de nouveaux conseils et d'idées qui prouvent qu'un comportement responsable peut rimer avec confort et plaisir.

– Nous avons rencontré trois lecteurs passionnés d'environnement et nous leur avons demandé de nous donner leur avis sur le guide.

– Je m'appelle Denis. Écoutez, voilà un sujet sur lequel nous sommes tous interpellés régulièrement. Moi, je pense qu'à l'heure actuelle on peut faire des efforts. Alors autant s'informer correctement afin de savoir de quoi il s'agit ! C'est vrai, cette nouvelle édition consacre le premier tiers de l'ouvrage à une explication très clairement rédigée sur la préservation de l'environnement : comportement responsable, équitable, solidaire, social, sur l'éco-mobilité aussi. C'est vraiment un panorama qui permet d'avoir une vision beaucoup plus claire des nouveaux enjeux environnementaux. L'ensemble est cohérent et didactique. Non, c'est vrai, voilà une lecture dont on sort éclairé, informé, motivé et convaincu.

– Moi c'est Fatima. Dans le guide, je trouve qu'il y a plein d'idées intelligentes, parfois surprenantes et inédites, à découvrir pour un comportement résolument tourné vers l'avenir... Je le conseille particulièrement à tous ceux qui aiment vivre autrement, dans le respect de la nature et des autres cultures ! Je trouve que ce guide est à découvrir absolument et surtout à garder précieusement dans sa bibliothèque pour l'avoir toujours sous la main.

– Adriano. Pour moi le guide est plutôt précis, riche en informations. Dommage que cette nouvelle édition ne soit pas vraiment novatrice. Je ne vois pas vraiment en quoi elle apporte quelque chose de différent par rapport à la précédente version, non... Un peu d'originalité aurait été la bienvenue !

Compréhension des écrits

1 Médecin et/ou psychothérapeute et/ou psychiatre
   Guide de psychologie ou santé
2 b
3 a
4 c
5 original/ pratique / bien écrit/poétique / ludique/ passionnant / accessible / illustré (cinq parmi la liste)
6 b

Corrigés – Vers le portfolio

DOSSIER 1

– présenter un évènement
→ L2, act. 8
– comprendre les circonstances d'un évènement
→ L3, act. 1, 2 et 3
– comprendre un type de relation
→ L1, act. 2, 3 et 8
– rendre hommage à quelqu'un
→ L1, act. 11
– comprendre les tâches d'une personne
→ L2, act. 2 et 3
– exprimer des réactions, des sentiments
→ L2, act. 14
– comprendre les qualités d'une personne
→ L1, act. 9 et 10
– donner une définition de l'amitié
→ L1, act. 5
– raconter une rencontre
→ L3, act. 7 et 11
– décrire des changements
→ L2, act. 14

DOSSIER 2

– rédiger une liste de conseils
→ L3, act. 7 et 15
– parler de son expérience professionnelle
→ L1, act. 13
– comprendre les différentes étapes pour réussir un entretien d'embauche
→ L3, act. 1 et 2
– raconter son expérience de formation
→ L1, act. 6 et 7
– donner des informations sur les compétences
→ L2, act. 14
– comprendre un bref CV
→ L2, act. 1, 2 et 3
– identifier les objectifs d'un programme de formation
→ L1, act. 3
– faire la différence entre différents registres de langue
→ L3, act. 6
– comprendre une annonce d'offre d'emplois
→ L2, act. 3, 4 et 5
– rédiger un texte de motivation
→ L2, act. 14

DOSSIER 3

– comprendre quelqu'un qui parle de différences culturelles
→ L2, act. 7 et 8
– identifier des points communs et des différences
→ L1, act. 5 et 7
– interroger sur les conditions de vie
→ L2, act. 6
– comprendre des règles de savoir-vivre
→ L2, act. 9
– comprendre quelqu'un qui compare la qualité de vie de deux lieux
→ L3, act. 2, 3 et 4
– rédiger les résultats d'une enquête sur les conditions de vie d'un lieu

→ L3, act. 7
– faire la promotion de son pays
→ L1, act. 16
– comprendre une enquête sur les stéréotypes
→ L1, act. 8, 9 et 10
– expliquer ses choix de lieu de vie
→ L3, act. 12, 13 et 14
– raconter un quiproquo
→ Carnet de voyage, act. 9

DOSSIER 4

– parler des superstitions
→ Carnet de voyage, act. 8
– comprendre des informations à la radio
→ L3, act. 5 et 6
– donner son opinion sur les différents moyens d'information
→ L2, act. 1, 2 et 3
– rédiger des titres d'articles de presse
→ L2, act. 5
– comprendre un fait divers
→ L3, act. 1, 2, 3 et 4
– informer sur un évènement
→ L1, act. 9
– comprendre une suggestion, une invitation à agir
→ L1, act. 13
– exprimer ses réactions, son opinion sur une émission
→ L2, act. 11 et 12
– comprendre l'annonce d'un évènement
→ L1, act. 2, 4, 5 et 6
– rédiger un article de presse sur un fait divers
→ L3, act. 14

DOSSIER 5

– comprendre des appréciations sur un film
→ L1, act. 9, 10 et 11
– comprendre les différentes informations de prestations touristiques
→ L3, act. 1, 2, 3, 4 et 12
– inciter à pratiquer une activité culturelle ou sportive
→ L2, act. 7 et 15
– comprendre un dépliant touristique
→ L3, act. 10 et 11
– comparer des habitudes de vacances de deux pays
→ L3, act. 9
– s'exprimer sur ses habitudes cinématographiques
→ L1, act. 5
– comprendre le prospectus d'une association
→ L2, act. 11 et 12
– faire des propositions de loisirs touristiques
→ L3, act. 7
– justifier son choix de film par un commentaire critique simple
→ L1, act. 12 et13
– faire une réservation touristique
→ L3, act. 13 et 14

DOSSIER 6

– comprendre la justification de personnes qui expriment leur avis

→ L3, act. 12 et 13
– comprendre la présentation d'un projet
→ L2, act. 8, 9 et 10
– parler d'un artiste, groupe, style musical
→ L1, act. 7
– raconter un voyage
→ L3, act. 6
– comprendre un témoignage sur le bénévolat
→ L2, act. 5 et 6
– faire des suggestions
→ L1, act. 13
– parler des immigrés de son pays
→ Carnet de voyage, act. 8
– évoquer une situation hypothétique
→ L2, act 15 et 16
– exprimer des souhaits
→ L1, act. 8, 11 et 13
– comprendre un récit de voyage
→ L3, act. 3, 4 et 5

DOSSIER 7

– comprendre l'expression de regrets
→ L3, act. 7, 8 et 9
– comprendre le récit d'une réussite personnelle
→ L1, act. 6 et 9 ; L2, act. 7 et 8
– raconter le parcours de quelqu'un
→ L1, act. 7, 12 et 13
– comprendre l'évocation d'un changement de vie
→ L1, act. 6 et 9
– rédiger un article sur un fait de société
→ L2, act. 6
– comprendre l'histoire d'un spectacle
→ L1, act. 3
– exprimer ses sentiments et réactions
→ L2, act. 10 et 11
– imaginer des hypothèses concernant le passé
→ L3, act. 5 et 6
– comprendre la chronologie d'actions
→ L1, act. 3, 6, 8, 9 et 10
– exprimer des regrets
→ L3, act. 11 et 12

DOSSIER 8

– exprimer son indignation
→ L3, act. 12, 13 et 15
– comprendre un manifeste
→ L1, act. 1, 2 et 3
– évoquer ses goûts en lecture
→ L2, act. 7 et 8
– parler d'environnement, d'écologie
→ L1, act. 4 et 10 ; Point culture B
– comprendre des mises en garde
→ L3, act. 3 et 4
– formuler des encouragements
→ L3, act. 5
– comprendre l'histoire d'un évènement
→ L2, act. 1 et 2
– formuler des slogans
→ L1, act. 10
– comprendre une demande de prêt d'objet
→ L2, act. 8 et 9
– comprendre un échange sur les incivilités
→ L3, act. 10 et 11

Corrigés – Cahier d'activités

DOSSIER 1 • Leçon 1

Du côté du lexique

1 1. contacts – complicité – copains – d'ami véritable – confident 2. amitié – confiance – confidences – relation 3. ne m'entendais – me sens bien – me confier

2 1. généreuse – générosité 2. timide – sa timidité 3. égoïste – son égoïsme 4. autoritaire – son autorité 5. impatiente – son impatience 6. curieux – sa curiosité

Du côté de la grammaire

3 C'est quelqu'un : 1. à qui je ressemble et qui me ressemble. 2. à qui je dis tout et qui me dit tout. 3. qui m'aide et que j'aide. 4. que je déteste et qui me déteste. 5. qui ne m'adresse plus la parole et à qui je ne parle pas. 6. que je trouve méchant et qui ne m'apprécie pas.
C'est quelque chose : 7. qui n'a aucune valeur mais qui représente beaucoup pour moi. 8. que je porte toujours sur moi et qui me porte bonheur. 9. que j'ai depuis longtemps et que je ne donnerai jamais.

4 1. qu' – qu' 2. que – qui 3. que – à qui 4. que – qui – à qui

5 1. rencontrées – sympathisé 2. allées – restée – installée 3. épousé 4. née 5. rencontré – été 6. restés – séparés 7. repartie

6 nous sommes rencontrées – avons découvert – sommes devenues – avons choisi – sommes entrées – ont changé – n'a pas résisté – est partie – a quitté – ai déménagé

Du côté de la communication

7 Personnes : 6, 10 – Évènements/Situations : 1, 2, 4, 7, 11 – Sentiments/Idées abstraites : 3, 5, 8 – Actions/Activités : 9, 12
Réponses possibles : 1. Une panne, c'est quand un appareil ne marche plus. 2. Pendre la crémaillère, c'est quand on fête son installation dans une nouvelle maison ou un nouvel appartement. 3. La colère, c'est quand on n'est pas content et qu'on l'exprime avec violence. 4. Un déménagement, c'est quand on change de lieu de vie. 5. La liberté, c'est quand on n'a pas de limite à son action. 6. Un pote, c'est quelqu'un que je connais et que j'aime bien. 7. Un rendez-vous, c'est un accord entre deux personnes qui leur permet de se retrouver à un moment et en un lieu précis. 8. L'intolérance, c'est quand on n'accepte pas l'opinion des autres. 9. La randonnée, c'est une marche sportive qu'on fait dans la nature. 10. Un collègue, c'est quelqu'un qui travaille avec moi. 11. La colocation, c'est quand on partage le même appartement. 12. Le ménage, c'est quand on nettoie la maison.

En situation

8 1b, 2b, 3a, 4c, 5a

Transcription
– Aujourd'hui, c'est le jour de la gentillesse et nous recevons Gilles Beauchamp. Un bel exemple de gentil, n'est-ce pas Gilles ?
– Oui, on me trouve gentil, c'est vrai, mais il m'est arrivé d'être méchant, à certains moments, avec certaines personnes. Je peux être méchant principalement à cause du stress. Dans ce cas-là, je ne fais plus attention aux autres. Au contraire, quand je suis triste, cela augmente ma gentillesse, je deviens plus sensible au malheur. En fait, c'est une gentillesse triste… hum… Je la préfère joyeuse ! …/…

…/…
– Et… vous avez toujours été gentil ?
– Tout petit déjà, j'étais gentil : je n'aimais pas voir les autres souffrir ou être malheureux. Et puis j'étais timide : alors je pratiquais la gentillesse, pour qu'on m'aime, et parce que je ne savais pas dire non. Et puis, c'était très utile d'être gentil : très efficace pour se faire apprécier et pour se faire aider.
– Ah oui, je vois !
– Oui mais, surtout, en grandissant, j'ai compris plus clairement encore que la gentillesse était une force… Par exemple, j'ai appris à m'affirmer – dire non, donner mon avis… – en restant gentil. S'affirmer et être gentil, c'est tout à fait compatible. Les gens pensent que pour s'affirmer, il faut cesser de l'être. Non ! Je le rappelle souvent aux personnes que j'ai en consultation : ne soyez pas moins gentils, mais plus affirmés !
– Oui, donc, ce sentiment profond, vous en avez fait une priorité, y compris dans votre profession ?
– Exactement ! Depuis que je suis devenu psychologue, la gentillesse est à mes yeux une nécessité absolue, indiscutable. Je m'efforce d'en faire chez moi la règle, l'habitude. Mes malades souffrent en général de dépression. Je leur parle gentiment, doucement, en leur caressant la main ou le front, je les rassure en leur expliquant comment vont se dérouler les séances avec moi.
– Ce qui n'est pas très fréquent…
– Pour résumer : chaque jour, je m'applique à une gentillesse joyeuse. Je suis moins souvent qu'autrefois dans la gentillesse « aimez-moi », mais plus dans la gentillesse « je vous aime et j'aime la vie ». Être gentil me rend heureux… Et être heureux me rend gentil ! C'est formidable, non ? !
– Oui, vraiment ! Un grand merci à vous pour ce témoignage !

9 Vrai : 2, 4. – Faux : 1 (deux émissions), 3 (on peut choisir des chanteurs des dix années précédentes et de différents styles).

10 Production libre.

DOSSIER 1 • Leçon 2

Du côté du lexique

1 1d, 2c, 3f, 4g/h, 5b, 6a, 7a/b/c/h, 8e

2 1. organiser – réunion – fêter – se rencontrer 2. invitation – rencontre – prendre un verre 3. solidarité – voisinage – isolement 4. convivialité – voisins

Du côté de la grammaire

3 2. M. Joly veut savoir s'ils vont bientôt avoir un nouveau code. 3. Mlle Morillon dit que la moquette de l'escalier est très sale. 4. Mme Serfaty demande ce que font les enfants… 5 Mme Armandon demande de ne pas laisser les vélos dans le hall d'entrée et de les ranger… 6. Mlle Luc demande de lui communiquer la date… 7. M. Gomez demande l'heure exacte de passage du facteur. 8. M. Durandet demande à qui appartient le chien…

4 aussi – autant de – autant de – aussi – autant – aussi – autant de

5 meilleure – mieux – mieux – meilleure

6 *Production possible :* Dans la résidence des Myosotis, il y a des appartements plus petits que dans la résidence Neuville. La résidence Neuville est mieux située que la résidence des Myosotis et elle comporte moins d'étages. Le m² est/coûte moins cher/Le prix du m² est moins élevé pour la résidence des Myosotis mais la résidence Neuville est plus confortable/offre un meilleur confort.

7 1. avait – compte 2. doit – pouvait – suffisait 3. appelait – surveillait – sont – assurent 4. remplacent – habitaient

Du côté de la communication

8 *Productions possibles :*
a) 1. Le facteur dit au jeune homme qu'il a un colis pour sa voisine, Mme Piot, qui n'est pas là et il lui demande s'il peut prendre ce paquet pour elle/à sa place. Le jeune homme accepte et il dit au facteur qu'il lui donnera ça (le colis) à son retour. 2. M. André dit à Mlle Agathe, sa voisine, qu'il lui a pris une baguette. Mlle Agathe le remercie et lui dit que c'est gentil.
b) 3. Bulle du monsieur : Maryse, je peux te laisser Léa une heure ou deux ? J'ai un RV important avec un client. Bulle de la dame : Avec plaisir, Ali. Les enfants pourront jouer ensemble ! Pensée de la petite fille dans les bras de son père : Super ! On va bien s'amuser ! Pensée du petit garçon : Je vais lui apprendre à jouer au foot ! Paroles rapportées : Ali demande à sa voisine Maryse s'il peut lui laisser sa fille Léa une heure ou deux parce qu'il a un RV urgent avec un client. Maryse accepte volontiers/avec plaisir et dit que les enfants pourront jouer ensemble. Le petit garçon pense qu'il va apprendre à Léa à jouer au foot. De son côté, Léa pense qu'ils vont bien s'amuser. 4. Bulle du gardien : Bonjour, Mme Richard, je vous ai rapporté votre plante. Bulle de Mme Richard : Oh ! merci, Mario. Et est-ce que vous pourrez vous occuper de mon chat la semaine prochaine ? Paroles rapportées : Mario, le gardien, dit à Mme Richard qu'il lui a rapporté sa plante. Mme Richard le remercie, puis elle lui demande s'il pourra s'occuper de son chat la semaine prochaine.

En situation

9 1a, 2b, 3c, 4b, 5b, 6a

Transcription
– Bonjour, Mme Blanchard.
– Bonjour, M. Franck. Dites-moi, qu'est-ce que c'est ce logo « commerçant voisin » collé sur votre vitrine ?
– Ah, oui, c'est nouveau ! Eh bien, c'est un moyen pour nous, les commerçants, d'informer nos clients qu'on leur offre plus que de la marchandise, qu'on fait attention à eux, qu'on est là pour les aider quand ils en ont besoin, vous voyez.
– Et vous faites ça très bien, M. Franck.
– Merci. Vous savez, je ne suis pas le seul dans le quartier, on est au moins une dizaine à faire partie de l'Association des services et commerces de proximité.
– Finalement, c'est un peu le même esprit que *La Fête des voisins* : c'est pour développer la convivialité et l'entraide dans le quartier, non ?
– Oui, tout à fait mais, contrairement à *La Fête des voisins*, nous, on affiche notre logo tout le long de l'année. Bon, mais il y a du monde qui attend, je vois… alors : qu'est-ce qu'il vous faudrait aujourd'hui, Mme Blanchard ? …/…

…/…

– Vous pouvez me préparer un gigot de 2 kg environ pour jeudi prochain.

– C'est noté. Ma femme pourra vous le livrer mercredi soir, si vous voulez ; comme ça vous n'aurez pas à vous déranger ?

– Oh ! Merci, oui, ça m'arrange bien. Au revoir et bonne journée.

– Au revoir Mme Blanchard et bonne journée à vous aussi.

10 Vrai : 2 – Faux : 1 (c'est un site qui aide à trouver des particuliers qui « prêtent » leur machine), 3 (on donne de l'argent ou on propose un service en échange), 4 (cela coûte 4 € dans un Lavomatic et 1,50 € chez un particulier).

11 *Production possible :* Chaque matin, M. Rodriguez s'occupe des extérieurs de la résidence : il nettoie le jardin, arrose les plantes puis il sort les poubelles. Vers 9 heures, il distribue le courrier et il fait ensuite le ménage dans les parties communes de l'immeuble. L'après-midi, il s'occupe du courrier administratif et reçoit les entreprises qui effectuent des travaux dans la résidence. Mme Martin, locataire dans l'immeuble, dit de lui qu'il est sérieux, très compétent et toujours aimable avec tout le monde. Hier, ce gardien modèle a eu une journée chargée : il a préparé *La Fête des voisins*. Il a installé et décoré les tables dans la cour puis a disposé boissons et plats avant l'arrivée des occupants de l'immeuble. Pendant toute la soirée, il a été attentif au bon déroulement de la fête. Tout le monde était ravi et l'a félicité !

DOSSIER 1 • Leçon 3

Du côté du lexique

1 vous rencontrer – te précipiter – crier – se retourner – se frôler – croiser – s'éloigner – vous retrouver

2 Phrases 1, 3, 5, 6, 7.

Du côté de la grammaire

3 J'étais – avait – j'ai fait – je me suis placé – devait – avait l'air – regardait – semblait – est arrivé – a pris – manquait – ai proposé – a accepté – avons échangé – habitait – m'a promis – m'a appelé – sommes retrouvés – j'avais – j'ai découvert – était

4 me promenais – longe/longeait – j'ai vu – faisait – avons été – nous sommes reconnus – étions – c'était – avons fini – sommes allés – avions – s'est vus – suis rentré(e)

5 apparue – produit – reçu – craint – dit – tue – souri – écrit – tendu – revus – découvert – ouvert – peint – offert – appris – senti – cru – aperçu – souffert – venu – éteinte

6 1. il y a – pendant – dans
2. il y a – pendant – il y a – pendant – dans

Du côté de la communication

7 1c, 2h, 3e, 4b, 5a, 6d, 7i, 8j, 9g, 10f

En situation

8 Témoignage 2.

> **Transcription**
> Il y a six mois, j'ai écouté un message sur mon portable : c'était une voix de femme qui me reprochait de ne plus lui donner de mes nouvelles. Mais je ne connaissais pas cette personne, c'était manifestement une erreur.
> …/…

…/…

J'ai donc appelé le numéro affiché pour prévenir la personne. On a commencé par rire de cette situation, et puis on a commencé à discuter. Au fil de la conversation, la curiosité a grandi, on s'est pris au jeu et je lui ai proposé de nous rencontrer. On s'est donc vus le lendemain ; elle m'a tout de suite plu et c'était réciproque : depuis ce temps, nous ne pouvons plus nous passer l'un de l'autre !

9 Production libre.

DOSSIER 2 • Leçon 1

Du côté du lexique

1 1a, 2d, 3c, 4g, 5j, 6i, 7e, 8h, 9b, 10f

2 du travail – de décrocher – d'effectuer – d'apprendre (mon métier) sur le terrain – être employé dans cette entreprise

3 1b/d/e, 2c/e, 3a/f, 4b/e, 5 b/e, 6 b/c

Du côté de la grammaire

4 1. On s'est revus avec plaisir parce qu'on avait fait toutes nos études ensemble. 2. Tu as réussi ton examen parce que tu avais suivi régulièrement tes cours. 3. Elle a suivi vos conseils parce que vous lui aviez recommandé le programme Erasmus. 4. J'ai été contente d'embrasser mon petit frère parce que je ne l'avais pas vu depuis un an/que je n'avais pas vu depuis un an.

5 s'est passé – j'avais imaginé – avait organisé – m'a reçu – m'a fait – m'a présenté – m'ont accueilli – s'est adressé – j'ai eu – avait préparé

6 1. étaient – est partie – ont dû – s'étaient jamais séparées 2. fréquentaient – ne s'étaient jamais rencontrés – ont fait 3. n'avais jamais parlé – j'ignorais – s'est rencontrés – a discuté – l'ai trouvé 4. a conseillé – pensait – avait parlé 5. ne parlait pas – n'était encore jamais allé – a décidé – a choisi

7 1. clairement 2. agréablement 3. évidemment 4. méchamment 5. brillamment 6. immédiatement

Du côté de la communication

8 Rémunération : 3, 7 – Contact avec le personnel : 5, 8 – Intérêt pour les tâches : 1, 10 – Bilan global du stage : 4, 9 – Expériences professionnelles antérieures : 2, 6.

En situation

9 1b, 2b, 3c, 4a, 5c, 6b

> **Transcription**
> – Nous passons à présent à un autre dossier et j'accueille sur le plateau : Émilie. Bonjour Émilie !
> – Bonjour !
> – Pour les jeunes, le stage est un rite de passage entre l'univers universitaire et l'univers professionnel. Il arrive que cette période devienne durable et qu'il soit difficile d'en sortir : c'est le cas d'Émilie, notre invitée qui a vingt-trois ans et qui possède un BTS de multimédia ; depuis quatre mois, elle est graphiste stagiaire dans une grande agence de publicité dans le centre de Paris. Émilie vit en banlieue, elle a une heure de trajet qui s'ajoute aux grosses journées de travail. C'est bien ça, Émilie ?
> …/…

…/…

– Oui, c'est exact. En fait, je suis assistante du directeur de création ; ce que je fais, en gros, c'est la conception du site web en ce qui concerne l'esthétique, la navigation. Pour moi, ce n'est pas un travail de stagiaire, c'est vraiment un travail de salarié : très souvent, je finis à 22, 23 heures. Si je travaille autant, c'est pour montrer que je suis motivée, que j'ai envie de rester dans cette boîte.

– Ah, oui, ce sont vraiment des horaires dignes d'un cadre ou même d'un directeur !

– Oui mais payés 417 euros mensuels ! Et, bien sûr, avec cette indemnité, impossible de devenir indépendante : je vis toujours chez mes parents ! J'enchaîne les stages depuis deux ans et, au final, toujours pas d'emploi ! Pour dénoncer cette situation, j'ai créé un blog de dessins humoristiques sur les stages.

– Alors, comment voyez-vous votre avenir ?

– Mais, je n'ai aucune perspective d'avenir ! J'ai enchaîné les stages parce que les propositions, c'était même pas pour un emploi, c'était uniquement pour faire un stage ! Quand je vois certaines annonces des agences de pub, c'est très souvent « recherche stagiaire » mais le mot « emploi », ça, ça n'existe pas !

10 *Production possible :* Les dix jeunes stagiaires qui ont travaillé dans mon entreprise cette année étaient tous diplômés d'une école d'ingénieurs. À l'exception de deux d'entre eux, c'était la première fois qu'ils étaient en contact avec le monde du travail. Chaque stagiaire a travaillé en tandem avec un ingénieur de chez nous qui lui a demandé d'exécuter des tâches précises pour le rendre autonome et responsable. Tous nous ont donné entière satisfaction. Pour les récompenser, j'ai décidé de leur offrir une prime exceptionnelle de 80 euros qui s'ajoute aux 400 euros accordés habituellement en rémunération du stage effectué.

DOSSIER 2 • Leçon 2

Du côté du lexique

1 1. recrute – exigée – net – horaires – CV
2. recherche – bilingue – rémunération – brut – lieu

2 2d, 3i, 4e, 5e, 6b/c/g, 7f, 8a, 9h

3 1g, 2a, 3b, 4e, 5f, 6c, 7d

Du côté de la grammaire

4 a) 1. pour – pendant
2. pendant – depuis
3. depuis – il y a
b) depuis – il y a – pendant

Du côté de la communication

5 1c, 2e, 3a, 4d, 5b

6 1d, 2c, 3b, 4f, 5a, 6e

En situation

7 Marne-la-Vallée, Disneyland – Recrute étudiants pour des CDI week-end – Période : toute l'année – Pour travail dans restaurant, boutique ou billetterie – Horaires : 8 heures le samedi et 8 heures le dimanche – Rémunération : SMIC – Bonne maîtrise d'une ou plusieurs langues souhaitée.

Transcription
– Avenir Jeunes se poursuit avec une petite enquête que vous avez réalisée, Fabien, au pays de Mickey, n'est-ce pas ?
– Oui, Caroline, et vous allez voir que Disneyland ne signifie pas seulement « distraction » mais aussi espoir de recrutement pour les jeunes qui recherchent un job. En effet, le parc de Marne-la-Vallée recrute des étudiants et leur propose un contrat sur mesure : le CDI week-end.
– Ah ! Mickey vient en aide aux étudiants !
– C'est tout à fait ça : le parc accueille beaucoup de monde le samedi et le dimanche et c'est une opportunité pour les étudiants qui, eux, ont cours en semaine mais peuvent se libérer pour un job pendant le week-end. Les recruteurs de Disneyland leur proposent de travailler 8 heures le samedi et 8 heures le dimanche, payées au SMIC. Le job peut être dans un restaurant, une boutique ou à la billetterie, selon votre profil. 400 à 600 CDI week-end sont ainsi signés chaque année.
– Qui sont les meilleurs candidats pour Disney ?
– Ceux qui parlent le plus de langues possibles. Mais, sans tarder, je vous propose de regarder ces étudiants au travail dans le parc de Marne-la-Vallée.

8 Production libre.

DOSSIER 2 • Leçon 3

Du côté du lexique

1 1. candidat 2. stage 3. allocation – 4. annonce
2 demandeurs – offres d'emploi – recrutement – embauche – évaluation finale – conseils

Du côté de la grammaire

3 a) 1. Si vous travaillez dans une boutique de mode, habillez-vous de manière élégante. 2. Si vous vous exprimez souvent de façon familière, contrôlez votre langage. 3. Si vous devez écouter les réclamations des personnes, ayez une attitude ouverte. 4. Si vous êtes timide, allez voir un psychologue.
b) 1. Si vous vous tenez bien droit, vous paraîtrez plus sûr de vous. 2. Si vous vous entraînez à passer des entretiens, vous trouverez rapidement un emploi. 3. Si vous faites plusieurs séjours dans un pays anglo-saxon, vous progresserez en anglais. 4. Si vous vous inscrivez à notre atelier, vous trouverez rapidement un emploi.
4 1. Si vous ne connaissez personne dans votre immeuble, allez à *La Fête des voisins*. 2. Si vous vous tenez droit, le recruteur aura une meilleure impression de vous. 3. Si vous aimez la nature et si vous voulez rencontrer des gens, inscrivez-vous dans un club de randonnée. 4. Si vous passez des annonces de rencontre sur Internet, soyez prudent. 5. Si vous vous préparez à l'entretien, vous saurez comment répondre aux questions difficiles. 6. Si vous posez des questions sur le poste et sur la société, le recruteur verra votre intérêt et votre motivation.
5 1. s'inscrivent 2. suives 3. alliez 4. nous aidions 5. fasse 6. sache 7. écoutiez
6 De 10 h 30 à midi, il faut que je fasse des recherches sur Internet, que je consulte les petites annonces dans le journal et que j'écrive des lettres de motivation. À 13 h 45, il faut que je prenne mon TGV pour Lille. À 16 heures, il faut que j'aille/que je me rende à mon entretien

d'embauche chez Madelsom. À 18 h 10, il faut que je rentre à Paris en TGV/que je reprenne un TGV pour rentrer à Paris.
7 *Réponses possibles :* a) 1. Il faut qu'il ait l'air sûr de lui. 2. Il est essentiel qu'il dise… 3. Il est indispensable qu'il soit attentif… 4. Il faut qu'il choisisse… 5. Il ne faut pas qu'il soit… 6. Il est essentiel qu'il se mette…
b) 1. Il faut que vous ayez l'air sûr de vous. 2. Il est essentiel que vous disiez… 3. Il est indispensable que vous soyez attentif… 4. Il faut que vous choisissiez… 5. Il ne faut pas que vous soyez… 6. Il est essentiel que vous vous mettiez…

Du côté de la communication

8 *Production possible :* Si vous ne voulez pas de problème avec eux, soyez discrets. Respectez leur tranquillité ! Il ne faut pas que vous fassiez de bruit. Il faut/Il est indispensable que vous leur rendiez de temps en temps quelques petits services. Un conseil : invitez-les. Si vous le pouvez, allez à *La Fête des voisins*.

En situation

9 a) 1. Faux (dans un cabinet de vétérinaire). 2. Vrai.
b) Capacité de concentration : à améliorer – regarde souvent par la fenêtre.
Tenue du carnet de rendez-vous : maîtrisée
Contact avec la clientèle : maîtrisé – mais il faut qu'elle s'intéresse aussi aux animaux.
Hygiène des lieux, propreté : à améliorer – doit faire plus attention au nettoyage des lieux.

Transcription
– Passez-moi le carnet, SVP. Bon, je vois que vous avez noté correctement les RV, ça c'est une bonne chose. Autrement ce n'est pas encore parfait mais c'est normal, c'est la première semaine, hein ? Écoutez, il y a une chose importante : quand je m'occupe d'un animal, vous devez observer attentivement mes gestes, et ne pas regarder de temps en temps par la fenêtre comme vous le faites ! Et puis, vous montrez encore trop de signes de nervosité : on voit que vous avez un peu peur de certains animaux…
– Ben, ils peuvent me sauter dessus ou me mordre !
– Si vous gardez votre calme, il ne vous arrivera rien. Et puis moi, je connais parfaitement les gestes à avoir en cas de problème.
– Bon, mais c'est pas facile ! Je n'ai jamais fait ça avant.
– Oui, je sais. Ah ! Autre chose, c'est important dans le métier : après chaque visite, il faut que vous fassiez encore un petit effort supplémentaire pour la propreté. N'hésitez pas à utiliser beaucoup de produits de lavage.
– Bon, d'accord mais avec les gens, ça allait ? J'ai l'impression que j'ai un bon contact avec eux, non ?
– Oui, vous êtes plutôt aimable et souriante. Mais il est important aussi que vous fassiez des petits compliments en direction de l'animal, vous savez, les maîtres adorent quand on porte de l'intérêt à leur compagnon !
– Du genre : « Oh, qu'il est mignon ! » « Mais tu es beau, toi tu sais » ?
– Oui, si vous voulez… Bon, il est 4 heures, j'entends Mme Cornillac qui vient d'arriver avec son toutou. Faites-les entrer, s'il vous plaît.
– Oh ! là, là !

10 a) 1. un entretien d'embauche dans le domaine du cinéma 2. les personnes qui désirent décrocher un rôle
b) 2. (Avant de vous présenter à un casting… ridicules) 4. (n'oubliez pas de remercier… raté !) 6. (l'idéal est de porter… valeur – et attendez… maquillage) 8. (il faut que vous laissiez… un CV).
11 *Productions possibles :* 1. Nom : Jérémy d'Hauteville. Points positifs : bonne présentation. Jérémy est habillé de façon discrète et classique. Points négatifs : Jérémy est très timide, il faut qu'il fasse des efforts pour regarder son interlocuteur dans les yeux et qu'il s'exprime avec plus d'assurance. 2. Nom : Valérie Trierval. Points positifs : s'exprime avec facilité. Points négatifs : Valérie est un peu trop sûre d'elle, il faut qu'elle choisisse une tenue plus discrète et qu'elle ne dise pas du mal de son employeur précédent. 3. Nom : Laurent Vogiel. Points positifs : Laurent est souriant et s'exprime avec aisance. Points négatifs : il est très bavard, il ne faut pas qu'il coupe la parole à son interlocuteur. Il ne doit pas non plus inventer des compétences et des qualités qu'il n'a pas !

DOSSIER 3 • Leçon 1

Du côté du lexique

1 bénéficié d' – fait preuve d' – eu droit à un
2 d'humour – rire – comédien – se moque – blagues – s'amuser
3 *Réponses possibles :* 1. … environ la moitié des Français ne partiront pas/un Français sur deux ne partira pas. 2. les trois quarts des familles qui… – un tiers de celles qui… 3. Neuf Français sur dix…/La majorité des Français… – Ils sont environ un tiers à … – contre environ un sur dix

Du côté de la grammaire

4 dont – dont – dont – dont – où
5 dans la province du Québec où on parle français – dans une région dont on comprend la langue – une ville où je me sens bien – un français dont j'adore les expressions imagées – un fait dont je suis sûr
6 1. a. dont b. que 2. a. dont b. que 3. a. que b. dont 4. a. qu' b. dont 5. a. dont b. que 6. a que b. dont
7 1. celles – celles-ci 2. celle-ci – celle 3. Ceux – ceux

Du côté de la communication

8 1a, 2g, 3i, 4d, 5j, 6b, 7h, 8f, 9c, 10e

En situation

9 1c. 2. Vrai : a, b, e. Faux : c, d (c'est le contraire).

Transcription
– L'invité de Regards croisés est aujourd'hui un journaliste américain amoureux de la France et des Français depuis près de trente ans et qui nous donne sa perception des Français aux États-Unis. Une vision très intéressante made in USA. Pat Anderson, bonjour.
– Bonjour à vous.
– Selon vous, que peuvent apporter les Français aux Américains ?
– Montrer aux Américains comment vivre mieux. Les Américains travaillent trop. Ce ne sont pas les meilleurs travailleurs. Les Français travaillent moins mais ont une meilleure productivité.   ⋯/⋯

.../...

– Et que peut apporter l'Amérique aux Français ?
– L'Amérique peut offrir aux Français des opportunités qu'on ne trouve pas en France. Il y a moins d'obstacles pour commencer un business mais, attention, n'attendez aucune aide de personne aux États-Unis d'un point de vue économique. Là-bas, vous devez vous débrouiller tout seul !
– Dans la vie quotidienne, quelles différences voyez-vous entre les Américains et les Français ?
– J'ai un exemple très concret : le repas. Si un dîner américain dure une demi-heure, c'est une victoire exceptionnelle ! En France, cela peut durer des heures ! Un autre exemple : la première question que vous posera un Américain est « Que faites-vous comme métier ? » L'Américain veut savoir ce qu'il y a dans votre portefeuille... et le Français, ce qu'il y a dans votre cœur et votre tête ! Pour les Américains qui aiment la France, ils voudraient bien y vivre, mais avec un salaire américain !

10 Production libre.
11 Production libre.

DOSSIER 3 • Leçon 2

Du côté du lexique

1 1. hâte – sentiment 2. me détacher – manque 3. appréhension – vision – énergie 4. me sens – manquent
2 règles de savoir-vivre 1. Il est d'usage de/Il est poli de – est impoli/est mal considéré 2. est considéré comme – commettre cet impair 3. est toléré

Du côté de la grammaire

3 1. Votre famille a-t-elle l'intention de venir vous voir ? 2. La langue a-t-elle été un obstacle pour communiquer entre collègues ? 3. A-t-on/Avez-vous de bons contacts avec la population ? 4. Y a-t-il des sites intéressants à visiter dans la région ? 5. Votre société a-t-elle payé le voyage ? 6. Votre visa expire-t-il bientôt ?
4 1. Vous êtes-vous souvent imaginé... 2. S'endort-elle avec... 3. Se demande-t-il s'il... 4. Vous êtes-vous représenté... 5. Vous êtes-vous déjà interrogé... 6. Se décide-t-on...
5 Au début – au bout de – À un moment – Petit à petit – enfin
6 1. partout – Tout 2. rien – personne – personne 3. quelqu'un – Partout – tout le monde 4. quelque chose – nulle part – personne – tout le monde

Du côté de la communication

7 *Réponses possibles :* Il est impoli de parler la bouche pleine et de ne pas fermer la bouche quand on mange. Écraser les pommes de terre avec sa fourchette est mal considéré : il est poli de les couper en morceaux avec le côté de sa fourchette. Il est d'usage aussi de pousser les morceaux de viande et les légumes sur sa fourchette avec un morceau de pain, mais pas avec le couteau. Quand on a fini, il est d'usage de poser ses couverts sur son assiette sans les croiser.

En situation

8 1b, 2c, 3c – 4. Pour les Indonésiens, il est inhabituel de regarder son interlocuteur dans les yeux, de rire en public et, pour une femme, d'être embrassée en public à l'occasion d'une remise de récompense.

Transcription
– Nous poursuivons notre émission dont le thème du jour est – je vous le rappelle – l'interculturel. Je me tourne à présent vers Yves Barthès qui est professeur dans une école de commerce lyonnaise, n'est-ce pas ?
– Bonjour, oui, c'est bien ça, et j'ajouterai que notre école accueille régulièrement des stagiaires étrangers. Par exemple, l'année dernière, un groupe d'étudiants en économie indonésiens était venu suivre un stage d'un an dans nos locaux. Au bout de trois mois, ils étaient parfaitement adaptés à notre environnement : ils avaient appris à me regarder bien en face et ils riaient très souvent.
– Qu'est-ce que vous leur aviez enseigné exactement ?
– Il faut dire que le sujet de mon séminaire avec eux, c'était justement les problèmes interculturels dans les relations internationales !
– Voilà un sujet très utile !
– Eh oui, cela permet d'aborder précisément toutes les « bizarreries de l'autre » et de prendre conscience de sa propre culture en analysant celle de ses voisins. Je me souviens que le jour de la remise des diplômes, ils étaient tous souriants et décontractés et la présence de l'ambassadeur d'Indonésie ne semblait pas les impressionner.
– Ils avaient donc parfaitement compris votre enseignement !
– Oui, si vous voulez, mais j'avais un petit problème : mon unique participante femme avait vu à la télévision qu'on embrassait volontiers les dames quand on leur remettait une décoration, un prix ou un certificat ; elle semblait effrayée par cette perspective...
– Et alors, elle n'est pas venue, le jour de la cérémonie ?
– Si, si, attendez, c'est tout le contraire ! Quand son tour est arrivé, j'ai vu s'avancer devant moi une jeune femme souriante qui a tendu la joue pour se laisser embrasser ! C'était gagné. Voilà comment je conçois les relations internationales : des rires et des bisous !

9 1. a2, b1, c3, d4
Réponses possibles : 2. Personnes rencontrées pour la première fois – un supérieur hiérarchique – une personne plus âgée que soi. 3. Les jeunes enfants s'adressant aux adultes – les jeunes entre eux – les membres d'une même famille. 4. Un professeur parlant à un jeune élève, un adulte à un jeune enfant, une personne âgée s'adressant à une personne beaucoup plus jeune.
10 Production libre.

DOSSIER 3 • Leçon 3

Du côté du lexique

1 Avantages : des hauts salaires – des transports en commun nombreux et variés – une offre de soins de qualité – de nombreux divertissements – un grand nombre et une bonne variété de commerces – un nombre important d'entreprises – une vie culturelle intense.
Inconvénients : le bruit – la pollution – des loyers élevés – le coût élevé des transports – l'insécurité – un coût de la vie élevé – des temps de transport très longs.
2 *Réponses possibles :* Athènes/Barcelone bénéficie d'un climat privilégié. – Saint-Pétersbourg/Venise possède beaucoup de canaux. – Paris/Venise/Athènes/Lisbonne possède un passé historique prestigieux. – Paris/Barcelone offre une grande variété de divertissements – Venise/Saint-Pétersbourg est adapté(e) à ceux qui n'ont pas de voiture. – Berlin possède un grand nombre d'espaces verts. – Amsterdam possède beaucoup de canaux et est adaptée à la circulation fluviale. – Barcelone offre une excellente qualité de vie. – Lisbonne/Athènes offre un accueil légendaire. – Montréal est adaptée aux grands froids.

Du côté de la grammaire

3 1. le plus calme 2. le plus de 3. le plus 4. le meilleur 5. le mieux 6. le plus de
4 Paris a le plus grand nombre d'habitants/le plus d'habitants. – Grenoble a la population la moins importante/la plus faible/le moins d'habitants. Toulouse a la plus faible densité/a le moins d'habitants au m².
Toulouse est la ville la plus ensoleillée./C'est à Toulouse qu'il y a le plus de soleil. – C'est à Paris qu'il y a le moins de soleil./Paris est la ville la moins ensoleillée.
Grenoble est la ville où il pleut le plus. – Toulouse est la ville la moins pluvieuse./Toulouse est la ville où il pleut le moins.
5 a) 1. Ce que 2. Ce que 3. Ce qui 4. Ce qui 5. Ce que 6. Ce qui
6 *Réponses possibles :* 1. Ce que je recherche chez un ami, c'est la sincérité. 2. Ce qui me déplaît chez un homme, c'est la vulgarité. 3. Ce que j'apprécie chez un directeur, c'est la compétence professionnelle. 4. Ce que je préfère chez un collègue, c'est la gentillesse. 5. Ce qui me plaît chez un voisin, c'est la discrétion.

Du côté de la communication

7 1l, 2e, 3h, 4k, 5b, 6g, 7j, 8a, 9f, 10c, 11d, 12i

En situation

8 a) Vrai : 1, 3, 5. Faux : 2 (la France est 16e), 4 (c'est la Thaïlande).
b) 2

Transcription
– Merci Priscille pour ce joli reportage.
– Mais je vous en prie, Benoît.
– Et pour terminer notre journal des régions, je voudrais m'adresser tout particulièrement à ceux d'entre vous qui vivent à Paris, qui sont Parisiens mais qui se sentent pourtant profondément Normands, Savoyards, Lyonnais, Bretons, Toulousains, Alsaciens... Savez-vous que vous faites partie des 70 % de Parisiens qui ne sont pas nés à Paris ? Si c'est votre cas, vous venez de toute la France ou du monde entier, et vous êtes plus de 100 000 à vous installer chaque année dans la capitale. Alors, il était temps que Paris vous mette à l'honneur !
– Ah, ah, qu'est-ce qui va se passer ?
– Tout simplement la Fête des régions, qui sera donc le grand rendez-vous des 14, 15 et 16 octobre prochains, place Stalingrad à Paris dans le 19e. Cette manifestation est organisée par une centaine d'associations et plus de 200 restaurants régionaux installés à Paris. Des producteurs locaux, des associations et des offices de tourisme seront présents sur la place Stalingrad et vous proposeront de vous approprier la culture et la gastronomie régionale. .../...

.../...
– Et les « vrais » Parisiens, eux, ils auront le droit de venir ?
– Bien sûr ! Et ce sera l'occasion pour eux de découvrir qu'on mange formidablement bien dans nos régions !
– Alors, si je comprends bien : entre amis, en famille ou en amoureux, un seul mot d'ordre : fête et convivialité !

9 Article de presse n° 2.

10 Production libre.

11 *Production possible :* Je reviens d'un week-end à Venise : je suis sous le charme de cette magnifique ville ! J'ai adoré me promener dans les petites rues pittoresques où j'ai pu admirer l'architecture des palais et des maisons. J'ai été surpris par le nombre de canaux qui traversent la ville : là-bas, tous les transports s'effectuent en bateau, pas de bruit de voitures, c'est formidable ! Ce que j'ai moins aimé, c'est la foule des touristes ; heureusement, quand on s'éloigne de la place Saint-Marc, on peut toujours trouver des endroits plus calmes. Cette ville est vraiment magique et je recommande à tout le monde d'aller la visiter.

DOSSIER 4 • Leçon 1

Du côté du lexique

1 Il s'agit d' – a pour but de – se déroulent/ont lieu – s'adresse à – a lieu

2

P			C							
O	B	L	O	G	O	S	P	H	E	R	E
S	L		M	B	I	L	L	E	T		O
T	O		M		P		B		E		A
E	G		E		U		R		E		R
R	U		N		B		R		C		C
L	I	E	N	T		L		G			H
	U	T	A	G		I		E			I
	R		I			E	R				V
		R				R					E
P	L	A	T	E	F	O	R	M	E		S
P	A	G	E	D	A	C	C	U	E	I	L

Du côté de la grammaire

3 *Réponses possibles :* 1. Si vous passiez nous voir ? 2. Si tu allais te coucher ?/Si tu faisais une petite sieste ? 3. Si tu prenais un ou deux jours de vacances ? 4. Si vous déménagiez dans/Si vous cherchiez un logement plus grand ? 5. Si tu allais/Si on allait déjeuner maintenant ? 6. Si tu consultais les petites annonces pour en trouver un autre ?/Si tu changeais de travail ?/Si tu suivais une formation pour changer de travail ?

4 1. lesquelles 2. lequel 3. laquelle 4. lequel 5. lesquelles 6. laquelle 7. lesquels 8. lesquelles

5 1. le sien – le leur – la mienne 2. les vôtres – les miennes 3. la nôtre – la vôtre 4. la leur

Du côté de la communication

6 1h, 2e, 3b, 4g, 5j, 6c, 7d, 8i, 9f, 10a

En situation

7 1c, 2b, 3a, 4b

Transcription
– Je me tourne à présent vers Marlène Schiappa, qui est directrice d'une agence de presse mais aussi fondatrice du blog « Maman travaille ». Pourquoi ce blog, Marlène ?
– Eh bien, entre les blogs qui parlaient des mères au foyer et les blogs d'« ambitieuses », je ne trouvais aucun espace qui explique comment concilier vie privée et vie professionnelle. J'ai voulu donc nous faire connaître, nous, les mères actives, et pousser les entreprises à prendre en compte nos besoins.
– De quoi parlez-vous précisément sur ce blog ?
– De choses comme : comment s'habiller au travail, comment passer un entretien d'embauche alors que son enfant hurle dans la pièce d'à côté…
– Autrement dit : du concret, du vécu, n'est-ce pas ?
– Oui, tout à fait. Mais il faut savoir que je ne tiens jamais de propos politiques, je fais simplement des propositions : des crèches dans les entreprises de plus de 1 500 salariés, l'augmentation du congé paternité pour une meilleure égalité hommes-femmes au travail… L'idée serait d'envoyer ces propositions aux ministres concernés…
– Vous recevez beaucoup de commentaires de la part de vos lectrices ?
– Énormément ! Mes lectrices s'échangent des conseils, des bons plans. Elles m'aident aussi à mieux travailler de chez moi. Certaines – des mères directrices de la communication ou des femmes entrepreneuses qui avaient besoin d'un dossier de presse – sont même devenues des clientes. !
– C'est le club des femmes actives, votre blog !
– Oui, c'est exactement ça ! Vous savez, entre le travail, les enfants, les femmes n'ont plus le temps de se voir entre elles. Alors, le blog est un moyen de continuer à parler de leur vie professionnelle, comme on le fait entre amies. Aujourd'hui, 2 500 personnes se connectent chaque jour sur mon blog !
– Bravo pour ce succès, Marlène !

8 *Production possible :* Des statues dans les rues de Riom
Ne ratez pas le 7e Festival d'art contemporain qui se déroule en ce moment dans la ville de Riom. Vous serez certainement surpris puis séduits par la créativité des artistes. Cette année, ceux-ci ont placé aux quatre coins de la ville des statues… vivantes : des comédiens prennent la pose et imitent des statues célèbres. Vous pourrez, par exemple, admirer le penseur de Rodin, installé sur la place du Marché. Les enfants adorent !

DOSSIER 4 • Leçon 2

Du côté du lexique

1 1. la Une 2. un quotidien 3. une illustration 4. une coupure de presse 5. une rubrique 6. un gros titre 7. une sous-rubrique

2 1. météo 2. économie/finances 3. faits divers 4. sports 5. société 6. politique 7. santé 8. mode

3 Télévision : une chaîne – un téléspectateur – un documentaire – un téléfilm – la téléréalité – une série / Radio : un auditeur – une station / Les deux : un programme – une émission – une (re)diffusion – un reportage – le journal – un journaliste – une publicité – l'audience – un animateur – un débat – un feuilleton

4 audience – chaînes – stations – auditeurs – téléspectateurs – chaîne – documentaires/reportages – reportages/documentaires – chaînes – téléspectateurs – animateurs – auditeurs – journal

5 regardé – suivi/regardé – battu – diffusé – suivi/regardé – enchaîné – attiré

Du côté de la grammaire

6 1. Élection du président de la République française. 2. Séparation entre L. Misrahi. et J. Accors. 3. Diffusion ce soir d'un reportage spécial sur l'Afrique… 4 Victoire de l'Espagne face à/contre l'Italie… 5. Apprentissage de l'anglais en maternelle pour tous les enfants. 6. Réforme du régime des retraites par le gouvernement. 7. Augmentation de 5 % des tarifs de la SNCF.

7 a) 1. Le premier 2. une 3. la 4. une 5. la 6. un grand 7. le
b) 2. une augmentation/une hausse 3. la construction 4. une multiplication 5. la victoire 6. un grand pessimisme 7. l'arrivée

8 *Réponses possibles :* 2. Ce sont les publicités que j'évite de regarder. 3. C'est le cirque que je désire voir programmé plus souvent. 4. C'est le tennis/Ce sont les matchs de tennis que je préfère regarder. 5. C'est la sélection des sujets qui est la chose la plus importante pour moi.

Du côté de la communication

9 1. JT (positif) 2. téléréalité (négatif) 3. culture (positif) 4. sport (positif)

Transcription
1. Je trouve que c'est quand même mieux qu'à la radio : on a une synthèse de l'actualité surtout en images : c'est vraiment plus vivant !
2. Ah moi, je supporte pas ce style d'émissions, voir ces gens qui se prennent pour des célébrités parce qu'ils passent un jour à la télé ! C'est ridicule !
3. C'était super hier, le reportage sur les châteaux de la Loire. Il en faut, des émissions comme ça : ça change un peu du sport ou des films que tu regardes tout le temps !
4. Moi, je suis content d'être devant la télé ce soir ! Ce que j'adore surtout, c'est l'ambiance du direct : c'est comme si j'étais sur place avec les supporters !

En situation

10 *Production possible :* Construction d'une station de lancement de fusées au sommet de la tour Eiffel. Arrivée de trois extraterrestres à l'aéroport de Roissy Charles de Gaule en provenance d'une planète inconnue. Démission surprise du président de la République pour raison privée. Présentation aux défilés de mode printemps été d'une nouvelle collection de vêtements climatisés.

DOSSIER 4 • Leçon 3

Du côté du lexique

1 1. Une catastrophe aérienne a été évitée 2. Un spectaculaire cambriolage 3. le vol 4. la disparition 5. une découverte 6. l'agression 7. L'arrestation 8. Un terrible accident de train s'est produit.

2 1. vols à l'arraché – s'est fait agresser – ont sauté – ont volé – ont pris la fuite – a porté plainte 2. vol – commet – délit – enquête – témoignages – voleurs – d'être arrêtés

Du côté de la grammaire

3 connaissa... ...avait pris – a découvert –
res... ...ite – est retournée – n'a
...ssé – avait acheté

4 ...2. retiré – déposée 3. volés –
...retrouvé – vue 5. rapporté – trou-
...félicitée – récompensée 6. vus – vue

5 *Réponses possibles :* Le plus gros diamant du monde a été dérobé par un enfant de dix ans. Une île a été découverte par une baleine. Un ministre a été interrompu par une inconnue. La tour Eiffel a été achetée par un milliardaire. La tour Eiffel a été construite par un Français. Un tableau de Picasso a été a été dérobé/découvert par un enfant de dix ans/un Français.

6 ont vu – avait profité – se promenait – passaient – ont interrompu – a/avait été appelée – a recueilli – a prévenu – s'était échappée – avait passé – avait été reconduite – ont demandé

Du côté de la communication

7 1c, 2e, 3f, 4b, 5i, 6g, 7d, 8a, 9h

En situation

8 1b, 2a 3c, 4a, 5c

Transcription
– Et pour terminer cette rubrique *faits divers* une dernière information, Jérôme ?
– Oui, une information aussi amusante qu'inquiétante. L'histoire se passe à Clermont-Ferrand : le jeune Benjamin voulait juste faire une boum chez ses grands-parents pour fêter ses quatorze ans, dans quinze jours. Il avait choisi d'inviter vingt-neuf de ses amis et avait commencé à lancer les invitations par téléphone dimanche soir. Une de ses copines a voulu l'aider en créant un évènement secret sur Facebook pour y inviter les personnes qu'il souhaitait voir à sa fête.
– Ouh là ! Je sens que ça va mal tourner, ça ?
– Exactement, parce que le lundi soir, le groupe secret comptait déjà… 16 500 membres ! Chaque membre de ce « groupe secret » avait la possibilité d'inviter soixante personnes.
– Incroyable !
– Au total, c'est 33 000 personnes qui étaient – entre guillemets – « invitées » mardi soir. L'information a été aussi relayée sur les autres réseaux sociaux. De nombreux messages évoquent la boum sur Twitter, et certains s'étonnent que l'adresse de la fête soit visible par tous.
– Et qu'est-ce qui s'est passé après ?
– Eh bien face à cette accélération incontrôlable, le père est allé porter plainte au commissariat de police. On ne le dira jamais assez : méfiez-vous des réseaux sociaux. L'avenir nous dira si les 33 000 nouveaux « amis » se sont rendus à la fête du jeune homme…

9 1b, 2c, 3b, 4a, 5c

10 *Production possible :* Une grand-mère musclée
Hier, quelques passants circulaient tranquillement dans la rue principale de notre petite ville, quand deux malfaiteurs masqués sont arrivés en courant à la hauteur de la bijouterie Clerc et ont commencé à casser les vitres de la devanture du magasin. Une passante, Mlle Eugénie Lagrange, 86 ans, qui se trouvait sur l'autre trottoir et qui avait vu la scène, a traversé la rue, s'est précipitée vers les deux individus et leur a donné de grands coups de parapluie sur la tête. Quelques secondes plus tard, la police est arrivée et a

arrêté les deux hommes. Le propriétaire de la bijouterie a offert un bracelet en or à la vieille dame pour la remercier de son courage.

DOSSIER 5 • Leçon 1

Du côté du lexique

1 1. le scénario – scènes – le film – l'interprétation 2. scénariste – le producteur – la mise en scène – un acteur inconnu – rôle 3. du synopsis – la fiche technique – la bande-annonce

2 Un film est à l'affiche/obtient/remporte/gagne un prix/obtient/remporte un succès. Un acteur joue (un rôle) dans un film/obtient un rôle. Un acteur gagne/obtient/remporte un prix/remporte/obtient un succès. Un producteur finance un film. Un réalisateur dirige des acteurs. Un trophée est décerné à un acteur/un film/récompense un acteur/un film.

Du côté de la grammaire

3 1. Cet acteur a rarement interprété la comédie. 2. Le public avait mieux accueilli le dernier film de ce réalisateur. 3. Ils n'ont pas bien vu la star à cause de la foule. 4. Le réalisateur a quitté discrètement la salle de projection.

4 1. C'est un acteur qui ne m'a jamais déçu. 2. Je suis peu allé au cinéma l'année dernière. 3. J'ai toujours adoré le cinéma. 4. Le jeune comédien a interprété brillamment le rôle.

5 1. le nouveau film du célèbre réalisateur – un véritable chef-d'œuvre 2. l'histoire émouvante d'un jeune aveugle et de son vieux père 3. les beaux décors – la jolie musique – du grand art 4. le meilleur film – un succès mérité 5. un beau moment – un film rare 6. une petite merveille

Du côté de la communication

6 1c et d, 2b et d, 3b et c, 4a et d

En situation

7 1. Vrai : 2, 3, 5 – Faux : 1 (le film a du succès dans les deux pays), 4 (le jeune homme va l'aider pour ses déplacements et tous les gestes qu'il ne peut pas faire).

8 Spectateur 1 : affiche c – *** ou ***** (« magnifique ! »). Spectateur 2 : affiche d – ** ou *** (« pas mal, mais sans plus »). Spectateur 3 : affiche b – * (« très déçue », « même pas drôle »). Spectateur 4 : affiche a – ***** (« il y avait longtemps que je n'avais pas vu un aussi bon film », « une grande réussite » – « un petit bijou »).

Transcription
– Bonjour, ici Lucie Danton, comme chaque mercredi pour la rubrique *cinéma* de Radio star. Je me trouve devant un grand cinéma pour recueillir les réactions des spectateurs. Madame, bonsoir, vous venez de voir quel film ?
– J'ai vu *Léonard le renard* avec mon petit-fils. C'est un film ma-gni-fique ! C'est l'histoire d'un enfant qui se lie d'amitié avec un renard et c'est très émouvant. Je le conseille à tous les parents d'emmener leurs enfants voir ce film !
– Merci, madame. Et vous, madame et monsieur, vous avez vu quel film ?
– Nous, on a vu *Pluie sur la ville*.
– Et vos impressions sur le film ?
– C'est pas mal dans le genre drame policier, mais sans plus. Il y a beaucoup de longueurs et l'histoire n'est pas très crédible. Mais, c'est très bien interprété : Guillaume Théron, entre autres, est excellent dans son rôle.
…/…

…/…
– Merci, monsieur. Et je me dirige vers une jeune femme qui sort d'une autre salle. Mademoiselle, c'est pour Radio star. Vous sortez de la projection de quel film ?
– *Double vie.*
– Et ça vous a plu ?
– Non, pas vraiment, je suis même très déçue. J'étais venue surtout pour voir Jean Dupré qui était super dans *Le Grand Saut*, mais alors, là… En fait, c'est une série de petits sketchs sur l'infidélité masculine, mais c'est même pas drôle !
– Et vous, monsieur, vous avez vu le même film ?
– Non, moi, pas du tout, j'ai vu *La Dame de l'Orient Express* et il y avait longtemps que je n'avais pas vu un aussi bon film ! C'est une grande réussite ! Juliette Allioche est sublime dans le rôle d'une grande bourgeoise des années trente ; allez voir ce film, c'est un petit bijou !

9 Production libre.

DOSSIER 5 • Leçon 2

Du côté du lexique

1 reprise – inscriptions – ateliers – associations – tarifs – adhérents

2 association – activités – bénévoles – membre – cotisation – licence – entraînement

Du côté de la grammaire

3 1. elle s'occupe bien d'eux 2. il faut que vous vous vous adressiez à elle 3. je ne me souviens plus de lui 4. Oui, je lui parlerai/je vais lui parler demain 5. j'ai pensé à lui 6. on ne peut plus lui faire confiance 7. il se désintéresse d'eux 8. qui s'intéresse à lui

4 1. Il faut s'adresser à elle pour les inscriptions. 2. Tu peux leur faire confiance. 3. Tout le monde parle d'elles. 4. Je lui dis merci pour son enseignement. 5. Je me souviendrai d'elle.

5 1. y – en 2. en – y 3. y – en 4. en 5. y – en

Du côté de la communication

6 1. Pourquoi ne pas vous inscrire ? – Vous avez peur de ne pas être au niveau ? – Allez-y, vous verrez bien !/ n'hésitez pas : lancez-vous ! – faites vite, il ne reste pas beaucoup de places. 2. cet atelier s'adresse à lui ! – n'hésitez pas – inscrivez-le sans tarder. 3. Et si vous appreniez le chinois – allez-y vous verrez bien !/n'hésitez pas, lancez-vous !

En situation

7 1b, 2a, 3c, 4c, 5a, 6b

Transcription
– Mesdames, messieurs, votre attention, s'il vous plaît ! En qualité de président, je voudrais vous remercier d'être venus si nombreux à notre forum annuel des associations. Dans un quart d'heure environ, vous pourrez assister à une démonstration d'escrime présentée par l'association *Au fil de l'épée*. Mais je laisse la parole à M. Barsacq, qui s'occupe de cette association et qui va vous en parler mieux que moi. …/…

...../...

– Oui, bonjour à tous. Je profite de l'occasion qui m'est donnée pour vous rappeler que notre association compte déjà plus de 160 inscrits. L'escrime est une discipline sportive accessible aux enfants à partir de six ans et aux adultes aussi, bien sûr. Les cours vont reprendre le 15 octobre au stade municipal dans la salle du premier étage. Vous pouvez vous inscrire ou vous réinscrire dès maintenant.

– Et l'inscription est possible aussi en cours d'année scolaire, vous m'avez dit, n'est-ce pas ?

– Oui, tout à fait. Et pour ceux qui ne le savent pas : l'association prête le matériel et la tenue aux débutants la première année. Alors, comme M. Laurent vient de vous l'annoncer, vous allez voir dans quelques minutes, une démonstration d'escrime faite par des jeunes qui n'ont que quelques mois de pratique. Vous vous rendrez compte que l'apprentissage de l'escrime est très rapide. En réalité, quelques séances suffisent pour se prendre au jeu. Merci de m'avoir écouté et « en garde » !

8 *Production possible :* Association DÉCLICS
Notre association s'adresse à ceux qui désirent s'initier à l'art de la photographie.
Nous vous proposons, au choix, deux horaires d'atelier :
– le mardi de 10 heures à 12 heures ;
– le vendredi de 19 heures à 21 heures.
Les cours ont lieu à la mairie. Un professionnel de la photographie, M. Tesson, vous apprend les techniques de base ; vous réalisez ensuite vos clichés en milieu extérieur ou intérieur et votre animateur vous donne de précieux conseils pour améliorer votre technique.
La cotisation annuelle est de 320 euros payable en trois fois.
Quelques témoignages d'adhérents :
– Je ne connaissais rien à la photographie mais avec cet atelier, j'ai découvert une nouvelle passion. N'hésitez pas, faites comme moi, inscrivez-vous à l'association Déclics. (Jeanne Langlois)
– Vous recherchez une activité artistique ? L'atelier Déclics est fait pour vous : vous apprendrez à faire de belles photos sous la direction d'un professionnel qui vous communiquera le secret des techniques de la photographie. (Clément Barret)

DOSSIER 5 • Leçon 3

Du côté du lexique

1 gîtes – nature – sentier – circuit – hébergement – complète – basse – location

2 1. réservation 2. camping 3. randonnée 4. ânes 5. gîte rural

Du côté de la grammaire

3 y – en – y – y – en – y

4 1. en 2. y 3. y – en 4. y 5. y – en – y 6. y – y

5 1. On a voulu tenter l'expérience en vivant une semaine dans un igloo. 2. Vous verrez de merveilleux paysages en faisant une randonnée pédestre. 3. Nous avons économisé beaucoup d'argent en choisissant la formule du camping. 4. On a fait plaisir aux petits et aux grands en réunissant la famille dans un gîte rural. 5 J'ai accepté ce compliment en rougissant.

Du côté de la communication

6 1a/b, 2a/b/d, 3b/d, 4 b/c

En situation

7 « On se déplace pendant la nuit sur un canal de l'Oise. » Faux : le bateau ne se déplace pas, il reste à quai. – « Il y a des vélos à bord, on peut les louer pour visiter la région. » Faux : les vélos sont gratuits. – « En ce moment, les prix sont assez intéressants parce qu'on est en basse saison. » Faux : les prix sont les mêmes toute l'année. – « On peut emmener le chat. » Faux : les animaux ne sont pas acceptés. – « On demande un acompte de 20 % à la réservation. » Faux : il faut payer 30 % du prix total quand on réserve.

Transcription
– Allô, c'est moi ! Oui, je t'appelle parce que j'ai vu hier sur Internet une offre de week-end assez originale : on est logés sur un bateau et on se déplace pendant la nuit sur un canal de l'Oise.
– Et pendant la journée, qu'est-ce qu'on fait ?
– Il y a des vélos à bord, on peut les louer pour visiter la région.
– Oui, ça pourrait être pas mal… et c'est cher ?
– Non, en ce moment, les prix sont assez intéressants parce qu'on est en basse saison : pour deux, il faut compter 100 euros la nuit, tout compris. Et puis, pas de problème, on peut emmener le chat.
– Oui, ça m'a l'air bien.
– Écoute, si tu es d'accord, il faut faire vite et réserver. On demande un acompte de 20 % à la réservation. Si tu veux regarder, tu tapes « L'Oisante » sur Google et tu tombes sur leur site.

8 Vrai : 1, 3, 5 – Faux : 2 (à 45 minutes en voiture), 4 (il y a séjourné et il y est mort), 6 (une promenade dans le parc J.-J Rousseau, un goûter et une nuit dans une chambre d'hôtes).

9 *Production possible :*
Cher Sylvain,
Je suis en ce moment dans les Alpes avec mon amie Véronique. Nous logeons dans un gîte rural entouré de montagnes : une vraie merveille ! Le matin, nous faisons du parapente avec Tony, le propriétaire du gîte, et l'après-midi, après un déjeuner sandwich, nous partons en randonnée avec Patricia, sa femme qui nous fait découvrir le monde des plantes sauvages. Le soir, tous les clients du gîte se retrouvent autour d'une bonne table pour déguster les spécialités régionales. Toi qui aimes faire de l'exercice en pleine nature, je te recommande cette formule qui, en plus, est assez économique : c'est 300 euros par personne en pension complète, activités comprises !
Je t'appelle à mon retour. Je t'embrasse,
Pauline

DOSSIER 6 • Leçon 1

Du côté du lexique

1 groupe – album – créations – chanson – titre – refrain – couplets – concert – tournée

Du côté de la grammaire

2 1. souhaite – J'espère (professionnelle) 2. J'espère – souhaite (personnelle) 3. espérons (professionnelle) 4. souhaites – j'espère (personnelle)

3 a) 1. n'aurez pas 2. aille 3. ne seront pas 4. se tienne 5. ne pleuve pas 6. pourrez 7. rencontriez
b) 1. Je souhaite que vous n'ayez pas… 2. J'espère que tout ira bien… 3. Je souhaite que vos enfants ne soient pas… 4. J'espère que votre chien se tiendra… 5. J'espère qu'il ne pleuvra pas… 6. Je souhaite que vous puissiez… 7. J'espère que vous rencontrerez…

4 a) 1. voudrais – j'aimerais – préférerais – aimerait 2. préférerait – voudrais – j'aimerais – adoreraient
b) *Réponses possibles :* 1. On aimerait que notre fils s'habille de façon plus classique et qu'il ait d'autres amis. 2. J'aimerais que ma fille soit plus sérieuse, qu'elle sorte moins et qu'elle sache économiser l'argent qu'on lui donne.

5 *Réponses possibles :* 1. On devrait/Il faudrait encourager la natalité. – Il faudrait/On devrait aider les familles. – On pourrait demander aux couples sans enfant de payer un impôt supplémentaire./Les couples sans enfants devraient payer… 2. Il faudrait/On devrait développer d'autres sources d'énergie. – On pourrait/devrait demander aux équipes municipales/Les équipes municipales pourraient… – On pourrait/Il faudrait privilégier le transport des marchandises par le train. – On pourrait/devrait obliger les industries…/Les industries devraient utiliser…

Du côté de la communication

6 *Productions possibles :* 1. Premier randonneur : On pourrait continuer, le village de Saint-Florent ne doit pas être loin. Deuxième randonneur : Moi, je préférerais qu'on attende sur place, j'espère que d'autres personnes passeront par ici et qu'elles pourront nous guider. 2. La mère : J'espère qu'il aura son bac et qu'il pourra faire une école d'ingénieur. Le père : Moi, je voudrais qu'il ait son bac avec la mention bien et qu'il fasse médecine. 3. Barthélemy : Je voudrais bien remporter ce match ! L'entraîneur : Il faudrait surtout que tu sois moins nerveux, que tu te calmes maintenant.

En situation

7 a) Vrai : 3 – Faux : 1 (c'est une émission de télé : « regarder un autre reportage » – « vous allez le voir » – « témoigner le visage caché »), 2 (« veille du 1er mai »).
b) Souhaits d et f. 2. Souhaits c et e. 3. Souhaits b/c et a.

Transcription
– Et je vous invite à présent à regarder un autre reportage. Aujourd'hui, veille du 1er mai, nous sommes allés à la rencontre de trois travailleurs sur leur lieu de travail. Nous avons voulu savoir quels sont leurs souhaits, leurs attentes en ce qui concerne leur travail. Des travailleurs qui sont loin d'être totalement satisfaits, vous allez le voir… et vous comprendrez pourquoi ils ont préféré témoigner le visage caché.
– Moi, je suis ouvrier dans une usine de construction automobile. Dans notre secteur, on est particulièrement touchés par la crise et l'ambiance n'est pas super. On a tous peur du chômage mais on n'a aucune information à ce sujet de part de la direction. On aimerait pourtant plus de transparence, qu'on nous informe, qu'on nous dise la vérité. Il faudrait aussi qu'on puisse évoluer dans la profession ; moi, je ne souhaite pas rester ouvrier toute ma vie ! On devrait nous proposer davantage de formations.
– Alors, moi, je suis secrétaire depuis trente ans, j'estime que je fais du bon boulot. J'aimerais que mon patron soit moins « patron », vous voyez ? On n'est pas des esclaves ! Et puis il devrait ouvrir les yeux : je trouve qu'il ne se rend pas compte de tout ce que je fais… et je le fais bien, vous savez !
...../...

…/…
– Moi, je suis chef de projet dans le secteur de la vente par Internet. J'ai donc un poste à responsabilités mais mon chef hiérarchique veut tout superviser ! J'aimerais qu'il soit un peu moins sur mon dos, à vrai dire. Et puis, je trouve que, dans ma boîte, il y a beaucoup de concurrence entre collègues, il n'y a pas vraiment d'esprit d'équipe. À mon avis, on devrait plus coopérer.

8 *Production possible :* On pourrait aussi organiser des séjours dans des fermes bio pour sensibiliser les enfants à l'importance d'une agriculture de qualité. Il faudrait qu'on serve moins de viande mais plus de poisson dans les cantines scolaires. À la télévision, il devrait y avoir régulièrement des campagnes d'information en faveur d'une alimentation moins riche en sucres. Moi, j'aimerais que le gouvernement interdise l'utilisation de produits chimiques en agriculture.

DOSSIER 6 • Leçon 2

Du côté du lexique

1 a pour vocation – caritatives – récolter des fonds – créé – ONG – action humanitaire – bénévolat – venir en aide – don – bénévole

Du côté de la grammaire

2 1. pour 2. par 3. par 4. au développement
3 1. pour que/afin que 2. pour que/afin que 3. pour/afin de 4. pour/afin de 5. pour que/afin que 6. pour que/afin que
4 serait – garderait – enverrait – organiseraient – fabriqueraient – iraient
5 seraient – aurait – aurait – compterait – posséderaient – boiraient – vivraient – résideraient – seraient – sauraient – seraient – pourraient – utiliseraient – seraient
6 *Réponses possibles :* 1. … si nous étions plus attentifs à toutes les formes d'injustice. 2. … si toutes les populations bénéficiaient d'une alimentation équilibrée. 3. … si les paysans ne quittaient pas leur terre dans l'espoir de trouver un travail dans les grandes villes.

Du côté de la communication

7 *Productions possibles :* 1. La SPA a été créée afin de porter secours aux animaux maltraités et abandonnés. 2. Dentistes sans frontières a pour but de proposer des soins dentaires aux populations en difficulté. 3. Informatic bénévolat : cette association fait appel à des bénévoles qui ont des compétences en informatique pour que ceux-ci donnent des cours d'informatique gratuits aux personnes en situation financière difficile. 4. Clowns sans frontières : cette association regroupe des comédiens bénévoles qui rendent visite aux petits malades dans les hôpitaux afin de les distraire.

En situation

8 1b, 2c, 3b, 4a, 5b, 6c, 7b

> **Transcription**
> – Dorothée, vous nous parlez de quoi exactement aujourd'hui ?
> – De l'espace ! Parce que l'espace nous attire toujours. Alors, nous vous avions parlé il y a quelque temps de voyage dans l'espace avec Virgin Galactic qui voulait programmer des vols dans l'espace et une autre société qui prévoyait de construire un hôtel dans l'espace. Eh bien, maintenant, un nouveau projet est à l'étude.   …/…

…/…
– Dites-nous tout, Dorothée : on est impatients de savoir !
– Voilà : une entreprise japonaise, responsable d'une des tours les plus hautes du monde, envisage de concevoir d'ici 2050 un ascenseur pour se rendre dans l'espace. Le projet a pour but d'emmener les voyageurs à la limite de l'atmosphère dans une station d'arrivée à 36 000 km de la Terre, composée d'un lieu de séjour et de laboratoires de recherche.
– Super ! Et il y aura de la place pour moi, vous croyez ?
– D'après les dernières données, l'entreprise japonaise prévoit de construire une cabine pouvant héberger trente personnes. La durée du voyage pour arriver à la station est estimée à une semaine et l'ascenseur se déplacerait le long d'un câble à une vitesse de 200 km/h.
– On a une idée du prix de ce petit voyage ?
– C'est là que les choses se compliquent : d'après un physicien japonais, le principal problème serait effectivement le coût de ces voyages dans l'espace. Ce scientifique a même calculé que chaque kilo envoyé dans l'espace coûterait environ 4 000 euros.
– Et il y a beaucoup d'amateurs pour vivre ce genre d'expérience ?
– Apparemment, l'idée séduit certains mais n'enthousiasme pas tout le monde, à en croire ces témoignages recueillis dans la rue. Écoutez…
– J'ai toujours été fasciné par l'aventure spatiale. Si le projet se réalisait, je serais volontiers candidat au voyage dans l'espace, mais j'attendrais que les tarifs soient plus raisonnables !
– Moi, je trouve que ce projet n'est pas raisonnable parce qu'il conduirait à dépenser des milliards. Si j'étais à la place des gouvernements, j'investirais plutôt cet argent dans la recherche médicale, ce serait plus utile !

9 Production libre.
10 *Productions possibles :* 1. J'inviterais des enfants à participer à mes réunions et je serais attentif à leurs propositions ou critiques. 2. Je ferais voter une loi en faveur de la gratuité des soins pour tous. 3. J'imposerais un service de transports en commun 24 heures sur 24 (métro et bus) dans les grandes villes. 4. J'interdirais les logements inoccupés et trouverais des solutions rapides pour loger les sans-abri. 5. Avec moi, il y aurait plus de stades, plus de piscines, plus d'associations sportives et je ferais voter une loi pour que les jeunes puissent entrer dans les cinémas et les théâtres gratuitement tous les premiers dimanches du mois.

DOSSIER 6 • Leçon 3

Du côté du lexique

1 périple – parcours – gravir – chemins de traverse – traces – nous nous sommes égarés – flâner

Du côté de la grammaire

2 1. car – comme 2. Comme – car 3. car – Comme
3 *Réponses possibles :* a) 1. Comme nous avons particulièrement apprécié l'Inde, nous retournerons là-bas avec plaisir. 2. Comme il fait très froid là-bas en hiver, nous attendrons le mois d'avril pour partir. 3. Comme ils avaient un long parcours à faire, ils se sont déplacés en train

et en voiture. 4. Comme on n'a pas beaucoup d'argent, on dort chez l'habitant. 5. Comme les routes étaient barrées, on n'a pas pu se rendre dans le Nord. 6. Comme il y avait un grand festival cette semaine-là, nous sommes restés là-bas plus longtemps que prévu.
b) 1. Nous retournerons là-bas avec plaisir car nous avons particulièrement apprécié l'Inde. 2. Nous attendrons le mois d'avril pour partir car il fait très froid là-bas en hiver. 3. Ils se sont déplacés en train et en voiture car ils avaient un long parcours à faire. 4. On dort chez l'habitant car on n'a pas beaucoup d'argent. 5. On n'a pas pu se rendre dans le Nord car les routes étaient barrées. 6. Nous sommes restés là-bas plus longtemps que prévu car il y avait un grand festival cette semaine-là.
4 1. À l'époque, on a pu supporter des conditions extrêmes grâce à notre solide santé. 2. À cause de soucis de santé et du manque d'argent, j'ai dû… 3. On n'a pas beaucoup échangé avec la population locale à cause de la barrière de la langue. 4. J'ai réussi à me payer ce voyage grâce aux économies (que j'avais) faites pendant cinq ans. 5. Beaucoup de gens sont au courant de notre aventure grâce au journal de route qu'on tenait sur Internet. 6. Grâce à ma caméra, on a pu filmer des scènes extraordinaires tout au long de notre périple. 7. On a gravi la montagne très lentement à cause du vent.
5 1. donc 2. alors 3. c'est pourquoi 4. donc 5. alors 6. C'est pourquoi
6 1. en effet 2. c'est pour ça que 3. c'est pour cette raison que 4. en effet 5. C'est pour ça que

Du côté de la communication

7 Réponses libres.

En situation

8 a) Il s'agit d'un festival. 1. lieu de l'évènement : Saint-Malo 2. nom de l'évènement : Étonnants voyageurs 3. type d'évènement : festival international du livre et du cinéma 4. date de l'évènement : 26/27/28 mai 5. nom du site : www.etonnants-voyageurs.com
b) *Production possible :* Pour ceux qui aiment l'aventure, les livres et le cinéma, une date importante est à retenir : les 26/27/28 mai se déroulera à Saint-Malo le festival *Étonnants voyageurs* qui a pour slogan « Quand les écrivains redécouvrent le monde ». Il s'agit d'un évènement entièrement consacré à l'image et à l'écriture. Vous pourrez assister à des débats et des lectures dans toute la ville. Cette année, pour la première fois, un concours d'écriture est programmé. Pour plus d'informations, consultez le site www. etonnants-voyageurs.com.

> **Transcription**
> – Avant de refermer notre page culture, on voudrait vous signaler un important évènement qui va se dérouler au printemps en Bretagne, n'est-ce pas Joséphine ?
> – Exactement, Fabrice. Il s'agit du 23e Festival international du livre et du film de Saint-Malo qui a pour nom *Étonnants voyageurs*, et qui aura lieu du 26 au 28 mai.
> – Oui, c'est à présent LE festival pour tous les aventuriers passionnés par l'image et l'écriture. Et connaissez-vous son slogan ?
> – Naturellement ! C'est : « Quand les écrivains redécouvrent le monde. »
> – Bravo, Joséphine. Voilà une formule qui résume parfaitement l'esprit de ce festival qui attire de plus en plus de monde.   …/…

…/…
– Oui, et cette année 200 auteurs du monde entier se retrouveront dans la jolie ville de Saint-Malo pour trois jours de rencontres. Il y aura des cafés littéraires, des débats, des lectures, dans 25 lieux à travers la ville.
– Beau programme !
– Oui, Fabrice. Et ce n'est pas tout ! Cette année, un concours d'écriture de nouvelles *Étonnants voyageurs* est proposé à tous les collégiens et lycéens, de onze à dix-huit ans.
– Quel est le thème retenu ?
– Le thème de cette année, c'est « Dans la poussière des chemins ». Ce sera une belle occasion pour les élèves de se confronter à l'écriture ! On peut s'inscrire jusqu'au 1er février. Tous les renseignements sont sur le site www.etonnants-voyageurs.com.
– Alors… rendez-vous à Saint-Malo, pour « redécouvrir le monde » !

9 a) *Réponse possible :* 5 000 km à cheval
b) Situation de famille : mariée, 2 filles pré-adolescentes – lieu de résidence : vit à la campagne – situation financière : pas de gros revenus (seul salaire : celui du mari, ouvrier agricole) – Type de voyage : solitaire (accompagnée de son chien) – Moyen de transport : à cheval – Itinéraire : à travers la France, l'Italie, la Suisse et l'Autriche

10 Production libre.

DOSSIER 7 • Leçon 1

Du côté du lexique

1 1a/c/d/f, 2a/d/f, 3a/b/c/e/f/g, 4b/e/g, 5c/f, 6a/d, 7b/e/g

2 sketchs – succès – one-man shows – humoriste – sur les planches – se produit – comédiens – comédie musicale – triomphe

3 l'évènement déclencheur – j'ai eu la révélation du – prendre ma décision. – plaqué – mes premières amours – les évènements se sont enchaînés – j'ai pris un nouveau départ

4 1. deux ans après/plus tard 2. cinq ans plus tard – l'année suivante/un an après 3. à l'âge de vingt ans – la même année 4. à l'âge de trois ans 5. quatre ans plus tard/après 6. l'année suivante/un an après

Du côté de la grammaire

5 1. pendant 2. en 3. pendant 4. en – en 5. en
6 1. pendant 2. en 3. dans 4. en 5. pendant 6. dans
7 1. que 2. où 3. où 4. qu' 5. où 6. qu'
8 1. au moment où 2. désormais 3. jusqu'au moment où 4. au moment où 5 désormais 6. jusqu'au moment où
9 *Réponses possibles :* 1. après avoir passé une semaine à l'étranger 2. après s'être arrêtés trois jours 3. après avoir remporté une belle victoire – avant de commencer le match – après avoir parcouru 230 km 4. avant de partir – avant d'acheter 5. après avoir été agressé – avant de rentrer dans une vitrine de magasin 6. après avoir reçu son prix – avant de faire du cinéma

Du côté de la communication

10 Vrai : 1, 4 – Faux : 2, (avant de faire carrière au cinéma, elle a animé plusieurs émissions à la télé), 3 (elle a animé une émission sur Filles TV et, la même année, elle a rejoint l'équipe de Canal+), 5 (c'est le contraire).

En situation

11 1c, 2a, 3b, 4b, 5c, 6a
12 a) Vrai : 1, 2 – Faux : 3 (seule Caroline a changé de métier).
b) mariée, une fille de six ans – concours pour entrer à l'école d'infirmières – trois – d'infirmières – 2007 – infirmière – l'hôpital

Transcription
– Caroline ? C'est toi ?
– Sophie ! Pas possible !
– Ça alors, quelle surprise ! Mais qu'est-ce que tu fais ici ? Tu viens pour une consultation ?
– Non, je travaille dans cet hôpital, je suis infirmière, maintenant.
– Comment ça ? Tu ne travailles plus dans la communication comme moi ? Je ne comprends pas…
– Oui, j'ai été formatrice en communication jusqu'en 2007 mais j'ai voulu devenir infirmière, c'était un rêve d'enfant. Secrètement, j'ai toujours voulu m'occuper des gens, leur venir en aide, tu vois…
– Ah bon !… Et tu as des enfants, maintenant ?
– Oui, j'ai une fille qui a six ans. Elle avait deux ans quand j'ai décidé de changer de métier. Ça n'a pas été simple, tu sais ! Quand j'ai annoncé que je reprenais des études, le monde m'a regardée presque comme une extraterrestre.
– Oui, j'imagine. Et ça t'a pris combien de temps, cette reconversion ?
– J'ai d'abord préparé le concours d'école d'infirmière, je l'ai réussi en 2008 et je me suis engagée pour trois ans de formation à plein temps, sans rémunération.
– Et avec un enfant ! Quel courage !
– Mes journées étaient chargées : lever à 6 heures, crèche, cours toute la journée ; le soir bain du bébé, repas, coucher à 8 heures et pour moi devoirs jusqu'à minuit ! Heureusement que j'avais le soutien de mon mari !
– Ah ! Il t'a fallu une réelle motivation ! Mais tu es heureuse, tu fais ce que tu veux maintenant ?
– Eh oui, parfaitement heureuse ! Je suis la preuve vivante qu'on peut changer de métier quand on le veut vraiment ! Mais dis-moi, à ton tour de me raconter ce que tu deviens, toi…

13 *Production possible :* J'étais cadre dans une banque, je devais me lever chaque jour à 6 heures pour prendre mon train et arriver à 8 heures précises à mon travail. J'étais enfermé(e) toute la journée dans un bureau jusqu'à 18 heures ; le soir, je n'étais pas à la maison avant 20 heures. Après quinze années passées à ce rythme, un jour, je n'ai plus supporté cette vie. Très jeune déjà, j'avais envie d'un métier qui me permettrait d'être en contact avec la nature, alors j'ai décidé de réaliser enfin ce rêve : j'ai déménagé, j'ai acheté une petite exploitation agricole dans la vallée du Rhône et j'ai commencé à cultiver des produits bio. Ma reconversion n'a pas été facile mais j'ai été conseillé(e) par mon frère qui lui aussi travaille dans le secteur agricole. À présent, je vis au grand air et mon exploitation marche de mieux en mieux. Je suis fier/fière d'avoir réalisé mon rêve de nature ; c'est vrai, je gagne moins bien ma vie, mais je suis vraiment plus en accord avec moi-même !

DOSSIER 7 • Leçon 2

Du côté du lexique

1 1. infirmiers 2. boulangères
2 1. démoralisée 2. soulagée 3. démotivée 4. contente
a. découragée b. fière c. émue

Du côté de la grammaire

3 Nous avons demandé à la jeune femme pourquoi elle avait choisi ce métier… Elle nous a répondu qu'elle était née pour ainsi dire dans un garage, que la mécanique était une histoire de famille. Puis elle nous a expliqué que son grand-père avait créé ce garage, que son père avait repris l'affaire et que, toute petite déjà, elle l'aidait à l'atelier de réparation. Bertrand lui a demandé si ce n'était pas un métier trop pénible. Elle a répondu qu'elle avait une santé solide et qu'elle adorait la mécanique. Elle a dit en riant que nous n'aurions plus de problème, qu'elle s'était occupée de la voiture comme de son enfant.

4 Le journaliste a demandé à Patricia quelles étaient ses premières impressions après la course. Patricia a répondu qu'elle était très fière d'avoir remporté ce marathon. Il lui a demandé ensuite ce qu'elle allait faire pour fêter sa victoire ; elle a dit qu'elle et ses amis iraient danser dans une boîte et qu'ils danseraient toute la nuit mais qu'avant elle allait dormir une heure ou deux. Puis il a demandé à Yasmina si elle était satisfaite de sa place de quatrième. Elle a répondu qu'elle était assez contente et qu'elle ne pensait pas terminer la course aussi bien placée. Il lui a aussi demandé si ça avait été dur pour elle. Elle lui a expliqué que oui et qu'à mi-course elle avait bien failli s'arrêter.
Enfin, il s'est adressé à Marie-Jo et il lui a demandé comment elle avait vécu cette course. Elle lui a dit qu'au bout de 4 ou 5 kilomètres, elle avait commencé à avoir très mal au pied gauche mais qu'elle n'avait pas voulu abandonner, qu'elle avait surmonté sa douleur et qu'elle avait été jusqu'au bout. Il lui a alors demandé si elle pourrait courir le marathon de New York dans deux mois. Elle lui a répondu qu'elle allait se reposer une semaine puis qu'elle reprendrait l'entraînement, qu'elle était bien décidée à gagner la prochaine course.

Du côté de la communication

5 1e, 2c, 3b, 4a, 5d
6 *Réponses possibles :* 1. Je suis découragé(e). 2. J'ai surmonté ma peur. 3. Je pensais que je n'y arriverais pas. 4. Je suis soulagé(e). 5. Je suis fier/fière de moi. 6. Je suis content(e) !

En situation

7 a) 1b, 2f, 3d, 4e, 5a, 6g, 7c b) « Elles remportent la coupe d'Europe » : faux (« vous êtes sélectionnées pour jouer en finale de la coupe d'Europe »). – « Il n'a fallu que quelques minutes à la France pour ouvrir le score » : faux (« ce but anglais marqué à la cinquième minute du jeu »). – « À la mi-temps, le moral de l'équipe était au plus haut » : faux (« À la mi-temps, on était un peu découragées, on ne pensait pas y arriver »). – « Ce n'est qu'à une minute de la fin du match que les joueuses anglaises ont réussi à marquer leur seul but de la partie » : faux (« On a marqué deux superbes buts » – « Et le dernier, à une minute de la fin du match »).
c) *Production possible :* Victoire des footballeuses françaises
Elles sont sélectionnées pour la finale de la Coupe d'Europe après avoir battu l'Angleterre par deux buts à un.
Beau spectacle samedi soir au stade Charléty à Paris, avec la victoire de la France contre l'Angleterre.
Le match avait mal commencé pour les Françaises : les Anglaises avaient ouvert le score à la cinquième minute de jeu. À la mi-temps, le score était toujours de 1 à 0 en faveur des Anglaises et le moral de l'équipe de France était

au plus bas. Mais les Françaises se sont réveillées au cours de la deuxième mi-temps, où elles ont marqué deux buts magistraux dont le deuxième à une minute seulement du coup de sifflet final. Bravo les Françaises pour ce bel exploit !

Transcription
– Nadia Djombé, dites-nous : ça vous fait quoi de savoir que vous êtes sélectionnées pour jouer en finale de la coupe d'Europe ?
– On est fières ! très fières !
– Nous aussi, on est fiers de vous ! Comment avez-vous vécu ce match ?
– Ben, c'est vrai que ce match avait mal commencé pour nous avec ce but anglais marqué à la cinquième minute du jeu.
– Et ça vous avait un peu démoralisées dès le départ ?
– Oui, à la mi-temps, dans les vestiaires, on était un peu découragées, on ne pensait pas y arriver. Mais notre entraîneur a su trouver les mots pour nous encourager. Il nous a dit et redit qu'il fallait tenir bon, qu'on devait aller chercher les forces nécessaires au fond de nous…
– Et ça a marché !
– La preuve : on a marqué deux superbes buts dans la deuxième mi-temps !
– Et le dernier, à une minute seulement de la fin du match ! C'était géant ! énorme !

DOSSIER 7 • Leçon 3

Du côté du lexique

1 État d'esprit positif : 2, 3, 4, 6 – État d'esprit négatif : 1, 5, 7, 8.

Du côté de la grammaire

2 1. j'allais m'endormir 2. il venait de quitter sa première femme 3. allait prendre la parole 4. on venait de nous accorder 5. je venais de sortir 6. elle venait de trouver un emploi

3 *Réponses possibles :* 1. Si l'automobiliste avait vu le stop, il n'aurait pas heurté un camion. 2. Si l'alarme avait fonctionné, les malfaiteurs n'auraient pas vidé les coffres de la banque. 3. S'il n'avait pas neigé, la circulation n'aurait pas été très perturbée. 4. Si le gardien de but n'avait pas mal joué, l'équipe de France aurait peut-être gagné. 5. Si Fabrice Maronot ne s'était pas blessé à la cheville, il aurait pu jouer en finale. 6. Si le scénario avait plu à l'actrice, elle n'aurait pas refusé de tourner dans ce film.

4 *Réponses possibles :* 1. si tu avais fini tes devoirs 2. si vous aviez déjà travaillé dans ce secteur 3. si vous aviez accepté mes conditions 4. si je ne t'avais pas épousée 5. si tu n'avais pas été infidèle 6. si vous n'aviez pas aussi mal joué 7. si vous aviez appris correctement votre leçon 8. si vous aviez étudié plus sérieusement

5 1. J'aurais aimé être bénévole dans une association caritative. Je serais venu(e) en aide aux populations dans le besoin. Par exemple, j'aurais appris à lire aux petits enfants ou bien j'aurais aidé les adultes à construire des puits pour avoir de l'eau. 2. J'aurais aimé voyager à l'autre bout du monde : j'aurais connu d'autres paysages et d'autres cultures ; j'aurais voulu apprendre plusieurs langues. J'aurais été pilote de ligne, j'aurais eu une vie passionnante ! 3. J'aurais bien aimé être chanteuse. J'aurais été poursuivie par un groupe de fans, j'aurais signé des autographes pendant des heures et j'aurais eu ma photo dans tous les magazines !

Du côté de la communication

6 *Réponses possibles :* 1. Si mes amis ne m'avaient pas obligée à y aller, je n'aurais

pas remporté ce prix ! 2. S'il y avait eu du foie gras, je n'aurais pas commandé d'huîtres et je n'aurais jamais trouvé de perle ! 3. Si j'avais joué notre date d'anniversaire de mariage comme d'habitude, je n'aurais pas gagné au Loto. 4. Si je ne l'avais pas adopté, il ne m'aurait pas sauvé la vie/je me serais noyé/on m'aurait retrouvé mort dans la rivière.

7 *Réponses possibles :* 1. J'aurais préféré avoir un train électrique ! 2. Je regrette de ne pas avoir précisé que je voulais un vélo et rien d'autre. 3. Moi qui aurais aimé un sac ! 4. J'aurais voulu un ordinateur, pas une cravate !

En situation

8 Vrai : 1, 5, 7 – Faux : 2 (il a été vendeur dans une bijouterie), 3 (il a vendu une bague à un producteur entré dans sa boutique), 4 (il regrette de ne pas avoir tourné avec lui), 6 (il dit qu'il a tourné dans de mauvais films mais qu'il ne regrette rien).

Transcription
– Aujourd'hui, chers auditeurs, notre invité surprise n'est autre que le célèbre Jean Dupré ! Bonjour Jean !
– Bonjour.
– Jean, on est très heureux de vous accueillir. Tout le monde sait que vous avez tourné dans de nombreux films à succès, mais ce qu'on sait moins, c'est comment vous êtes entré dans le monde du cinéma.
– Oh ! Complètement par hasard ! J'avais trente ans, j'étais vendeur dans une boutique de bijoux. Un jour, un producteur américain est entré pour acheter un cadeau pour sa femme ; je l'ai accueilli, il a choisi une magnifique bague et, avant de partir, il m'a laissé sa carte en me demandant de l'appeler.
– Et il vous a proposé un rôle, non ?
– Oui, c'est aussi simple que ça ! Si nos routes ne s'étaient pas croisées, probablement que je travaillerais toujours dans la même boutique !
– Et j'ajouterais : vous travailleriez dans la même boutique et vous ne pourriez pas vous offrir les bijoux que vous vendez !
– Vous voulez dire par là que je gagne beaucoup d'argent maintenant ? Oui, c'est vrai j'en gagne beaucoup mais j'en donne aussi beaucoup, vous le savez…
– Effectivement tout le monde connaît votre générosité, l'aide que vous apportez aux plus démunis. Jean, parlons maintenant de la façon dont vous jugez votre vie : vous arrive-t-il d'avoir des regrets ?
– Des regrets ? Oui, quelques regrets ! Par exemple, j'aurais aimé tourner sous la direction de Malcom Becket qui vient malheureusement de nous quitter.
– Et des regrets à propos de rôles que vous avez interprétés ?
– Bon, je vais être franc avec vous : j'ai tourné dans quelques mauvais films mais je ne vous dirai pas lesquels ! De toute façon, il n'y a pas de regrets à avoir, ce qui est fait est fait, et je n'y pense plus.
– Et dans votre vie privée ?
– Si je me tourne un peu plus loin en arrière : je regrette de ne pas avoir vécu dans une famille aimante. Mon père a quitté ma mère quand j'avais huit ans. Et j'en ai beaucoup souffert. Plus tard, la vie m'a beaucoup apporté et je suis heureux d'être ce que je suis maintenant !
– Jean Dupré, merci pour ce moment d'intimité passé en votre compagnie.
– Merci à vous.

9 Production libre.

DOSSIER 8 • Leçon 1

Du côté du lexique

1 1d et f, 2g et h, 3a et b, 4c et e
2 espèces – de disparaître – d'augmenter – menace – biodiversité – de préserver – l'énergie – diminue – d'économiser – tri sélectif – de développer – environnement

Du côté de la grammaire

3 *Réponses possibles :* a) 1. Il est nécessaire qu'elle prenne des douches plutôt que des bains. 2. Il faut qu'il fasse les petits déplacements à pied. 3. Il est important qu'il choisisse/prenne le train plutôt que l'avion. 4. Il faut que tu éteignes la lumière en sortant de chez toi. 5. Il est nécessaire que vous conduisiez moins vite/que vous réduisiez votre vitesse.
b) Il est nécessaire de prendre des douches plutôt que des bains. 2 il faut faire tous ses petits déplacements à pied. 3 Il est important de choisir/prendre le train plutôt que l'avion. 4. Il faut éteindre la lumière en sortant de chez soi. 5. Il est nécessaire de ne pas conduire vite./Il ne faut pas conduire vite./Il est important de réduire sa vitesse.

4 puisse – êtes – ira – baissiez – reveniez

Du côté de la communication

5 *Réponses possibles :* 1. Il est indispensable que vous demandiez à quelqu'un de prendre votre courrier pendant votre absence. Il ne faut pas laisser un jardin à l'abandon. 2. Il est important que vous cachiez vos objets de valeur. 3. Il est important de ne pas laisser de message sur votre répondeur pour indiquer les jours où vous ne serez pas là. 4. Il ne faut pas cacher ses clés sous un pot de fleur./Il ne faut pas que vous laissiez vos clés accessibles près de la porte d'entrée.

6 Production libre.

En situation

7 1b, 2a, 3b, 4b, 5c

Transcription
– Noël, c'est l'époque des jouets et Claire Langevin vient de publier justement un article très intéressant sur les jouets, paru dans le dernier numéro du magazine *Parents d'aujourd'hui*. Bonjour, Claire.
– Bonjour. Oui, dans mon article je soulève le problème suivant : que faire des jouets dont nos enfants ne se servent plus.
– Excellente question, en effet ! Nos chers petits grandissent vite et bien souvent leurs jouets, à peine utilisés, n'offrent plus d'intérêt pour eux.
– Exactement ! Ou bien ils envahissent l'espace, ou encore les parents les jettent, tout simplement…
– Ça, c'est plutôt nul comme attitude !
– Oui c'est vrai ! Et je considère qu'il est plus utile de donner aux jouets une seconde vie. Il faut que les parents aient tous un comportement responsable et qu'ils comprennent que, si ces jouets ne servent plus, ils peuvent faire le bonheur d'autres enfants.
– Alors, Claire, quelles sont les solutions possibles ?
– Je pense que le plus simple, c'est de se tourner vers les associations, comme le Secours populaire, qui collectent les jouets toute l'année.
– On peut peut-être aussi les donner à des hôpitaux pour enfants, non ?
– Ah non, pour les hôpitaux ça ne marche pas, je suis certaine qu'ils ne prennent que les jouets neufs. Mais on peut aussi faire
…/…

.../...

don des jouets usagés aux ludothèques – ces sortes de bibliothèques qui prêtent des jeux et des jouets. Il en existe forcément une près de chez vous.

– Humm… ça m'étonnerait que tous les parents veuillent se séparer gratuitement de jouets qui souvent ont coûté très cher…

– Dans ce cas, on leur suggère de les revendre dans les brocantes, les vide-greniers ou dans les bourses aux jouets qui se déroulent, souvent, dans les écoles ou sur les places des villes.

– Ah oui, bonne idée aussi ! Il est vrai que, d'une façon générale, nos sociétés consomment trop de jouets, ce n'est pas votre avis ?

– Je suis tout à fait d'accord avec vous ! Il est essentiel que les parents soient écoresponsables, qu'ils achètent moins et mieux. Le bon jouet doit être simple pour susciter l'imagination des enfants, contrairement au jouet trop perfectionné, qui limite le champ d'utilisation. Le bon jouet doit être solide, lavable, réparable pour durer longtemps. Il doit être aussi utilisé, partagé, puis, quand les enfants ont grandi, être transmis.

– Eh bien, merci, Claire, pour ce voyage au pays des jouets !

– Merci à vous !

8 *Production possible :* Je me présente : je m'appelle M. Lucet et je suis comme vous parent d'un élève de la maternelle. Je suis aussi membre d'une association écologique et c'est pour cette raison que je vous écris aujourd'hui. De nos jours, on offre à nos chers petits des jouets pas chers en grande quantité ; ils s'amusent quelques jours avec eux puis s'en désintéressent très vite. Finalement, on ne sait plus quoi faire de ces jouets qui s'accumulent dans leur chambre. Face à ce problème, c'est à nous, parents, de combattre la surconsommation et le gaspillage des jouets. Il est essentiel d'avoir un comportement écoresponsable : d'abord en achetant moins de jouets mais de qualité, qui plairont davantage et seront utilisés plus longtemps. Ensuite, quand les enfants ont grandi, en en faisant profiter d'autres enfants : on peut donner les jouets usagers à des organisations caritatives qui les redistribuent, ou bien il est possible de les revendre dans des brocantes. N'hésitons pas à donner une seconde vie aux jouets usagers !

DOSSIER 8 • Leçon 2

Du côté du lexique

1 1d, 2c, 3e, 4a, 5b

2 livre – littérature – manifestation – auteurs – lectures – débats – programme

3 rendre – emprunté – prête

Du côté de la grammaire

4 1. depuis – dès – dès – à partir de
2. Dès – à partir de – Depuis

5 a) Dès qu' – jusqu'à ce qu' – depuis qu'
b) J'emprunte un livre par semaine depuis que la bibliothèque a créé un espace jeunesse. En été, je lis dans le jardin jusqu'à ce qu'il fasse nuit. J'ai eu envie de lire ce livre dès que j'ai vu son adaptation au cinéma. Je passerai à la librairie dès que ma commande sera prête. Je n'ai plus le temps de lire depuis que j'ai changé de travail.

6 1. dès que 2. dès que 3. depuis que 4. jusqu'à ce que 5. depuis que 6. jusqu'à ce que

7 te l' – me le – me l' – le lui – te le – me les

8 1 Présente-la-nous tout de suite ! 2. Enregistre-le-nous, s'il te plaît. 3. Passe-le-lui tout de suite ! 4. Explique-le-leur.

Du côté de la communication

9 1c, 2g, 3f, 4a, 5h, 6e, 7b, 8i, 9d

En situation

10 a) Vrai : 1, 3 – Faux : 2 (la maison d'édition les expédie par courrier), 4 (il existe aussi des livres pour les jeunes).
b) livre personnalisé – genres – scénario – questionnaire – le reçoit par la poste

> **Transcription**
> – Tiens… *Blanc comme neige* ? Je ne connais pas ce bouquin.
> – C'est assez spécial, tiens, lis cette page, la page 27 par exemple, et tu comprendras…
> – Lætitia Marchand… Oh ! comme toi ! mmmmm… ce curieux grain de beauté qu'elle avait au coin des lèvres… mmmm… de sa fenêtre, elle voyait passer les péniches qui descendaient le Rhône… mais c'est vraiment toi ! On parle de toi, là !
> – Gagné ! En fait, ce livre, c'est mon mari qui me l'a offert pour mon anniversaire. C'est le concept du livre personnalisé, tu ne connais pas ?
> – Non. Explique-moi.
> – Eh bien, Fabian s'est adressé à la maison d'édition Comedia, qui a inventé le roman assisté par ordinateur
> – Ils proposent différents styles de roman ?
> – Oui, on peut choisir entre une douzaine de scénarios et entre différents genres : il y a le roman sentimental, le roman historique, le policier ou bien encore le roman d'espionnage ou d'aventures. On demande de remplir un questionnaire très complet sur les caractères des personnages qu'on veut voir figurer dans le livre. Fabian, lui, avait choisi le roman policier.
> – Et après, on attend longtemps avant d'avoir le livre ?
> – Pas du tout ! Le livre est écrit et imprimé en cinq jours, et on le reçoit par la poste.
> – Mais, c'est génial comme idée !
> – Et voilà comment je me suis retrouvée sous les traits de la future victime d'un dangereux criminel, et cet abominable personnage, c'était Fabian lui-même !
> – Oh ! Mais ça me donne une idée de cadeau pour mon neveu Gaétan ; je le verrais bien en héros d'un roman d'aventures !
> – Oui, il va sûrement adorer ! Tu regarderas sur leur site : ils proposent aussi des trames de romans ou de nouvelles pour les adolescents et les enfants.

11 Production libre.

DOSSIER 8 • Leçon 3

Du côté du lexique

1 1f, 2d, 3b, 4e, 5c, 6a

Du côté de la grammaire

2 avant tout – d'une part/d'un côté – d'autre part/d'un autre côté – plus précisément – d'un côté/d'une part – d'un autre coté/d'autre part

3 *Réponses possibles :* 1. Le tabac rend les dents jaunes/provoque le jaunissement des dents. 2. Fixer une lumière intense peut provoquer des troubles de la vision/, c'est mauvais pour les yeux. 3. La marche à pied favorise une bonne circulation/facilite la circulation/ c'est bon pour la circulation. 4. Manger des carottes rend aimable.

4 *Réponses possibles :* 1. Vous auriez pu m'attendre !/Vous n'auriez pas dû partir sans moi. 2. Tu aurais pu me faire très mal !/Il fallait/Tu pourrais faire attention ! 3. Tu aurais dû/pu en prendre soin ! 4. Vous pourriez faire attention/vous garer ailleurs, vous bloquez ma porte ! 5. Tu n'aurais pas dû boire autant de café./Il ne fallait pas boire autant de café.

Du côté de la communication

5 *Réponses possibles :* Vous ne devriez pas rester assise sur le canapé ! Vous pourriez vous occuper du bébé qui pleure. Vous n'auriez pas dû laisser la fenêtre ouverte, il ne fallait pas laisser la fenêtre ouverte, Jules a failli/aurait pu passer par la fenêtre en se penchant ! Vous auriez pu/dû laver la vaisselle et ranger la pièce !

En situation

6 *Production possible :* La SNCF s'attaque aux incivilités
Un chewing-gum usagé et un mégot de cigarette. Voici les deux sculptures aussi imposantes que surprenantes qu'on peut voir en gare de Marseille. Jusqu'au 30 avril, elles seront les symboles de la grande campagne de sensibilisation lancée par la SNCF pour lutter contre les incivilités. Après Marseille, cette opération se poursuivra à Lyon en mai.

> **Transcription**
> – Bonjour, monsieur.
> – Bonjour, madame. À votre service.
> – Monsieur, excusez-moi, mais qu'est-ce que c'est cette énorme sculpture en plein milieu de la gare ? Ça a l'air d'une énorme pâte à gâteau ou je ne sais quoi…
> – Cette « pâte à gâteau » comme vous dites, c'est en fait un chewing-gum usagé, madame.
> – Un chewing-gum géant ! Ben ça, quelle drôle d'idée !
> – Et un peu plus loin vous pouvez voir une sculpture de même taille qui représente un mégot de cigarette.
> – Ah, c'est de l'art contemporain, sans doute ?
> – Non, non ! Je vous explique madame : la SNCF lance une campagne de sensibilisation pour lutter contre les incivilités.
> – Ah, d'accord ! Je commence à comprendre ! Ces sculptures, ce sont des symboles, c'est ça ? Ça représente les incivilités, comme les gens qui fument dans le train ou qui jettent leur chewing-gum par terre ?
> – Exactement ! L'idée, c'est de surprendre les voyageurs, de les sensibiliser au problème. Et vous pourrez voir un peu plus loin des affiches qui donnent la liste complète de ces incivilités.
> – Et ça va durer combien de temps, cette campagne ?
> – Ici, à Marseille, c'est jusqu'au 30 avril. Puis l'opération va se poursuivre à Lyon en mai.
> – Eh bien, je félicite la SNCF, c'est une excellente initiative ! Et l'idée est vraiment originale ! Un grand bravo !
> – Merci, madame. Au revoir.

7 a) Vrai : 1, 3 – Faux : 2 (il y a seulement une enquête en page 65 du magazine qui traite de ce sujet), 4 (elle donne aussi un exemple d'amabilité de la part d'un automobiliste à son égard).
b) Production libre.

imprimé en France par Dupliprint en mai 2021
N° d'impression : 2021052369 - N° d'édition : 1558170/07

Dépôt légal : janvier 2013